电力行业"十四五"规划教材

高等教育新型电力系统系列教材

中国电力教育协会
高校电气类专业精品教材

U0643105

电力经济与管理导论

陈皓勇　季天瑶　郑晓东

华　栋　荆朝霞　张森林　编著

刘敦楠　主审

中国电力出版社
CHINA ELECTRIC POWER PRESS

内 容 提 要

本书为电力行业"十四五"规划教材，新型电力系统系列教材。

高比例可再生能源和高比例电力电子设备的接入使新型电力系统的技术经济特性发生重大变化，给电力市场建设与运营和电力企业管理带来新的挑战。电气工程及相关专业的学生，掌握必备的经济、管理知识已成为当务之急，而经济、管理专业的学生也有必要对电力行业的特殊问题有所了解。本书着眼电力产业发、输、配、售的完整环节，结合国内外电力、能源和碳管理等领域的改革进展，全面介绍了经济学、管理学等的基本概念和理论及其在电力行业的应用，围绕电力经济、电力市场和电力企业管理中的基础和关键问题进行阐述。本书是电气工程与经济、管理学科深度融合的产物，既填补工科学生经济、管理方面知识的空白，也能使经济、管理学科的学生了解电力行业，使学生从不同学科视角来分析问题。本书理论联系实际，促进学科交叉，拓宽学生视野。

本书可作为电力工程、能源经济、工商管理等相关专业的本科生、研究生教材，也可作为电力行业，特别是电力市场与电力企业管理领域从业者的参考用书。

图书在版编目（CIP）数据

电力经济与管理导论/陈皓勇等编著. -- 北京：中国电力出版社，2025.7. -- ISBN 978 - 7 - 5198 - 8859 - 6

Ⅰ. F407.61

中国国家版本馆 CIP 数据核字第 2025T7W473 号

出版发行：中国电力出版社
地　　址：北京市东城区北京站西街 19 号（邮政编码 100005）
网　　址：http://www.cepp.sgcc.com.cn
责任编辑：牛梦洁
责任校对：黄　蓓　李　楠
装帧设计：郝晓燕
责任印制：吴　迪

印　　刷：北京锦鸿盛世印刷科技有限公司
版　　次：2025 年 7 月第一版
印　　次：2025 年 7 月北京第一次印刷
开　　本：787 毫米×1092 毫米　16 开本
印　　张：15
字　　数：389 千字
定　　价：49.00 元

前 言

在现代社会的宏大架构中，电力作为一种不可或缺的基础能源，为经济发展、社会进步以及人们的日常生活提供着持续而强劲的动力。随着全球经济的迅猛发展和科技水平的飞速提升，电力行业所处的环境也在发生着深刻且复杂的变革。为应对气候变化，全球130多个国家宣布了"碳中和"的方案，其关键在于能源转型，而新型电力系统是实现能源转型的重要载体。中国将提高国家自主贡献力度，采取更加有力的政策和措施，二氧化碳排放力争于2030年前达到峰值，努力争取2060年前实现碳中和。新型电力系统及与之耦合的能源系统是一个大规模、随机性、混杂性、分布式、网络化的复杂系统，其建模、分析、优化与控制是一个典型的多学科交叉问题，涉及电力系统、电力电子、热能动力、优化与控制、信息与通信、经济管理、人工智能等不同学科。在这一背景下，电力经济与管理领域的知识体系逐渐凸显出其对于电力行业健康、稳定、可持续发展的关键意义。本教材着眼电力产业，顺应行业发展、人才培养需求，精心编撰而成，旨在系统、全面、深入地阐述电力经济与管理的基本概念、核心理论以及实用方法，为电力工程领域的广大学子以及在电力行业各个岗位上默默耕耘的从业者们奉献一本兼具专业性、实用性与前瞻性的教材，助力读者从电力工程、经济学、管理学等多学科的综合视角出发，深入剖析电力行业的每一个环节。

本教材具有以下特色。

（1）本教材全面涵盖了电力经济、电力市场、电力企业管理等多个核心领域。

我们首先引领读者深入探究电力工业的经济问题，从电力的生产、传输、分配到消费，全方位分析其经济运行的内在逻辑与外在表现。电价形成机制作为电力经济的核心要素之一，我们从成本分析、市场供需关系、政策导向等多个维度进行了深入剖析，详细阐述了不同类型电价政策的制定背景、实施效果以及对电力市场各方的深远影响。同时，电力技术经济学相关原理的阐述也是本部分的重点内容。本教材运用成本与效益分析方法，帮助读者理解电力企业在生产经营过程中如何权衡成本与收益，实现资源的优化配置。在市场均衡与社会福利分析方面，我们引入微观经济学的经典理论，通过对电力市场供需曲线的绘制与解读，深入分析市场均衡点的形成机制及其对社会福利的影响。通过这些内容的学习，读者能够逐步构建起对电力经济运行规律的深刻认识。

其次，本教材从电力市场的定义入手，详细阐述了其广义和狭义概念的内涵与外延，使读者对电力市场的本质有清晰的理解；详细介绍了打破垄断、放松管制、结构重组、服务分解与分类计价等关键举措的具体内涵和实施过程。对电力市场中的市场模式与交易机制进行了深入探讨，详细分析了不同市场模式（如联营体模式、双边交易模式等）的特点、优势和适用场景，以及各种交易方式（如集中竞价、挂牌交易等）的具体操作流程和规则。此外，还对电力市场中的技术问题进行了梳理，并探讨了这些技术问题对电力市场运行效率和稳定性的重要影响，以及相应的解决方案。通过这一系列内容的深入学习，读者能够全面了解电力市场的运行机制和发展趋势。

本教材深入探讨了电力企业由于其行业特殊性而形成的独特管理要求。电力作为一种特殊商品，其生产、供应和消费具有实时性、连续性和高度安全性的特点，这就决定了电力企业在管理过程中必须高度重视电力电量平衡管理、安全可靠性管理、协同管理等；详细阐述了包括规章制度建设、标准化工作、计量工作、信息工作、定额工作和基础教育工作等在内的各项基础工作的具体内容和重要意义；全面介绍了企业管理现代化的概念、主要内容，以及电力企业管理现代化的标志；深入讲解了电力企业如何进行战略分析、制定战略规划，以及实施战略管理。在生产管理方面，详细介绍了电力生产管理的特点和主要流程。在营销与客户服务方面，分析了电力市场环境下电力营销的新特点和客户服务的重要性，以及如何通过创新营销理念和服务模式提高客户满意度和市场竞争力。

（2）本教材体现多学科融合。创新性地将电力系统工程经济学、管理学、运筹学等多学科理论有机融合，与电力行业的实际运营紧密结合，为读者精心打造了一个全方位、多层次的电力经济与管理知识体系。例如，在分析电力市场时，运用微观经济学原理阐释市场均衡与价格形成机制，使读者能够清晰地理解电力市场价格波动的内在原因。同时，从管理学的角度探讨了企业在市场中的经营策略；分析了企业如何运用管理学战略管理理论，来应对市场竞争中的各种挑战。这种多学科融合的视角，使读者能够从多个维度全面理解电力行业问题，培养综合分析和解决问题的卓越能力，为应对复杂多变的电力行业环境提供坚实的理论支撑。

（3）本教材始终坚持理论与实践并重的原则。在教材编写过程中，不仅系统、严谨地阐述了电力经济与管理的基础理论，还通过大量详实、生动的实际案例，深入剖析电力行业改革与发展进程中的热点、难点问题，实现理论与实践的无缝对接。以电力市场改革中的厂网分开为例，详细阐述了这一改革举措的历史背景、实施过程以及对电力市场格局产生的深远影响。深入分析了改革过程中面临的各种挑战，如资产划分、人员安置、市场机制建立等问题，以及如何通过政策引导、制度创新等手段逐步解决这些问题。通过这些实际案例和数据的深入分析，读者能够将所学理论知识与实际应用紧密联系起来，增强对行业动态的深入理解和精准把握，为实际工作提供切实可行的有力指导。

（4）本教材紧密关注电力行业的发展趋势，具有前瞻性与实用性。在能源转型的大背景下，可再生能源在电力供应中的比重日益增加，这对电力系统的稳定性、可靠性，以及电力市场的运行机制提出了新的挑战和机遇。本教材探讨了如何通过电价政策、市场交易等手段来应对这些挑战。同时，本教材注重培养读者在电力项目投资决策、企业运营管理、市场交易策略等方面的实际操作能力。在电力项目投资决策方面，详细介绍了投资决策的方法和工具。在企业运营管理方面，深入分析了电力企业运营管理的关键环节和优化策略。在市场交易策略方面，详细解读了如何根据市场价格波动制定合理的交易策略，降低交易风险，提高市场竞争力。

通过这些前瞻性内容的融入和实用性能力的培养，本教材能够满足行业发展对高素质专业人才的迫切需求。无论是从事电力工程技术、企业管理还是市场运营等工作，读者都能从教材中获取有价值的信息和实用的方法，使其在行业变革的浪潮中勇往直前，成为引领行业发展的佼佼者，为推动电力行业的创新发展贡献自己的力量。

本教材主要面向电力工程、能源经济、工商管理等相关专业的本科生、研究生，以及在电力行业辛勤耕耘的从业者。

对于初学者来说，本教材以通俗易懂的语言和循序渐进的方式，系统地介绍了电力经济与管理的各个方面，帮助他们快速建立起对电力产业的整体认知框架。教材中丰富的案例和图表，能够将抽象的理论知识具象化，使其更容易理解和吸收。例如，在讲解电力市场交易机制时，通过实际交易案例分析，初学者可以直观地了解不同交易方式的操作过程和特点，从而降低学习难度，增强学习兴趣。同时，教材中的基础知识部分也为他们进一步深入学习专业课程打下了坚实的基础，引导读者逐步踏入电力经济与管理的知识殿堂。

而对于资深从业人士而言，本教材的多学科融合视角和前瞻性内容，能够帮助他们拓宽视野，从更高的维度分析行业问题。例如，在面对能源转型带来的挑战时，资深从业者可以借助教材中对电力经济、电力企业管理理论的综合运用，深入思考电力企业在实现"碳中和"目标下的战略转型路径，以及如何在复杂的政策环境和市场竞争中保持领先地位。此外，教材中的深度理论分析和最新研究成果也能激发他们的思维创新，为解决实际工作中的难题提供新的思路和方法。

衷心希望本教材能够成为读者在电力经济与管理领域探索求知的得力助手。在未来的发展道路上，电力行业将继续面临诸多机遇与挑战，如全球能源结构调整加速、电力市场竞争日益激烈、科技创新对行业的深度重塑等。凭借本教材所提供的全面知识体系、独特视角和实用方法，读者将能够更好地适应行业变化，把握发展机遇，为推动电力行业的繁荣发展贡献自己的智慧和力量。同时，也期待读者能够在学习和实践过程中，对教材内容提出宝贵的意见和建议，共同促进电力经济与管理相关学科的不断完善和发展。

编　者
2024 年 12 月

目 录

第 1 章

概　　述

1.1　电力经济概述

1.1.1　电力工业的经济问题

1831 年法拉第发现了电磁感应定律。在此基础上，很快出现了原始的交流发电机、直流发电机和直流电动机。第一次高压输电出现于 1882 年。法国人 M·德波列茨将位于汉巴赫煤矿的蒸汽机发出的电能输送到 57km 外的慕尼黑，并用以驱动水泵。采用的电压为直流 1500~2000V，输送的功率约 1.5kW。这个输电系统虽规模很小，却可认为是世界上第一个电力系统，因为它包含了电力系统的各个重要组成部分，即发电、输电、用电设备。1882 年爱迪生电气照明公司（创建于 1878 年）在伦敦建立了第一座发电站，安装了三台 110V "巨汉"号直流发电机，这种发电机可以为 1500 个 16W 的白炽灯供电。生产的发展对输送功率和输送距离提出了进一步要求，以致直流输电已不能满足实际需求，产生了电力发展史上著名的 "交、直流电之争"，即以特斯拉为代表人物的交流输电方式和以爱迪生为代表人物的直流输电方式之间的竞争，这场争论使影响电力推广应用的技术障碍得以消除，正是获胜的西屋公司和特斯拉的交流输电技术使得电力获得了大发展。1885 年在制成变压器的基础上，实现了单相交流输电；1891 年在制成三相变压器和三相异步电动机的基础上，实现了三相交流输电。1891 年在法兰克福举行的国际电工技术展览会上，在德国人奥斯卡·冯·密勒主持下展出的输电系统，奠定了近代输电技术的基础。在随后的发展中，三相交流制的优越性很快显示出来，使运用三相交流制的发电厂迅速发展，而直流制不久便被淘汰。

与 19 世纪末电力系统的雏形相比，现代电力系统不仅在输电电压、输送距离、输送功率等方面有了成千上万倍的增长，而且在电源构成、负荷成分等方面也有很大变化。电源构成不仅有燃烧煤、石油、天然气等利用化学能发电的火力发电厂，利用水能发电的水力发电厂，利用核能发电的原子能发电厂，还有利用太阳能、风能、潮汐能、地热能等发电的发电厂。在负荷成分方面，不仅有电动机、电灯，还出现了相当比重的数字家电、电力电子装置、电动汽车等新型负荷。随着电力系统的迅速扩大，输电功率和输电距离的进一步增加，交流电遇到了一系列不可克服的技术上的障碍（比如稳定问题），而大功率电力电子变换器（整流、逆变、变频、变压等）的研制成功，突破了直流输电技术上的障碍，因此直流输电重新受到了人们的重视。另外，新能源的大规模开发利用也为直流输电的复兴提供了新机遇。比如，新型的柔性直流输电技术特别适合海上风电的传输。现代电力系统的另一特点是其运行管理上的高度自动化。如今，电力系统的各个主要环节不仅配备了日益数字化、智能化的测量、保护、控制装置，而且还配备了支撑系统运行的能量管理系统。

电力自从被有规模使用以来，经历了一个从商品到公共产品，再到商品的发展循环。自电灯发明以来的大部分时间里，电力行业都是由政府管制的。在起初的几十年中，电力被当作一种谋取经济利益的纯粹商品，恶性竞争阻碍了电力系统的规模化发展和技术进步。因此，在20世纪30年代后，电力工业基本成为一种公共事业，由政府进行管制。电力工业作为公共事业也一直采用垂直一体化的管理方式，并且取得了巨大的成果。但是，从20世纪70年代末开始，一些经济学家开始质疑垂直一体化垄断的电力行业。他们认为，一方面，现有的管制方式缺乏有效的投资信号，导致投资过度和投资不足交替产生，而管制错误的代价却一直由公众承担。另一方面，电力企业也缺乏提高运行效率的有效机制。

21世纪以来，世界各国的电力工业正在经历着重大的变革。为应对气候变化，全球已有130多个国家宣布了碳中和的方案，其关键在于能源转型，而新型电力系统是实现能源转型的重要载体。能源转型、可再生能源的大规模接入和新型电力系统建设给电力系统规划和运行带来重大挑战，传统电力工业的粗放式管理和发展模式无法实现有效的激励和约束。电力系统相关专业的传统课程都是从工程技术的角度进行审视的，随着现代电力系统日趋复杂，学会如何从经济学、管理学、金融学、财政学等多学科角度审视与分析发电、输配电、用电的各个环节的经济管理问题，成为电力工程领域学生能力提升的主要方面。

电力工业是国民经济发展中最重要的基础能源产业，不仅关系到国家能源安全与经济发展的全局问题，也与人们日常的生产、生活息息相关。电力既具有商品属性，同时也是重要的生产资料，保持发用电实时平衡是电力系统安全稳定运行的前提，因此电力又不是普通商品。电力经济研究的是电能生产、传输、利用过程中的经济活动和价值规律。相对于电力系统而言，电力行业的经济关系形成一个复杂的社会系统，它除包含电力系统、市场系统和企业系统作为其子系统外，还包括与相关宏观经济、产业结构、资源环境、金融体系、法律法规等的相互关系，需要广阔的专业知识基础。电价问题是电力经济的核心问题，既反映电力的商品属性，又带有公共政策的特征；既与电力行业紧密相关，又涉及社会经济的方方面面，属于一类非常特殊的价格问题。

1.1.2　电价基础知识

由于电价问题的复杂性、电力工业在国民经济中的基础性地位以及电力产品的公共性，电价问题牵一发而动全身，并且与其他能源价格紧密相关，曾经作为国家宏观调控的手段。当前的电价结构和电价水平（尤其是折旧和财务费用）是我国长期以来各种电价政策历史沉淀的产物，由于电厂的建设和运行寿命周期跨度可长达几十年，不同历史阶段的电价政策和投融资政策对当前成本和价格的构成有重大影响。

电价问题又可分为两个方面：一是回答什么是合理的电价，即电能成本与价值分析（即"价值问题"）；二是回答这个合理价格应如何形成，即电价形成机制（即"价格问题"）。价格是价值的外在表现，并且不能偏离价值太远。在计划经济模式下，最理想的电价水平应等于电能的真实价值；在市场经济模式下，市场电价应围绕电能真实价值上下波动。电价问题的研究需要建立在对电力系统规划、运行规律深入认识的基础上并紧密结合相关经济学理论进行。由于电力产品是国家重要的基础性资源，并非普通商品，因此电价除了商品属性，还有复杂的公共产品属性，体现国家的产业发展导向，因此形成一系列政策性电价，包括：煤电价格联动电价、发电上网标杆电价、用户分类与目录电价、基金及附加电价、还本付息电价、脱硫电价、城乡用电同网同价、高耗能产业差别电价、可再生能源发电上网电价、居民用电阶梯电价等。

由于电能难以大规模存储，生产与消费必须实时平衡，因而电能的价值具有鲜明的时间特性。另外，电能商品的生产、传输和消费必须通过覆盖辽阔地域的电力系统来进行，各地电能生产和消费的成本不同，而且区域经济发展水平对电价的承受能力也有差异。因此，电能价值也有鲜明的空间特性。完善的电价体系对电力生产和消费的调控所起的关键作用已逐渐成为人们的共识。如实行峰谷电价，引导发电厂积极参与调峰和电力用户调整负荷；实行丰枯电价，鼓励发展有调节能力的水电；实行分类销售电价，根据国家产业政策引导电力消费等。合理的电价形成机制和电价体系的建立需要科学理论的指导，也需要可以具体操作、便于计算的方法和手段。电价一般采用基于会计学的定价理论与方法，和一般商品定价没有本质的区别。与传统会计学方法确定电价的机制不同，经济学方法不着眼于账面收支平衡，而注重于电力资源的优化利用，其实质是微观经济学的边际成本理论在电价问题中的应用和发展。

电能由于其在物理上的无差异性，以及复杂电力系统的存在，成为世界上最复杂的商品之一。"一滴水中见大海"，1 度电的成本中体现了整个电力系统的成本。除特殊情况外，电力负荷无法由单个电源供电，因此电能的价值必须放在整个电力系统中考虑，而且不同类型电源在电力系统中的价值存在一定的相互替代性。电能的定价应以对电能价值规律的深入分析为基础，并建立基于电力系统优化规划、优化运行原理的电能成本分析数学模型，它是一个大规模的复杂系统优化问题。电能成本问题的研究可分为短期成本分析与长期成本分析，其理论基础是微观经济学有关生产成本的理论和相关的数学优化理论，特别是数学优化中的对偶优化原理与有限资源影子价格密切相关。电能短期成本分析的核心是电力系统运行优化，重点是形成与电能量有关的价格；电能长期成本分析的核心是电力系统优化规划，重点是形成与发输电容量有关的价格。

基于会计学的电力定价理论与方法着眼于账面上的平衡，即会计成本（折旧、营运、税收）加利润。其中折旧率和利润率受到政府的控制，且由于它是基于平均成本的概念，因此是静态平衡的和"向后看"的，也无法产生分时电价结构。因而部分经济学家主张，像电力这类与国民经济密切相关的公用事业性企业，应当采用经济学方法定价，即电价取决于经济学成本（可用有限电力资源的影子成本来度量），加上经济学效益（可用需求摄动的边际成本来度量）。经济学定价的一大特点是模型化，以最大限度排除人为因素影响，从而增强了其客观性和科学性。电力定价的会计学方法和经济学方法可结合起来使用。

从 20 世纪 70 年代起，世界各国都开始酝酿电力市场改革。区别于会计学成本定价模式，市场化的电价取决于经济学成本与经济学效益，由于一般基于经济学中的"边际"概念，需要采用数学优化模型计算出来。从 2002 年《国务院关于印发电力体制改革方案的通知》（国发〔2002〕5 号，下简称"5 号文"）起，我国着手进行电力体制改革并建立合理的电价形成机制，将电价划分为上网电价、输电电价、配电电价和终端销售电价，从会计学成本定价逐渐向经济学成本定价过渡，逐渐形成发电、输配、售电的三环节电价。

2015 年 3 月 15 日中共中央、国务院发布的《关于进一步深化电力体制改革的若干意见》（中发〔2015〕9 号，下简称"9 号文"）进一步完善了电力体制改革以"管住中间、放开两头"为重点的总体思路和改革方案。"9 号文"旨在打破电网"统购统销"的经营模式，建立发电方（供给方）和用电方（需求方）的直接交易关系，将"有序推进电价改革，理顺电价形成机制"作为改革重点任务。发电企业和电力用户（或售电公司）可以通过多种方式开展批发交易，形成电能量批发价格。售电公司和其代理的电力用户之间形成电能量零售价格。对于输配电价部分，价格核定的原则是"准许成本＋合理收益"。因此，在新一轮电力体制改革所建立的电价体系中，用户终端电价的形成机制为

用户终端电价＝市场电能量交易电价＋输配电价＋辅助服务费用＋政府性基金及附加

电力与国计民生密切相关，属于基础性产品，因此电价体系具有鲜明的公共政策属性。除电能成本外，电价体系还体现出复杂的社会经济属性和国家的产业发展导向，也与绿色低碳发展紧密相关。长期以来，我国电价政策根据宏观经济形势和电力供需情况及时调整变化，对促进电力工业持续、健康发展，提高电力资源配置效率起到了积极作用。由于我国电力行业多种所有制经济长期并存，电价体系的公共政策属性将始终存在。

1.1.3　电力技术经济学

电力系统规划、电力工程建设和造价控制等需要以电力技术经济分析为基础。电力技术经济学是技术经济学的一个分支。技术经济学是自然科学（技术）和社会科学（经济）两大学科交叉渗透、综合应用的产物。电力技术经济学作为技术经济学的一个分支，也具有技术经济学的一般内涵。电力工业生产的技术经济特点和电力产业的特殊规律，使电力技术经济学的内涵也具备其本身的特殊性。电力技术经济学的研究内容是在技术、经济、社会、生态相互协调发展的原则下，正确认识和处理电力技术和电力经济及其他方面的相互关系，寻求其客观发展规律、最佳配置规律及均衡协调规律。电力生产建设项目的试验研究、勘察考察、规划设计、建设施工、生产运行、使用维修、销售服务等都是电力技术经济学的研究内容。从电力系统组成环节来说，电力技术经济学要研究发电、输电、配电、供电和用电环节所涉及的技术经济问题。

电力技术经济学研究的常用方法有：

（1）盈亏平衡分析法，根据项目或技术方案，决策者从经营盈亏平衡和盈亏水平出发，有效且精准地预测项目或技术方案投资风险。按照项目或技术方案正式投入后的盈亏平衡点或保本点开展决策分析，通过这样的方式有效预判项目或技术方案投入的风险，或者定量找出亏损的经济临界点，使其成为决策的有效依据。

（2）成本效益比法，通过评价对象功能对项目或技术方案进行分析，然后开展方案评分，其中成本比例为衡量方案质量的关键指标。另外，在预测成本时还要进行敏感度分析，以更好地评价电力工程项目预测方案的适用性。

（3）价值工程法，主要通过集体智慧和有组织的活动，结合产品或服务开展功能性分析，以最低的成本提高产品质量或服务功能。价值工程理念主要体现在通过分析所选对象的角色和成本有效提高对象的价值。

（4）概率分析法，是主要应用概率论基本理念，对其中部分不确定性和风险性因素进行电力项目经济评价的一种电力分析方法。概率分析采用概率论进行计算，分布结果的准确性从根本上影响相关变量概率判断的准确性。一般需要按照之前事件发生概率的经验进行全面调查与分析，进而有效预测与推算需要应用的数据。

工程项目的经济评价是其可行性研究的重要内容和确定方案的重要依据。在制定电力系统规划或做火电厂、水电站、输变电工程等专项工程的可行性研究及初步设计时，都必须认真做好经济评价工作。工程项目的经济评价包括国民经济评价和财务评价。国民经济评价是从国民经济全局观点对工程项目的净效益进行分析计算，并以此判断该项目在经济上的合理性。财务评价主要是在现行财税制度和条件下，考察项目在财务上的可行性。工程项目的经济评价应以国民经济评价为主，方案的经济比较原则上应通过国民经济评价来确定。

目前采用的经济评价方法包括3类：静态评价法、动态评价法、不确定评价法。在评价工程项目投资的经济效果时，如不考虑资金的时间价值，则称为静态评价法。静态评价法比较简单直观，但难以考虑工程项目在使用期内收益和费用的变化，难以考虑各方案使用寿命的差异，特别是不能考虑资金的时间因素。因此一般只用于简单项目的初步可行性研究阶段。对电力系统规划来说，由于工程项目的周期长，且涉及众多使用寿命不同的子项目，如火电厂、水电站、输电线路等，在规划期内费用比较复杂，大多采用动态评价法。该方法考虑了资金的时间因素，比较符合资金的动态规律，因而给出的经济评价更符合实际。常用的动态评价法包括：净现值法、内部收益率法、费用现值法、等年费用法。

电力技术经济学的一个特殊问题是电力工程造价的分析与管控。电力工程项目具有投资周期长且投资资金庞大等显著特性，使电力工程造价管控过程中的招投标、决策、设计、施工和竣工验收成为可能。在电力工程建设中，全面加强造价管理工作有助于提高电力工程整体效益，实现多方共赢。工程造价是指一项工程的建设成本，也就是在项目建设后实际发生成本的总和。从业务角度看，工程造价是指整个工程的建设成本，也就是为工程建设所需支付的费用，如施工费、材料费、设备费、建设利息、税务等。从承包商角度分析，工程造价是指项目工程实际发生的成本，也就是工程建设整个周期发生的费用，包括人工费、设备费、材料费、水电费等。工程造价所涵盖的内容非常广泛，电力工程建设涉及多个学科，包括电力工程学、建筑学、经济学等，同时工程造价也决定了工程的规模和质量。工程造价和项目决策有直接关联，无论是投资方还是施工方，都要根据工程造价标准做好资金储备、投资决策。在项目工程建设完毕后，还要根据造价预估标准对工程成本进行评估，分析是否达到了造价管控要求。

1.2 电力市场概述

1.2.1 电力市场的定义

从广义上说，只要存在电力的买卖关系，就可以认为是电力市场（power markets 或 electricity markets），这个市场既可以是竞争的，也可以是垄断的。在一些教材和行业资料中，电力市场指在垄断模式下的电力营销，主要是对电力需求的分析和预测，包括电力总体需求、各行业的电力需求、影响电力需求的因素、需求预测等。但在大多数场合，"电力市场"指竞争的电力市场，即在竞争机制下开展电力交易的市场。在本书中，如果没有特别说明，"电力市场"也都是指这个含义。

我国较早引入电力市场理念中，对电力市场这样定义：电力市场是采用法律、经济等手段，本着公平竞争、自愿互利的原则，对电力系统中发电、输电、供电、用户等各成员组织协调运行的管理机构和执行系统的总和❶。可以看到，这个定义中强调了几点：系统、经济手段、竞争和协调。

（1）系统。这里所说的"电力市场"，是指通过市场进行交易的整个系统，不仅包括进行电力交易的市场（包括交易所、计量系统、计算机系统、通信系统等），也包括电力系统这个物理的网络（包括发电厂、电网、供电公司和用户等）。所有这些都是电力市场的研究对象。

（2）经济手段。电力市场强调采用经济（市场）的手段来对电力系统进行运行、管理，而不是传统的计划手段。垄断模式下，对于电厂来说，其发电量、售电的价格都是由政府或集中的调度决定的，而电力市场环境下，发电量和价格都由市场决定。电力企业要根据其自身的利益最大化来进行决策。

（3）竞争。强调市场中各成员之间要展开公平的竞争。

---

❶ 《电力市场》（于尔铿等中国电力出版社，1998 年）。

在垄断模式下，不同的电厂之间、不同的供电局之间是没有竞争的，或者存在很少的竞争。对于发电厂来说，电价和电量都是由政府确定，发电厂之间不存在真正的经济上的竞争。对于供电局来说，所辖范围内的用户由其供电，如果不考虑其他替代能源和电力的竞争，供电局是不存在任何竞争的。这里所说其他能源包括热力、煤气等。

电力市场环境下，发电、输电、配电和售电将分别由不同的实体经营，在发电厂之间和售电公司之间都会存在竞争。对于电厂来说，谁的报价低，谁就可能多发电；对售电公司来说，谁的零售电价低、服务水平高，谁将得到更多的用户。经济手段与竞争是所有市场所共有的特征，也是电力市场与传统电力体制相比不同的地方。

（4）协调。电力市场中的交易必须有一定的计划性和协调性。这是由于与普通的商品市场相比，电力市场有很多特殊的属性，如电力难以大规模存储、必须保证实时的供需平衡、电网的安全约束、电力系统的规模效应等。这些使得电力市场和别的市场相比更加复杂，电力市场的机制，不能照搬任何其他市场的机制，必须根据电力系统的技术经济特性来设计。因此，电力市场是一个全新的研究领域，即使对经济学来说，也是一个挑战，因为经典经济学的市场理论可能不适用于电力市场，需要寻找新的解决途径。

1.2.2 电力市场改革的背景

目前，大多数国家都已经、正在或将要进行电力市场的改革。改革的背景是什么？为什么这么多国家要进行改革？

1. 全球放松管制的趋势

近些年在全球范围内出现了电力市场改革的浪潮，这并不是一个孤立的事件，它是与全球范围内的整体经济环境和经济发展相一致的。垄断经营还是市场化竞争，实际上是经济学中一直在争论的市场与政府谁应该主导经济的问题。关于对这个问题的看法主要经历了三个阶段。

19世纪经济学发展的初期，大多数经济学家和政治家奉行自由主义，认为应该让市场发挥最大的效益。20世纪20~70年代，资本主义社会频频发生周期性的经济危机，苏联及其他实行计划经济的国家的经济在第二次世界大战后得到了飞速发展，对市场的指责逐渐增多，许多实行市场经济的国家都纷纷进行国有化或对经济加强了国家的管制。

20世纪70年代以后，市场经济国家的经济飞速发展，苏联解体，许多实行计划经济的国家也纷纷选择了市场经济，经济学家和政治家都认识到，政府对经济过多的管制会带来许多负面影响，不利于经济效率的提高，市场逐渐又重新占领了主导地位，许多传统上的垄断行业，如银行、石油与天然气、交通、电信等都纷纷引入竞争、解除管制，并取得了很好的效果，效率得到了提高，成本与价格有所降低，同时用户有了更多的选择。

2. 网络产业经济学和规制经济学等的发展

网络产业是以某种网络为依托的产业，如航空、电信、铁路、供气等。传统的网络产业经济学曾认为：网络行业是自然垄断的行业，网络服务与传输服务不可分，必须由一家企业经营。

随着网络产业经济学的发展，经济学家逐渐认识到网络行业中的不同环节是可以分开的，可以采用不同的方法经营。网络的基础设施，比如机场、铁塔、管网等可以采用政府控制的垄断经营方式，但是网络的使用是可以开放的，应该让更多的参与者进入，在某种程度上引入竞争。

电力系统属于典型的网络产业。同样的，网络基础设施（包括输电网和配电网）属于自然垄断环节，一个地区只应有一个网络，但是发电和售电领域都可以引入一定的竞争。

3. 传统电力行业运营模式下的弊端

垄断经营下的许多弊端越来越明显，这是引起电力市场改革浪潮的一个直接原因。

在 20 世纪 80 年代以前，无论是计划经济国家，还是市场经济国家，其电力行业都是垂直垄断经营的，即一个地区的发电、输电、配电、供电都由一个公司集中垄断经营。计划经济国家和欧洲一些国家如英国电力行业往往是国有化的，由国家直接经营电力行业，而美国和其他一些国家虽然没有国有化，电力公司是投资者所有的，但各级政府仍然对电力公司的经营进行严格的管制。这种垂直集中的运营模式在电力系统规模比较小时能发挥规模经济和统一管理的优势，可以促进电力工业的迅速发展，但随着电力系统规模的不断扩大、规模经济性逐渐减弱，其弊端越来越明显：

（1）从调度看，一方面电力系统是一个庞大、复杂的系统，调度机构越来越难以及时获得全部的信息；另一方面即使调度能得到所有的信息也没有优化调度的动力。

（2）从发电看，由于没有竞争，发电厂没有进行技术改造、提高效率、减小成本的动力；用户被视为被动的负荷，没有动力或能力参与电网的调节。

（3）从政府看，电力行业投资巨大、经济负担沉重。

总之，由于在垄断模式下缺乏竞争，造成电力企业机制僵化、效率低下、成本居高不下，服务质量也不尽如人意。

4. 发电领域规模经济的衰竭和分布式发电的发展

随着发电机组规模的不断扩大，其技术也变得越来越复杂，但发电领域规模经济的优势越来越弱。同时，分布式和小型发电技术的发展使得小型电厂的成本越来越低。分布式发电是指通过规模不大（几十千瓦到几十兆瓦），分布在负荷附近的发电设施经济、可靠地发电，包括微型燃气轮机、风力发电机、太阳能发电设备、燃料电池等。近年来，技术的进步使分布式发电的成本不断降低，其在电力系统中占的比重也越来越大。发电领域规模经济的衰竭和分布式发电的快速发展使得发电领域的竞争成为可能，极大地促进了电力市场化改革。

1.2.3 电力市场改革的内容

电力行业的市场化改革，具体要对什么进行改革？进行电力市场改革要进行哪些工作？这里我们用电力市场中常用的几个词来概括：打破垄断（monopoly breakup）、放松管制（deregulation）、结构重组（restructuring）、服务分解（unbinding）和分类计价（unbundling）。

1. 打破垄断

竞争是所有市场包括电力市场的一个基本特征。因此，打破垂直的、水平的垄断，在具有竞争潜力的领域，主要是发电和售电领域引入竞争便是电力市场改革的一个最主要、最直接的内容。

2. 放松管制

放松管制是要解除或放松政府对电力企业的管制。其实质含义是放松管制，因为即使是在竞争的市场中，对于类似电力这样的关系国计民生的，消费者与生产者相比处于劣势的行业，政府在某些方面还是要进行一定的管制。

放松管制主要是对西方市场经济国家的垄断行业来说的，其特点有垄断经营、缺乏竞争、人员臃肿、效率低下。要进行市场化运营，就要引入竞争，也就必然要放松管制，但放开到什么程度则要依具体情况而定。在发电领域，由于可以引入较多的竞争，管制应限于准入监管、防止发电商之间的勾结、防止滥用市场力和限制最高报价等；对网络型企业，由于其服务仍然具有垄断性，对其管制相对要多一些，除了进入管制、保证网络的无歧视开放，一般还要控制网络型企业的收益和价格的制定。

3. 结构重组

电力市场要引入竞争，必然要打破垄断，包括垂直的、水平的垄断。这样，电力行业的结构必然要进行重组，结构重组是开展市场化运营、引入竞争的一个基本的条件。各国的电力市场改革大多都是从结构重组开始的。

一般来说，重组一方面是纵向打破垂直垄断，将具有竞争潜质的发电和售电业务从电网公司分离出来；另一方面是横向打破地区垄断，形成更大范围的区域输电组织（Regional Transmission Organization，RTO）或独立系统运营商（Independent System Operator，ISO）。另外，可能还需要进行一些所有权方面的调整，有些电力行业在改革前为国有的国家（如英国），首先对原有资产实施厂网分开和私有化重组。

我国2002年进行的第一轮电力体制改革中，也是先进行结构上的重组。结构上的重组包括以下内容：

首先是重组国家电力公司。电力系统不再是国家的行政机构，而成为独立经营的企业。国家电力公司仍然是垄断的，即发电、输电、配电、供电仍然是捆绑在一起的。但这还远没有达到市场化的要求，而只是市场化的一个步骤。

电厂从电力公司分离，即"厂网分开"，这在我国已经完成。厂网分开，要从经营上、产权上完全分开，才可能实现公平的竞价上网。

2015年启动的以"管住中间、放开两头"为重点的新一轮电力体制改革则试图进一步将配售电业务从电网企业分离出来。打破电网"统购统销"的经营模式，建立发电方和用电方的直接交易关系。

从横向方面，要消除或减少市场壁垒和地方保护主义。由于我国行政体制的特点，我国形成了"省为实体"的电力行业管理格局，容易形成省间壁垒。目前国家的电力改革思路已经确定，将加快建设全国统一电力市场体系，进一步减少或消除地方之间的壁垒。

4. 服务分解与分类计价

在垄断模式下，只有一种服务，即提供捆绑式的电能供应服务。对应的，也只有一个价格，即终端用户的购电价格。

电力市场要将发电、输电、配电、售电从组织结构上分开，分别由不同的实体来经营。因此电力市场环境下电能供应服务将被分解为发电服务、输电服务、配电服务和售电服务（服务分解），需要分别对每种服务根据其特点确定相应的交易方式和定价方式（分类计价）。

电力市场环境下，市场中将存在多种服务的多个市场和多个价格。

（1）发电厂的上网电价。这是发电厂关心的一个主要问题，主要反映发电成本和电力的供需情况。

（2）输电服务的价格。使用输电网的价格反映输电网的成本和输电网的供需情况。

（3）配电服务的价格。使用配电网的价格反映配电网的成本和供需情况。

（4）售电服务的价格。售电服务的价格反映电力交易、电力计量、电费结算等的费用。

（5）终端用户支付的电价。用户的电价是以上几个价格的综合反映。

以上几个方面强调的重点不同，但其最终目标都是一样的，相互之间也是关联的。打破垄断往往以结构重组为前提，即将电力企业分成发、输、配、售等独立的企业；结构重组必然导致服务分解和分类计价；引入竞争也必然要求放松对企业的管制。电力市场改革的最终目标是：建立竞争的市场机制，提高电力行业的效率，为消费者提供优质、廉价、灵活多样的电力服务等。

1.2.4 我国电力行业的市场化改革

1. 我国电力行业的发展历程

我国电力行业的市场化改革是在我国经济发展与改革的大环境下产生的，是电力行业进一步发展的要求。

1949 年后电力得到了迅速的发展。到 1965 年底，我国电力装机容量达到 1206 万 kW，发电量 572 亿 kWh，基本满足了经济恢复和发展的需要。但是由于经济增长快，20 世纪 70 年代初期出现了全国性的缺电局面。到 1978 年，全国发电装机缺口达 1000 万 kW，发电量缺口达 400 亿 kWh。

为了解决缺电的现状，党中央和国务院于 1984 年 8 月明确了多家办电、集资办电的方针，同年国务院批准华东电网采取工业用电提价不超过两分钱的办法征收地方电力建设基金，并于 1988 年推广到全国，为地方办电建立了稳定的资金来源。

从 1985 年起，国家预算内基本建设投资全部由拨款改为贷款。1986 年，国务院明确集资电厂可以独立经营并与电网签订供电经济合同，也可委托电网代为经营管理；实行多种电价，独立经营的集资电厂的售电价格允许浮动。

为了吸引外资，集资办电同样对外商开放。1985 年，深圳与香港合和电力有限公司合资建设沙角电厂，用 BOT 方式经营管理。广东与香港合资建设经营大亚湾核电站，成立华能国际和新力等电力开发公司利用外资办电，以后许多外商纷纷到中国投资办电。

集资办电政策吸引了各方投资建设新电厂，但是由于电力建设周期长，在很长一段时期内电力发展速度仍然赶不上国民经济的增长速度。到 1986 年，全国发电装机缺口达 1400 万～1500 万 kW，发电量缺口达 600 亿～700 亿 kWh，全国还有 35％ 的农户没有用上电。由于电力缺口大，拉闸限电频繁。

1987 年 9 月，国务院提出"政企分开、省为实体、联合电网、统一调度、集资办电"和"因地因网制宜"的方针。这样，电力得到了较大的发展，并逐渐出现了产权的多元化——国资、外资、合资、股份、地方投资等。在此后的 10 多年间，我国电力装机增长 240％，净增装机 2.4 亿多千瓦。到 1997 年底，我国电力工业基本实现了供需平衡。

但是集资办电、省为实体等政策在促进电力发展的同时，也给电力系统的运行、管理带来了一些新的问题，特别是在供需平衡甚至某些地区出现供大于求的情况以后。对电厂的上网电价实行"一机一价一批"，电厂投资高回报，零风险，导致电厂投资成本居高不下；在电力资源配置中，由于地方利益、政策差异等因素，一些地方政府宁愿让成本高得多、污染又大的小水电厂发电，也不愿买其他省的水电，省间壁垒造成严重的浪费（比如二滩水电站，曾经出现过 2/3 的电力卖不出去）；由于电网仍然是由垄断的企业集中调度，不容易实现对多元利益主体的公平对待，不利于进一步吸引投资。

1995 年开始，浙江、安徽等省在省内实行模拟电力市场。1997 年 1 月，国家电力公司成立，1998 年 3 月撤销电力部，电力行业成为独立经营的企业。1999 年，国家电力公司在浙江、山东、上海、辽宁、吉林、黑龙江等 6 省市进行厂网分开、竞价上网的改革试点。2000 年山东、上海、浙江发电侧电力市场相继投入商业化运行。

2. 电力行业重组

"5 号文"，主要从政策层面指出了电力资产的重组方案。根据"5 号文"，原国家电力公司管理的资产按照发电和电网两类业务划分，并分别进行资产重组。

原国家电力公司拥有的发电资产重组为规模大致相当 5 个全国性的独立发电企业，包括中国华能集团公司、中国大唐集团公司、中国华电集团公司、中国国电集团公司和中国电力投资集团公司。每个发电集团的总资产120亿元人民币左右，大多实行总经理负责制。

在电网方面，成立国家电网公司和南方电网公司。国家电网公司作为原国家电力公司管理的电网资产出资人代表，按国有独资形式设置，在国家计划中实行单列。由国家电网公司负责组建华北（含山东）、东北（含内蒙古东部）、西北、华东（含福建）和华中（含重庆、四川）五个区域电网有限责任公司或股份有限公司。西藏电力企业由国家电网公司代管。

南方电网公司由广东、海南和原国家电力公司在云南、贵州、广西的电网资产组成，按各方面拥有的电网净资产比例，由控股方负责组建南方电网公司。

3. 区域电力市场建设

2003年7月，国家电监会发布了《关于区域电力市场建设的指导意见》，其中指出电力市场建设的指导思想是：从我国的国情出发，借鉴国外电力市场建设的经验，遵循社会主义市场经济规律和电力工业发展规律，以厂网分开、竞价上网为基础，以区域电力市场建设为重点，打破市场壁垒，充分发挥市场配置资源的基础性作用，优化电力资源配置，促进电力工业持续健康发展，满足国民经济发展和人民生活水平提高对电力的需要。

2004年1月15日，我国的第一个区域电力市场——东北区域电力市场开始模拟运行。根据东北电力市场的实际和特点，东北区域电力市场将在东北电网覆盖的辽宁省、吉林省和黑龙江省，内蒙古自治区东部的赤峰市、通辽市以及兴安盟、呼盟建立一个区域电力调度交易中心，在辽宁、吉林、黑龙江三省设电力结算中心，区域电力市场实行统一市场规则、统一交易平台和统一电力调度。区域电力调度交易中心负责电力市场交易、调度和结算，披露电力市场信息，规范服务行为，并接受电力监管机构的监管。各省电力结算中心接受区域电力调度交易中心的业务指导，由本省电网公司负责管理，为省内电力企业提供结算服务，并接受电力监管机构的监管。东北区域电力市场的市场主体是东北电网公司及辽宁、吉林和黑龙江三省电网公司、独立发电公司及与东北电网联网的其他电力公司。模拟运行参加交易的发电企业26家，总装机容量为2174万kW。首先启动市场模拟运行的是月度交易，本着总体设计、分步实施、稳步推进的原则，逐步开放发电权交易、日前交易、实时交易、双边交易，以及辅助服务交易和电力金融交易等交易品种。

2004年5月18日，我国继东北区域电力市场之后又一个区域电力市场——华东区域电力市场正式进入模拟运行。华东电力市场模拟运行，初期以年度合同和月度竞争为主。并考虑随着技术支持系统相应功能的完备，适时开展日前竞争和实时平衡。模拟运行期间，首先对市场注册、月度报价、交易排序、信息发布、监管程序等五个环节进行模拟，再将调度、计量、结算等环节纳入模拟运行的范围。竞价容量4338.8万kW，占华东总装机容量的一半以上。

"5号文"指出了我国电力行业的重组方式，《关于区域电力市场建设的指导意见》确定了区域电力市场的基本框架，东北区域电力市场和华东区域电力市场的改革处于初步的阶段，很多改革的细节问题没有解决或确定。

4. 新一轮电力市场化改革

2015年3月，中共中央、国务院下发了《关于进一步深化电力体制改革的若干意见》（中发〔2015〕9号），标志着新一轮电力市场化改革的开始。"9号文"明确了深化改革坚持市场化方向，以建立健全电力市场机制为主要目标，按照"管住中间、放开两头"的体制架构，有序放开输配以外的竞争性环节电价，有序向社会资本放开配售电业务，有序放开公益性和调节性以外的发用电计划，逐步打破垄断，改变电网企业统购统销电力的状况，推动市场主体直接交易，充分发挥市场在资源配置中的决定性作用。同时，进一步强化政府监管，进一步强化电力统筹规划，进一步强化电力安全高效运行和可靠供应，推动电力工业朝着安全、科学、高效、清洁的方向发展。

在这一轮改革中，全国所有省份均建立了电力交易机构，并在区域层面组建了北京、广州电力交易中心。这些交易中心负责所辖区域内的电力批发市场的中长期交易，发电企业和售电公司、大用户通过双边协商和集中竞价等方式进行交易。广东、浙江等 8 个省份和区域开展了电力现货交易的首批试点工作，目前已经过多轮结算试运行，以验证规则、测试系统、发现问题、优化改进。第二、三批现货市场的建设也已提上日程。

电力零售市场是"管住中间、放开两头"体制中的另一个重点内容。电力零售市场部分放开，即有部分符合要求的用户有资格进入电力市场，在电力零售市场中与售电公司签订合同，通过售电公司参与电力批发市场。

作为被管住的"中间"，输配电价改革也是本轮电力体制改革的一个重要环节。这一轮改革中，国家核减了电网企业的准许收入，批复了新的输配电价，降价空间用于降低工商企业电价。此外，还批复了多个增量配电业务的试点，配电网的配电价格可以通过多种方法确定。覆盖跨省跨区输电工程、区域电网、省级电网、地方电网和增量配电网的全环节输配电价格监管制度框架已经建立。

2021 年 11 月，中央全面深化改革委员会第二十二次会议审议通过了《关于加快建设全国统一电力市场体系的指导意见》，并于 2022 年 1 月 18 日由国家发改委、国家能源局正式发布（发改体改〔2022〕118 号）。指导意见提出要健全多层次统一电力市场体系，加快建设国家电力市场，引导全国、省（区、市）、区域各层次电力市场协同运行、融合发展，规范统一的交易规则和技术标准，推动形成多元竞争的电力市场格局。从此，我国电力市场化改革又翻开了新的一页。

1.2.5 电力市场的研究内容

电力市场可能带来很多方面的效益，比如降低发电成本、提高对用户的服务水平、实行公平的调度、吸引各方面的投资、促进相关技术和科学的发展等，但电力市场也会引起一些新的问题，比如交易费用问题、市场失灵问题、电网安全运行问题等。要使市场充分发挥其作用，必须设计合理的市场模式，并解决许多相关的经济技术问题。但是，尽管从最早的电力市场改革到现在已经有 30 多年了，已经有很多国家和地区都建立了电力市场，但目前仍然还有很多问题没有解决。如有些市场运行还很不稳定，美国加州在 2001 年春的电力危机是最明显的例子，大规模停电、电力批发价格飞涨、电力公司破产。英国电力市场中也出现过发电厂利用市场力来提高和控制市场价格的问题。伴随着全球气候变化和能源转型的加速，世界范围内电力市场中各类事件接连不断，地缘冲突和全球能源危机引起能源价格飙升并波及电力市场，引起各方广泛关注。对电力市场相关问题的解决方案成了市场成败的关键，对这些问题的研究也引起了电力工作者、经济学家、政治家等的广泛关注，电力市场研究成为电力系统领域最重要的研究内容之一。

有关电力市场的研究主要集中在几个方面：定价方法，市场模式与交易机制，市场环境下的电力企业运营，以及为了保证电力系统和电力市场安全稳定运行的一些相关技术问题。其中定价方法将在本书电力经济篇中介绍。

1. 市场模式与交易机制

电力市场改革能否顺利地进行，能否取得好的效果，关键的问题之一是市场模式、交易规则的设计。好的市场模式和规则可提高电力企业的生产效率和服务水平，降低生产成本，带来巨大的经济效益；而拙劣的市场设计可能导致生产效率的下降，甚至引起严重的灾难。

美国加州的电力危机就给加州经济甚至整个美国的经济都造成了极其不好的影响。电力市场模式及规则的设计必须慎重进行，要进行详细的、深入的研究。市场模式是一个系统，包括市场方方面面的解决方案。

（1）组织结构与产权形式。电力市场改革最首要的内容就是选择合适的组织结构及产权形式对电力企业进行重组，也就是对发电、输电、调度、配电、交易、售电等职能如何组合，形成哪些企业，产权形式如何。一般来说，电力市场改革后电力行业都进行了私有化，但在不同的国家和不同的阶段下，这些职能的组合方式可能都不太一样。比如英国电力市场中输电、调度和电力交易的职能都由国家电网公司（National Grid Company）承担；美国电力市场的调度和交易一般由独立系统运营商（Independent System Operator，ISO）和区域输电组织（Regional Transmission Organization，RTO）进行，而电网所有权则属于另外的公司；在我国，"5号文"确定了全国形成两大电网公司和多个发电公司。

（2）市场模式及交易方式。电力市场中提供的商品或服务包括发电、输电、配电、售电等，需要确定每种服务的定价方法和交易方式，这是电力市场研究的最主要的内容之一。对于竞争领域的服务，比如发电和售电，主要是设计合理的交易方式，而价格由市场竞争确定。比如，对发电市场中的电能交易需要确定是采取单一购买者（single buyer）模式、联营体（Joint Venture）模式、双边交易模式、多边交易模式还是混合模式；对于联营体中的交易需要进一步确定是按统一出清价结算还是按报价结算（pay-as-bid），采用单部制投标还是多部制投标，用户是否参与竞价等。对具有垄断属性的输电和配电服务，需要由政府或在管制下由企业制订合理的定价方法，既能保证电网公司收回投资并获得适当的收益，又能在电网用户之间公平地分摊成本，引导电力市场的安全经济运行。另外，对于各种服务，如何设计和协调远期合约（forward contract）、期货交易（futures）和现货市场（spot market）也是需要研究的问题。

（3）对企业的管制方法。电力市场实际上由发电市场、输电市场、配电市场和售电市场共同组成。输电和配电是自然垄断的市场，具有竞争潜质的发电和售电市场，竞争也是很不充分的，一般是寡头垄断或不完全竞争市场。为了保护消费者的利益，增加社会效益，政府必须进行一定的管制，如对市场进入的审查，防止市场勾结，防止滥用市场力，防止过高价格，保证服务质量等。目前，我国电力监管的方式主要由国家能源局及其派出机构负责，依法进行并遵循公开、公正和效率的原则。监管内容包括对电力市场成员履行电力系统安全义务、参与市场交易资质、执行市场运行规则、交易结算、信息披露、资金管理等方面的监管。特别地，对发电企业、电网企业、售电企业、电力用户等不同主体，还有针对性地监管其市场份额、合同执行、调度指令执行、输配电服务开放等具体情况。此外，还包括对电力市场运营机构的监管，确保电力调度的公正性及市场规则的执行。监管措施涵盖了市场准入、交易组织、计量结算等多个方面，并通过监管信息系统接入、信用体系管理等手段加强监管力度。这些监管方式旨在保障电力市场的统一、开放、竞争和有序，促进电力行业的健康发展。

（4）市场整体结构。对于一个比较大的国家或地区，还要考虑市场整体结构的问题，比如说，整个国家或地区的电力市场分为几级、每级包括几个市场，各市场之间的关系等。从经济效率的角度，市场越大越有利于资源的最优配置，但实际中并不是越大越好。一方面，市场的扩大可能会带来交易费用的增加；另一方面，即使扩大市场使得社会总福利增加，也不意味着消费者福利的增加和每个地区社会福利的增加。市场扩大后，原低价区的电价可能会升高，从而使其消费者的利益受到损失，而原高价区的电力企业也可能由于发电减少而使其利益受到损害。在我国，由于各个地区之间的经济发展水平差异比较大，这个问题会十分突出。

市场模式，是电力市场研究的最核心的问题，但同时也是最困难的一个问题。电力市场模式的确定不仅需要有丰富的电力系统知识和经验，还需要在经济学领域有很深的研究。其中一些问题的解决，可能需要多个领域的创新。

2. 市场环境下的电力企业运营

电力市场条件下，电力企业的经营环境发生了很大的变化，因此其经营策略也必须相应地转变。电力市场改革以前，电力企业考虑的主要是安全运行的问题，而在电力市场下，为了得到最大的收益，需要更多考虑经济方面的一些问题，如成本核算、风险分析、竞价或定价策略、多样化经营等。企业具体的经营方式和研究重点与电力市场的具体模式有很大的关系，在不同的市场模式下，企业需要考虑的问题及其经营策略是不同的。

（1）发电商。发电商是电力市场中最重要的参与者。在市场环境下，由于其发电机的有功功率（出力）的大小、价格的高低都由市场来决定，其盈利的多少与其报价有着密切的关系。因此，市场环境下发电商在市场中得到最大的利润的竞价策略是当前电力市场研究中很重要的一个方面。

（2）售电公司。电力市场的另外一个重要的参与者是售电公司。如果交易规则允许用户自由选择售电公司，售电公司就必须通过各种途径来吸引用户和增加收益，其中一个重要的途径就是研究用户的偏好，提供用户喜好的多样化服务。如果售电公司从批发市场购买电力，需要与发电商一样研究报价策略；如果通过与发电商的双边交易购电，则需要寻找最佳的交易对象以实现发电、输电总成本的最小。

（3）用户。电力市场环境下的用户必须对市场作出相应的反应。对于直接参与电力批发市场竞价的大用户，存在与供电公司类似的问题，需要研究报价策略；在供电开放的市场，对于不直接参与电力批发市场的小用户，需要通过比较不同供电商提供的服务的质量、价格等来选择合适的服务商和服务类型；如果用户面对实时电价，需要根据价格变化情况确定自己不同时段的用电计划。

（4）电网公司。对于电网公司来说，必须分析每项投资的成本与可能带来的收益进行投资决策。在市场环境下，系统潮流的变化更加频繁，安全裕度可能更小，但对安全性的要求并没有降低，而且系统调度员与垄断模式下相比掌握的信息更少了，因此必须研究更加迅速、准确的调度与安全分析、控制方法，在系统输电容量不足即发生阻塞时，迅速确定最优的解决方案。

（5）电源电网规划。在垄断体制下，电力系统的所有资产，包括电源和电网都属于同一个电力公司，因此可以根据负荷预测进行统一的规划。电力市场环境下，电源与电网属于不同的所有者，电源的建设也由不同的投资者进行，因此无论是电源的规划还是电网的规划，都变得更加复杂。电源的规划是统一进行还是由投资者自行确定；在电源规划不确定的情况下，如何进行电网规划，由谁来进行电网规划；电源规划与电网规划如何协调等都是有待解决的问题。

3. 电力市场中的相关技术问题

除了政策方法、规则方面的问题，相关技术问题的解决方案也会对电力市场的实施效果产生很大的影响。

（1）电力市场技术支持系统。电力市场技术支持系统是电力市场赖以运行的基础，支持系统的好坏将直接影响市场运行的结果。电力市场技术支持系统一般包括：发电报价子系统、实时调度子系统、安全控制子系统、能量管理子系统、电能计量子系统、结算与合同管理子系统、交易管理子系统、信息发布子系统等。其关键技术问题包括利用数据仓库等先进的计算机软件技术进行海量数据的存储与管理、统一数据模型的建立及各实体之间快速准确的通信、与现有 EMS/MIS（能源管理系统/管理信息系统）等系统的集成等。

（2）系统状态的量化评估。在电力市场环境下，要快速地进行安全分析，制定控制策略并对市场交易提供正确的经济信号，调度员对系统的结构、当前的状态和稳定程度必须有清晰的认识，因此必须对系统状态进行量化评估，即用简单的、具体的数字来说明系统当前的状态，而不是模糊的安全与不安全、稳定与不稳定。电力市场中常用的一种指标为可用输电容量（Available Transfer Capacity，ATC），表明电网在当前状态下还可以输送多少能量，美国的电力市场要求电网在网络上公开并及时更新 ATC 数据。

（3）实时分析计算。电力市场环境下需要进行大量的实时分析和计算，要求在很短的时间内对系统的安全性进行评估，在发生安全问题时，要很快地提供解决方案。现有的安全分析大多是基于离线的分析，速度较慢，而部分在线分析方法在精度上又不能满足系统的要求。在电力市场实际运行中，迫切需要研究快速的在线安全分析和控制决策系统。

（4）状态估计。要实现在线的分析，必须先得到关于系统状态的准确的数据。这就需要从能量管理系统 EMS 中获取数据，其中包括大量的冗余数据，并用状态估计的方法对系统状态进行估计。能量管理系统在电力系统中应用已有很多年了，但状态估计的结果并不令人满意。电力市场下对状态估计的精确性和分析速度都提出了更高的要求。错误的或不良的、不精确的数据会给安全分析带来严重的后果，状态估计要满足电力市场下实时安全分析的需要。

（5）电能计量技术。电力市场环境下实时电价的实现依赖于实时计量技术的发展。如果用户没有安装实时电能表，实时电价就无从谈起。同时，如果实时电能表的价格过高，用户将不愿意安装实时电能表。因此，电力市场中一般先对大用户实施实时电价，而随着计量技术的发展，逐渐会有更多的小用户选择实时电价。

（6）柔性交流输电系统（FACTS）技术。电力市场下，远距离、大容量的电力传输将会越来越多，潮流的变化也会越来越频繁、剧烈，对系统进行快速、灵活的控制就显得越来越重要。FACTS 技术是提高输电容量、改善系统可控性的重要的手段，在电力市场下，显得尤其重要。除了传统的 FACTS 研究内容，还有新型 FACTS 元件的开发、FACTS 元件的建模和控制等。与电力市场相关的研究还包括对不同 FACTS 元件的协调控制问题，特别是当所有权分散在不同所有者手中时的情况，以及使用 FACTS 元件进行安全控制的经济性分析等问题。

（7）碳排放权市场。碳排放权市场简称碳市场，是人为设计的利用市场机制控制和减少温室气体排放的政策工具，是实现碳减排目标的一项重要政策工具。在大多数国家，电力行业是碳排放最大的一个行业，市场化机制无论在电力行业还是低碳领域，都被认为是提高资源配置效率的关键因素。我国提出了力争在 2030 年前实现碳达峰、2060 年前实现碳中和的目标（简称"双碳"目标），并于 2021 年 7 月从发电行业起步建立全国统一碳市场。电力行业积极响应，通过发展新型电力系统、改革电价机制、深化电力体制改革等措施助力"双碳"目标的实现。由于电力市场和碳市场在参与主体、交易产品、市场价格等方面深度耦合，因此在研究电力市场机制设计的同时也必须对碳市场的机制设计以及电—碳市场的耦合联动开展研究。

1.3 电力企业管理概述

1.3.1 我国电力企业的发展历程

电力企业的发展历程与电力体制改革息息相关。1985 年之前政企合一，国家独家垄断经营阶段。这一时期的突出矛盾是体制性问题造成电力供应严重短缺。1985—1997 年，为了解决电力供应严重短缺的问题，实行了发电市场的部分开放，以鼓励社会投资。这一时期的突出矛盾是政企合一和垂直一体化垄断两大问题。

1997 年至 2000 年，以解决政企合一问题作为改革的重点，成立了国家电力公司，同时将政府的行业管理职能移交到经济综合部门。这一时期的突出矛盾演变成垂直一体化垄断的问题。此次改革的主线是市场化取向改革的逐步深化、政企关系的逐步确立，以及集中解决不同时期存在的突出矛盾。

从 1997 年 1 月到 2002 年 2 月，国家电力公司成为电力体制改革领域的主角，在这一时期，电力体制改革主要分为三个阶段。第一阶段是国家电力公司与电力部双轨运行时期。第二阶段，撤销电力部，国家电力公司单轨运行。第三阶段，国家电力公司被拆分阶段。2002 年 2 月 10 日，国家电力公司被重组为国家电网公司和华北、东北、西北、华东、华中五个具有独立法人地位的大区电网子公司，五大区电网公司不再在国家计划单列。同时，国家电网公司用云、贵、桂三省电网资产参股以广东电力公司为主的南方电网公司，由此形成了"2＋5"模式下的中国电网格局。2002 年 10 月 15 日，电力体制改革工作小组第四次会议召开。《关于发电资产重组划分的请示》获得批复。与此同时，国家电力公司还拆分出 5 家发电集团和 4 家辅业集团，至此，"5 号文"背景下的中国电力体制改革方案最终确定。按照国务院统一部署，国家电网公司、南方电网公司和各发电集团公司于 2002 年 12 月 29 日挂牌并正式运转。

国家电力监管委员会等 12 家涉及电力体制改革的相关企业和单位于 2002 年 12 月 29 日正式成立。此次同时挂牌的 12 家电力体制改革（简称电改）单位，包括国家电力监管委员会、国家电网和南方电网两大电网公司、五大发电集团和四大辅业集团。五大发电集团为：中国华能集团有限公司、中国华电集团有限公司、中国国电集团有限公司、国家电力投资集团有限公司和中国大唐集团有限公司。四大辅业集团为：水电水利规划设计总院、电力规划设计总院两个设计单位，中国葛洲坝集团有限公司和中国水利水电建设集团公司两个施工单位。南方电网公司由广西、贵州、云南、海南和广东五省电网组合而成。国家电网公司下设华北（含山东）、东北（含内蒙古东部）、华东（含福建）、华中（含四川、重庆）和西北五个区域电网公司。

新成立的五大发电集团资产占内地电力资产总额 33.8％。国家有关部门对五大发电集团制订了较明确的资产重组方案。华能集团将增加部分水电资产和西部地区发电资产，可控容量将达到 3627 万 kW，权益容量 1938 万 kW。中国电力投资集团公司将拥有原国家电力公司在香港注册的中国电力国际有限公司的资产，可控容量将达 2889 万 kW，权益容量为 2196 万 kW。其余三家集团中，大唐集团拥有北京大唐发电股份有限公司，可控容量 3225 万 kW，权益容量 2035 万 kW；华电集团拥有山东国际电源开发股份有限公司，可控容量 3109 万 kW，权益容量 2092 万 kW；中国国电集团有限公司拥有龙源集团，可控容量 3043 万 kW，权益容量 2035 万 kW。在国家电力投资集团有限公司全部的发电资产中，没有进入重组的发电可控容量达 4053.51 万 kW，权益容量达 3384.05 万 kW，占国电全部资产约

20%。在五大发电集团之外，隶属于原国家计委的国华电力、隶属于国家开发投资公司的国投电力以及长江电力，这些公司组成仅次于五大发电集团的第二梯队。

《国企改革三年行动方案》明确提出了"清理退出不具备优势的非主营业务"的要求。多年来，主辅分离改革取得了一定成效，但仍需要继续推进。2011 年 9 月 28 日，2011 年，国家电网公司、南方电网公司省级（区域）公司所属辅业单位分离，并与中国电力工程顾问集团公司、中国水电工程顾问集团公司、中国水利水电建设集团公司、中国葛洲坝集团公司四家中央电力设计施工企业重组，组建了两家实力相当，融设计施工业务一体化的综合性电力建设集团，中国能源建设集团有限公司（简称中国能建）和中国电力建设集团有限公司（简称中国电建）在北京成立。

1.3.2 电力企业管理

1. 企业管理的概念

企业管理是为了保证企业生产经营获得的政策进行和实现企业的既定目标，对企业的生产、技术和经营等活动进行计划、组织、指挥、协调和控制。

2. 企业管理的任务

为了实现企业的目标，企业管理应该完成如下几项工作任务。

（1）合理地组织生产经营活动。生产经营活动是企业活动的中心，管理是为生产经营服务的。为保证生产经营活动的顺利进行，企业必须建立高效的组织机构，制定科学的管理制度，使上下级之间、各部门之间、各环节之间职责分明、权责一致、信息畅通、协调配合。

（2）有效地利用人力、物力、财力、信息等各种资源。人、财、物、信息是企业构成的基本要素，也是企业管理的基本对象，只有有效地利用这些资源，才能降低成本、节约费用、提高企业的经济效益。经济效益提高了，才能为社会提供价廉物美的产品和优质服务，才能更好地满足社会需求。

（3）促进社会进步，不断提高企业竞争实力。"科学技术是第一生产力"，企业管理应不断地促进企业技术进步，尽快地把科学投入发展的新成果，转换成企业的直接生产力，开发新产品，发展新市场，不断提高企业的竞争实力。

（4）加强职工教育，开发人力资源。企业管理的核心是对人的管理。人的力量是无穷的，人力资源是企业财富的源泉。加强职工教育，不断地提高职工的科技知识和业务技术水平，不仅是开发企业人力资源的有效途径，而且是企业发展的根本战略。

（5）协调内外关系，增强企业的环境适应性。企业是社会经济系统的一个子系统，企业外部的政治、经济、社会和科学技术等环境因素都会对企业的生存和发展产生极大的影响。而且，企业是一个开放的动态系统，它与外部环境之间进行着广泛的物质、能量和信息的交换。在这些影响和交换中，必然会产生各种各样的矛盾，这就需要通过企业的管理活动进行内外关系的协调，并不断调整内部结构，使企业适应外部环境的变化。

3. 电力企业管理的特点

（1）电力企业管理的概念。

电力企业管理，是指遵循电力生产经营活动的自然规律和客观经济规律，对统一电力系统及其组成部分——发电、输电、变电、配电和用电的生产、流通和消费全过程，实施各项管理功能，进行生产经营活动，以实现电力企业的经营目标，满足社会对电力供应的需要。

（2）电力企业管理的特点和内容。

现代电力工业是一种高度集中的电能社会化大生产的行业。除了具有社会化大生产的一般管理规律外，电力企业管理还有很强的行业特点。这些特点从不同方面反映了电力工业发展和电力生产经营活动的客观规律，是电力企业生产经营管理的出发点和基础，并且决定了电力企业生产经营管理的主要内容。电力企业管理的主要特点和由这些特点决定的主要内容可以概括为以下几个方面。

1）电力产、供、销的同时性决定了电力电量的平衡管理是电力企业生产经营管理的主要内容。电力系统内的供电功率、供电量必须与用户的用电功率、用电量保持严格的平衡。这是保证向用户安全、可靠、优质供电的基本条件。为了实现这一平衡，电力企业必须做好用户负荷预测、电网发展规划、电力基本建设、电网调度管理等工作，并保证电力系统有足够的备用容量和充足的一次能源储备。电力企业生产经营管理应以电力电量平衡管理为主体，协调其他计划和工作之间的平衡关系，并据此制定企业的经营目标，进行生产经营活动。电力产、供、销的同时性，还决定了电力企业生产经营活动与整个电力用户之间的相互依存关系。电力企业必须通过供电管理，协调发供电与用电的关系，保持电力电量平衡和供给合格电能，从而使有限的电力得到合理利用，发挥其最大的社会经济效益。

2）电力发展的先行性决定了电力工业必须超常规发展。经济发展规模越大，速度越快，越要增大电能在总能源消费中的比重，形成电力发展速度高于国民经济发展速度的规律。同时，电力不能储存的特点，又决定了发展电力工业的唯一途径是依靠增加新的生产能力，即电网要不断发展建设。因此，科学地制定电力开发方针，确定电力超前发展计划，加快电力建设规模和速度，调动各方面积极性等，是电力企业生产经营的重要内容。只有电力发展先行了，才能保证宏观的经济效益，使电力企业真正做到充足、可靠的供电。

3）电力生产供应的高度安全可靠性决定了电力企业管理必须坚持"安全第一"的方针。电力是现代化建设的能源物质基础，电力事故是工业的灾难，安全发供电关系各行各业，影响千家万户，电力企业管理必须把"安全第一"作为永久性的方针，切实抓好电网的可靠管理。电网可靠性是指电网对用户连续可靠供电的水平。这种水平是建立在概率数学基础上的定量评价，加强电网可靠管理，要从规划、设计、制造、基本建设和生产运行各方面做好工作，只有这样，才能保证向用户供电的可靠性达到较高水平。

4）电力生产的技术和资金密集性决定了资金、技术、设备的管理是电力企业管理的重要内容。电力企业是技术、资金密集型企业，设备贵重，技术先进，占用资金量特别大。而且，电力超常规发展，必须有更多的高电压、大容量的机组、超高压输电线路投入运行，新的科技成果要推广应用，使得电力企业的有机构成不断提高。因此，搞好技术经济分析，提高投资效果；不断采用新技术，更新设备；加强生产技术管理和设备管理，提高设备利用率已成为影响电力企业经济效益的关键因素。

5）电力发、供、用紧密相连，互相依存，不可分割，统一整体的特点，决定了必须对电网进行协同管理。电网协同管理可以通过统一规划、统一建设、统一调度来实现。协同管理有利于电网合理布局，有利于动力资源合理利用，有利于电网合理布局，有利于电网安全可靠和经济运行，有利于电力合理分配使用和充分发挥电网的经济效益。

6）电力供应的地方公益服务性要求电力企业管理必须以"人民电业为人民"为服务宗旨，做好为地方、用户用电服务和管理工作。同时，还要争取地方关心、支持电力工业的发展建设工作。

7）电价的合理性和多样性要求电价改革，切实搞好电价管理。要在国家价格政策指导下，根据发、输、用电的特点，按电力企业合理受益、用户公平负担的原则，分用户类别和用电方式来制定出多种电价，同时还要建立正常的电价调整制度，调节电力供求关系。

8）发电能源的高效率性要求认真做好动力资源的合理开发和利用，确定合理的电源结构和布局，正确规定各类电源在电网中的运行方式，实行经济调度，搞好能源定额管理等工作，以有效利用能源，节约能源，不断提高电力企业的经济效益和社会效益。

1.3.3 电力企业管理的基础工作

1. 电力企业管理基础工作的含义

电力企业管理基础工作，是企业在生产经营活动中，为实现企业的经营目标和有效执行各项管理职能，提供资料依据、共同准则、基本手段和前提条件等专业管理工作。它主要包括：建立健全企业各项规章制度、标准化工作、计量工作、信息工作、定额工作、原始记录与统计工作和基础教育工作等。

2. 电力企业管理基础工作的作用

基础工作是构成企业素质重要的基本要素，是提高企业管理水平的重要途径。企业管理基础工作的作用具体表现为：

（1）为企业有效地组织生产经营活动，建立正常的生产经营秩序提供必要的管理手段和管理方法。

（2）为企业各项管理职能和业务提供依据和标准。

（3）改善企业素质，提高经济效益的基本条件和前提。

（4）提高企业管理水平和实现管理现代化的起点。

实践证明，完善和提高企业管理水平，离不开基础工作，管理现代化必须在坚实的基础工作上起步和发展。基础工作为企业管理提供了实践条件和依据，而企业管理水平的提升又使基础工作得到充实、发展、完善和提高。企业管理与基础工作相辅相成，彼此促进，共同发展。可以说，没有企业管理的基础工作就没有企业管理，更谈不上企业管理的现代化。

3. 电力企业基础工作的内容

（1）建立健全企业各项规章制度。规章制度是企业为保证生产经营活动正常进行而对生产技术、经济等项活动所制订的各项规则、章程、程序和办法的总称，是企业全体职工在生产经营活动中共同遵守的规范和准则。电力企业规章制度是社会化大生产的客观需要，它既反映合理组织电能生产经营的要求，又反映生产关系的要求。规章制度使全体职工在各项生产经营活动中明确分工、各负其责，相互协作，做到有章可循，有据可依，保证电能生产经营活动顺利进行，并取得预期效果。

为确保规章制度的贯彻执行，除要加强职工教育、搞好培训、提高职工技术业务水平外，更应结合企业制度改革的要求，将责任制渗透到各项规章制度中，建立和健全以责任制为核心的规章制度。

电力企业规章制度主要包括生产技术规程、管理工作制度和各种形式的责任制。

1）生产技术规程。生产技术规程是按照电力生产技术过程客观规律的要求，对电网规划，生产运行指挥，设备、仪器的使用和维护，安全技术和电能质量等方面所作的规定，是指导电力职工进行生产技术活动的规范和准则。

电力企业已形成了关于电力生产、安全、设备及技术管理的规章制度的电力企业的"三规十制"。"三规"是指电力生产的安全规程、运行规程、检修规程。"十制"是指各类人员的岗位责任制、运行管理调度、检修管理制度、设备管理制度、安全管理制度、技术培训制度、备品配件管理制度、能源管理制度、技术档案和技术资料管理制度、合理化建议与技术改进管理制度。

2）管理工作制度。管理工作制度是按照电力企业生产经营管理的要求，对各项管理工作的范围、内容、程序和方法等所作的规定，是指导全体电力职工进行各项管理活动的规范和准则。

建立一套科学的管理制度，可使电力企业各管理层次的负责人员有效地指挥和组织电能的生产经营活动，使企业的各个职能部门分工明确、职责清楚、相互协作、提高工效，最终实现企业目标。电力企业的管理制度有计划管理制度、统计工作制度、生产技术管理制度、调度管理制度、设备管理制度、劳动人事管理制度、电能销售管理制度、财务审计管理制度、生活福利管理制度及其他管理制度等。

3）责任制。

a. 岗位责任制。岗位责任制是发供电企业按照电能生产经营全过程的实际需要而设立的。它规定了每个岗位的职责和权限。

岗位责任制包括领导干部岗位责任制、各职能机构专业人员岗位责任制和生产工人岗位责任制。生产工人岗位责任制是责任制的基础，如按照《发、供电企业新体制模式方案》，火力发电厂可设立运行分场、燃料分场（燃料公司）、化学分场、维护分场 4 个分场，并相应规定了每个分场下设的 3 级机构各岗位的职责。各职能机构专职人员和领导干部的岗位责任制，通常以职责条例或办事细则的形式明确其任务、职责和权限。

岗位责任制是一项综合性制度，它将日常电力生产运行中的各项工作具体落实到每一个人身上，并与一定的经济奖惩相联系，从而极大地调动了职工的积极性、主动性和创造性，保证企业目标的根本实现。

b. 经济责任制。经济责任制是指企业在市场经济条件下，为提高企业整体素质而采取的激励性综合经营管理制度。企业经济责任制包括两个部分：一是扩大企业自主权，在企业与国家关系上实行经济责任制；二是在企业内部实行层层落实到人的经济责任制。这两者是不可分割的一个整体。

企业经济责任制的基本点是责、权、利紧密结合。责，即经济责任，企业应依法自主经营、自负盈亏、照章纳观，对出资者承担资产保值增值的责任前提。权，即经济权利，正确划分国家与企业及企业内部的经济权限，赋予企业必要的经营自主权利，企业职工民主管理企业的权利，是完善经济责任制的必要条件。利，即经济利益，正确处理国家、企业、个人三者的经济利益关系，将企业与个人完成经济责任的情况同他们的经济利益直接联系起来，真正体现按劳分配的原则，企业不但负盈，还应负亏，实行独立经济核算，这是促使企业和职工努力完成对国家的经济责任的经济动力。

电力企业经济责任制总体内容应满足以下要求：①符合国家方针政策；②确保上级指令性指标的完成；③确保企业年度目标的完成；④符合设备和人员素质状况；⑤坚持国内外先进水平或标准。

电力企业经济责任制内容由实施办法、承包办法（含承包合同）和综合通用考核细则等部分组成。经济责任制实施办法主要是规定全局、厂实施经济责任制应遵循的主要原则和各专项奖励办法，明确经济责任制的运转程序和时效区间及解释权的授予等。承包办法及经营承包合同，重点是明确各单位的承包内容、权利义务关系和奖惩条件。综合通用考核细则，主要是依据基础管理工作的要求，明确各项考核指标的奖惩额度。

（2）标准化工作。

1）标准化及标准化工作的含义。

标准化是指在经济技术、科学及管理等社会实践中，对重复性事物和概念，通过制订、发布和实施标准达到统一，以获得最佳秩序和社会效益的活动过程。

标准化工作是对电力企业各项标准的制订、执行和管理。它使得电力企业的生产、技术、经济活动和各项管理工作达到合理化、规范化和高效化。通过标准化工作，使电力企业建立起良好的生产秩序，发供电设备处于良好的技术状态，为电力企业电能生产经营活动确定良好的技术基础和管理条件。

2）企业标准化工作的任务。

a. 贯彻执行上级标准化的方针、政策、规定。

b. 制订和修订企业标准。

c. 建立和完善企业的标准体系。

d. 对标准的实施进行监督，以提高质量，降低消耗，增加效益。

e. 培训企业标准化人员，提高人员素质。

f. 逐步开展新技术、新工艺的标准化审查与管理工作。

g. 开展标准化情报交流。

（3）计量工作。计量是指用一种标准的单位量测定另一种量的值。它包括测试、试验及对各种理化性能的测定分析等。计量是企业经济活动中取得数据的重要手段，是电力企业的一项综合性的技术基础工作，对于实现电能生产、转换、传输、分配和使用的信息交流，促进技术进步，保障国家和人民利益具有重要意义。

计量工作是指计量检定、测试、化验分析等方面的计量技术和管理工作。它主要是用科学手段和方法，对电力企业生产经营活动中的量的和质的数值进行测算，为企业生产运行、科学试验、经营管理提供准确数据。它直接关系到电能质量、安全经济运行、环境保护和经济。

（4）信息工作。

1）信息及信息工作的含义。信息是指自然界和人类社会中一切事物自身运动状态以及它们之间相互联系、相互作用所表达或交换的内容。信息可以从各种不同角度，按其不同特征和作用进行各种分类，如生物信息、地质信息、气象信息、经济信息、科技信息、军事信息及管理信息等。信息是系统各组织之间联系的特殊形式，利用信息可以反映出各事物之间的相互关系，以及事物运动过程在时间和空间上的分布状况和变化程度。管理科学从一定意义上来说，可以看成是以研究处理信息为中心的科学。

围绕企业生产经营活动所收集和运用的各种信息，一般称为管理信息。它用于沟通企业组织机构间的意见，交流人员的思想，反映企业生产经营活动的情况和外部环境的变化。企业常用的信息有各类资料、报表、指令、报告、数据、凭证、密码等。

信息工作则是企业进行生产经营活动和进行决策、计划、控制所必需的资料、数据的收集、处理、传递和储存等管理工作。简单地说，信息工作是对管理信息的收集、处理、传递和储存等管理工作的总称。

2）信息工作在电力企业管理中的重要作用。

a. 信息是企业经营决策的依据。现代企业作为一个开放系统，每时每刻都要与外界环境发生密切联系。它要从外界输入各种能量和信息，包括资金、劳动力、原材料、技术、信息等，通过生产经营活动，向外部输出人力、产品、信息等。尤其是在市场经济条件下。为了适应买方市场的需要，要通过市场调查，搜集各种有用的信息，据此进行预测并做出正确的决策，使企业在激烈的市场竞争中处于不败之地。

b. 信息是对企业生产经营过程实行有效控制的工具。在企业的生产经营活动过程中，始终贯穿着两个"流动"，即物质流和信息流。物质流简称物流，是指由原材料等资源的输入到变为产成品而输出，是在物质生产系统内进行形态、性质的变化过程。信息流则对物流起着指挥和控制的作用，它要根据生产经营活动中的技术、经济规律来计划和调节物流的数量、流向、速度、目标，并驾驭物质使之做有目的、有规则的活动，并且通过反馈机构使实际结果同规定的目标、计划和各种标准进行比较，如有偏差，加以修正。信息如果失真，就会造成指挥错误；信息如果不合理，就会造成指挥混乱；信息如果反馈不及时，就会贻误良机或造成管理上的失控。

c. 信息是企业提高经济效益的必要手段，是管理的基本目的。影响经济效益的因素很多，但在人力、物力已定的情况下，特别是在科学技术迅速发展、创造发明日新月异的今天，信息已成为效益高低、事业成败的关键。国内外大量事实证明：在当前激烈竞争的环境里，谁的管理信息系统现代化水平高，谁重视信息资源的开发和利用，谁就能抓住时机，在竞争中取胜。因此，从这个意义上说，信息出速度、出效益、出财富，它是比物质和能量资源更为重要、更为关键的资源。

当前，知识经济在世界范围内悄然兴起，知识经济时代是信息时代，它使知识的经济功能通过信息载体得到充分的体现。企业管理的着力点必须加强信息化建设和管理，在信息的生产和利用上，必须要敏捷、快速、高效和协调统一，这应成为企业管理的重要职能。

（5）定额工作。

1）技术经济定额及定额工作的含义。技术经济定额是在一定的生产技术组织条件下，电力企业规定的人力、物力、财力的利用和消耗方面所遵循的标准，简称"定额"。电力企业各类技术经济定额的制定、执行和管理统称为定额工作。

电力企业技术经济定额的主要作用有 5 个方面：①是计划编制、统计监督和考核标准的计算依据；②是组织经济运行、贯彻按劳分配的科学依据；③是考核和分析电力生产经营活动成果的评价标准；④是总结推广先进经验和开展劳动竞赛的科学手段；⑤是企业管理现代化成果经济效益评价的依据。

定额管理的内容一般包括：发动群众制订和修订定额，定额的执行，分析定额完成情况并总结经验等。

2）技术经济定额的种类。技术经济定额多种多样，电力企业常用的有以下几种。

a. 劳动定额，在一定的生产技术组织条件下，为生产一定数量的产品或完成一定量的工作所预先规定的劳动消耗标准。有两种表现形式：一种是用时间表现的劳动定额，即工时定额；另一种是用产量表示的劳动定额，即产量定额。

b. 能源消耗定额。在一定的生产技术组织条件下，产品在开发、加工、生产过程中，所确定的能耗指标称为能源消耗定额。它包括单项能耗定额和综合能耗定额，其内容应包括：工艺能耗定额、设备能耗定额、产品能耗定额、产值能耗定额。如供电煤耗率、产品用电单耗、水电耗水率等。

c. 物资消耗定额。物资消耗定额是指在一定的生产技术组织条件下，制造单位产品或完成单位工作量所必须的物资消耗量。物资消耗定额按参与生产的特征或用途大体可分为：原材料消耗定额、主要材料消耗定额、辅助材料消耗定额、燃料消耗定额、电力消耗定额。

d. 设备利用定额。设备利用定额是指在一定的生产技术组织条件下，对于设备利用效率所规定的标准，如设备完好率、设备利用率、停机时间定额、单位机组产量定额等。

e. 储备定额，在一定的生产技术组织条件下，规定保证电力生产经营活动正常进行需要储备的物资数量标准，如燃料储备定额等。

f. 流动资金占用定额。流动资金占用定额是指在一定的生产技术组织条件下，保证电力企业生产、经营活动正常进行所必需的最低限度的流动资金数额，如主要储备资金、生产。

g. 管理费用定额。管理费用定额是指企业管理费和车间经费方面所分配的支出限额。

（6）基础教育工作。基础教育是指职工从事本职工作、履行本岗位职责所必须进行的基础思想政治教育和技术业务教育，包括品德教育、纪律教育、职业道德教育、生产操作、管理技能等基本训练以及管理现代化方法和手段等。

1）加强思想政治工作。企业思想政治工作要以建设有中国特色社会主义理论为指导，从实际出发，围绕企业不同阶段的中心工作，以职工为对象开展思想政治工作，不断提高职工的积极性、创造性和奉献精神，推动企业两个文明建设。

a. 思想政治工作的基本任务是：认真贯彻执行党的基本路线；提高职工素质；加强企业文化建设，培育企业精神，建设社会主义精神文明；做好生产经营中的思想政治工作，遵循规律，把握时机，协调关系，提高效益。

b. 思想政治工作的基本原则有：思想政治工作为经济建设服务的原则；思想政治工作与安全生产、经营管理相结合的原则；以抓积极因素为主的原则；疏通引导，以理服人的原则；身教与言教相结合，身教重于言教的原则；解决思想问题同关心、解决职工实际问题相结合的原则。

c. 思想政治工作的方法：运用全面质量管理的方法，动员全体职工参与，加强对思想政治工作的全方位、全过程的控制，不断加强和改进思想政治工作；建立、健全各级、各类人员的岗位责任制，党政工团互相配合，齐抓共管，共同开展思想政治工作；完善思想政治工作网络制度，坚持经常化、制度化，有针对性地做好思想政治工作；坚持进行正面教育，帮助职工树立正确的世界观、人生观和价值观；思想政治工作紧密与企业生产经营相结合，抓生产经营从抓思想政治工作入手，把思想政治工作渗透到企业的各项工作中去；树立榜样，培养典型，用榜样和典型激励职工，调动职工的积极性；加强感情投资，以最大的努力帮助职工解决实际问题和实际困难；加强企业文化建设，运用多种载体，开展形式多样的活动，寓教于乐；加强思想政治工作研究，在不断变化的形势下，研究新问题，总结新经验，创造新方法。

2）加强职业道德教育。职业道德是指人们在从事特定的行业职业中所应遵循的行为规范。电力行业的特点要求电力战线的全体职工具有高尚的职业道德。首先，电力是一种特殊的商品，各行各业都需要使用电力，因此电力部门的职工要与千家万户发生联系。同时，由于电力产供销的同时性，决定了电能质量的好坏与电力用户的利益直接关联，尤其是拉闸限电会给用户带来很大的经济损失。其次，电力企业由于其行业特性，在某些环节如输配电领域具有一定的自然垄断性，但这并不意味着它们在市场中具有垄断地位，所有这些电力行业的经营特点，都要求电力职工特别是直接和用户打交道的供电部门职工提高服务质量，端正行业作风，树立良好的信誉。

1.3.4　现代电力企业管理

1. 企业管理现代化

（1）企业管理现代化的概念。企业管理现代化是指在现有企业管理水平基础上，运用现代自然科学、现代技术科学、现代社会科学的成果，运用现代管理科学的理论和现代化管理方法及手段使企业生产经营达到当代的世界先进水平。企业管理现代化是一个系统的、整体的概念，是一个动态的过程。它的具体内容随着时间的推移而不断发生变化。

企业要重视战略管理，要根据实际情况，围绕实现企业的战略目标，按照系统观念和整体优化的要求，在管理人才、管理思想、管理组织、管理方法、管理手段等方面实现现代化，并把这几个方面的现代化内容同企业各项管理职能有机地联系起来，形成具有中国特色社会主义现代化的企业管理体系。

（2）企业管理现代化的主要内容。

1）管理思想的现代化，是要把企业看作是一个经济组织，是一个相对独立的商品生产者和经营者。企业的一切人员，尤其是企业领导者要树立市场观念、服务观念、竞争意识、革新观念、经济效益观念和经济战略观念等。一个企业既要搞好生产，又要搞活经营；既要有计划、预测，又要立足于市场，要多方面搞好为用户服务的工作，并且不断改善企业的管理组织、制度和方法，提高经济效益。

2）管理组织合理化，是企业要根据生产关系适应生产力，上层建筑适应经济基础的原理，根据集权和分权相结合，统一性和灵活性相结合的原则，建立起高效率的管理体制和管理机构，确定科学合理的生产组织和劳动组织，克服官僚主义，提高工作效率，促进生产力不断发展。

3）管理方法科学化，是要有一套适合现代化大生产要求的科学管理方法，使企业的各项管理工作做到标准化、系统化、准确化、文明化和最优化。

4）管理手段信息化。随着现代化工业生产的发展，企业信息量急剧增加，对信息处理的速度和准确性提出了更高的要求，生产经营中各种原始记录、统计资料、情报、报告、汇总表、总结等形式的信息交流，使管理人员的工作量大大增加。将电子计算机及其他先进的通信工具应用于管理，可以大大提高管理效率，而且电子计算机具有计算、数据储存、综合分析和自动控制等功能，能通过自动监督、自动调整，实现对生产过程的最优控制。

5）管理人员专业化，是企业管理人员中要有各方面的专家。现代化工业生产由于产品系列化、性能多元化、元件标准化、生产专业化，客观上要求从事企业中的设计、工艺、设备、制造、质量管理、供销、经济核算等工作的人员具备一定的专业知识，掌握必要的技术和方法。这种管理工作必然要求企业管理人员的专业化。

6）管理方式民主化，是企业管理要充分发扬民主，要发挥下级管理部门和管理人员的积极性、主动性和创造性，广泛地组织工人参加企业管理，这一点对社会主义企业来说尤为重要。21世纪是知识经济和信息化的时代，生产和销售呈现无国界性，给企业管理现代化也提出了新的挑战。企业要对管理制度、机制、技术、文化进行全面创新，着力提高创新设计能力和国际竞争能力，加速企业管理现代化的速度，以经济效率为中心，依靠科技进步和技术创新，全面提高品种质量，特别是尽快在国际互联网上建立电子商务全球销售网络，将产品推向国际市场，把资本和利润的"蛋糕"做大做强。

2. 电力经营管理现代化

（1）电力企业管理现代化的内容。企业管理现代化不仅要合理组织生产力，发展生产，也涉及生产关系和上层建筑的合理调整和变革。企业管理要现代化，中心问题是大幅度提高生产力，这就要求多方面地调整或改变同生产力发展不相适应的生产关系和上层建筑，调整、改变不适应的管理方式、活动方式和生活方式。按当代世界科学技术发展和先进工业国家发展的情况，结合我国经济管理的实际情况、企业经济管理现代化的主要内容是：管理思想现代化，管理组织现代化，管理方法、手段现代化，管理人才现代化、管理体制现代化。

1）管理思想现代化。要按照科学的管理理论管理企业，企业的生产经营活动和决策要遵循企业发展规律，按我国的实际情况应在管理思想上树立以下7个观念：

a. 社会化大生产观念，要认识和掌握现代电力生产的特点和规律，从过去管理小电厂、小电网的思想意识和传统经验管理观念中解放出来，建立管理大机组、大电厂、大电网的思想观念。

b. 市场观念，树立在社会主义市场经济体制下，商品生产、商品经营的市场意识，树立"人民电业为人民""为用户服务"的思想。

c. 投入产出观念，注重推进项目、投资多元化，电力生产能力扩大后，要善于调整各投资方经济利益，并能保证电网经济效益和社会效益。

d. 金融观念，要善于使用银行贷款，发行债券、股票，集中社会的力量及外资等渠道融资办电。

e. 竞争观念，既要重视主业，又要大力发展电力企业多种经营，在市场经济中开拓新局面，树立竞争思想，在竞争中求生存和发展。

f. 树立时间与信息观念，要充分发挥它们的作用，要对国内外经济、科技信息高度敏感，迅速收集分析，正确处理并及时做出相应的对策。

g. 智力开发观念，要重视智力投资、重视教育与科技的投入、重视人才因素的作用，要善于发现人才、培养人才、合理使用人才，要能吸引人才，并用有效的办法激励人才的成长。

作为现代电力企业，在社会主义市场经济体制下，要树立法治观念，树立为用户服务和对用户、对社会负责的观念，多种经营的观念，合理利用多种资源的观念，对国内外开放的观念，技术开放的观念等。

2）管理组织现代化。组织现代化是指企业的管理体系和管理机构要适应现代化生产的需要，也称为管理的高效化。按照现代化电网的结构要求，建立完善的现代化生产指挥系统和现代化的企业管理体系，在企业内部实行厂长（经理）负责制，实现统一、高效的生产指挥和经营管理。管理组织现代化必须坚持的原则是：讲求效率、效益的原则；统一指挥和专业分工相结合的原则；有效管理制度的原则；因事择人的原则；纵向、横向管理协调一致的原则；经济责任制上下配合、考核的原则。

3）管理方法、手段现代化，主要是指管理科学化，是在企业的生产经营管理中，采用符合客观规律的科学方法和管理手段，比如：在现代电力企业中的技术管理方面，推行可靠性管理；在生产经营方面，推行目标管理和网络技术管理，加强计划性管理和工程管理；在物资管理方面推行 ABC 分类法的经济管理；在电力行业公共关系方面，推行为用户服务、为电力工业发展服务；在火电、送变电设计方面，树立为生产服务思想，坚持"百年大计、质量第一"的全面质量管理，推行设计先进化、定型化、标准化、通用化；在修造企业和施工企业方面，推行全面质量管理。

电力企业管理手段的现代化主要是指用现代新技术设备实施管理，如电子计算机在管理体系中的广泛应用。要完善信息系统，应用运筹学、数理统计、系统工程、模拟技术等科学的理论与电子计算机结合，为管理决策和日常管理服务。

4）管理人才现代化。在实现管理现代化中，人是最活跃、最重要的因素，是现代化管理的关键。首先应注意企业领导集团的专家化，要坚持干部"四化"（革命化、年轻化、知识化、专业化）的方针。经营管理人员知识面要广，专业技术要精，要具有洞察力、想象力、判断力、计划力、指挥力等。特别是担任企业一级的经营管理领导，还必须具备经营决策能力和组织指挥能力，以及具有较高政策水平和一定的法律知识，能善于协调企业内外各方面的关系，能调动广大职工的积极性，具有很好的领导艺术。

5）管理体制现代化。"生产型"管理和"生产经营型"管理，代表着两个不同的管理时期，后者反映现代化管理的理论要求。管理体制现代化主要是指电力企业管理从生产型转变为生产经营型，在企业领导体制上实行厂长（经理）负责制，在企业内部经济核算上划小核算单位，引入竞争机制，建立起有效的激励和约束机制等。总之，管理体制的变革要按生产关系适应生产力发展的要求进行。

（2）电力企业管理现代化的标志。按照上述电力企业经济管理现代化的内容要求，实现电力企业经济管理现代化的标志为：

1）经营管理模式转轨变型，向集约型、控股型转变。

2）管理目标追求经济效益和效率，并把企业经济效益和社会效益统一起来。

3）管理观念更新，树立市场、效率、竞争、人才等观念。

4）管理组织合理化，建立规范的法人治理结构，采用动态的组织结构。

5）管理方法科学化，积极采用现代管理方法，使现代管理科学的新成果尽快在企业管理中充分发挥作用。

6）管理手段电子化，积极推广应用管理信息系统等现代办公自动化手段。

7）职工队伍高素质，培养和造就一支懂技术、善经营、会管理、通财务、熟法律的管理队伍和一专多能的职工队伍。

基础篇

第 2 章

微观经济学

2.1 成本与效益理论

2.1.1 成本分析

成本分析是电力定价与电力市场设计的基础，需对经济学中的各类成本有比较清晰的理解。总成本（total cost，TC）是在某种技术水平和要素价格情况下生产一定数量产品的最低总成本，随着产量的增长而增大。需要指出的是，总成本是在一定情况下的最低总成本，是各种生产要素最优组合下的成本。

总成本包括固定成本（fixed cost，FC）和可变成本（variable cost，VC）。其中，固定成本又称固定开销、沉淀成本（embedded cost），指一企业在某时段即使在产量为零时也会发生的成本，与产量无关，产量的变化不会影响固定成本，如厂房的建设费、利息支出、抵押支出、管理者费用等；可变成本是随着产出水平变化而变化的成本，包括原材料、工资和燃料等，如生产汽车需要的钢材，发电的煤耗、油耗等。总成本等于固定成本与可变成本之和。

机会成本（opportunity cost）又称经济成本，即已放弃的选择的最高价格，包括显性成本和隐性成本。

平均成本（average cost，AC）是总成本与产品数量之比。类似地，平均固定成本（average fixed cost，AFC）是固定成本与产量之比，平均可变成本（average variable cost，AVC）是可变成本与产量之比。

短期是指一个可以调整可变投入（如原料和劳动），但不能调整全部投入的时期。也就是说，在短期内，至少有一项成本，如厂房或设备费不能得到调整。不能调整的投入就是固定成本，可以调整的投入就是可变成本。

长期是指所有投入（包括劳动、原料和资本）都能得到调整的时期。因此，在长期，所有成本都是可变成本，没有固定成本。

在短期，固定成本是无法选择的，因此其成本是沉淀成本而不是机会成本。在长期，所有的成本都是可以选择，可以避免的，因此所有成本都是机会成本。

经济学中的一个重要概念是边际成本（marginal cost，MC）。边际是增加额外一单位某变量时另一变量的变化，即斜率、微增率。边际成本是多生产 1 单位产品所增加的成本。相应的，短期边际成本（short run marginal cost，SRMC）是在短期，固定成本不能变化的情况下多生产 1 单位产品所增加的成本，而长期边际成本（long run marginal cost，LRMC）是在长期，所有成本都能变化的情况下多生产 1 单位产品所增加的成本。

大多数产业在产量较小时边际成本随着产量的增加而降低，平均成本也随之降低，随着产量的增加，边际成本随产量增加而降低的幅度会越来越小，并逐渐变为随产量增加而增加。当边际成本增加到一定程度时，平均成本也开始随产量增加而增加。

如果厂商运行在平均成本下降的阶段，则认为该厂商具有规模经济，如果运行在平均成本上升的阶段，则认为该厂商具有规模不经济。当厂商具有规模经济的特性时，边际成本总是小于平均成本的。另外可以看到，是否存在规模经济是与产量有关的，在产量小时是规模经济，而产量增大后可能就是规模不经济了。

在电力行业中，无论在发电领域还是输电领域，由于固定成本大，都存在着显著的规模经济，但随着电力需求的增长，规模经济性都在逐渐减弱。

2.1.2　效益分析

总收益（total revenue，TR）是销售产品得到的所有收入，即价格与产量的乘积。而边际收益（marginal revenue，MR）是指出售额外一单位产品所能得到的收益的增量。供给曲线的变化会引起平衡点及出清价、产量的变化，因此生产厂商的收益也会随之发生变化。在不同的价格弹性下，价格和产量变化对企业收益的影响是不同的。如果需求缺乏弹性，降价会减少企业的总收益，涨价会增加企业的总收益，产品的边际收益小于 0；如果需求富有弹性，降价会增加企业的总收益，涨价会减少企业的总收益，产品的边际收益大于 0；如果需求为单位弹性，降价或涨价不会引起总收益的变化，产品的边际收益等于 0。电力是典型的缺乏价格弹性的行业，其价格弹性几乎为 0，因此涨价一般总会增加电力公司的总收益。

总收益减去总成本就是总利润（total profit，TP）。

总收益为

$$TR = p \times Q \tag{2-1}$$

式中：p 为价格；Q 为销量。

边际收益为

$$MR = \frac{\mathrm{d}TR}{\mathrm{d}q} \tag{2-2}$$

式中：q 为产量。

总利润为

$$Tp(q) = TR(q) - TC(q) \tag{2-3}$$

式中：TC 为总成本。

从式（2-1）~式（2-3）看到，企业利润是其产量的函数。当函数对产量的导数为零时，企业可以得到最大利润。

$$\frac{\mathrm{d}Tp}{\mathrm{d}q} = \frac{\mathrm{d}TR}{\mathrm{d}q} - \frac{\mathrm{d}TC}{\mathrm{d}q} = 0 \tag{2-4}$$

$$\frac{\mathrm{d}TR}{\mathrm{d}q} = \frac{\mathrm{d}TC}{\mathrm{d}q} \tag{2-5}$$

$$MR = MC \tag{2-6}$$

式中：MC 为边际成本。

也就是说，单个企业利润最大化的条件是，边际收入等于边际成本。

2.2　市场均衡与社会福利

2.2.1　需求与供给

1. 电力市场的需求

（1）需求的基本概念。在经济学中，对需求的定义是：对某种产品，其需求是在一定价格下消费者愿意并有能力购买的产品的数量。对需求的概念，需要注意以下几点。

首先，需求与需求量不一样。需求量是一个具体的数量，或者说是一个点。而需求是一个函数关系，可以表示成一曲线的形式，即需求曲线。需求曲线一般是一条向下的曲线，即价格越高，愿意购买的产品越少，这与日常的经验是一致的。这就是经济学中的需求法则：在其他条件相同的情况下，当价格升高时，产品的需求量减少。如图 2-1(a) 所示，D 为某产品的需求曲线，横轴表示产品的价格，纵轴表示产品的需求量。从图中看到，随着价格的上升，消费者对产品的需求逐渐减少。

其次，需求不等于需要，也不等于欲望。需求是在一定价格下消费者愿意并有能力购买的产品的数量，是有能力的欲望。但是不是所有人的需求都是有效需求呢？不是，因为不是每个人都有能力购买，或者不是每个人现在都有能力购买。

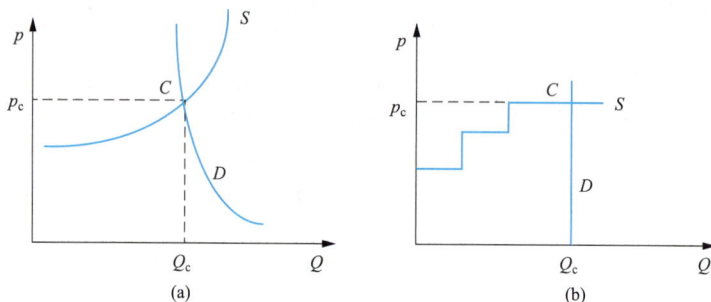

图 2-1　市场均衡与电力市场出清

(a) 市场中产品价格和产量的确定；(b) 联营体中电价和发电量的确定

市场的需求是指整个市场（所有消费者）在一定价格下愿意和能够购买的产品数量。如果市场中有 m 个消费者，第 i 个消费者的需求为

$$q_i^{(D)} = q_i^{(D)}(p) \quad i = 1, 2, \cdots, m \tag{2-7}$$

式中：p 为产品价格。

则市场的总需求为

$$q_{\sum}^{(D)} = \sum_{i=1}^{m} q_i^{(D)}(p) \tag{2-8}$$

将所有单个消费者需求曲线沿横轴相加，就可以得到整个市场的需求曲线。需求曲线不是固定不变的，会随着人口、工资水平、气候等因素的变化而移动。

实际中的供给曲线和需求曲线可能是其他的形状。比如，图 2-1(b) 中给出了电力联营体（pool）中电能的供需曲线，可以看到，发电厂的供给曲线是分段连续曲线，而负荷的需求是一条垂直的直线。

在早期电力市场集中竞争中，用户或售电公司的报价实际上是一种需求曲线：在不同的价格（降价幅度）下，愿意购买的电力的数量，要求降价越多（电价越低），电量越大。不过，这个需求曲线是一种特殊的需求曲线，与一般经济学理论中的需求曲线有所差别。图 2-2 是早期我国部分省份采用价差竞争的月度电量集中竞价市场中购电商（用户或售电公司）的报价曲线。可以看到，相对一般的需求曲线，其主要有以下特点：

1）一般的需求曲线是连续的曲线，购电商的报价曲线是分段阶梯的曲线。

2）一般的需求曲线中的价格是正的，这里购电商的报价曲线中的价格是在目录电价基础上的变化值，在供大于求的情况下是负值，即降价。

售电公司申报电量—电价见表 2-1。

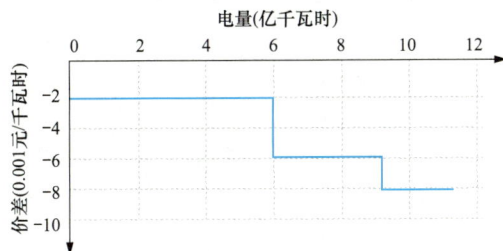

图 2-2 某售电公司的报价曲线（三段）

表 2-1   售电公司报价表

分段	第一段	第二段	第三段
价差（0.001 元/千瓦时）	−2	−6	−8
电量（亿千瓦时）	6	3	2

如果市场中有多个需求者，将市场中所有需求者的需求曲线叠加，就可以得到市场整体的需求曲线。假设市场中有两个消费者，其需求曲线都是线性的，如图 2-3（a）中的 D_1 和 D_2 在两个价格水平 p_1、p_2 分别将两个消费者的需求量叠加，就可以得到总的需求曲线 D，q_{11}、q_{12} 分别为 p_1、p_2 价格水平下两个消费者的需求量，如图 2-3 所示，其中，$AB=CD$，$EF=GH$。总的需求曲线上的任意一点，代表在一定的价格上，所有消费者愿意并能够购买的产品的数量。

同理，电力市场中若有多个购电商，可以将其报价曲线叠加形成市场总的报价曲线，如图 2-3（b）所示。

（2）需求的价格弹性。根据定义知道，需求量会随着价格的变化而变化。需求的价格弹性指标用来衡量需求量受价格影响的程度，即：需求量变化的百分比与价格变化百分比之比。大多数产品的价格弹性是负的，也对应前面介绍的需求法则：大多数产品的需求随着价格的降低而升高。

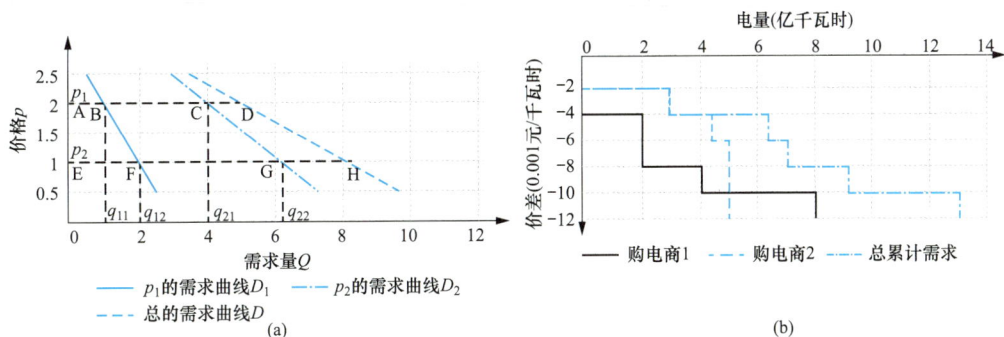

图 2-3 市场总需求的形成
（a）市场总的供给曲线；（b）购电商申报的电量—电价曲线

需求的价格弹性如图 2-4 所示。电力市场中，一些用户缺乏对价格的响应能力（至少在短期内），因此在一些市场上的需求曲线表现为完全无弹性，如图 2-4(e)。这部分负荷，只需要申报一个电量，而不需要申报电价。有些市场不要求市场成员申报负荷，直接由调度或交易机构通过负荷预测得到市场的需求。

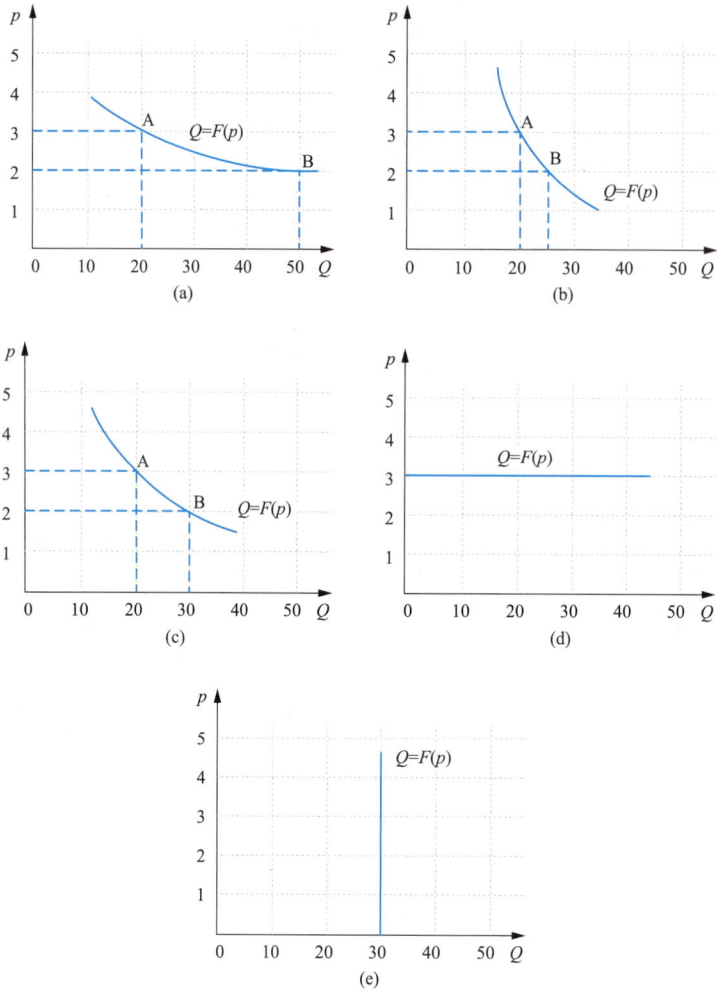

图 2-4 需求的价格弹性

（a）富有弹性；（b）缺乏弹性；（c）单一弹性；（d）完全弹性；（e）完全无弹性

需求是消费者在一定价格下愿意并且能够购买的数量，主要受以下因素的影响：

1）消费者使用产品产生的效益。不同消费者消费同样的产品产生的效益不同，同一消费者消费不同数量的产品产生的效益也不同。这就造成消费者在消费不同数量的产品时，愿意支付的（最高）价格不同。一般，消费者在消费同一产品时，随着产品数量的增多，效益减少，因此随着产量的增多，愿意支付的价格下降。或者说，随着价格的下降，愿意购买的数量增多。

2）替代品和互补品。一个产品的需求，除了与消费者使用该产品产生的效益有关，还与其替代品和互补品的情况有关。替代品是与一个产品实现类似功能的产品。比如获得热水可以用燃气热水器和电热水器两种方式，气就是电的替代品。如果气的价格降低，就会造成电热水器用电需求的减少。一个产品必须与另外一个产品一起才能实现某功能，另外一个产品就是这个产品的互补品。比如，如果用电热水器制热水，电热水器就是电的互补品。在其他条件相同的情况下，互补品的价格降低，会造成该产品需求的升高。电动汽车是电的一种重要互补品，随着电动汽车技术的发展及其价格的降低，会造成电力需求的升高。

3）宏观经济指标、气候指标等。这些指标的变化会使需求曲线整体向上或向下移动。比如，当夏季气温上升时，电力需求曲线向上移动，反之秋季天气凉爽，电力需求曲线向下移动。

2. 电力市场的供给

（1）供给的基本概念。供给与需求是对应的。需求是消费者在一定价格下愿意并能够购买的数量，而供给则是生产者在一定价格下愿意并且能够提供的产品的数量。同样，供给不是一个固定的点，而是一条曲线，或者说是一个供给量和价格之间的关系。这条曲线就是供给曲线，这个关系就是供给函数。

与需求法则对应的是供给法则：一般情况下，在外界条件相同的情况下，一个产品的价格越高，该产品的供给量就会越高；相反，价格越低，供给量越低。这也是符合基本常识的：价格比较低时只有效率高、成本低的企业有利可图，因此市场供给量较小；随着市场价格的升高，越来越多的生产企业变得有利可图，愿意提供产品，因此市场供给量也随之增加。

（2）电力市场中的供给曲线。在电力市场的集中竞价交易中，发电商的报价是一种供给曲线：表明发电商在不同的价格下，愿意并能够提供的电能的数量。市场价格越高，愿意提供的发电量就越多。电力市场中发电商的报价曲线一般是递增的分段阶梯曲线，如图 2-5 所示。与一般供给曲线有所不同，这里介绍我国早期电力市场所采用的价差竞争模式，在上网电价（标杆电价）的基础上申报变化值。

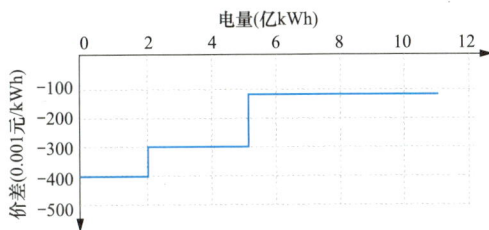

图 2-5　电力市场中的供给曲线

与总的供给曲线的生成方式类似，将市场中多个生产者的需求曲线叠加，就可以得到市场整体的供给曲线。假设市场中有两个供给者，其供给曲线都是线性的，如图 2-6(a) 中的 S_1 和 S_2，在两个价格水平 p_1、p_2 分别将两个生产者的供给量叠加，就可以得到总的供给曲线 S，如图 2-6(a) 所示，其中，$AB=CD$，$EF=GH$。总的供给曲线上的任意一点，代表在一定的价格上，所有生产者愿意并能够提供的产品的数量。同样，电力市场中若有多个发电商，可以将其报价曲线叠加形成市场总的报价曲线，如图 2-6(b) 所示。

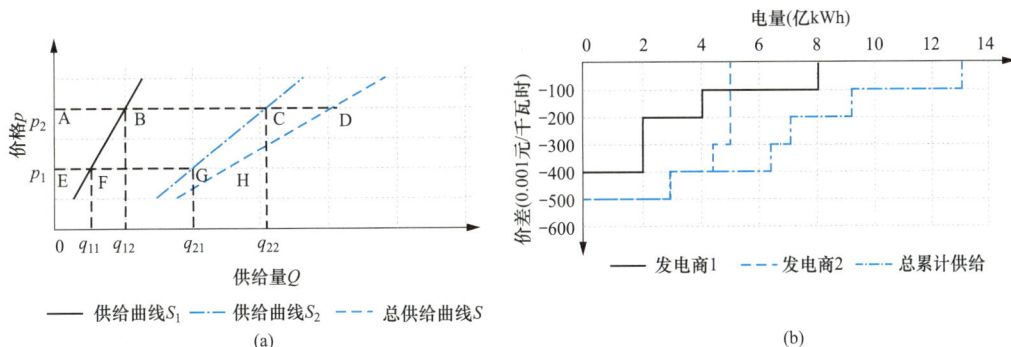

图 2-6　市场总供给的形成
(a) 市场总的供给曲线；(b) 发电商申报的电量—电价曲线

供给是生产者在一定价格下愿意并且能够提供的产品数量，主要受到以下因素的影响。

1）企业的生产特性及生产成本函数。生产者在生产不同数量的产品时，其生产成本不一样，因此愿意接受的价格也不一样。边际成本曲线是影响企业供给曲线的主要因素。其中，边际成本是指增加单位产量时增加的成本。

2）材料、设备等生产的投入品的价格。在同样的技术水平下，当投入品的价格下降时，产品本身的供给曲线会向右下移动，反之投入品价格上升时，产品本身的供给曲线向左上移动，如图 2-6(a) 所示。

2.2.2 市场均衡

供给曲线和需求曲线之间的交点，即为供需平衡点，这一点的产量和价格就是市场平衡状态下的产量和价格。在供需平衡点，需求量与供给量相等，市场达到了均衡。在这一点价格既没有上升，也没有下降的趋势，这一点的价格被称为市场出清价格或市场清除价（market clearing price），意味着所有供给和需求交易都已完成，所有需求者和供给者都得到了满足。在图 2-7 中，e 点为供需平衡点，相应的市场出清价格为 p_e，供给量为 Q_e。

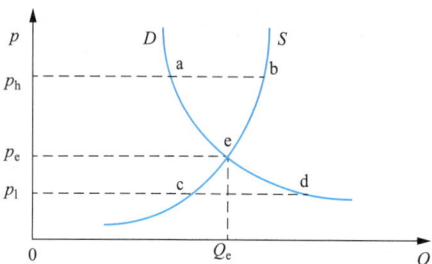

图 2-7 供需平衡分析

供需平衡是一个均衡的状态。什么是均衡呢？由相反力量的平衡带来的相对静止的状态。供需平衡就是供给和需求这两个相反的力量的平衡带来的市场价格相对静止的状态。在这个状态下，价格既不上升也不下降，保持相对稳定。

图 2-7 中，已知供给和需求，可以看到在 e 点相交，也就是在 e 点达到了平衡。是不是只有这一个平衡点，在其他点是否平衡？下面分析两种情况。

一种情况是价格高于平衡价格，这时在供给和需求曲线上分别对应 a、b 点。可以看到，在这个价格水平上，生产者愿意供给的产品量比消费者愿意购买的产品量多，也就是说市场会出现一定盈余或者说过度供给。这意味着什么呢？有一部分产品卖不出去。这时候生产者会降价。也就是说，在这种情况下，市场上存在一个价格向下的压力。生产者彼此之间进行价格竞争，最终导致价格下降。随着价格的下降，消费者愿意购买的数量增加，生产者愿意提供的数量减少，直到这两者相等，就达到了市场的均衡，或者平衡。

考虑另外一种情况，如果价格低于平衡价格，这时在供给和需求曲线上分别对应 c、d 点。可以看到，在这个价格水平上，生产者愿意供给的产品量比消费者愿意购买的产品量少，也就是说市场出现了短缺或过度需求。这意味着什么呢？有一部分消费者的需求得不到满足。愿意买，但买不到。也就是说，市场的价格低于消费者愿意支付的价格。这会导致什么结果？消费者之间为了得到产品互相竞争，导致价格的上升。可以说，市场上存在一个价格向上的压力。随着价格的上升，消费者愿意购买的数量减少，生产者愿意提供的数量增加，逐渐达到两者的平衡。

所以说，在平衡点，价格没有上升的趋势，也没有下降的趋势，所有消费者的需求都得到了满足，所有生产者的产品都可以卖出去。

2.2.3 社会福利分析

1. 消费者剩余

消费者愿意以某一价格购买某一产品，是因为该产品可以对其产生一定的效益，而这个效益一般大于其购买的价格。一般来说，对一个产品，消费者愿意支付的最高价格等于该产品以货币形式表示的对消费者的效益。比如企业 D_1、D_2、D_3 用 1kWh 的电生产的产品销售分别可以产生1元、1.2元和2元的利润，则他们分别愿意为1kWh的电最高支付1元、1.8元和2元。

消费者剩余，又称消费者福利，是消费者愿意支付的金额和实际支付的金额之差，或者说消费者从购买的产品得到的总收益与实际支付的成本之差。

2. 生产者剩余

生产者剩余又称生产者福利，其概念与消费者剩余是类似的，是生产者得到的收益与其成本之差，即生产者得到的社会福利。

3. 社会福利

社会福利是社会总剩余，等于消费者剩余与生产者剩余之和。社会福利等于产品对消费者的效用减去生产者付出的成本。经济学中追求的市场效率，或者说资源有效分配可以表示为：社会总福利最大。同样可以用需求曲线和供给曲线来分析社会福利。

以购售电的事情为例。如果1kWh的电的市场价格为1元，则A、B、C三个企业分别可以从使用1kWh电得到0元、0.8元和1元的消费者剩余。消费者总剩余为不同消费数量下消费者剩余的积分，即图2-8中的点状阴影面积。

同样发1kWh的电，电厂G_1、G_2和G_3由于机组类型、技术水平等不同，其发电成本分别是0.2元、0.6元和0.8元。如果1kWh的电的市场价格为0.8元，则G_1、G_2和G_3发1kWh分别可

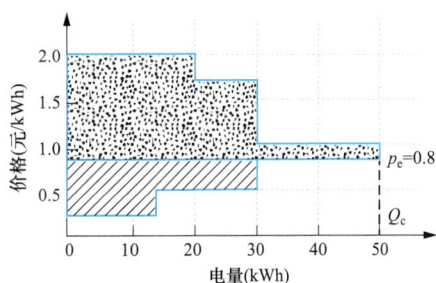

图2-8　电力市场中的社会福利

以得到的生产者剩余为0.6元、0.2元、0元。生产者总剩余为不同消费数量下生产者剩余的积分，即图2-8中的条状阴影面积。

市场价格为p_e=0.8元/kWh，则消费者剩余为点状阴影面积，生产者剩余为线状阴影面积，社会总剩余为两部分阴影面积之和。

经济学中追求的目标是经济效率最高，也就是社会总福利最大。社会总福利等于生产者剩余和消费者剩余之和，其中生产者剩余也就是厂商的利润，即总收益减去总成本。消费者剩余是指消费者从消费产品获得的效益与其为该产品的总支出之差。可以证明，社会福利最大化的条件是价格等于边际成本，即$p=MC$。由于价格实际上体现了消费者消费一单位产品可以获得的收益，这个条件也可以理解为边际收益等于边际成本。

经济学家认为，在决策的时候，应该注意边际成本和边际收益，而忽略沉没成本，这就是边际原则。比如，电网建成以后，其网络建设成本已经发生，是沉淀成本，就不应该影响后面关于对电网使用的决策。只要传输电力得到的收益大于为此付出的网络运行成本（或可变成本），就应该执行该电力传输业务，而不管是否能够收回电网总成本。

边际原则实际上是让过去的事情过去，不要往后看，这不仅是经济学中很重要的一个原则，在其他领域和日常生活中都广泛适用。对于任何决策，要计算将为之多付出的成本，并将此与为该决策导致的收益的增加相权衡，根据边际成本和边际收益来进行决策，而不要考虑已经付出了多少成本。

2.3　博弈论与拍卖理论

2.3.1　博弈论简介

博弈论，又称对策论（game theory），是研究2个或2个以上利益有冲突的个体，在有

相互作用的情况下，如何进行各自最优决策的理论。博弈论与常规的优化决策理论的不同在于：博弈论中的参与者之间在利益上有冲突；参与者要各自决策，并企图使个人的利益最大化；每个人的决策与其他人的决策有相互作用，相互影响；一般假定参与决策的个体是理性的，进行理性的逻辑思维。

1. 博弈模型的三个基本要素

博弈是指参与竞争或冲突的经济当事人在某种条件下为了自己的利益而采取的应对竞争对手的策略。博弈是一种决策，强调经济当事人之间决策的相互依赖性。博弈论是分析经济当事人对策行为的理论或方法，一般以博弈模型为分析的理论模型。

在博弈模型中有三个基本要素：局中人、行动和规则、结果和相应的支付。

第一个要素局中人是指参与博弈活动的经济当事人，可以是两个、两个以上的有限个、或无限个经济单位。博弈论中，一般假设所有局中人都是机智的和经济上理性的（在给定其他条件时，能够选择最优的决策）。

第二个要素是行动和规则，即局中人在特定条件下可能选择的行动和规则。如打扑克，有不同的规则，需要首先确定打扑克的具体规则，规则对最终的结果将产生重要影响。策略是在规则既定的条件下，局中人制定的完整的行动计划，如，如何出牌。策略空间是局中人所有可能的策略的集合。局势是所有局中人策略的一个组合。

第三个要素是结果和相应的支付。结果是对所有局中人选择的既定策略，博弈所产生的一切。一局博弈的结果可以是多种多样的，结果取决于规则和局中人所选择的策略（即局势）。一般以支付函数的形式来评价对策的结果。可以相应于某一结果局中人所获得的货币收入，也可以是局中人效用水平的大小，可正可负，正表示所得，负表示支出。

2. 博弈的类型

博弈问题有多种不同的分类方法，相应的求解方法也有所不同。最主要的分类方法按参与者互相联合（或协作）与否将博弈问题分为非协作博弈（non‑cooperative, or strategic game）和协作博弈（coalition, or cooperative game）。

非协作博弈是指参与者互相独立（不协作），各自争取自身最大利益的博弈。其广泛采用纳什（nash）均衡点概念来求解。在纳什均衡点上，如果某一个人的策略变化而其他人的策略保持不变，会导致这个人的获利减少。非协作博弈是研究少数制造商操控市场的若干标准型问题的理论基础，对于研究市场力有重大意义。非协作博弈中有2个最经典的问题，即古诺（cournot）模型及伯特兰德（bertrand）模型。

协作博弈理论一般是指若干参与者结成联合体（coalition），共同协作争取联合体的最大利益，再进行利益内部分配的博弈。有关方法称为联合的或协作的博弈方法。其难度较大，大量地用于投标和分配问题，并已在电力市场中发电竞争、用户投标、输电与转运决策及相应成本分配以及研究市场力中得到了进一步开发和应用。另外，对同一问题，参与者如采用协作博弈一般可以获得比采用不协作博弈更大的收益，从而可具有更大的市场力。

博弈问题还可按参与者获利之和的特性划分为"零和"和"非零和"问题。"零和"问题中，一个参与者的获利直接（严格地）等于另一参与者的损失。而在"非零和"问题中，参与者的获利和损失则不必相等，即其代数和总等于一个非零常数。根据常数的正负又分为常正和、常负和。如几个人或几方面之间分配固定数目的奖金、财产、利润或债务。博弈方之间的利益是对立的。变和博弈即意味着在不同策略组合（结果）下各博弈方的得益之和一般是不相同的。如关于产量决策的古诺模型就是变和博弈。变和博弈是最一般的博弈类型，而常和博弈和零和博弈则是它的特例。在变和博弈中，存在着社会总得益较大的策略组合和社会总得益较小的策略组合之间的区别，这也就意味着在博弈方之间存在互相配合（不是指公开的合作，只是指各博弈方在利益驱动下各自自觉、独立采取的合作的态度和行为），争取较大的社会总得益和个人得益的可能性。因此，这种博弈的结果可以从社会总得益的角度分为"有效率的"或"无效率的""低效率的"。

博弈问题还可按"静态"还是"动态"博弈以及对各方信息掌握完整与否分为 4 大类，即静态的有完整信息的博弈问题；动态的有完整信息的博弈问题；静态的不完整信息的博弈和动态的不完整信息博弈问题。

另外，上述每一大类问题还可衍生出进一步问题，如动态博弈中历史信息的完备与否；博弈是否不断重复（repeated）；博弈中是否涉及"恐吓"（threat）或诈骗（collusion）行为；博弈中是否有用非理性的行为来参与博弈，以及解决问题过程中采用的形式是规范形式还是扩展形式等。上述各种因素使实际的博弈问题十分复杂，并使一个实际问题的解由于求解人采用的假定、运用的模型与策略不同而不同，参与者获利就有很大不同。这就需要在实践中运用人工智能技术及试探法等各种方法不断完善对博弈问题的求解能力。同时，应注意到其他参与方的策略会变化，因此还要使决策有适应性和鲁棒性。

3. 博弈中的均衡

求解博弈的关键在于寻找各博弈方都不愿或不会单独改变自己策略的策略组合，只要这种策略组合存在且是唯一的，博弈就有绝对确定的解。这种各博弈方都不愿或不会单独改变自己策略的策略组合就是博弈论中最重要的一个概念"纳什均衡"。

为了给出纳什均衡的定义，常用 G 表示一个博弈：如 G 有 n 个博弈方，每个博弈方的全部可选策略的集合称为策略空间，分别用 S_1，…，S_n 表示，其中第 i 个博弈方的第 j 个策略用 S_{ij} 表示，满足 $S_{ij} \in S_i$，且 j 可取有限个值（有限策略博弈），也可取无限个值（无穷策略博弈）；博弈方 i 的得益则用 u_i 表示，它是各个博弈方策略的多元函数，即

$$u_i = u_i(S_1, \cdots, S_n)$$

n 个博弈方的博弈 G 常写成

$$G = \{S_1, \cdots, S_n; u_1, \cdots, u_n\}$$

定义：在博弈 $G = \{S_1, \cdots, S_n; u_1, \cdots, u_n\}$ 中，如果策略组合 S_1^*，…，S_n^* 中任一博弈方 i 的策略 S_i^* 都是对其余博弈方的策略组合 S_1^*，…，S_{i-1}^*，S_{i+1}^*，S_n^* 的最佳对策，则称 S_1^*，…，S_n^* 为 G 的一个纳什均衡。从纳什均衡的定义可以看出，有些博弈有一个或多个纳什均衡点。而有些博弈是没有纳什均衡的。

4. 寡头垄断市场中的博弈与均衡

在一个寡头垄断的市场中，可以有也可以没有产品差别。关键是要有几个厂商占有大部分或全部总产量。在有些寡头垄断市场中，某些或全部厂商都可长期赚到可观的利润，因为进入的障碍（barriers entry）使得新厂商加入该市场很困难，或者完全不可能。寡头垄断是很普遍的市场结构形式，如汽车、钢铁、铝业、石油化工、电子设备和计算机等行业。

经营一个寡头垄断企业很是复杂的，这是因为定价、产量、广告和投资决策都包含重要的策略性考虑。因为只有少数厂商在竞争，各厂商必须考虑他的行为对其对手有什么影响，以及对手大概会如何反应。这就是典型的博弈问题。

这些策略考虑可能是复杂的。在做出决策时，各厂商必须权衡竞争者的反应，并且知道这些竞争者也会权衡他们的决策的反应，更进一步做出决策，等等；如此就形成了动态的、不断演进的过程。当一个企业的经营者估计他们的决策的潜在后果时，必须假设他们的竞争

对手是像他们一样理性的。然后，他们必须将自己放在竞争对手的位置上考虑竞争者会如何反应。

当研究一个市场时，我们通常想要确定均衡时的通行价格和产量。例如，在一个完全竞争市场中均衡价格应使供给量和需求量相等，并且对一个垄断市场中的垄断者而言，均衡出现在边际收益等于边际成本之处。

在这些市场中，各厂商都能将价格和市场需求当作给定的，并且不必担心他的竞争者。可是，在一个寡头垄断市场中一个厂商的定价和定产部分要基于对竞争者的行为的策略性考虑。与此同时，竞争者的决策也取决于该厂商的决策。那么怎么能得出均衡时的市场价格和产量是多少？或者究竟是否存在一个均衡？为了回答这些问题，需要厂商明确考虑到相互行为时进行决策的均衡的基本法则。

在寡头垄断市场中，各个厂商是在给定竞争者的行为以后将采取他所能做得最好的行为。但厂商应该假定竞争者的行为是什么呢？很自然地可以假设这些竞争对手也会在给定该厂商的行为以后采取他们能采取的最好的行为。因而，各厂商考虑到竞争者，并假设竞争者也会同样做。这给出了一个在寡头垄断市场中确定均衡的基础，即前面所描述的纳什均衡。

5. 古诺模型

以前面提到的经典的两卖主产量竞争问题及价格竞争问题的建模及求解为例，即以寡头的产量决策模型——古诺模型简单说明博弈论在经济领域中的应用。

假设两个厂商生产同样的产品并都知道市场需求。各厂商必须决定生产多少，并且两厂商是同时做出决策。在做出产量决策时，各厂商必须考虑到他的竞争者，知道竞争者也正在决定生产多少，而他能得到的价格将取决于两厂商的总产量。

假设两个卖主同一产品的产量分别是 Q_1 和 Q_2。则总产量为 $Q = Q_1 + Q_2$，而市场价格 p 为产量 Q 的函数，并为下降的需求型函数。

$$p(Q) = \begin{cases} a - Q & Q < a \\ 0 & Q \geqslant a \end{cases} \tag{2-9}$$

式中：a 为当价格为零时的需求量，即市场需求的最大可能量。

如果第 i 个卖主的总成本为（$c < a$）

$$c_i(Q_i) = c_i Q_i \quad (i = 1, 2) \tag{2-10}$$

第 i 个卖主的边际价格为

且
$$c_1 = c_2 = c$$

假定卖主的获利为

$$c_i = \frac{\mathrm{d}c_i(Q_i)}{\mathrm{d}Q_i}$$

$$\begin{aligned} \pi_i(Q_i, Q_j) &= Q_i[\rho(Q_i + Q_j) - c] \\ &= Q_i[a - (Q_i + Q_j) - c] \end{aligned} \tag{2-11}$$

其中，$i = 1, 2$，$j = 1, 2$，$i \neq j$。

要求两卖主同时决定自己的产量，假定他们对各方获利函数都是知道的，行为均为理智的。显然，从 i 的角度，若 j 的决策为 Q_j^*，则 i 应优化决策为 Q_i，优化问题的解为

$$\begin{aligned} \max_{0 \leqslant Q} \pi_i(Q_i, Q_j^*) &= \max_{0 \leqslant Q}\{Q_i[a - (Q_i + Q_j^*) - c]\} \\ &= \max_{0 \leqslant Q} f(Q_i, Q_j^*) \end{aligned} \tag{2-12}$$

其最大值应满足的条件是

$$\frac{\partial f}{\partial Q_i}=a-2Q_i-Q_j^*-c=0 \tag{2-13}$$

易得

$$Q_i^*=\frac{a-c-Q_j^*}{2} \tag{2-14}$$

同样，从 j 的角度可以求得

$$Q_j^*=\frac{a-c-Q_i^*}{2} \tag{2-15}$$

联立式（2-14）、式（2-15），可以求得

$$Q_i^*=Q_j^*=\frac{a-c}{3} \tag{2-16}$$

现在可以求得每方获利为

$$\pi_i=\pi_j=\left(\frac{a-c}{3}\right)^2$$

(Q_i^*,Q_j^*) 即为纳什均衡点。

如果两个卖方属于同一个公司，该公司要使总获利最大，则

$$J=\pi_\Sigma(Q_i,Q_j)=(Q_i+Q_j)[a-(Q_i+Q_j)-c] \tag{2-17}$$

求其最大值为

$$\max_{0\leqslant Q_i,\,Q_j}J=\left(\frac{a-c}{2}\right)^2\Bigg|_{Q_i=Q_j=\frac{a-c}{4}} \tag{2-18}$$

现在可以比较两个卖方是否联合的区别。显而易见，如果双方合作，获利将大于双方不合作，即下式成立

$$\frac{(a-c)^2}{4}>2\left(\frac{a-c}{3}\right)^2 \tag{2-19}$$

也就是说，当双方追求各自的最大利益时，总获利将减少。可见，各方争取优化自己利益的决策会对社会总获利带来一定的负面影响。

古诺模型的本质是各厂商将竞争者的产量水平当作是固定的，然后决定自己生产多少。注意这个古诺均衡是纳什均衡的一个例子。因为在一个纳什均衡中，各厂商的行为是给定竞争者行为时他能做得最好的行为，所以没有哪个厂商会有改变他的行为的冲动。在该古诺均衡中，各双寡头之一生产的产量是给定竞争者的产量时实现他的最大利润的产量，所以，双寡头中任一个都不会有改变自己产量的冲动。

设各厂商的初始产量水平不同于古诺均衡产量。他们会调整其产量直至达到古诺均衡吗？古诺模型并没有涉及调整的动态过程。事实上，在任何调整过程中，该模型的各厂商可以假定其竞争者的产量是固定的，而这样一个中心假设是不成立的。没有一个厂商的产量会是固定的，因为两个厂商都会调整他们的产量。这需要不同的模型来理解动态调整，有关内容请阅读相关的专业论著。

2.3.2　拍卖理论

经典微观经济学将供给与需求两者结合起来说明市场机制及市场价格的决定。供给曲线与需求曲线的交点对应的价格就是均衡价格，或者叫市场出清价格，在此价格水平下，买方愿意并能够购买的数量与卖方愿意并能够供给的数量恰好相等。这也是当前各种集中竞价机制设计的理论基础。但在电力市场中，电能商品的集中竞价交易实际上都是通过各种拍卖机制（auction mechanism）完成的。从狭义上讲，拍卖问题是有一定适用范围及特殊规则

的市场交易类型；从广义上理解，拍卖理论反映的是市场经济价格均衡机制及资源配置的内在过程和本质机理。有关拍卖制度与行为的研究，广泛涉及博弈理论、信息经济学及机制设计理论等众多新兴领域，特别是在微观经济学的深化与发展方面具有重要意义。

1. 拍卖机制的四种类型

拍卖理论中研究的拍卖机制有4种基本类型：上升出价拍卖（ascending - bid auction），或称为英国式拍卖（English auction）；下降出价拍卖（descending - bid auction），或称为荷兰式拍卖；第一价格暗标拍卖（first - price sealed - bid auction）；第二价格暗标拍卖（second - price sealed - bid auction），或称 Vickrey（维克里）拍卖。

在上升出价拍卖中，拍卖商品的价格连续上升，直到只剩下1个投标者，该投标者以最终价格赢得竞标。在上升出价拍卖中，价格连续上升而投标者逐渐退出竞标。投标者可以看到竞争者何时退出，而且投标者一旦退出，就不能重新返回竞标。

下降出价拍卖恰好与上升出价拍卖相反，拍卖者从一个很高的价格开始，连续降低价格。第1个接受当前价格的投标者在该价格下赢得竞标。

在第一价格暗标拍卖中，每个投标者独立地提交单一的出价，而不能看到别人的投标价格，商品出售给出价最高的投标者。竞标获胜者以其投标价购得商品，因此价格是最高的，或称第一价格投标。

在第二价格暗标拍卖中，每个投标者同样独立地提交单一的出价，不能看到别人的投标价格，商品也出售给出价最高的投标者。但是，竞标获胜者以次高的出价购得商品，或称第二价格投标。

在4种标准拍卖的基础上，又有多种拍卖机制，如拍卖者设置一个最低价格（reserve price），当投标者出价过低时，拍卖者废弃所有投标；只允许投标者在有限的时间内提交投标。当前国内能源市场常见的中长期电量集中竞价实际上属于多个买卖方的多个商品双侧暗标同时拍卖。

2. 拍卖的出清（结算）方式

从拍卖的出清方式来讲，主要有统一边际价格出清方式（marginal clearing price，MCP）、按报价支付的方式（pay - as - bid，PAB）及其他各种变形的方式。

（1）统一边际价格出清方式。统一边际价格出清是当前应用最为广泛的出清方式。它的形成过程如下：市场主体提交申报信息以后，电力交易平台按照不同交易标的分别进行集中撮合，将买方申报按价格由低到高排序、卖方申报按价格由高到低排序，依次配对形成交易对。交易对价差为买方申报价格减去卖方申报价格，当交易对价差为负值时不能成交，交易对价差为正值或零时成交，价差大的交易对优先成交，以最后一个成交对的买方申报价格、卖方申报价格的算术平均值作为统一成交价格。

（2）按报价支付的方式（pay - as - bid，PAB）。各发电商申报各自的报价曲线，而交易中心按满足用户侧负荷需求所需要的发电商各自的报价分别结算的方式。需要注意的是，在供需双侧竞价中，由于成交条件为需求方申报价（差）高于供应方申报价（差），若完全按报价支付，将多余一块市场红利（或社会福利），需要在供需方之间分配。

（3）价差撮合出清方式。价差撮合出清的撮合过程与统一边际价格出清相同，但结算价格为各交易匹配对申报价格的平均值。价差撮合出清也有各种衍生形式，包括按价差比例分配和按价差不完全分配，区别在于价差对的市场红利（即价差电费）是按平均分配、按设定的比例分配还是预留部分红利后再进行分配。

分配的比例可根据政府利好发电侧或用电侧的意图来决定，给予政府对市场进行一定的干预空间。由于每个价差对均有结算价格，相对于统一边际价格出清只要成为边际机组或用户就能够影响整个市场所有电能量结算价格的情况，在价差撮合中最多只能影响自身交易匹配对的价格，因而市场主体操控整个市场价格的概率降低、价格稳定性可得到提高。

（4）双侧等效 PAB 出清方式。广东电力市场 2016 年月度电量集中竞价采用了一种独特的价格电费返还出清方式，适合电力中长期集中竞价的"双侧等效 PAB 出清方式"，如图 2-9 所示。供应方结算价格为申报价格乘以供应方结算系数，总供给曲线即向上等比例延伸一段，需求方结算价格为申报价格乘以需求方结算系数 β，即总需求曲线向下等比例收缩一段，而此等比变换所产生的社会福利（代表总电量需求的直线⑤左侧长虚线①和虚线②所夹面积与实线③和虚线④所夹面积之和）正好等于供需申报价格所产生的社会福利（直线⑤左侧长虚线①和实线③所夹面积）。在此出清方式下，供应方和需求方只有尽可能靠近直线⑤处的边际价格报价并且保证成交，才能使收益最大，但此时不成交的风险也最大（需求方报价越高越优先成交，供应方报价越低越优先成交），风险与收益成正比。其中 α 和 β 的选取是一个关键问题，决定了社会福利在供需双方的分配。由于供需双方的报价策略与PAB 出清方式相似（即按预测的边际价格报价），故称为"等效 PAB 出清方式"。这种出清方式在不需要人为设定供需比的情况下也能使市场价格迅速稳定下来，供需双方报价向平均结算价格靠拢，并且平均结算价格能较好地反映供需双方的共同意愿，可以认为是一种"带激励机制的统一出清"。

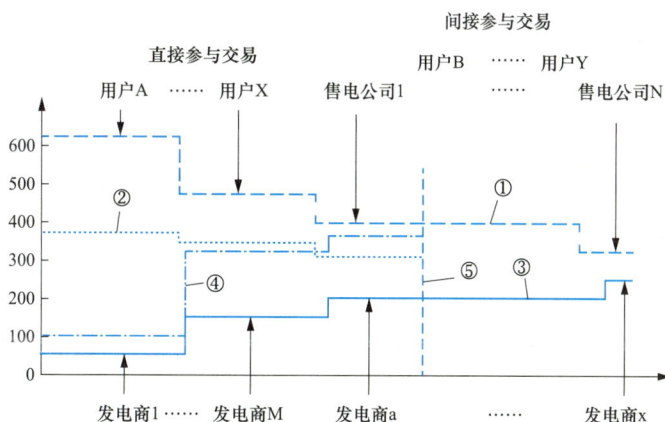

图 2-9　双侧等效 PAB 出清方式

①为需求方申报价格；②为需求方结算价格；③为供应方申报价格；④为供应方结算价格；⑤为总电量需求

（5）复式竞价撮合出清方式。复式竞价撮合交易方式将交易过程划分为"集中竞价、双挂双摘"两个阶段，其中前 30min 为集中竞价阶段，其余时段为双挂双摘阶段。集中竞价阶段中，前 25min 为集中竞价申报阶段，发电企业和用户登录交易平台申报参与竞价的电量和电价，后 5min 为集中竞价出清阶段，由平台根据高低匹配出清方式进行配对出清，成交价为配对电量包对应申报价格的算术平均值，发电企业和用户均可申报多个电量包，每个电量包对应一个申报价格。双挂双摘阶段，发用双方通过交易平台提交多个挂牌电量包，每个电量包对应一个电价，可根据意愿随时进行摘牌、挂牌、挂牌撤回等操作，交易平台将实时展示发用双方挂出的所有价格档位，以及每个价格档位包含的总电量与电量包，发用双方进行摘牌操作时，通过交易平台提交拟摘牌的电量和电价。

复式竞价撮合交易方式一方面以集中式多边撮合替代分散式双边协商，购售双方选择面更宽、交易决策更快，能缩短交易达成时间、降低交易成本、提高交易效率。另一方面，以公开竞价代替面对面协商，能有效解决市场信息不对称的问题、保证市场公平无歧视。但复式竞价过程比较复杂，对交易平台建设有一定的要求。

2.4 计算经济学与实验经济学

在制订和修改交易规则时，对于规则执行可能产生的效果，不应仅仅停留在定性分析，也应该进行定量计算。最基本的要求是根据本地市场的实际数据做好测算，判断交易规则实施后可能出现的市场态势、电价水平及可能出现的问题。如前所述，严格的理论分析应建立在市场机制的拍卖理论和博弈论模型的基础上，但由于能源市场的复杂性，这种模型难以求得解析解并进行分析，另外一种有效途径是基于实验经济学和计算经济学的仿真实验。能源市场仿真实验的主要方法有基于代理的计算经济学仿真（agent based computational economics，ACE）方法（即多主体的人工智能模拟）和实验经济学方法。

2.4.1 计算经济学

基于代理的计算经济学（ACE）是用计算机模拟的方法来进行经济研究的新技术。其途径是通过大量具有独立智能并相互影响的代理（Agents）组成的系统来建模和模拟真实的经济体系。代理广义地指模拟计算中采用的一个实体（具有一定智能决策能力的软件模块），它由一系列数据和方法构成，具有自主性、社会性、反应性、主动性等特性。所研究市场的每个市场主体都用模型中的一个代理来表示，它具有学习和独立决策能力。ACE 本质是使用具有有限理性的和自适应的 Agent 表示各个市场成员，并通过其进行交互作用（即仿真），获得市场运行的特征描述。

发电侧单边竞价的电力市场 ACE 模型可用图 2-10 来表示，假设电力市场共由 N 家发电公司和一家交易中心（power exchange，PX）组成，每家发电公司在市场中相互独立，所需信息均来自交易中心所公开的消息，发电公司之间不允许信息交流。在 ACE 模型中，采用 Agent 来代理市场参与者，如 Agent 1 代表发电公司 1，各 Agent 之间完全独立。各 Agent 根据市场信息，以自身收益最大化为目标选择竞标策略，将所选最优竞标策略递交给 PX；PX 根据各 Agent 的竞标策略、市场需求负荷、电网输电约束等对电力市场进行出清，确定各发电公司的发电量和电价，最后 PX 将各 Agent 竞标结果和下一轮交易需公开的信息反馈给各发电公司。至此本轮的电力交易全部结束，然后重复着前面的过程进行下一轮交易。电力市场 ACE 仿真中，所有的决策选取、交易出清、信息反馈等计算均由计算机完成，其中每个代理的决策方案选用智能算法进行优化。在 ACE 能源市场仿真中，可以根据需要选择市场模式，交易制度、竞标策略、市场信息等因素也会随之变化。

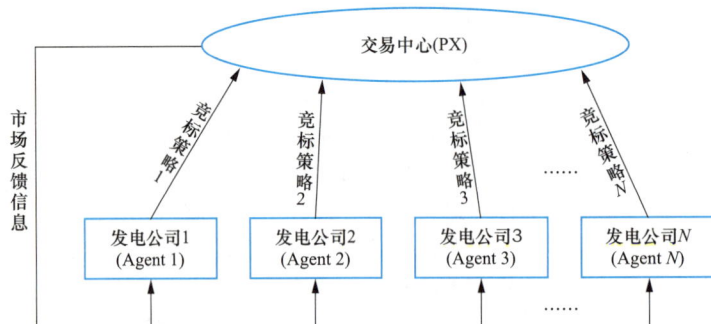

图 2-10 发电侧单边竞价的电力市场 ACE 模型

2.4.2　实验经济学

实验经济学是近几十年来在西方兴起的一个新的经济学流派，它借鉴自然科学实验的方法，试图通过可控制的实验对经济学的理论假设进行证明和对经济政策的实施效果进行检验。

由于电力商品的特殊性，实际能源市场比理想情况下的市场模型要复杂得多。实验经济学在经济学中借鉴自然科学中的实验方法，用人来代理实际市场中买方、卖方进行决策。随着计算机和网络技术的飞速发展，现在的经济学实验大多可以在计算机网络平台上进行。采用计算机网络平台进行实验，在市场环境模拟、实验参数设定、交易过程控制和交易规则执行、实验数据记录和处理、实验结果分析以及参与者信息交换的控制等方面都具有极大的优势，大大提高了实验的效率。实验经济学对于设计和分析能源市场模式和交易规则、解释电价形成机制等方面有重要作用。

实验经济学的一个关键方法创新是价值诱导理论（induced value theory）的提出。在经济实验中，为达到对被试者行为的控制，实验者可采用适当报酬媒介（reward medium），诱导被试者预设的特征，而使被试者自身的特征（innate characteristics）变得无关紧要。价值诱导的充分条件可归纳为三点。

（1）单调性（monotonicity）：即对于一种适当的报酬媒介，被试者认为报酬量越多越好。

（2）突显性（salience）：被试者所得到的报酬量对应于被试者行为所产生的清晰的结果，如利润（profit）或效用（utility），而且被试者完全理解这一点。

（3）优超性（dominance）：实验过程中被试者报酬的增量远比被试者效用函数其他分量的增量重要。

2.4.3　基于实验经济学和 ACE 的模拟实验步骤

（1）步骤 1：选择实验被试者（参与者）。它分为实验人和智能代理 2 类，其中，实验人为实验经济学模拟被试者，从电力工业界相关人员和具备一定的电力市场交易知识的学生中选取，运用实验经济学价值诱导理论，对被试者提供实验激励（如金钱、物质或学分奖励）；智能代理为 ACE 模拟被试者，选择相应的智能算法以模拟被试者的竞价博弈行为。

（2）步骤 2：建立实验环境，根据实验内容的不同，可按如下内容建立实验环境。

1）建立电力市场环境，包括发电和负荷节点、传输线路、机组和物理电厂。

2）选择实验组织形式，包括以下 4 种：简单交易模式、日前交易模式、月度交易、年度交易＋月度交易＋日前交易＋简单交易模式。

3）设定实验时间跨度，可以为多年、1 年、多月、1 月、多日、1 日、多时段、1 时段。

4）设定各交易周期交易轮数。

5）设定阻塞分区，年、月交易一般将区域内各机组、电网公司设为节点，并分为多个阻塞分区。

6）创建实验场景数据，包括线路场景停服役管理数据，对每个场景，记录线路不同时段的开合状态；建立电力用户负荷数据，对每个场景，分别设置每个电力用户在每个节点的负荷数据；建立计划合同数据，需要输入合同的电力曲线表，根据曲线表可以得到每天每个时段的合同量。

（3）步骤 3：配置实验方案，包括 2 个方面内容的配置方案。

1）仿真实验的基本信息：包括开始阶段和结束阶段、实验方式（实验经济学、ACE 或实验人—代理混合模式）。

2）市场规则：包括阻塞分区方法、交易申报规则、市场出清模式。

（4）步骤 4：实验执行。管理员完成仿真实验建立过程后，即可开启实验模拟系统，实验参与者即教练员（tutor）、交易员（trader）和报价学员（bidder）依次登录，其过程如图 2-11 所示。

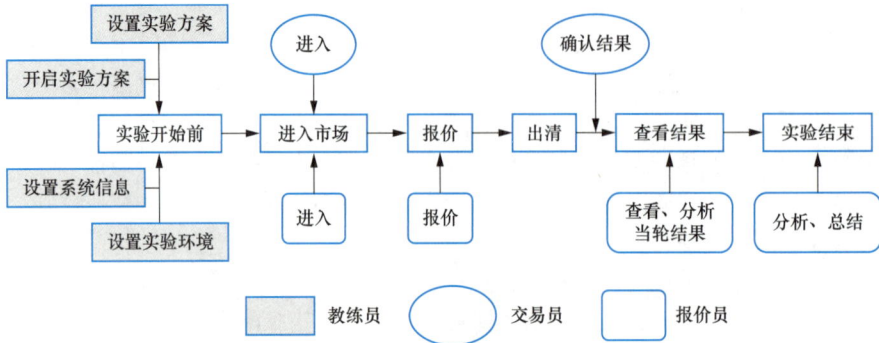

图 2-11　实验步骤

（5）步骤 5：交易竞价过程。

1）教练员发出市场启动指令后，交易员和报价员才能进入市场，当所有交易员和报价员都进入市场后，交易竞价开始。

2）报价员根据各自机组参数和系统负荷曲线制定竞价策略。系统报价曲线采用分段阶梯形曲线，价格随容量段递增。报价容量段数由管理员统一设置，不允许修改。

3）报价员填写好报价表后提交，系统待所有报价员提交后，方能进行市场出清。交易员确认市场出清后，系统将信息反馈给各报价员，报价员总结分析出清结果，并准备下一时段交易。至此完成一个时段的实验过程。

4）当完成教练员设定的交易时段实验数后，一天交易结束，系统将统计各报价员代表的发电厂商售电量、出清电价、售电收入、利润、利润率等信息并反馈给各报价员。报价员准备下一天交易。

5）因为各发电厂商机组参数存在差异，为保证竞争的公平性，可轮换实验参与者在市场中所代表的发电厂商报价员角色。

6）当完成教练员设定的交易次数后，实验结束。教练员根据各参与者的收益给予奖励。以上即为实验经济学模拟实验下的实验步骤，ACE 模拟过程大致相同，只在步骤 1）、2）描述的报价过程中，由智能代理完全代替实验人报价。

第 3 章

技 术 经 济 学

技术经济分析法是指对不同的技术政策、技术规划和技术方案进行计算、比较、论证，评价其先进性，以达到技术与经济的最佳结合，取得最佳技术经济效果的一种分析方法，是优选各种技术方案的重要手段与科学方法。

3.1 技术经济分析的基本要素

3.1.1 技术经济分析的对象

1. 经济效益的概念

将经济活动中所取得的有效劳动成果与劳动耗费的比较称为经济效益，它是通过商品和劳动的对外交换所取得的社会劳动节约，即以尽量少的劳动耗费取得尽量多的经营成果，或者以同等的劳动耗费取得更多的经营成果。

2. 经济效益的重要性

关于经济效益，存在着三种类型的误解：将数量视为经济效益、把"速度"视作经济效益、企业利润就是经济效益。事实上，提高经济效益具有十分重要的意义：第一，提高经济效益，意味着生产更多产品和服务，从而有利于人民不断增长的物质和文化生活需要的满足。第二，提高经济效益，意味着增加盈利和国家收入，增加资金积累，从而有利于国民经济和社会的发展。第三，提高经济效益，意味着提高投资效益和资源利用效益，从而有利于缓解中国人口多与资源相对不足、资金短缺的矛盾，提高经济增长的速度。

3.1.2 技术经济分析的基本步骤

1. 确定目标

确定目标是建立方案的基础。技术经济分析的主要目的是寻求达到企业目标的最优方案。如果目标选择不当，整个分析将毫无意义。一个好的目标有以下标准：定量、限时、明确责任。

2. 提出方案

提出方案包括：

(1) 前期调查研究。根据分析的需要搜集相关资料、信息和数据，进行前期的预处理。

(2) 拟定方案。

(3) 确立可行方案。拟定的方案不都是可行方案，必须对它们进行初步筛选，将明显不符合政策、环境条件、安全要求，或技术上不可靠、经济性不好的方案去掉，保留合理的备选方案。

(4) 进行检验。按照可比原则进行逐一检验。

（5）计算分析。建立经济计算式，进行经济效果指标计算、非数量化经济计算、实物消耗指标计算和财务分析。通过对上述指标的计算获得方案取舍依据。

3.方案评价

汇总国民经济评价、财务评价、非数量化分析、实物消耗指标分析，以及不确定性分析的结果，应用综合评价的方法，对技术方案进行综合评价。例如产品要符合国家的产业政策、质量标准，出口产品要符合进口国的标准与习惯，厂址选择要符合地区布局与城建规划，生产要符合国家的技术政策、劳动条例、环保条例、劳动法等。在符合基本条件后，最重要的是要有较好的经济效益和社会效益。

4.选择最优方案

决策的核心是通过对不同方案的经济效果进行衡量和比较，从中选择效果最好的最优方案，要求必须树立系统观念和动态观念。还要对次优方案予以介绍，以便决策者挑选。

技术经济分析的步骤如图3-1所示。

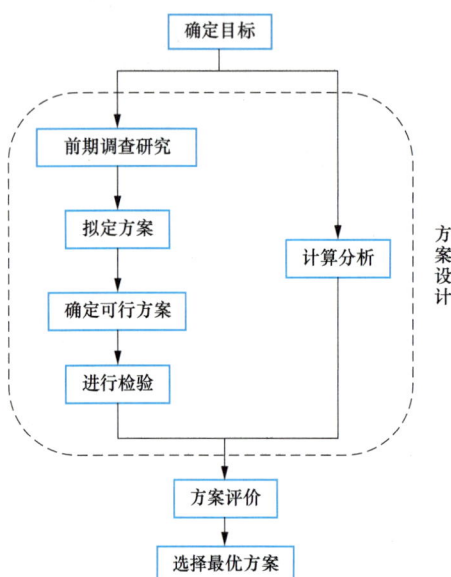

图3-1　技术经济分析的步骤

3.1.3　技术经济分析的基本要素

1.投资（investment）

投资有两种含义：一为特定的经济活动，具体来说，投资活动可分为产业投资和证券投资两大类；二为投放的资金，分为固定资产投资和流动资产投资。

固定资产投资是指用于建设或购置固定资产所投入的资金。固定资产是指使用期限超过一年的房屋、建筑物、机器设备、运输工具以及其他与生产经营有关的设备、工具、器具等。

流动资产投资是项目在投产前预先垫付、在投产后生产经营过程中周转使用的资金。流动资金是指可以在一年或者一年以上的一个生产周期内可以变现或者耗用的资产。

固定资产与流动资产的关系：

（1）流动资产的数量及结构受到固定资产的规模与结构的限制。

（2）固定资产投资必须有流动资产投资的配合。

（3）固定资产价值的回收依赖于流动资产的顺利周转。

2.收入（income）及利润（profit）

销售收入一般是在日常的商业活动中形成的。日常活动是指企业为完成其经营目标所从事的经常性活动以及与之相关的活动。收入在会计中可能会引起所有者权益的增加，其可能表现为资产的增加或负债的减少，或两者兼而有之。与收入相关的经济利益的流入会导致所有者权益的增加，不会导致所有者权益增加的经济利益的流入不符合收入的定义，不应确认为收入。

利润的本质是企业盈利的表现形式，是全体职工的劳动成绩，企业为市场生产优质商品而得到利润。与剩余价值相比，利润不仅在质上是相同的，而且在量上也是相等的，利润所不同的只是，剩余价值是对可变资本而言的，利润是对全部成本而言的。利润与成本的计算公式如下。

销售利润＝销售收入－销售成本－销售税金及附加－销售费用－管理费用－财务费用

利润总额＝销售利润＋其他业务利润＋投资净收益＋营业外收入－营业外支出

税后利润＝利润总额－所得税

3. 成本（cost）和费用

成本是商品经济的价值范畴，是商品价值的组成部分。人们要进行生产经营活动或达到一定的目的，就必须耗费一定的资源，其所耗费资源的货币表现及其对象化称为成本。并且随着商品经济的不断发展，成本概念的内涵和外延都处于不断地变化发展之中。从另一个角度上讲，成本也可以是做出某种选择必须付出的代价。当商家投资时，商家的付出货币等便是商家投资的成本。以下是一些常见成本概念。

会计成本：记录在公司账册上的客观和有形的支出。

机会成本：由于将有限资源用于特定用途而放弃其他各种用途的最高收益。

经济成本：显性成本加上自有要素的机会成本。

沉没成本：过去已经支出而现在无法得到补偿的成本。

经营成本：在一定时期内由于生产和销售产品及提供劳务而实际发生的现金的支出。

边际成本：每增加以单位产量而增加的总成本。

总成本费用是指项目在一定时期内（一般为一年）为生产和销售产品而花费的全部成本和费用。总成本费用由生产成本、管理费用、财务费用和销售费用构成。生产成本又称制造成本，包括各种直接支出（直接材料、直接工资和其他直接支出）及制造费用。制造费用是指为组织和管理生产所发生的各项费用，包括生产单位管理人员工资、职工福利费、折旧费、维检费、修理费及其他制造费用（办公费、差旅费、劳动保护费等）。管理费用是指企业行政管理部门为管理和组织经营活动所发生的各项费用。财务费用是为筹集资金而发生的各项费用，包括利息和其他财务费用（汇兑净损失）。销售费用是为销售产品和提供劳务而发生的各项费用，包括销售部门人员工资、职工福利费、折旧费、修理费及其他销售费用（广告费、办公费、差旅费等）。

4. 税金

税金是指企业发生的除企业所得税和允许抵扣的增值税以外的各项税金及其附加。税金通常包括纳税人按规定缴纳的消费税、营业税、城市维护建设税、资源税、教育费附加等，以及发生的土地使用税、车船税、房产税、印花税。按照财政部、税务总局《关于实施小微企业普惠性税收减免政策的通知》（财税〔2019〕13号）规定，由省、自治区、直辖市人民政府根据本地区实际情况，以及宏观调控需要确定，对增值税小规模纳税人可以在50%的税额幅度内减征资源税、城市维护建设税、房产税、城镇土地使用税、印花税（不含证券交易印花税）、耕地占用税和教育费附加、地方教育附加。

增值税：对生产、流通、修理各环节增值额征收的流转税（13%或17%）。

营业税：对我国境内提供应税劳务、转让无形资产或销售不动产的单位和个人的营业额征收的税（5%）。

资源税：开采矿产品和生产盐征收的税。

城市维护建设税：一切有经营收入的单位和个人就其经营收入征收的税（0.3%～0.6%）。

教育费附加：向缴纳增值税、消费税、营业税的单位和个人征收的税（3%）。

所得税：对我国境内企业的生产、经营所得和其他所得（利润总额）征收的税金，税率为33%。

固定资产投资方向调节税：对我国境内从事固定资产投资行为征收的税（0～30%）。

5. 折旧

企业在生产经营过程中使用固定资产而使其损耗导致价值减少，仅余一定残值，其原值与残值之差在其使用年限内分摊，就是固定资产折旧。确定固定资产的折旧范围是计提折旧的前提。

在所考察的时期中，资本所消耗掉的价值的货币估计值在国民收入账户中也称为资本消耗补偿。固定资产折旧是指在固定资产使用寿命内，按照确定的方法对应计折旧额进行系统分摊。使用寿命是指固定资产的预计寿命，或者该固定资产所能生产产品或提供劳务的数量。应计折旧额是指固定资产的原价扣除其预计净残值后的金额。已计提减值准备的固定资产，还应扣除已计提的固定资产减值准备累计金额。

折旧仅仅是成本分析，不是对资产进行计价，其本身既不是资金来源，也不是资金运用，因此，固定资产折旧并不承担固定资产的更新。但是，由于折旧方法会影响企业的所得税，从而也会对现金流量产生一定影响。

并不是所有固定资产都能计提折旧，可折旧固定资产应具备条件是：使用年限有限而且可以合理估计，也就是说在使用过程中会被逐渐损耗直到没有使用价值的固定资产。

3.2 资金时间价值

3.2.1 资金时间价值的概念

资金是运动的价值，资金的价值是随时间变化而变化的，是时间的函数，随时间的推移而增值，其增值的这部分资金就是原有资金的时间价值。资金的时间价值是指资金作为资产的货币形式，在扩大再生产及其循环周转过程中，随着时间的推移而产生的资金增值或经济效益。资金随时间的增值量称为资金的时间价值。资金如果静止不动，其价值量是不会发生变化的。但当资金投入生产或流通，随着时间的推移其价值会发生增值，今天一定量的资金将来能获得一个较大数量的资金。

劳动者的劳动是资金增值的根源，是资金时间价值的源泉，如果资金不投入经济活动，不与劳动者的劳动相结合，它就不可能增值。从生产资金的角度来看，资金的时间价值体现为企业的盈利或投资盈利率；从信贷资金的角度看，体现为信贷资金的银行利息率。资金的时间价值是客观存在的，对于耗费巨大而且制造周期较长的产品，必须认真研究资金与时间的关系，充分利用资金的时间价值，并最大限度地获取其时间价值。其实质是资金作为生产要素，在扩大再生产及其流通过程中，资金随时间的变化而产生增值。

影响资金时间价值的因素主要有：

(1) 资金的使用时间。

(2) 资金数量的大小。

(3) 资金投入和回收的特点。

(4) 资金周转的速度。

3.2.2 利息与利率

利息是资金时间价值的一种重要表现形式。通常用利息额的多少作为衡量资金时间价值的绝对尺度，用利率作为衡量资金时间价值的相对尺度。在借贷过程中，债务人支付给债权人超过原借贷金额的部分就是利息。

从本质上看，利息是由贷款发生利润的一种再分配。在工程经济研究中，利息常常被看成是资金的一种机会成本。利率是在单位时间内所得利息额与原借贷金额之比，通常用百分数表示。用于表示计算利息的时间单位称为计息周期利率，计息周期利率的高低首先取决于社会平均利润率。在通常情况下，平均利润率是利率的最高界限。利息还取决于借贷资本的供求情况、借出资本的风险、通货膨胀、借出资本的期限长短等因素。

1. 单利

单利是指在计算利息时，仅用最初本金来计算，而不计入先前计息周期中所累积增加的利息，即通常所说的"利不生利"的计息方法。其计算式如下

$$F = P(1 + in)$$

式中：F 为本利和，即终值；P 为本金，即现值；n 为计息期数；i 为利率。

在以单利计息的情况下，总利息与本金、利率以及计息周期数成正比的关系。

2. 复利

复利是将上期利息计入下期内计算利息的方式，即"利滚利"的计息方法。其计算公式如下

$$F = P(1 + i)^n$$

在利率和计息周期均相同的情况下，用复利计算出的利息金额比用单利计算出的利息金额多；且本金越大、利率越高、计息周期越长时，两者差距就越大。

复利计算有间断复利和连续复利之分。按期（年、半年、季、月、周、日）计算复利的方法称为间断复利（即普通复利），按瞬时计算复利的方法称为连续复利。在实际使用中常采用间断复利。

3. 利息和利率在工程经济活动中的作用

(1) 利息和利率是以信用方式动员和筹集资金的动力。

(2) 利息促进投资者加强经济核算，节约使用资金。

(3) 利息和利率是宏观经济管理的重要杠杆。

(4) 利息与利率是金融企业经营发展的重要条件。

3.2.3　现金流量与现金流图

1. 现金流量

现金流量是指某一系统一定时期内在资本循环过程中现金流出或流入的量。在技术经济分析中，现金是指货币资本，它包括纸币、硬币、支票、汇票等。现金流量反映了项目在建设和生产服务年限内流入和流出的资金运动。方案实施带来货币收入，增加了资本，视为现金流入，用正数表示；方案实施带来货币支出，减少了资本，视为现金流出，用负数表示；现金流入量与现金流出量的代数和为净现金流量。净现金流量一般以年度为时间计算单位。

在考察对象整个期间各时段内实际发生的资金流出或资金流入称为现金流量。其中：流出系统的资金称为现金流出，用符号 CO_t 表示，流入系统的资金称为现金流入，用符号 CI_t 表示。现金流入与现金流出之差称为净现金流量，用符号 $CO_t - CI_t$ 表示。

2. 现金流量图的绘制

为直观表示方案的现金流入和流出情况，常采用绘制现金流量图来描述方案寿命周期内的现金流入、流出与时间之间的关系。现金流量的三要素分别是现金流量的大小，即现金流量数额；方向，即现金流入或现金流出；作用点，即现金流量发生的时间点。上述要素在现金流图中都需要有清晰的表示。

例如，某项目建设期为 1 年，总投资 200 万元，投产后年利润为 15 万元，经济运行周期为 5 年，残值为 25 万元，用现金流量图描述如图 3 - 2 所示。

(1) 以水平线表示时间坐标，每一格代表一个时

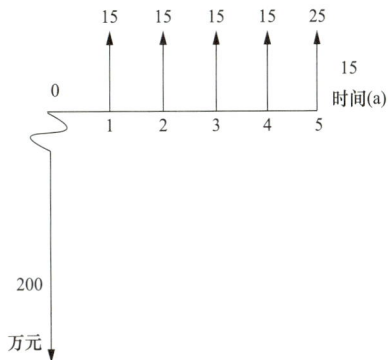

图 3 - 2　现金流量图

间单位，时间的推移从左向右。

（2）用与时间坐标相垂直的带箭头的线段表示现金流量，线段长短与收入或支出多少成比例。箭头表示现金流动的方向，箭头向上表示现金流入，箭头向下表示现金流出。

3.3 建设项目的技术经济分析

建设项目的建设过程不仅要研究项目的技术问题，还要研究项目的经济问题。从项目决策立项到建成交付使用，直至项目终了的整个项目周期中，工程技术人员时刻要考虑这些问题。工程技术分析是技术科学、项目管理学和经济可行的结合体。因此相关技术人员更要充分认识到工程技术经济分析的重要性，并按照分析指标进行分析评价。本节主要介绍建设项目的经济分析方法。

3.3.1 投资回收期法

投资回收期法（payback period method）又称"投资返本年限法"，指标所衡量的是收回初始投资的速度的快慢。投资回收期法分为静态投资回收期法和动态投资回收期法。

静态投资回收期法是计算项目投产后在正常生产经营条件下的收益额和计提的折旧额、无形资产摊销额用来收回项目总投资所需的时间，与行业基准投资回收期对比来分析项目投资财务效益的一种静态分析法。其基本的选择标准是：在只有一个项目可供选择时，该项目的投资回收期要小于决策者规定的最高标准；如果有多个项目可供选择时，在项目的投资回收期小于决策者要求的最高标准的前提下，还要从中选择回收期最短的项目。其计算式为

$$\sum_{t=1}^{T}(CI_t - C_0) = 0$$

式中：T 为投资回收期；CI_t 为 t 时期的现金流入量；C_0 为初始投资额。

在投资项目各期现金流量相等的情况下，只要用投资的初始投资额除以一期的现金流量即可。如果投资项目投产后每年产生的净现金流入量不等（绝大多数情况下是这样），则需逐年累加，最后计算出投资回收期。

静态投资回报期法易于理解，计算简便，只要算得的投资回收期短于行业基准投资回收期，就可考虑接受这个指标。但是静态投资回报期法只注意项目回收投资的年限，没有直接说明项目的获利能力，不考虑项目整个寿命周期的盈利水平，一般只在项目初选时使用。

动态投资回收期是指在考虑货币时间价值的条件下，以投资项目净现金流量的现值抵偿原始投资现值所需要的全部时间。即：动态投资回收期是项目从投资开始起，到累计折现现金流量等于 0 时所需的时间。求出的动态投资回收期也要与行业标准动态投资回收期或行业平均动态投资回收期进行比较，低于相应的标准认为项目可行。

投资者一般十分关心投资的回收速度，为了减少投资风险，都希望越早收回投资越好。动态投资回收期是一个常用的经济评价指标。动态投资回收期弥补了静态投资回收期没有考虑资金的时间价值这一缺点，使其更符合实际情况。其计算式为

$$\sum_{t=1}^{T}(CI_t - CO_t)(1+i_c)^{-t} = 0$$

式中：T 为投资回收期；CI_t 为 t 时期的现金流入量；CO_t 为 t 时期的现金流出量；i_c 为基准收益率。

投资回收期是反映项目在财务上偿还能力的重要经济指标，除特别强调项目偿还能力

的情况外，一般只作为方案选择的辅助指标。

3.3.2　现值分析法

现值分析法的基本原理是将不同时期内发生的收益或追加投资和经营费用，都折算为投资起点的现值，然后与期初的投资比较，净现值大于零的方案为可行方案；净现值最大的方案为最佳方案。利息一般分为单利和复利两种，在方案评价中多采用复利计算。现值分析的经济准则见表 3 - 1。从表 3 - 1 中可以总结出"净现值"准则，即选择方案时应选择 NPV（net present value，净现值）最大的方案。

表 3 - 1　　　　　　　　　　　　　　现值分析的经济准则

序号	情况	准则
1	投入相同	产出最大
2	产出相同	投入最小
3	投入和产出都不相同	净收益最大

对于服务年限不等的各方案的净现值计算，其计算取各个方案服务年限的最小公倍数，并假定每个服务寿命期终了时，仍以同样的方案继续投资。资产残值是为再投资的收益继续计入现金流。对于服务年限为无限的方案，如水坝、公路、电网等工程，分析时应先将工程项目在服务过程中发生的各种维修费用、返修费用以及资产残值换算成年金，根据年金现值公式求得 NPV，然后再进行比较。

3.3.3　收益率分析法

收益率分析法包括内部收益率法和静态差额投资收益率法。内部收益率是指项目计算期内，净现值等于 0 时的折现率。

$$NPV = \sum_{t=1}^{n} (CI_t - CO_t)(1+i)^{-t} = 0$$

此时的 i，即为内部收益率 IRR。单方案进行评价时，采用试算法计算，条件满足 IRR$\geqslant$ i_c/i_b（i_b 为基准折现率或基准收益率），则方案可行。多方案比较时，也可以采用差额 IRR（ΔIRR）或净现值 NPV 进行评价。

静态差额投资收益法适合与多方案比较。当产量相等或相当时，有

$$R_a = \frac{C_1 - C_2}{I_2 - I_1} \times 100\%$$

式中：R_a 为静态差额投资收益率；C_1、C_2 为两个比较方案的年总经营成本；I_2、I_1 为两个比较方案的全部投资。当 R_a 大于财务基准收益率或社会折现率时选择投资额大的方案，当 R_a 小于财务基准收益率或社会折现率时选择投资额小的方案。

3.3.4　不确定性分析法

技术与市场的变化和预测方法的不精确，使得构成项目经济活动的各种要素（总投资、产量、建设和生产期限、利率、成本、价格等）常常是不确定的，这些因素的变化会导致项目目标值的变化，进而产生了项目目标的不确定性，最终造成风险的存在。

不确定性分析是指通过定性与定量分析，掌握不确定因素的变化对项目目标值的影响情况，测算项目的风险指标，评价项目的抗风险能力的分析方法。不确定性分析方法主要包括盈亏平衡分析法、敏感性分析法、概率分析法。

1. 盈亏平衡分析

盈亏平衡分析又称保本点分析或本量利分析法，是根据产品的业务量（产量或销量）、

成本、利润之间的相互制约关系的综合分析，是用来预测利润、控制成本、判断经营状况的一种数学分析方法。一般说来，企业收入＝成本＋利润，如果利润为零，所有收入＝成本＝固定成本＋变动成本，而收入＝销售量×价格，变动成本＝单位变动成本×销售量，这样由销售量×价格＝固定成本＋单位变动成本×销售量，可以推导出盈亏平衡点的计算公式为：

$$盈亏平衡点（销售量）＝固定成本÷每计量单位的贡献差数$$

企业利润是销售收入扣除成本后的余额，销售收入是产品销售量与销售单价的乘积，产品成本包括工厂成本和销售费用在内的总成本，分为固定成本和变动成本。

变动成本（variable cost）是指总额随产量的增减而成正比例关系变化的成本；主要包括原材料和计件工资，就单件产品而言，变动成本部分是不变的。

固定成本（fixed cost）是指总额在一定期间和一定业务量范围内不随产量的增减而变动的成本，主要是指固定资产折旧和管理费用。

盈亏平衡分析可以对项目的风险情况及项目对各个因素不确定性的承受能力进行科学的判断，为投资决策提供依据。传统盈亏平衡分析以盈利为零作为盈亏平衡点，没有考虑资金的时间价值，是一种静态分析，盈利为零的盈亏平衡实际上意味着项目已经损失了基准收益水平的收益，项目存在潜在的亏损。把资金的时间价值纳入盈亏平衡分析中，将项目盈亏平衡状态定义为净现值等于零的状态，便能将资金的时间价值考虑在盈亏平衡分析内，变静态盈亏平衡分析为动态盈亏平衡分析。由于净现值的经济实质是项目在整个经济计算期内可以获得的、超过基准收益水平的、以现值表示的超额净收益，所以，净现值等于零意味着项目刚好获得了基准收益水平的收益，实现了资金的基本水平的保值和真正意义的"盈亏平衡"。动态盈亏平衡分析不仅考虑了资金的时间价值，而且可以根据企业所要求的不同的基准收益率确定不同的盈亏平衡点，使企业的投资决策和经营决策更全面、更准确，从而提高项目投资决策的科学性和可靠性。

2. 敏感性分析法

敏感性分析法是指从众多不确定性因素中找出对投资项目经济效益指标有重要影响的敏感性因素，并分析、测算其对项目经济效益指标的影响程度和敏感性程度，进而判断项目承受风险能力的一种不确定性分析方法。据不确定性因素每次变动数目的多少，敏感性分析法可以分为单因素敏感性分析法和多因素敏感性分析法。

单因素敏感性分析法是每次只变动一个因素而其他因素保持不变时所做的敏感性分析法。单因素敏感性分析在计算特定不确定因素对项目经济效益影响时，须假定其他因素不变，实际上这种假定很难成立。可能会有两个或两个以上的不确定因素在同时变动，此时单因素敏感性分析就很难准确反映项目承担风险的状况，因此尚必须进行多因素敏感性分析。

多因素敏感性分析法是指在假定其他不确定性因素不变条件下，计算分析两种或两种以上不确定性因素同时发生变动，对项目经济效益值的影响程度，确定敏感性因素及其极限值。多因素敏感性分析一般是在单因素敏感性分析的基础上进行，且分析的基本原理与单因素敏感性分析大体相同，但需要注意的是，多因素敏感性分析须进一步假定同时变动的几个因素都是相互独立的，且各因素发生变化的概率相同。

敏感性分析有助于确定哪些风险对项目具有最大的潜在影响。它把所有其他不确定因素保持在基准值的条件下，考察项目的每项要素的不确定性对目标产生多大程度的影响。

敏感性分析法是一种动态不确定性分析，是项目评估中不可或缺的组成部分。它用以分析项目经济效益指标对各不确定性因素的敏感程度，找出敏感性因素及其最大变动幅度，据此判断项目承担风险的能力。但是，这种分析尚不能确定各种不确定性因素发生一定幅度的概率，因而其分析结论的准确性会受到一定的影响。实际生活中，可能会出现这样的情形：敏感性分析找出的某个敏感性因素在未来发生不利变动的可能性很小，引起的项目风险不大；而另一因素在敏感性分析时表现出不太敏感，但其在未来发生不利变动的可能性却很大，进而会引起较大的项目风险。为了弥补敏感性分析的不足，在进行项目评估和决策时，尚需进一步作概率分析。

3. 概率分析法

概率分析又称风险分析，是通过研究各种不确定性因素发生不同变动幅度的概率分布及其对项目经济效益指标的影响，对项目可行性和风险性以及方案优劣做出判断的一种不确定性分析法。概率分析常用于对大中型重要若干项目的评估和决策中。

概率分析，通过计算项目目标值（如净现值）的期望值及目标值大于或等于零的累积概率来测定项目风险大小，为投资者决策提供依据。概率分析的步骤如下：

（1）列出各种需考虑的不确定因素。例如销售价格、销售量、投资和经营成本等。需要注意的是，所选取的几个不确定因素应是互相独立的。

（2）设想各个不确定因素可能发生的情况，即其数值发生变化的几种情况。

（3）分别确定各种可能发生情况产生的可能性，即概率。各不确定因素可能发生的各种情况出现的概率之和必须等于 1。

（4）计算目标值的期望值。可根据方案的具体情况选择适当的方法。若采用净现值为目标值，则一种方法是将各年净现金流量所包含的各不确定因素在各可能情况下的数值与其概率分别相乘后再相加，得到各年净现金流量的期望值，然后求得净现值的期望值。另一种方法是直接计算净现值的期望值。

（5）求出目标值大于或等于零的累计概率。对于单个方案的概率分析应求出净现值大于或等于零的概率，由该概率值的大小可以估计方案承受风险的程度，该概率值越接近 1，说明技术方案的风险越小，反之，方案的风险越大。可以列表求得净现值大于或等于零的概率。

第 **4** 章

管 理 学

4.1 管理的内涵与职能

管理是指一定组织中的管理者，通过实施计划、组织、领导、协调、控制等职能来协调他人的活动，使别人同自己一起实现既定目标的活动过程，是人类各种组织活动中最普遍和最重要的一种活动。

人们把研究管理活动所形成的管理基本原理和方法，统称为管理学。作为一种知识体系，管理学是管理思想、管理原理、管理技能和方法的综合。随着管理实践的发展，管理学不断充实其内容，成为指导人们开展各种管理活动，有效达到管理目的的指南。在特定的环境条件下，管理以人为中心通过计划、组织、指挥、协调、控制及创新等手段，对组织所拥有的人力、物力、财力、信息等资源进行有效的决策、计划、组织、领导、控制，以期高效达到既定组织目标。

管理可以分很多种类，比如行政管理、社会管理、工商企业管理、人力资源管理、情报管理等。每一个人也同样需要管理，比如管理自己的起居饮食、时间、健康、情绪、学习、职业、财富、人际关系、社会活动、精神面貌、穿着打扮等。

在现代市场经济中工商企业的管理最为常见。每一种组织都需要对其事务、资产、人员、设备等所有资源进行管理。管理主体的承担者可分为宏观管理和微观管理，宏观管理是政府部门，微观管理是具体业务部门，微观管理是宏观管理的基础；管理客体的活动属性可分为社会管理、经济管理和文化管理，其中经济管理是基础；管理主体的管理方式可分为决策管理和实施管理，二者互相渗透，决策是管理的核心；就管理流程分类可分为计划、组织、领导控制四大流程。

企业管理可以分为几个分支：人力资源管理、财务管理、生产管理、物控管理、营销管理、成本管理、研发管理等。在企业系统的管理上，又可分为企业战略、业务模式、业务流程、企业结构、企业制度、企业文化等系统的管理。

4.2 计 划

4.2.1 计划的内涵与原因

计划是设定目标，确定实现这些目标的战略，并且制订方案的一系列整合和协调的活动。计划既关注设置的目标，也关注实现目标的过程。计划是管理的基础和依据，是建立正常工作秩序、做好工作的前提，是领导指导、检查工作并进行监督的依据。计划可以使各项工作有所遵循，避免盲目性；同时，也可以使员工明确下一步工作、学习的目标，增强自觉性和主动性，充分发挥主观能动作用。

制定计划的原因有以下几点。

（1）计划对全体人员起指导作用。管理者通过计划掌握目前的管理情况，员工通过计划了解组织和工作的内容，因此员工才能调整自身、协同工作，并从事一些实现计划目标的工作。如果没有计划，管理层和员工之间可能会离心离德、与目标背道而驰，阻碍组织目标的实现。

（2）计划通过管理者展望未来、预测变化、考虑变化的影响以及制定恰当的应对措施，降低不确定性。尽管计划并不能消除不确定性，但管理者通过计划可以做出有效应对。

（3）计划有助于最小化浪费和冗余。低效率的活动在计划下是易于察觉的，从而被更正或取消。

（4）计划确定了当前工作所采用的目标或标准。当管理者实施控制时，会考察计划是否已经执行以及目标是否已经实现。如果没有计划，就没有明确的目标来衡量执行的程度。

4.2.2　目标与方案

计划通常被称为首要的管理职能，因为它为管理者实施组织、领导和控制职能时所进行的所有其他工作奠定了基础。计划包括两个重要的方面：目标和方案。

目标（goals，objectives）是指根据组织的使命而提出的组织在一定时期内所要达到的预期成果。目标是使命的具体化，是一个组织在一定的时间内奋力争取达到的、所希望的未来状况。目标指导管理决策，并形成了衡量工作结果的标准。这就是为什么目标通常被描述为计划的根本因素。你必须知道所期望的结果或对象，才能制定方案实现目标。

方案（plans）是概述如何实现目标的文件。它们通常包含实现目标所需的资源分配、时间安排和其他必要的行动。在管理者开展计划工作时，既需要制定目标，也需要制定方案。

目标和计划的类别如图 4-1 所示。

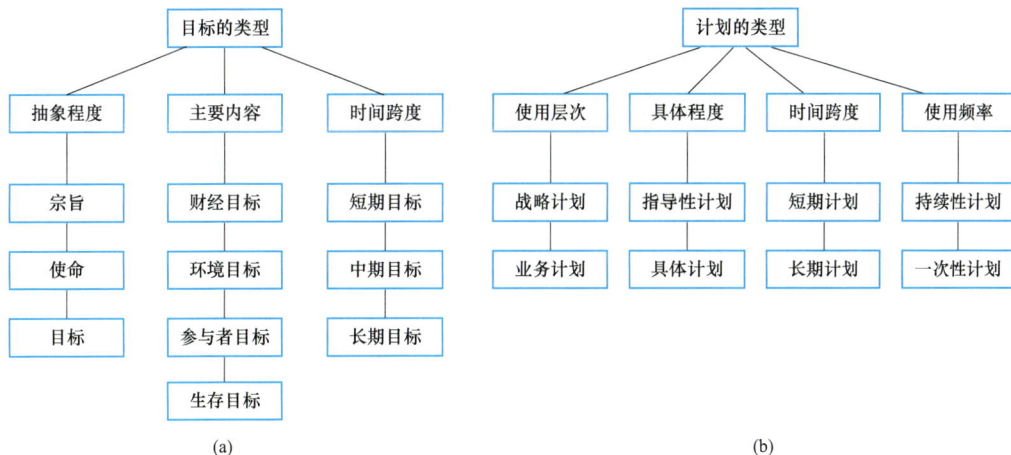

图 4-1　目标和计划的类型
（a）目标的类型；（b）计划的类型

4.2.3　设定目标与制定计划

如前所述，目标为所有管理决策和行动提供指导，并形成衡量实际成果的标准。目标可以通过一个传统的目标设定过程设定，也可以采用目标管理来设定。

在传统的目标设定（traditional goal setting）中，由高层管理者设定的目标沿着组织等级链向下传达，并且变成每个组织领域的子目标。这种传统视角假定高层管理者知道什么才是最好的，因为他们可以看到"大局图"。这些目标被传达给组织的每一层级，指导员工为实现这些特定目标而开展工作并以书面的形式反映该层级所承担的责任，再传达给再下一层级，以此类推。一段时间之后，通过确定是否已经实现这些指定的目标来进行绩效考核。尽管这一过程应该以这样的方式进行，但事实上并不总是如此。将宽泛的战略目标转化为部门、团队和个人目标很可能是一个十分困难和缓慢的过程。

当组织每一层级的目标被清晰确定之后，就会形成一体化目标网络，或是手段—目的链（means‐end chain）。较高组织层级的目标（目的）与较低组织层级的目标是相连的，后者充当手段以实现前者。换句话说，较低层级的目标实现会成为实现上一层级目标（目的）的手段。而在上一层级的目标实现又将成为再上一层级目标（目的）实现的手段，以此类推向上传递到组织中的不同层级，形成传统的目标设定的运作方式。

很多组织并没有采用传统的目标设定，而是采用了目标管理（management by objective，MBO），一种设定管理者和员工双方认可的目标并使用这些目标来评估员工绩效的过程。这种方法要求管理者与团队成员一起坐下来制定具体的目标，并定期评估团队成员是否朝着实现这些目标的方向取得进展。目标管理计划有四个因素：目标具体性、参与决策制定、确切的期限和绩效反馈。目标管理不仅是利用目标来确保员工做他们理应做的事情，也利用目标对员工进行激励。其吸引力在于目标管理强调员工是为了实现他们所参与制定的目标而努力工作。表4‐1列举了一个典型的目标管理计划的步骤。

表 4 - 1	目标管理计划的步骤
步骤	内容
1	制定组织的整体目标和战略
2	在各事业部和各部门之间部署重大目标
3	部门经理及其下属管理者共同参与具体目标的设定
4	所有部门成员共同参与具体目标的设定
5	定义如何实现这些目标的行动方案必须是具体的，并由管理者和员工共同商定后得到一致通过
6	实施行动方案
7	定期评估，提供进展并反馈
8	通过基于绩效的奖励，强化目标的实现

计划过程中有三种权变因素会影响方案的选择：组织层级、环境的不确定性程度以及未来承诺的时间长度。在传统的方法中，计划通常完全是由高层管理者在正式的计划部门（formal planning department）协助下制定的，这一部门是由一群专业的计划人员组成的，负责帮助撰写各种各样的组织方案。在这种传统方法下，方案通常由高层管理者制定并沿着组织等级链向下传达到每一组织层级，类似于传统的目标设定方法。随着方案通过组织层级向下传达，方案会被不断修订以满足每一层级的特殊需求。尽管这种方法使计划管理更加周密、系统和协调，但其关注的重点通常在于制定某一特定的方案上——结果导致大量时间被用于创建实际应用价值极低的文件，没有任何人利用它来指导和协调工作。一个比较普遍的抱怨是"方案是为公司的规划人员所准备的文件，随后便被抛之脑后"。尽管这种传统的自上而下的计划方法为很多组织所用，但只有当管理者真正理解创造这些文件的重要性在于供组织成员使用，而并非看起来好看却被置之不理时，才能够发挥作用。

另一种计划方法是使更多的组织成员参与到这一过程中。在这种方法中，方案并不是从一个组织层级向下一个组织层级传递，而是由不同组织层级和不同工作部门的人员共同制定，以满足他们特定的需求。只有当组织中的成员更加积极地参与到计划的过程中，员工才会真正将它视为可行的方案，进而发挥计划的指导和协调工作作用。

4.3　组　　　织

4.3.1　组织结构设计

组织结构设计是通过对组织资源（如人力资源）的整合和优化，确立企业某一阶段的最合理的管控模式，实现组织资源价值最大化和组织绩效最大化。狭义地、通俗地说，也就是在人员有限的状况下通过组织结构设计提高组织的执行力和战斗力。企业的组织结构设计是这样的一项工作：在企业的组织中，对构成企业组织的各要素进行排列、组合，明确管理层次，分清各部门、各岗位之间的职责和相互协作关系，并使其在企业的战略目标过程中，获得最佳的工作业绩。企业的组织结构设计实质上是一个组织变革的过程，它是把企业的任务、流程、权力和责任重新进行有效组合和协调的一种活动。根据时代和市场的变化，进行组织结构设计或组织结构变革（再设计）的结果是大幅度地提高企业的运行效率和经济效益。

4.3.2　基本原则与方法

1. 任务与目标原则

企业组织设计的根本目的是为实现企业的战略任务和经营目标服务，这是一条最基本的原则。组织结构的全部设计工作必须以此作为出发点和归宿点，即企业任务、目标同组织结构之间是目的同手段的关系；衡量组织结构设计的优劣，要以是否有利于实现企业任务、目标作为最终的标准。从这一原则出发，当企业的任务、目标发生重大变化时，例如，从单纯生产型向生产经营型、从内向型向外向型转变时，组织结构必须作相应的调整和变革，以适应任务、目标变化的需要。又如，进行企业机构改革，必须明确要从任务和目标的要求出发，该增则增，该减则减，避免单纯地把精简机构作为改革的目的。

2. 专业分工和协作的原则

现代企业的管理，工作量大，专业性强，分别设置不同的专业部门，有利于提高管理工作的质量与效率。在合理分工的基础上，各专业部门只有加强协作与配合，才能保证各项专业管理的顺利开展，达到组织的整体目标。贯彻这一原则，在组织设计中要十分重视横向协调问题。主要的措施有：

（1）实行系统管理，把职能性质相近或工作关系密切的部门归类，成立各个管理子系统，分别由各副总经理（副厂长、部长等）负责管辖。

（2）设立一些必要的委员会及会议来实现协调。

（3）创造协调的环境，提高管理人员的全局观念，增加相互间的共同语。

3. 有效管理幅度原则

由于受个人精力、知识、经验条件的限制，一名领导人能够有效领导的直属下级人数是有一定限度的。有效管理幅度不是一个固定值，它受职务的性质、人员的素质、职能机构健全与否等条件的影响。这一原则要求在进行组织设计时，领导人的管理幅度应控制在一定水平，以保证管理工作的有效性。由于管理幅度的大小同管理层次的多少呈反比例关系，这一原则要求在确定企业的管理层次时，必须考虑到有效管理幅度的制约。因此，有效管理幅度也是决定企业管理层次的一个基本因素。

4. 集权与分权相结合的原则

企业组织设计时，既要有必要的权力集中，又要有必要的权力分散，两者不可偏废。集权是大生产的客观要求，它有利于保证企业的统一领导和指挥，有利于人力、物力、财力的合理分配和使用。而分权是调动下级积极性、主动性的必要组织条件。合理分权有利于基层根据实际情况迅速而正确地做出决策，也有利于上层领导摆脱日常事务，集中精力抓重大问题。因此，集权与分权是相辅相成的，是矛盾的统一。没有绝对的集权，也没有绝对的分权。企业在确定内部上下级管理权力分工时，主要应考虑的因素有：企业规模的大小，企业生产技术特点，各项专业工作的性质，各单位的管理水平和人员素质的要求等。

5. 稳定性和适应性相结合的原则

稳定性和适应性相结合原则要求组织设计时，既要保证组织在外部环境和企业任务发生变化时，能够继续有序地正常运转；又要保证组织在运转过程中，能够根据变化情况做出相应的变更，组织应具有一定的弹性和适应性。为此，需要在组织中建立明确的指挥系统、责权关系及规章制度；同时又要求选用一些具有较好适应性的组织形式和措施，使组织在变动的环境中，具有一种内在的自动调节机制。

企业内部的部门是承担某种职能模块的载体，按一定的原则把它们组合在一起，便表现为组织结构。组织结构设计的主要内容涉及职能、框架、协调方式、规范、人员和激励。

（1）职能设计：是指企业的经营职能和管理职能的设计。企业作为一个经营单位，要根据其战略任务设计经营、管理职能。如果企业的有些职能不合理，那就需要进行调整，对其弱化或取消。

（2）框架设计：是企业组织设计的主要部分，运用较多。其内容简单来说就是纵向的分层次、横向的分部门。

（3）协调设计：是指协调方式的设计。框架设计主要研究分工，有分工就必须要有协作。协调方式的设计就是研究分工的各个层次、各个部门之间如何进行合理的协调、联系、配合，以保证其高效率的配合，发挥管理系统的整体效应。

（4）规范设计：是管理规范的设计。管理规范是企业的规章制度，它是管理的规范和准则。结构本身设计最后要落实并体现为规章制度。管理规范保证了各个层次、部门和岗位，按照统一的要求和标准进行配合和行动。

（5）人员设计：是管理人员的设计。企业结构本身设计和规范设计，都要以管理者为依托，并由管理者来执行。因此，按照组织设计的要求，必须进行人员设计，配备相应数量和质量的人员。

（6）激励设计：是设计激励制度，对管理人员进行激励，其中包括正激励和负激励。正激励包括工资、福利等，负激励包括各种约束机制，即奖惩制度。激励制度既有利于调动管理人员的积极性，也有利于防止一些不正当和不规范的行为。

从实际设计流程上看，组织结构的设计程序有以下步骤。

1）分析组织结构的影响因素，选择最佳的组织结构模式。

2）根据所选的组织结构模式，将企业划分为不同的、相对独立的部门。

3）为各个部门选择合适的部门结构，进行组织机构设置。

4）将各个部门组合起来，形成特定的组织结构。

5）根据环境的变化不断调整组织结构。

4.4　领　　　导

4.4.1　沟通

沟通（communication）是意思的传递和理解。如果信息和想法没有被表达，没有听众听讲话者讲话，没有读者阅读作者的作品，那么沟通也就不会发生。进一步的含义上，沟通包括意思和内涵的理解。为了使沟通能够成功，意思必须被准确地传达和理解。沟通的实现依赖于接收者精确地接收和理解发送者所传达的想法和意见。

沟通的成功不意味着意见统一。如果某人对我们的观点表示不同意，我们会认为这个人并没有完全理解我们的立场。很多人会错误地将良好的沟通定义为使别人接受我们的观点。但是，能够清晰地理解意思，却不一定要同意意思所蕴含的观点。

沟通可以根据交流对象分为人际沟通（interpersonal communication，两人及以上之间的沟通）和组织沟通（organizational communication，组织中的各种沟通模式、网络和系统）。对于管理者而言，这两种类型的沟通都非常重要。

沟通发挥着四项重要的作用：控制、激励、情绪表达和信息。

首先，沟通通过几种方式来控制员工的行为。组织中存在着要求员工遵循的职权等级和正式的指导原则。例如，当组织要求员工如有任何工作上的不满时与自己的直接上司进行沟通，遵循自身的工作说明书或者遵守公司的各项政策时，公司就是在利用沟通实施控制。非正式沟通同样也是控制行为。当一个工作团队认可并赞扬一位成员的卓越表现和对团队规范的遵守时，他们通过非正式沟通的方式强化了这种行为，从而对该成员的积极行为实施了正面的控制。

其次，沟通通过向员工清楚阐述他们应该做什么、表现得如何以及如果他们未能达到标准应该如何提高工作绩效等来激励员工。在员工设定明确目标、为实现这些目标而努力工作以及获得目标实现进展反馈的过程中，都需要沟通发挥作用。

再次，对于许多员工来说，他们所在的工作群体是他们与社会进行交往的重要来源。工作群体中的沟通是员工分享工作经验和成就满足感的一种基本方式。因此，沟通为他们提供了情绪表达的一种释放途径，同时也满足了他们的社会需求。

最后，个体和群体都需要一些必要信息来完成组织中的工作。而沟通提供了这些信息。

4.4.2　理解与管理

大多数管理者都非常关注员工的态度，并且想要吸引并留住持有正确态度和个人品质的员工。他们想要拥有那些表现出色、工作努力、与同事和客户友好相处、持有良好态度，并且以其他方式表现出各种良好工作行为的员工。但是，众所周知，人们并不总是表现得如此"理想"。他们可能一有机会就会选择跳槽。人们在行为上的表现各不相同，即使是同一个人也可能今天是这样的表现，而明天又是完全不同的表现。探索个体行为的各个方面，管理者能够更好地理解他们为什么要这样做。

管理者需要的是优秀的员工技能，他们所关注的主题是行为（behavior），也就是人们的活动。组织行为学（organizational behavior，OB）就是对工作中的人的行为进行研究。组织行为学与理解的关系体现在它提供了一个框架，帮助管理者理解员工的行为模式、动机、工作态度以及这些因素如何影响组织绩效。通过研究组织行为学，管理者可以更深入地了解员工的需求和激励因素，从而更有效地管理团队，提高员工的工作满意度和组织的整体效率。

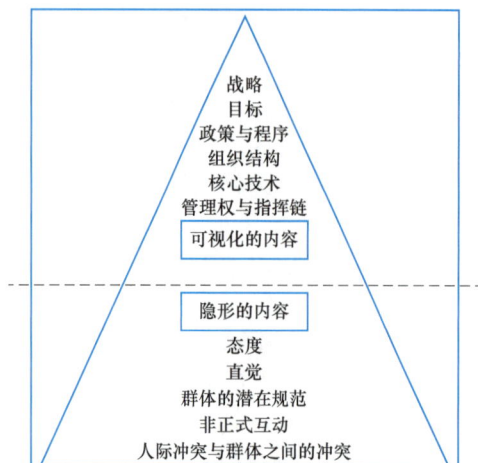

战略
目标
政策与程序
组织结构
核心技术
管理权与指挥链
可视化的内容

隐形的内容
态度
直觉
群体的潜在规范
非正式互动
人际冲突与群体之间的冲突

图 4-2 组织如同一座冰山

理解组织行为学所面临的挑战之一是组织行为学解决的并非显而易见的问题。如同冰山一样，组织行为学只有很小一部分是看得见的，而更多的是隐藏在底下的一大部分。如图 4-2 所示。当对一个组织进行考察时，能看到的是它显而易见的方面：战略、目标、政策与程序、组织结构、核心技术、管理权与指挥链。但在这些表象之下管理者需要了解的一些其他因素——这些因素也会影响员工工作表现。

4.4.3　激励

成功的管理者需要了解，对某些人起作用的激励方式可能对其他人而言作用微乎其微，甚至毫无用处。仅仅因为工作团队中的某一员对你起到了激励作用，不能假设这对每个人都能起到同样的作用。或者仅仅因为你受到某份工作的激励，并不意味着对于所有人都如此。那些能够使员工付出最大努力的有效管理者懂得这些员工如何并且为何受到激励，从而为他们量身定做最适合的激励方式以满足他们的需求和需要。

激发员工产生高绩效是组织重点关注的问题，而管理者也一直坚持不懈地寻这个答案。动机（motivation）体现了个体为实现目标而付出努力的强度、方向和坚持性的一种过程。这一定义包含了三个关键要素：努力、方向和坚持性。

努力要素是强度、驱动力和活力的一种衡量指标。受到激励的个体会尽力并努力地工作。然而，不仅是努力的强度，努力的质量也需要考虑。高强度的努力不一定会带来优秀的工作绩效，除非这种努力有利于组织的方向。朝着组织目标努力是管理者期望从员工身上看到的。最后，动机还包含坚持性维度。管理者希望员工能够为实现这些目标而不懈努力。坚持性是指在面对挑战和障碍时，个体持续不断地为达成目标而付出努力的能力，它体现了一个人在追求长期目标时的毅力和耐力，即使在遇到障碍或挫折时也不轻易放弃。

四种早期的动机理论是马斯洛的需求层次理论、麦格雷戈的 X 理论和 Y 理论、赫茨伯格的双因素理论和麦克莱兰的三种需求理论。尽管如今已经发展出了对解释动机更具说服力的理论，但是这些早期动机理论仍然非常重要，因为这些理论代表着当代动机理论演变的基础，而且许多管理者仍然在应用这些理论。

较著名的动机理论是马斯洛的需求层次理论（hierarchy of needs theory）。马斯洛是一位心理学家，他提出每个人都有五个层次的需求。

（1）生理需求（physiological needs）：人们对食物、水、住所、性以及其他生理方面的需求。

（2）安全需求（safety needs）：在生理上的需求得到保证的同时，保护自身免受生理和情感伤害的需求。

（3）社会需求（social needs）：人们在爱情、归属、接纳以及友谊方面的需求。

（4）尊重需求（esteem needs）：内部尊重因素包括对自尊、自主和成就感的需求，外部尊重因素包括对地位、认可或被关注的需求。

（5）自我实现需求（self-actualization needs）：推动个人能力极限的，对自我发展、自我价值实现和自我理想实现的需求。

马斯洛认为，每个需求层次都必须得到充分的满足，才能使下一层次的需求占据主导地位。个体的需求层次是由低向高逐层上升的。此外，马斯洛还将五种需求划分为低层次需求和高层次需求。生理需求和安全需求被认为是低层次需求；社会需求、尊重需求和自我实现需求被认为是高层次需求。较低层次需求的满足主要来源于外部因素，而较高层次需求的满足则来源于内部因素。但是长期以来，马斯洛需求理论都缺乏有力的实证证明。这也是早期动机理论的通病。

当代的动机理论包括目标设置理论、强化理论、工作设计理论、公平理论、期望理论等。这些理论或许不如早期理论那么著名，但是获得了实证研究的支持。图 4 - 3 是当代动机理论的整合模型。

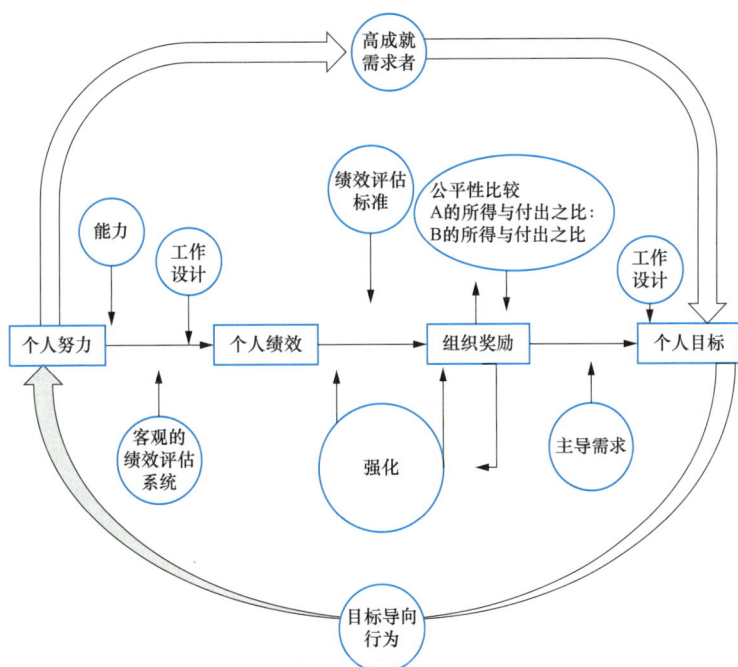

图 4 - 3　当代动机理论的整合模型

4.5　控　　　制

4.5.1　监管与控制

事情并不总是按照计划发展的，这是管理者进行控制的原因。控制是管理过程的最后一步。管理者必须监控事先设定的、作为计划过程一部分的目标被有效地、以计划规范地、高效完成。合理的控制可以帮助管理者寻找具体的绩效缺口和需要改进的方面。

控制（control）是检查工作是否按既定的计划、标准和方法进行，发现偏差分析原因，进行纠正，以确保组织目标的实现。由此可见，控制职能几乎包括了管理人员为确保实际工作与组织计划相一致所采取的一切活动。

控制的价值体现在以下的三个方面：计划、员工授权、保护工作场所。管理者会采取措施以确保员工既定要做的事已经真正完成以及目标已经逐步实现。控制提供了反馈到计划的关键纽带。如果管理者不进行控制，他们无法知道自己的目标和计划是否实现，以及未来应该采取怎样的措施。控制价值的第二个体现是员工授权。很多管理者不愿意进行员工授权，因为他们害怕万一出错自己要承担责任。但是一个有效的控制系统可以给员工提供合理的反馈渠道，将问题和隐患在潜在阶段就消除。控制的第三个价值是保护工作场所。管理者对全局的控制可以有效防护各类事件对组织的冲击，包括天灾和人祸。全面控制并制定应急计划，是许多企业降低突发事件对工作影响的常用手段。

控制过程是一个测量效益、比较效益、纠正偏差的过程。第一步是进行有关绩效信息的测量，大部分效益是可以被量化的，管理者只需要从对应部门处获取汇总。第二步是比较设计效益和计划所规定的标准之间的偏差。在预设偏差范围内的偏差是可以接受的，这些现象可能由随机性因素导致。而超偏差范围的绩效则需要管理者重视。第三步是采取管理行动，大致上可分为：纠正实际绩效、改变标准和什么都不做。根据问题的类型，管理者可以采取不同的纠正行为。高明的管理者会分析偏差的来源，然后采取不同的措施处理不同类型的偏差。偏差也有可能来源于不合理的标准。如果发现偏差是由于设定的目标不切实际或标准不合理导致的，管理者应该重新评估并调整这些目标和标准。如果偏差持续性存在，那么管理者就应该考虑是否目标设定得过于乐观或过于保守。另外，由于员工和团队在面对失败时习惯于从设定的目标上找原因，管理者应该对目标的调整持谨慎态度。

4.5.2 运营与控制

运营管理（operations management）是把各种资源转化为产品和服务的过程。这个流程需要输入——人员、技术、资本、设备、材料和信息，然后通过各种流程、步骤和工作活动最终转化为成形的产品和服务。由于组织中的每个单元都在生产特定的产品或提供特定的服务，所以管理者需要熟悉运营管理的概念，更高效地实现组织的目标。运营管理的价值有三点：它的适用范围涵盖了全部的第二、三产业；高效地管理生产率是所有产业的追求目标；对于组织在竞争中获取成功具有战略意义。

尽管一个组织的生产行为总是受"顾客是上帝"的理念驱动，但是管理者仍需要更加及时有效地响应消费者的需求。例如，运营管理者需要能够随时反映剩余产能、订单状态以及生产过程中（而不仅是制成品）产品质量的系统。想要与顾客实现更紧密的连接，必须在整个企业内实现生产同步。为了避免产量瓶颈和进度滞后，生产部门必须成为整个经营系统中紧密协作的一部分。技术的进步使得密切的协作变为可能。技术也使得组织能够控制成本，尤其在预测维修、远程诊断和设施成本节约等方面。当这种维修控制设备能够避免设备故障以及由此导致的生产中断时，它的意义将是巨大的。运营管理已经不再是非传统视角下的制造产品那么简单了。运营管理的重点在于与组织的各个职能部门通力合作，以寻求顾客所面临的商业问题的解决方案。技术的进步就是实现这一目标的现实基础。

电力经济篇

第 5 章

电价基础知识及我国电价政策变迁

5.1 概 述

电力作为一种能源商品，必然拥有商品的特征——价格。电价是电能商品的价格。与一般商品相比，电能的发、输、配、用需要同时完成，因此，电价承载的功能更为复杂。其中，电价单位为元/kWh，也就是我们常说的每度电多少元。

电能生产需要将一次能源转变为电能，再经过电网送到千家万户，生产和传输电能的成本形成了电价。那么，电价究竟由谁来管，又要管什么呢？

1985 年以前，电能生产和传输均由国家统一管理，没有区分上网电价和输配电价。政府分类制定销售电价。2002 年以后，电能生产和传输逐步实行企业化运营管理。2015 年以前，上网电价逐步形成完善的政策体系，由政府定价；销售电价管理方式基本不变；输配电价没有单独核定。电网输送成本通过销售电价与上网电价之差弥补。2015 年以后，启动电力市场价格机制改革，政府逐步放开上网电价和销售电价管理，由市场竞争形成，而输配电价由政府单独制定。

销售电价＝上网电价＋输配电价＋辅助服务费用＋政府基金及附加。该公式从电力生产、传输、配售到用户使用的全流程角度（发、输、配、售）解释销售电价的组成内容，销售电价包括发电企业的上网电价、电网企业的输配电价、辅助服务费用以及政府基金及附加。

销售电价是指电网企业对终端用户销售电能的电价。上网电价是指电网购买发电企业电力电量的价格。输配电价是电网企业提供接入系统、联网、电能输送和销售服务的价格。辅助服务费用是电力市场中为保障电网安全稳定运行而提供的调频、调峰、备用等服务的费用。政府基金及附加值是由国务院批准，通过电价征收的非税收入，用于补贴可再生能源发电、重大水利工程建设、水电站库区移民等的费用。

1882 年，上海首次生产、使用电能，随着电力系统规模不断扩大、用户种类越来越多，电价政策也历经复杂的蜕变过程。2015 年，《中共中央 国务院关于进一步深化电力体制改革的若干意见》（中发〔2015〕9 号）提到，还原电力商品属性，形成由市场决定电价的机制。如何制定电价，要从市场出发，《中华人民共和国电力法》第三十六条规定：制定电价，应当合理补偿成本，合理确定收益，依法计入税金，坚持公平负担，促进电力建设。在制定电价时应考虑这些基本原则。

5.2 发电企业的电价政策

5.2.1 煤电价格联动机制

煤电价格联动是指电价随着煤价变化也相应进行上下浮动的价格形成机制，是电力工业发展的基础条件。燃煤发电上网电价与煤炭价格联动机制政策始于 2004 年年底，规定以不少于 6 个月为一个煤电价格联动周期，若周期内平均煤价较前一个周期变化幅度达到或超过 5％，便将相应调整电价。

1. 政策背景

从各类电源上网电量来看，我国始终是以火电为主的能源发电机制。而煤电机组在总发电装机中占比超过 50％、在总发电量中占比超过 60％，燃料成本在煤电机组的营业成本中占比 70％左右，可以看出煤价的变化对机组边际利润空间存在巨大影响。

煤电联动要从煤电矛盾说起。在煤炭价格完全市场化但电力价格正走向市场化的背景下，煤、电、油、运供求关系普遍紧张的大环境下，煤炭价格上涨导致部分电厂经营亏损，电力企业出现经营困难、电力供应不足。面对我国经济运行中资源约束矛盾加剧，煤炭、电力供应紧张，价格矛盾突出的局面，出于理顺煤电价格关系，促进煤炭、电力行业全面、协调可持续发展的目的，建立了煤电价格联动机制。其中也提出了上网电价与煤炭价格联动、销售电价与上网电价联动、确定电价联动周期等举措。

从 1933 年中国电力行业的背景看来，煤电价格联动机制是电力工业发展的基础条件。具体政策实施时间要从 1933 年说起。1933 年，上海已实行随燃料运输价格浮动调整电价；1985 年，国家提出燃运加价政策；1993 年，国家对指令性电价和指导性电价进行并轨调整；2002 年，国家进行煤炭市场化改革，暴露出电价不能随燃料价格上涨而进行调整的制度缺陷；2004 年，国家出台煤电价格联动政策。2012 年 12 月 25 日国务院发布国办发〔2012〕57 号文件《国务院办公厅关于深化电煤市场化改革的指导意见》。

2. 主要内容

2004 年 12 月 15 日国家发展和改革委员会（以下简称发改委）印发了《关于建立煤电价格联动机制的意见》，包括以下三个重要指示。

一是要加强电煤价格监测工作。及时、准确地掌握煤价变化情况是顺利实施煤电价格联动的关键，包括建立从上到下的煤炭价格监测机制等。

二是稳妥实施煤电价格联动。煤电价格联动由国家发改委组织各省（区、市）价格主管部门及有关电力、煤炭企业实施，实行以区域为单位，电网内煤价涨幅差距较大的区域采用分省（区、市）的电价调整政策。

三是要适当调控电煤价格。2005 年在全国范围内对电煤价格进行适当调控。将电煤分为是否签订长期供货合同两个板块分别执行不同的政策。

具体而言，煤电价格联动机制主要内容可以从以下七个方面来看：

（1）从长远看，要在坚持放开煤价的基础上，按照国务院颁布的《电价改革方案》规定，对电力价格实行竞价上网，建立市场化的煤电价格联动机制。

（2）上网电价与煤炭价格联动。根据煤炭价格与电力价格的传导机制，建立上网电价与煤电价格联动的公式。以电煤综合出矿价格（车板价）为基础，实行煤电价格联动。为促进电力企业降低成本、提高效率，电力企业要消化 30％的煤价上涨因素。

（3）建立电煤价格信息系统及指标体系。计算平均煤价及变化幅度，定期对外发布，作为煤电价格联动的计算依据。

（4）上网电价调整后，相应调整电网企业对用户的销售电价。居民电价、农业电价、中小化肥电价一年最多调整一次，其他用户电价随上网电价变化相应调整。

（5）确定电价联动周期。

（6）按电网区域分价区实行煤电价格联动。由国家发改委根据平均车板价变化情况，按区域电网或在区域电网内分价区实施煤电价格联动，并将具体实施情况报国务院备案。

（7）政府依法对煤炭价格进行适当调控。为价格发生剧烈波动，依据《中华人民共和国价格法》的规定，由国务院授权国家发改委在煤炭价格出现大幅度波动时，在全国或部分地区采取价格干预措施。

5.2.2 还本付息电价政策

1. 背景与定义

还本付息电价政策是指在我国实行集资办电政策后，对于不依靠政府财政拨款而实行负债建设的集资电厂（独立经营集资电厂、中外合资电厂等）或机组，在还本付息期间，按照成本、税金、具有还本付息能力和合理利润的原则核定上网电价和销售电价［可参见国务院国发〔1985〕72号和原水电部等部门联合颁发的（87）水电财总字第101号文］。通过电价的制定释放出市场的价格信号，进而引导资源配置。

1985年，为了缓解电力工业发展滞后、电力供应持续紧张的局面，1985年5月，国务院批转国家经委等部门《关于鼓励集资办电和实行多种电价的暂行规定》，允许除国家以外的其他投资者投资发电项目。包括外资、地方政府和社会资本在内的多元投资者的进入，打破了中国电力市场独家办电的格局，在发电领域形成了多元化的投资主体。多家办电政策的实施，鼓励了大量投资流向发电领域。

2. 政策发展

1985年出台基本电价政策后，又衍生出一些子电价政策，如小水电和小火电代售电价、带料加工及议价燃料发电电价、超计划发电自销电价、超计划用电加价、三峡建设基金、各种地方附加电价等。具体来讲，1985年之前主要利用政府拨款建设的所有电厂，以及1985—1992年期间利用补贴的政府贷款建设的电厂或电厂的一部分，其上网电价按定额发电单位成本、发电单位利润加发电单位税金的方法核定，一厂一价，一次核定多年有效；1986—1992年期间建设的非中央政府投资电厂和1992年之后建设的所有电厂，上网电价执行"新电新价"政策，按还本付息电价原则核定［《关于多种电价实施办法的通知》（〈1996〉水电计字第73号）］；独立地方小火电、小水电及自备电厂的上网电价，一般按平均成本、平均利润加税金的方法核定；各电网企业对所属非独立核算电厂制定的各种内部核算电价等。

多种电价制度激发了各方集资办电的热情，在较短时期内解决了缺电的局面，支持了国民经济的持续快速增长。然而，由于还本付息电价在很大程度上受个别投资成本的影响，结果上网电价表现为"一厂一价"，甚至"一机一价"。发电投资成本缺乏有效的约束机制，导致上网电价持续上涨。

发电领域投资主体的多元化和相应的多种电价制度，虽然在一定程度上缓解了电力供应持续紧张的矛盾，但也暴露出原有电力市场运作机制上的诸多弊端。如垄断经营的市场模式没有根本性改变，厂网不分、发电环节难以形成公平竞争，省间市场壁垒阻碍电力资源优化配置等。

5.2.3 脱硫电价

自2004年起，国家发改委对各省（区、市）电网统一调度范围的新投产燃煤机组不再单独审批电价，而是事先制定并公布统一的上网电价，称为燃煤机组标杆上网电价。其中，安装脱硫设施的燃煤机组上网电价比未安装脱硫设施的机组每千瓦时高出1.5分钱。

到2007年，在燃煤电厂脱硫设施运营及脱硫加价政策执行中还存在一些问题：现有燃煤电厂仍有一半左右没有安装脱硫设施；由于缺少有效的监管办法和手段，已安装脱硫设施的燃煤电厂存在闲置或故意不运行脱硫设施的现象；部分已安装脱硫设施的燃煤电厂没有及时得到电价补偿。

为强化了对脱硫设施运行的监管，国家发改委和国家环保总局于 2007 年 6 月 11 日联合颁布的《燃煤发电机组脱硫电价及脱硫设施运行管理办法（试行）》运用赏罚分明的经济手段，鼓励燃煤电厂安装、运营脱硫设施，减少二氧化硫的排放量，改善空气质量，促进相关环保产业的发展。该政策规定新（扩）建燃煤机组必须按照环保规定同步建设脱硫设施，现有机组应按照国家要求完成脱硫改造；根据上述管理办法，现有燃煤机组按国家有关要求完成脱硫改造后，其上网电量在现行上网电价基础上每千瓦时加价 1.5 分钱。此外，对脱硫设施投产运营率在 90% 以上的电厂，国家将扣减脱硫设备停运时间所发电量的脱硫电价款；投运率在 80%～90% 的，扣减停运时间所发电量的脱硫电价款并处 1 倍罚款；投运率低于80% 的，扣减停运时间所发电量的脱硫电价款并处 5 倍罚款。

2010 年底，全国 20 万 kW 以上的燃煤机组基本都安装了脱硫设施，且已执行脱硫电价政策。

节能减排战略的需要是多方面的，不能针对单一的工作任务制定相应的电价，应该将节能减排纳入基本的电力生产经营职能中。脱硫电价是节能减排的政策工具。

5.2.4　可再生能源电价政策

可再生能源电价政策是建立低碳电价的机制。目前，在我国各类能源的上网电量中，火电的比重最高，达到 66% 以上。以水电、风电、光伏发电为代表的可再生能源，比重约为26%，核电比重接近 4%。火电的平均上网电价为 0.37 元/kWh（不含税），风电和光伏发电等清洁能源发电平均上网电价（含补贴不含税）明显高于火电。出于鼓励可再生能源消纳，对可再生能源发电进行补贴政策。未来，我国火电比重将逐渐下降，水电、风电、光伏等可再生能源发电比重将逐步上升。

2005 年，国家颁布《中华人民共和国可再生能源法》；2006 年，国家下发《可再生能源发电价格和费用分摊管理办法》；2007 年，国家进一步制定《可再生能源电价附加收入调配暂行办法》；2009 年，《可再生能源法（修正案）》通过。2011 年 11 月 29 日，财政部、国家发改委、国家能源局联合印发《可再生能源发展基金征收使用管理暂行办法》（财综〔2011〕115 号），明确可再生能源发展基金包括两部分，一是国家财政公共预算安排的专项资金，二是依法向电力用户征收的可再生能源电价附加收入。

近年来，为满足可再生能源项目补贴需求，国家从多个方面着手解决补贴缺口问题。

一是可再生能源电价附加征收标准多次上调。2011 年 11 月底财综〔2011〕115 号文规定可再生能源电价附加征收标准为 0.8 分/kWh；2013 年 8 月底发改价格〔2013〕1651 号文印发，将向除居民生活和农业生产以外其他用电征收的可再生能源电价附加标准由每千瓦时 0.8 分钱提高至 1.5 分钱；2016 年 1 月财税〔2016〕4 号文印发，明确自 2016 年 1 月 1 日起，将各省（自治区、直辖市，不含新疆维吾尔自治区、西藏自治区）居民生活和农业生产以外全部销售电量基金征收标准，由每千瓦时 1.5 分提高到 1.9 分，至今再未发生变化。

二是可再生能源电价附加补助流程不断优化。2012 年 3 月 14 日，财政部印发《可再生能源电价附加补助资金管理暂行办法》（财建〔2012〕102 号），对可再生能源电价附加收入的补助项目申请条件、补助标准、预算管理和资金拨付进行规范。次年，《关于分布式光伏发电实行按照电量补贴政策等有关问题的通知》（财建〔2013〕390 号）完善了光伏电站、大型风力发电等补贴资金管理，以加快资金拨付。2020 年 1 月 20 日，财政部、国家发展改革委、国家能源局联合印发《可再生能源电价附加资金管理办法》（财建〔2020〕5 号），财建〔2012〕102号同时废止。新下发的政策文件在可再生能源发电补贴项目的管理模式、补贴顺序、补贴上限、补贴计算方法和补贴范围等方面有了新的规定。

三是补贴退坡趋势下，国家鼓励风电、光伏发电企业出售可再生能源绿色电力证书，所获收益可替代财政补贴。绿色电力证书是国家对发电企业每兆瓦时非水可再生能源上网电量颁发的具有独特标识代码的电子证书，是非水可再生能源发电量的确认和属性证明以及消费绿色电力的唯一凭证，也是一种可交易的、能兑现为货币的凭证，可以作为独立的可再生能源发电计量工具，也可以作为一种转让可再生能源的环境效益等正外部性所有权的交易工具。

过去的电价政策只反映了短期成本和直接成本，而可再生能源电价及相关政策实际上是根据长期成本并考虑了间接成本后制定的。

5.3　用户侧电价政策

5.3.1　用户分类与目录电价

1. 发展历程

目录电价是国家按用户的用电性质和行业属性，规定的电价标准。从1905年开始，电能使用分类逐步拓展为供工业、商业、市民用电；1930—1945年，电价分为包灯照明电价、表灯照明电价、电力电价和电热电价四种；1946—1949年，主要实施了分档递增电价制、随燃料价格浮动电价制。

1965年，国家颁发了电、热价格，全国实行了统一电价。电价分类按照用户的行业属性和用电性质划分，初步形成销售电价体系；电价按照用户的用电性质和行业属性分为：照明、大工业、非工业和普通工业、农业生产电价四类。照明电价适用于居民生活用电和非生产性照明用电；大工业用户实行"两部制"电价，两部制电价是将与容量对应的基本电价和与用电量对应的电度电价结合起来决定电价的制度。基本电价按用户用电设备容量或最大需量分月计费。电度电价按用户实际用电量计费。非工业和普通工业，适用于一般小用户；农业生产电价适用于县级农业用户。国家统一电价政策主要调整了三个部分的内容：提高成本较低区域的电价、降低成本较高区域的电价；实行优待电价，促进重工业发展，以及农业；实行功率因数调整电费考核和分电压等级差价制度，并对部分大工业实行两部制电价。

1976年，国家正式颁发目录电价表，对部分县级电网采取趸售模式，各类用户电价又按照电压等级进一步分类；在1965年的基础上，将目录电价调整为五类，将非工业和普通工业划分开来。非工业电价：适用于非工业生产性的动力用电，普通工业电价：适用于受电变压器容量不足320kVA的生产性动力用电。目前我国各省执行的销售电价实际上都是在1976年的目录电价表基础上，针对具体成本变化补充和调整而形成的。1993年，国家实行新的目录电价，统一和规范了我国电价政策与制度。新的目录电价调整为居民生活电价、非居民照明电价、非工业和普通工业电价、大工业电价、商业电价、农业生产电价、贫困县农业排灌电价和趸售电价共八类。

1995—2002年，在"集资办电"基础上，国家对各种电价政策进行规范管理。主要政策调整包括上网电价调整：1997年，以"经营期电价"取代"还本付息电价"，开始采用经营期测算平均上网电价，改变成本无约束、价格无控制的状况。销售电价调整：一是制定电气化铁路用电价格；二是启动"两改一同价"政策，实行城乡一价；三是取消电价外加价，规范电价管理，取消非法加价，禁止多头收费，对用户实行销售电价公告制度。

2. 市场化过渡

2003—2014 年，目录电价政策朝着市场化过渡。主要政策调整包括：

（1）上网电价政策调整。一是厂网分离电价。二是经营期电价政策基础上推出"标杆电价"。三是发电侧竞价上网改革试点。2004 年 5 月，东北电力市场开始模拟运行，2006 年由于平衡账户亏损太大，已暂停。四是煤电价格联动政策，缓解煤电价格矛盾。五是脱硫、脱硝、除尘等环保电价政策。六是水电上网电价政策。2009 年以前，部分省市对水电实行标杆电价；2009 年以后国家暂停了水电标杆电价政策；2014 年 1 月 1 日以后实行供需价格协商价格。七是核电上网电价。2013 年以前，一厂一价；2013 年以后，实行标杆电价政策。八是新能源上网电价政策，分资源区标杆电价。九是抽水蓄能电价政策，两部制电价，其中容量电费原则上由电网企业消化 50%，发电企业和用户各承担 25%。

（2）销售电价政策调整。一是取消优惠电价政策，缓解用电紧张局面。二是完善峰谷分时电价制度。三是实行差别电价政策和惩罚性电价政策。四是实施居民用电阶梯电价制度。五是试行非居民用电阶梯电价制度。六是城乡同网同价。七是工商业并价。2008 年 6 月 29 日，对具备条件的省进行并价，将非居民照明电价、非工业和普通工业电价、商业电价归并为一般工商业电价。2013 年，国家明确用 5 年时间，逐步将销售电价归并为居民生活用电、农业生产和工商业及其他用电价格三类。

2015 年至今，政策朝着还原电力商品属性的方向进行。主要政策调整：

（1）上网电价，由标杆电价逐步向市场化过渡，由用户与发电企业协商确定。生物质发电合理确定补贴标准。

（2）单独核定输配电价，包括准许收入、准许收益和价内税金三部分。

（3）销售电价，预计将由现行的居民生活用电、农业生产用电和工商业及其他用电，逐步过渡至用户和发电企业协商上网电价＋输配电价的方式。

5.3.2　城乡用电同价

1998 年开始，把"两改一同价"作为目标，即改造农网、改革农村电力管理体制、实行城乡用电同网同价。1998 年，国务院办公厅国办发〔1998〕134 号文件，此文件是降低农村电价、减轻农民负担的重要举措，对提高农民生活水平，开拓农村市场，繁荣农村经济具有十分重要的意义。各省、自治区、直辖市人民政府和有关部门加强领导，尽快理顺县级供电企业与省级电力公司的关系，坚决取消各种违反规定加收的基金、附加等费用，在改造农村电网、改革农村供电管理体制的基础上，力争用三年时间，统一城乡用电价格，实现同网同价。1999 年，国家提出用 3 年左右时间完成农村电网改造；2004 年底，"两改一同价"工作在全国大部分地区基本完成。目前全国基本上实现了以省为单位的城乡同网同价，即在本省（自治区、直辖市）范围内，城市居民与农村居民生活用电电价是相同的。

城乡用电同价是国家用效率换取公平的战略举措，是科学发展观在电力工业中的体现。

5.3.3　差别电价

近年来，随着我国经济步入重工业化阶段末期，能源成为制约国民经济发展的主要因素之一。目前，产业结构发展需由粗放型向集约型转变。正是基于这样的背景，政府实行了差别电价政策，将价格政策与产业政策结合起来实施宏观调控，以期促进经济、环境与资源的协调发展。差别电价已经历 3 个阶段：政策出台阶段、政策完善阶段、政策调整阶段。差别电价促进经济增长方式的转变。该政策用差别电价抑制高耗能行业的盲目发展，是国家促进经济增长的举措。

根据国家产业政策，按照能耗、物耗、环保、技术装备水平等，对 6 个高耗能行业限制类和淘汰类的用电执行相对较高的销售电价。差别电价是政府倡导、电力行业试行的电力营销策略，又从经济学原理出发，研究了差别电价的经济学基础和法规依据，并分析了差别电价制度对电力市场的影响，以期为差别电价的政策执行提供有益的借鉴。差别电价政策里，供电企业根据用户对电能需求的具体情况，收取不同程度的电费。即使在供电成本相同的情况下，供电企业也会根据用户的耗能情况的不同收取不同程度的电费。从经济学的角度看，这是价格歧视策略中的一种差别定价行为。价格歧视是指向需求强度和支付能力不同的顾客，索取不同的价格。也就是说企业为求利润最大化，会对需求强烈且有能力支付的顾客索取较高的价格，而对需求不太强烈或支付能力较差的顾客索取较低的价格。一般来说，价格歧视是有损社会福利的垄断行为，必然造成社会资源的浪费。但从出发点来看，实施歧视定价是为了改善电网的运行质量，有效进行需求侧管理以及产业结构调控等公共利益，体现了公共事业企业的社会责任，因此销售电价有其特殊性，应与典型的价格歧视行为区别看待。

电价本身不具有促进产业结构调整和经济增长方式转型的职能，关键要建立经济增长方式转变的内在机制。

5.3.4 居民生活用电阶梯电价

1. 政策内容

长期以来，我国对居民生活电价采取低价政策。随着我国能源供应紧缺、环境压力加大等矛盾的逐步凸显，煤炭等一次能源价格持续攀升，电力价格也随之上涨，但居民生活电价的调整幅度和频率均低于其他行业用电，居民生活用电价格一直处于较低水平。从而造成用电量越多的用户，享受的补贴越多。用电量越少的用户，享受的补贴越少，既没有体现公平负担的原则，也不能合理体现电能资源价值，不利于资源节约和环境保护。为了促进资源节约和环境友好型社会建设，引导居民合理用电、节约用电，有必要对居民生活用电实行阶梯电价。

居民生活用电阶梯电价是指将现行单一形式的居民生活用电电价，改为按照用户消费的电量分段定价，用电价格随用电量增加呈阶梯状逐级递增的一种电价定价机制；按居民用电量分三档制定电价：

（1）第一档"基本用电"，覆盖80%居民用户用电量，电价最低。

（2）第二档"合理用电"，覆盖95%居民用户用电量，电价居中，较"基本用电"加价0.05元/kWh。

（3）第三档"较高生活质量用电"，电价最高，较"基本用电"加价不低于0.3元/kWh。

保障性用电面对低保户、五保户等困难群众，每户每月提供10～15kWh免费用电量。对"一户多人口"家庭，提高电量基数，降低电价负担。居民生活用电阶梯电价政策按月、季、年等周期实施。

居民生活用电阶梯电价构建节约型社会。该政策能保障居民基本用电需求，并能鼓励节约用电行为促进节能减排。

2. 发展阶段

1932年，上海闸北水电公司的电价表中已出现阶梯电价。

2005年起，四川、浙江、福建等地作为试点实施居民生活用电阶梯式递增电价制度。

2008年，国务院多次指示，要求研究居民生活用电实施阶梯式递增电价。

2010年，《关于居民生活用电实行阶梯电价的指导意见（征求意见稿）》出台，拟推行居民"阶梯式累进电价"。

2011年11月，上调销售电价和上网电价，暂不涉及居民生活用电价格。同时推出居民阶梯电价的全国性指导意见，把居民每个月的用电分成三档，并增加了针对低收入家庭的免费档。

2012 年 3 月 28 日，国家发改委表示将实施居民阶梯电价方案，并提出 80% 的居民家庭电价保持稳定。2012 年 7 月 1 日开始，全国基本实行居民用电阶梯电价。

从居民阶梯递减电价到居民阶梯递增电价，反映的不只是历史时期的变化，更是社会经济发展观念的变化。

5.4　基　金　及　附　加

5.4.1　发展历程

基金及附加是特定资金问题解决方案。

1984 年，国家决定将葛洲坝电厂上缴利润转作三峡工程建设基金。

1988 年，国家为缓解严重缺电和电力建设资金不足的问题，又出台了一项基本电价政策，决定从 1988 年 1 月 1 日起对全国所有企业用电征收 2 分/kWh 电力建设资金，作为地方电力基本建设的专项资金，有偿使用，其利率还贷期限按国家拨改贷办法执行。

1992 年，全国征收 0.3 分/kWh 三峡工程建设基金，用于三峡工程建设。

当前随用户电费征收的政府性基金及附加有：农网还贷资金、国家重大水利工程建设基金、大中型水库移民后期扶持基金、可再生能源发展基金（可再生能源电价附加）。部分省区还征收地方水库移民后期扶持基金。

农网还贷资金起源于 2001 年财政部印发的《农网还贷资金征收使用管理办法》（财企〔2001〕820 号），其前身是始于 1988 年的电力建设资金。农网还贷资金设立主要用于解决农网改造还贷问题，征收标准是 2 分/kWh。该征收标准一直延续至今。

国家重大水利工程建设基金起源于 2009 年财政部、国家发改委、水利部印发的《国家重大水利工程建设基金征收使用管理暂行办法》（财综〔2009〕90 号），其前身是始于 1992 年的三峡建设基金。国家重大水利工程建设基金的设立用途是支持南水北调工程建设、解决三峡工程后续问题以及加强中西部地区重大水利工程建设。国家重大水利工程建设基金征收的标准各省区不同，当前大致在 0.21 分/kWh～0.73 分/kWh。国家重大水利工程建设基金预计将于 2019 年底停止征收。

大中型水库移民后期扶持基金起源于 2006 年国务院印发的《关于完善大中型水库移民后期扶持政策的意见》（国发〔2006〕17 号），用于改善水库移民的生产生活条件。大中型水库移民后期扶持基金的征收标准各省区不同，当前大致在 0.26 分/kWh～0.62 分/kWh。

可再生能源发展基金起源于 2006 年国家发改委印发的《可再生能源发电价格和费用分摊管理试行办法》（发改价格〔2006〕7 号），设立的用途是补偿可再生能源发电价格高于当地脱硫燃煤机组标杆上网电价的差额部分。随着可再生能源的高速发展，可再生能源发展基金的征收标准已由当初的 0.1 分/kWh 调整到了当前的 1.9 分/kWh。

随电价征收的各种政府性基金及附加费长期以来是我国电价制度的一个特色，在我国为解决特定领域的经济和社会问题发挥了重要作用。仅一年的全国各类电价附加收费总额就可达千亿级规模以上，这在一定程度上制约了我国工商业经营发展，同时我国电价附加费政策在项目设立及用途、征收管理等方面也面临诸多问题和挑战。为了让电改红利真正惠及全国经济，2019 年政府工作报告中明确提出"深化电力市场化改革，清理电价附加收费，降低制造业用电成本，一般工商业平均电价再降低 10%"目标。

5.4.2　基本现状

我国售电量大且电价附加费基本上在全国范围内统一征收，因此，随销售电价征收的电价附加费资金量巨大。根据全国财政决算数据，2018 年，5 项主要电价附加费达到 1827.37 亿元（测算值），占全国政府性基金总收入的 3.17%。

我国电价附加费征收有以下三个特点：第一，从历年电价附加费收入情况看，电价附加费保持逐年快速增长，如由 2010 年的 556.17 亿元增长到 2018 年的 1827.37 亿元。第二，从电价附加费不同项目类型构成来看，可再生能源发展基金是电价附加费的最主要组成部分，占总电价附加费的 42.91%，随后依次为国家重大水利工程建设基金、大中型水库移民后期扶持基金以及农网还贷基金，分别占比为 24.08%、22.42%和 10.59%。第三，全国电价附加费收入包括中央和地方两部分，其中，中央层面征收额度始终占绝对比重，平均占比为 86.68%。

第 6 章

电能短期成本分析与电力系统优化运行

合理电价的形成需要基于电能成本分析，可分为电能短期成本分析、长期成本分析。电能短期成本分析的核心是电力系统负荷经济分配、随机生产模拟及开停机计划的问题。燃煤火电机组在我国占总装机的 70% 以上，其启停过程不仅需要几个小时，而且需要很贵的启停费用。因此，在进行电能成本分析时，不考虑启停问题，就不可能经济运行，达到优化资源配置的目的；而不考虑机组加减负荷速度约束甚至不能保证供电的可靠性。然而计及这些因素的电能成本分析理论和算法目前还未成熟。电能长期成本分析除了运行方式及开停机计划优化之外，还要考虑电源的优化规划与输电系统的优化规划。在电力市场条件下，电源规划和电网规划的目标发生了变化。在可行性研究时必须增加投入产出分析，这又将涉及未来电价预测问题。此外，作为规划标准的可靠性指标也必须得到电力市场参与者的认可。

6.1　机　组　组　合　模　型

本章电能短期成本分析数学模型是纯火电系统的数学模型，该模型也能方便地推广到水火电混合系统。模型暂时只考虑发电燃料成本，忽略发电维护成本，约束条件包含系统的负荷约束、旋转备用约束和每台机组的技术条件约束即输出功率上下限约束、最小运行和停运时间约束、加减负荷速度约束、开机第 1 小时或停机前 1 小时的功率约束、能提供的最大旋转备用容量约束。认为所有发电厂和所有负荷均集中在同一节点，暂不考虑输电网络。

6.1.1　目标函数

基本模型如下

$$\min F = \sum_{t=1}^{T} \sum_{i=1}^{I} \{C_i[p_i(t)] + S_i[x_i(t-1),\ u_i(t)]\} \tag{6-1}$$

式中：T 为系统调度期间的时段数；I 为系统机组数；$p_i(t)$ 为机组 i 在 t 时的有功功率；$x_i(t)$ 为机组在 t 时的连续开停机时间，$x_i(t)>0$ 表示连续开机时间，$x_i(t)<0$ 表示连续停机时间；$u_i(t)$ 为机组 i 在 t 时的状态，$u_i(t)=1$ 表示开机，$u_i(t)=0$ 表示停机；$C_i[p_i(t)]$ 为机组 i 在 t 时的运行费用；$S_i[x_i(t-1),u_i(t)]$ 为机组 i 有状态变化时，从 $t-1$ 时段到 t 时段的开机费用，可取线性函数的形式。

6.1.2　系统约束

负荷约束为

$$\sum_{i=1}^{I} P_i(t) = P_d(t) \quad t=1、\cdots、T \tag{6-2}$$

式中：$P_d(t)$ 为系统 t 时的总负荷。

旋转备用约束为

$$\sum_{i=1}^{I} r_i(t) = P_r(t) \quad t = 1、\cdots、T \tag{6-3}$$

式中：$r_i(t)$ 为机组 i 在 t 时提供的旋转备用；$P_r(t)$ 为系统 t 时的旋转备用需求。

6.1.3　机组约束

发电机组输出功率上下限约束为

$$\underline{p}_i u_i(t) \leqslant p_i(t) + r_i(t) \leqslant \overline{p}_i u_i(t) \tag{6-4}$$

式中：$\overline{p}_i$、$\underline{p}_i$ 分别为发电机组 i 输出功率的上下限。

最小运行时间和最小停运时间约束为

$$\begin{aligned} u_i(t) &= 1 \\ 1 &\leqslant x_i(t) \leqslant \overline{\tau_i} \\ u_i(t) &= -1 \\ -\underline{\tau_i} &\leqslant x_i(t) \leqslant -1 \end{aligned} \tag{6-5}$$

式中：$\overline{\tau_i}$、$\underline{\tau_i}$ 分别为机组 i 最小运行与停运时间。

机组加减负荷速度（ramp rate）约束为

$$-\Delta_i \leqslant p_i(t) - p_i(t-1) \leqslant \Delta_i \tag{6-6}$$

式中：Δ_i 为机组 i 每时段可加减负荷的最大值。

机组开机第 1 小时或停机前 1 小时的功率约束为

$$p_i(t) = \underline{p}_i \text{ 如果 } u_i(t-1)=0 \text{ 且 } u_i(t)=1，\text{或 } u_i(t)=1 \text{ 且 } u_i(t+1)=0 \tag{6-7}$$

机组旋转备用约束为

$$0 \leqslant r_i(t) \leqslant \overline{r_i} \tag{6-8}$$

式中：$\overline{r_i}$ 为机组 i 所能提供的最大旋转备用。

当系统最优的开停机方案给定后，由负荷经济分配算法可求得不考虑机组启停费用的系统边际发电运行成本。若用等耗量微增率方法计算负荷经济分配，系统边际发电运行成本即为所有机组功率之和等于系统负荷时的耗量微增率（折合成费用值）。若用其他线性规划或非线性规划方法计算负荷经济分配，则边际发电运行成本对应于最优情况下的影子价格。

若系统边际发电运行成本中包括启停费用，系统边际发电运行成本可以作以下计算：首先对给定的负荷进行机组组合计算，然后假设某时段的负荷增加 Δp_d，再进行机组组合计算，这时系统的运行费用和开停机费用相应的要增加，设为 ΔF，则该时段的边际发电运行成本为 $\Delta F / \Delta p_d$。由于目标函数是不可微的，不存在导数，$\Delta F / \Delta p_d$ 将随着 Δp_d 的大小和正负而变化，为简化计算，可取一个代表性的正的 Δp_d 进行计算。这种计算方法称为负荷微增法。实际计算中发现，这种方法计算所得的边际发电运行成本在数值上是很不稳定的，不能作为制定实时电价的依据。而按拉格朗日松弛法的对偶变量（影子价格）对应于引导供需平衡的市场价格，在理想情况下，其最优值就是系统的边际成本，可以用来作为制定实时电价的依据。

6.2　电能短期成本分析的拉格朗日松弛法

电能短期成本分析数学模型是高维数、非凸、离散、非线性的，很难找出理论上的最优解，该问题从本质上与机组组合问题是相同的，各种优化方法已在 1.1.2 节中介绍。电能短期成本可以用负荷微增的方法计算，也可通过影子价格来求解。通过影子价格来求解时，算法需要能保留对应于系统负荷需求的影子价格，因此采用拉格朗日松弛法。

拉格朗日松弛法的基本思想是把全系统的约束如负荷约束、旋转备用约束等写成目标函数的惩罚项的形式，即进行松弛。约束条件松弛后的对偶问题可分解为单机组的子问题。解子问题的过程和整体协调（即优化拉格朗日乘子）的过程交替迭代进行，直到找出最优或次优的对偶问题解。此解是原问题解的一个下界，由于对偶间隙的存在，需要采用启发式方法从对偶解形成原问题的最终解。

对于式（6-1）～式（6-8）的数学模型，松弛系统约束式（6-2）、式（6-3），形成原问题的拉格朗日问题

$$L = \sum_{t=1}^{T} \{ \sum_{i=1}^{I} \{ C_i[p_i(t)] + S_i[x_i(t-1), u_i(t)] \} + \lambda(t)[p_d(t) - \sum_{i=1}^{I} p_i(t)] +$$

$$u(t)[p_r(t) - \sum_{i=1}^{I} r_i(t)] \} \qquad (6-9)$$

式中：$\lambda(t)$ 为与系统 t 时负荷相关的拉格朗日乘子；$u(t)$ 为与系统 t 时旋转备用相关的拉格朗日乘子。$\lambda(t)$、$\mu(t)$ 写成向量形式为

$$\lambda = [\lambda(1), \lambda(2), \cdots, \lambda(T)]^T$$
$$\mu = [\mu(1), \mu(2), \cdots, \mu(T)]^T$$

应用对偶理论，形成两层的优化算法。

底层问题用于解决单台机组的优化问题，有

$$(P-i), i=1, 2, \cdots, I \min_{u_i(t), p_i(t)} L_i$$

$$= \sum_{t=1}^{T} \{ \{ C_i[p_i(t)] + S_i[x_i(t-1), u_i(t)] \} - \lambda(t)p_i(t) - \mu(t)r_i(t) \} \qquad (6-10)$$

约束条件为式（6-4）～式（6-8）。

解底层子问题时，需要用到上层所确定的 λ、μ。底层问题可用动态规划法求解。

而上层问题为优化拉格朗日乘子，即解对偶问题为

$$(P-D)\min_{\lambda, \mu} L(\lambda, \mu) = \sum_{t=1}^{T} \{ \sum_{i=1}^{I} \{ C_i[p_i(t)] + S_i[x_i(t-1), u_i(t)] \} \} +$$

$$\sum_{t=1}^{T} \{ \lambda(t)[p_d(t) - \sum_{i=1}^{I} p_i(t)] + \mu(t)[p_r(t) - \sum_{i=1}^{I} r_i(t)] \}$$

$$= \sum_{i=1}^{I} L_i^*(\lambda, \mu) + \sum_{t=1}^{T} [\lambda(t)p_d(t) + \mu(t)p_r(t)] \qquad (6-11)$$

式中：$L_i^*(\lambda, \mu)$ 为问题（$p-i$）对于给定 λ、μ 的优化拉格朗日函数值。

约束条件为

$$\mu(t) \geqslant 0 \quad t=1, 2, \cdots, T \qquad (6-12)$$

解对偶问题时需要用到底层所确定的

$$P_i = [p_i(1), p_i(2), \cdots, p_i(T)]$$

和

$$R_i = [r_i(1), r_i(2), \cdots, r_i(T)] \quad i=1, 2, \cdots, I$$

本章采用次梯度法求解对偶问题。

对任意给定的 λ、μ，次梯度分别为

$$g_\lambda = \left[p_d(t) - \sum_{i=1}^{I} p_i(t) \mid_{t=1, 2, \cdots, T} \right]^T \qquad (6-13)$$

$$g_\mu = \left[p_r(t) - \sum_{i=1}^{I} r_i(t) \mid_{t=1, 2, \cdots, T} \right]^T$$

次梯度法即给定 λ^0、μ^0 和正的步长序列 $\{\alpha_j,\ j=0,1,2,\cdots\}$，通过迭代计算序列为

$$\lambda^{j+1}=\lambda^j+\alpha_j g_\lambda$$
$$\mu^{j+1}=\mu^j+\alpha_j g_\mu \tag{6-14}$$

直到找到 λ、μ 的最优值。迭代步长的选取将影响到算法的收敛性，本章算法选取迭代步长

$$\alpha_j=\gamma_j\frac{\bar L-L}{(g_\lambda^T,\ g_\mu^T)^T(g_\lambda^T,\ g_\mu^T)^T} \tag{6-15}$$

式中：$\bar L$ 为 L 的偏大的估计值。

为保证 $\alpha_j\to 0$，γ_j 从 $0\sim2$ 之间的某个初值开始，迭代每进行一定的次数即减半，直到 α_j 足够小。

λ、μ 即系统负荷和旋转备用的影子价格，在理想情况下，其最优值 λ^*、μ^* 应分别为系统负荷和旋转备用的边际成本。

式（6-10）底层单台机组的子问题和式（6-11）的上层对偶问题将交替迭代求解，直到找出最优或次优的对偶解。如前所述，由于存在对偶间隙，对偶问题的最终解对于原问题来说往往是不可行的，即原问题被松弛的负荷约束和旋转备用约束不能被完全满足，需要采用启发式方法或优化方法从对偶解形成原问题的最终解，既要满足这两个约束条件，又要保证经济性。

启发式方法：该方法首先检查是否通过调整对偶解方案中已开机组的输出功率就可满足系统的负荷和旋转备用要求。若能够满足，在满足机组约束条件的前提下，首先按照各机组发电边际成本的降序留足备用，再按照发电边际成本的升序安排负荷。假如在某些时段为满足系统负荷和备用要求必须投入更多的机组，有两种可行方案：第一种方案是投入没有机组最小开停机时间约束的燃气轮机机组；第二种方案是在最小开停机时间约束的前提下按优先顺序调整汽轮机机组，在对偶解的基础上，通过提早投入某些机组或推迟退出某些机组来得到可行解。在机组加减负荷速度约束不能满足时，通过一个简单的启发式过程来解决，即从机组运行的第一小时向后同时从机组运行的最后一小时向前调整机组输出功率直到所有时段的机组加减负荷速度约束都能满足。

本章采用的方法分为两个阶段进行，首先从对偶问题的解形成能满足原问题系统约束条件的开停机方案，既要考虑可行性，即任一时段所开机组的容量总和应大于该时段系统的负荷加备用，又要满足经济上的最优性，使用的是改进后的顺序投入法（sequential unit commitment）。在求得的可行的开停机方案后，将它作为已知条件，进行负荷经济分配，要考虑旋转备用和机组加减负荷速度约束，采用改进后的考虑旋转备用的动态负荷经济分配算法（spinning reserve constrained dynamic economic dispatch）。最终结果除了边际发电运行成本外，还有优化的开停机方案、各机组各时段输出的有功功率和提供的旋转备用。优化过程的框图如图6-1所示。

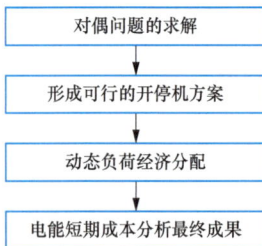

图 6-1 从对偶解形成原问题最终解

6.3 形成可行的开停机方案

定义系统每小时总容量需求为系统在这一小时的负荷与旋转备用之和。对于各机组，某一给定小时的有效旋转容量定义为该机组为满足这一小时系统总容量需求，该机组所能提

供的有效容量。而某一小时未满足的系统容量需求为系统在这一小时的总容量需求减去该小时所有已开机组提供的有效旋转容量之和。若系统在调度期间内各小时未满足的系统容量需求已知，则按相对运行经济指标的大小来确定下一台将投入的机组。如何定义相对运行经济指标是算法的关键问题。

若对偶解的方案对于原问题是不可行的，则必定有一些时段的系统容量需求未满足，这时以对偶解方案作为初始方案，在此基础上考虑投入哪些机组能满足系统容量需求并且使总运行费最小。

引入符号，表示第 7 台机组的开停机方案

$$u_i = [u_i(1)，\cdots，u_i(T)]$$

全系统各台机组的开停机方案为

$$u = (u_1，\cdots，u_I)$$

以对偶解方案作为初始方案，即

$$u^0 = (u_1^0，\cdots，u_I^0)$$

通过一个迭代过程确定为满足系统容量需求将要投入的那些机组。在对偶解方案中，有些机组已明显不能再作为待选机组，如在调度期间各时段已全开的机组，将待选机组的下标的集合记为 Θ。

6.3.1　局部优化过程

对 Θ 中的每一台机组，按下述规则确定一个临时开停机方案：即在系统容量需求未满足的那些时段，只要机组约束条件允许，该机组就要投入，而整个调度期间内的开停机方案可用特殊的动态规划法或启发式方法确定。按拉格朗日问题的经济模型，式（6-9）拉格朗日问题的目标函数可看成系统内发电厂的发电成本与分别以 λ^* 和 μ^* 的价格（即系统边际成本）从外系统购买有功功率和备用的费用之和。当待选机组投入后，由于系统发电容量增加，系统的发电成本增加，即

$$F = \sum_{t=1}^T \sum_{i=1}^I \{C_i[p_i(t)] + S_i[x_i(t-1)，u_i(t)]\}$$

而从外系统购买有功功率和备用的费用减少，即

$$P = \sum_{t=1}^T \left\{ \lambda(t)\left[p_d(t) - \sum_{i=1}^I p_i(t)\right] + \mu(t)\left[p_r(t) - \sum_{i=1}^I r_i(t)\right] \right\}$$

则机组的相对经济指标可定义为

$$E_r = -\frac{\Delta F}{\Delta P}$$

显然 E_r 越小越经济。仍通过求解式（6-10）的子问题来确定单台机组的开停机方案。逐台计算所有待选机组的临时开停机方案并且投入 E_r 最小的机组。投入后新机组重新计算系统未满足的容量需求，开始新一轮计算，直到调度期间内所有时段的系统容量需求都能满足。注意在新机组投入后系统的有功功率和备用的边际成本都是变化的，但由于原问题解和对偶解之间的对偶间隙常常很小，在计算时始终把 λ^* 和 μ^* 作为系统边际成本。

6.3.2　全局优化过程

上述优化过程虽然能找到费用较少而且能满足系统容量需求的开停机方案，但仍然是一个局部优化的过程，即在优化过程的每一步，都只考虑了当前相对经济指标 E_r 最小的机组，但当前 E_r 最小的机组对全局来说不一定是最优的。例如，在优化过程的某一步，E_r 最小的机组 i 只能提供比较小的有效旋转容量，设它的发电成本增量为 ΔF_i，这台机组投入后，为满

足系统容量需求，还需投入另一台发电成本增量为 ΔF_j 机组 j，使总的发电成本增量为

$$\Delta F' = \Delta F_i + \Delta F_j$$

而假如投入 E_r 较大，但有效旋转容量较大的另一台机组 k，这台机组投入后，系统容量需求即能满足，则发电成本增量只为该机组的发电成本增量，设为 ΔF_k，由于往往 $\Delta F_k < \Delta F'$，所以在优化过程的某一步 E_r，最小的机组并非全局最优的。为解决这个问题，采用较为复杂的全局优化过程。全局优化过程是在简单优化过程的基础上发展而成的。在优化过程的每一步，不是直接通过比较相对经济指标而选择机组，而是对 Θ 中的每一台机组，在确定临时开停机方案后，计算这台机组投入后的系统未满足的容量需求，然后进行上述局部优化过程，直到系统容量需求完全能够满足，设在这个优化过程中总的发电成本增量为 ΔF_s，选择 ΔF_s 最小的机组投入。算法的流程如图 6-2 所示。

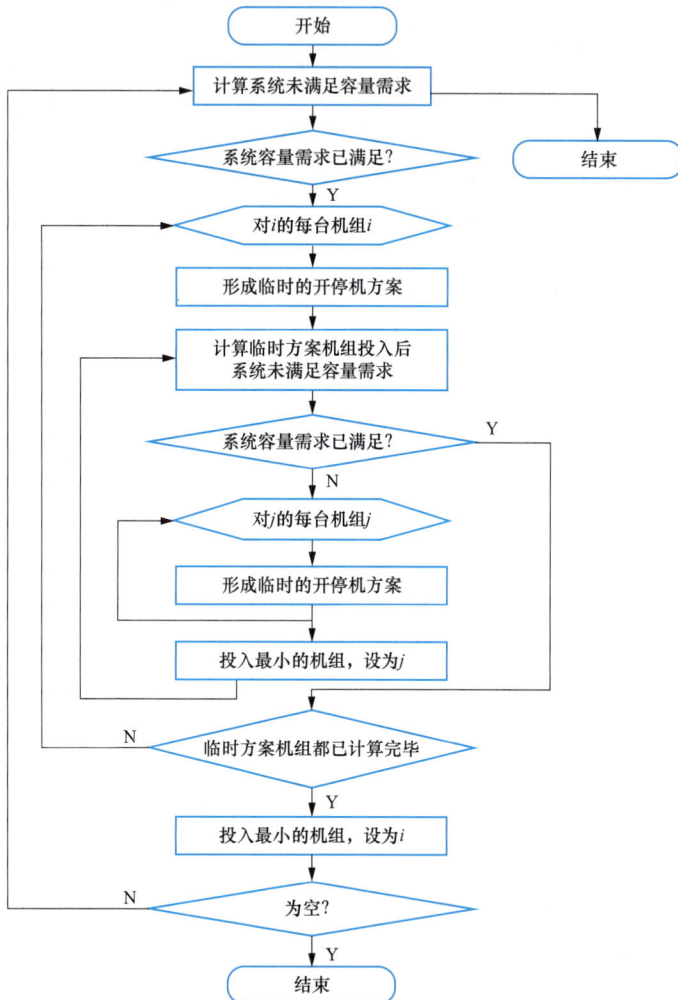

图 6-2　形成可行开停机方案算法流程

6.4　动态负荷经济分配

在形成可行的开停机方案以后，就要确定各机组在调度期间各时段的输出功率，并分配

旋转备用，还要考虑机组加减负荷速度约束，因此需采用考虑旋转备用的动态负荷经济分配算法。

6.4.1　考虑旋转备用的静态负荷经济分配

首先不考虑机组加减负荷速度约束，在一个时段内进行负荷经济分配，即静态负荷经济分配，但要考虑系统的旋转备用要求，忽略网损。数学模型为

目标函数

$$\min f_p = \sum_{i=1}^{I} C_i(p_i) \tag{6-16}$$

式中：p_i 为机组 i。

约束条件如下。系统负荷约束为

$$\sum_{i=1}^{I} p_i = p_d \tag{6-17}$$

在所考虑时段的有功功率，其他各符号意义同式（6-2）。

系统旋转备用约束为

$$\sum_{i=1}^{I} r_i \geqslant p_r \tag{6-18}$$

式中：r_i 为机组 i 在所考虑时段提供的旋转备用；p_r 为系统在所考虑时段的旋转备用需求。

机组输出功率上限约束为

$$p_i + r_i \leqslant \overline{p_i} \tag{6-19}$$

式中：$\overline{p_i}$ 为机组 i 输出功率的上限。

机组输出功率下限约束为

$$p_i \geqslant \underline{p_i} \tag{6-20}$$

式中：$\underline{p_i}$ 为机组 i 输出功率的下限。

机组旋转备用约束为

$$0 \leqslant r_i \leqslant \overline{r_i} \tag{6-21}$$

式中：$\overline{r_i}$ 为机组 i 所能提供的最大旋转备用。

首先进行常规的负荷经济分配计算（即不考虑旋转备用的负荷经济分配计算），如按等煤耗微增率原则进行负荷经济分配。用 p_i^* 表示机组 i 所分担的有功功率。则所有机组可分为两类。

（1）第一类为输出功率相对容量较小的机组。这类机组所分担的有功功率相对其自身容量来说较小，设下标的集合为 A，即

$$p_i^* \leqslant \overline{p_i} - \overline{r_i}, \ \forall i \in A$$

因此所提供的旋转备用 $r_i = \overline{r_i}$。这类机组的输出功率可增加到转折点值（$\overline{p_i} - \overline{r_i}$）而不影响旋转备用。因此对 A 中的所有机组，总共可增加输出功率为

$$p_{up} = \sum_{i \in A} (\overline{p_i} - \overline{r_i} - p_i^*)$$

而不影响旋转备用。

（2）第二类为输出功率相对容量较大的机组。设这类机组的下标的集合为 B，它们所分担的有功功率超过了转折点值，即

$$p_i^* > \overline{p_i} - \overline{r_i}, \ \forall i \in B$$

因此所提供的旋转备用为

$$r_i = \overline{p}_i - p_i^*$$

这类机组的输出功率可减小到转折点值 $(\overline{p}_i - \overline{r}_i)$，从而提供更多的旋转备用。对 B 中的所有机组，总共可以减小输出功率为

$$p_{\text{down}} = \sum_{i \in B} \left[\overline{r}_i - (\overline{p}_i - p_i^*) \right]$$

从而增加同样多的旋转备用。

设两类机组提供的总旋转备用为 r_s，则从常规负荷经济分配计算的结果可得

$$r_s = \sum_{i=1}^{I} r_i$$

设旋转备用缺额为 Δr_s，则

$$\Delta r_s = p_r - r_s$$

计算结果可能有三种情况。

（1）常规负荷经济分配能满足系统旋转备用需求，即 $\Delta r_s \leqslant 0$，在这种情况下常规负荷经济分配计算结果即问题的最优解。

（2）系统旋转备用需求不能满足。即常规负荷经济分配不能满足旋转备用需求，而且或者是第一类机组可增加的输出功率不能补足旋转备用缺额，或者是第二类机组可减少的输出功率不能补足旋转备用缺额。即 $\Delta r_s > 0$ 并且 $p_{\text{up}} < \Delta r_s$ 或 $p_{\text{down}} < \Delta r_s$。

为满足系统负荷需求并且提供尽可能多的旋转备用，即使不能完全满足旋转备用需求，也必须将 B 中机组的输出功率转移到 A 中机组。转移的量为 p_{up} 和 p_{down} 中的较小值，在这种情况下设

$$\Delta r_s = \min(p_{\text{up}}, \ p_{\text{down}})$$

然后按（3）中的方法进行计算。

（3）系统旋转备用需求可通过将 Δr_s 的有功功率从 B 中的机组转移到 A 中的机组而获得。即 $\Delta r_s > 0$ 并且 $p_{\text{up}} \geqslant \Delta r_s$，且 $p_{\text{down}} \geqslant \Delta r_s$。现在的问题是如何在机组间分配这些功率，可通过以下的方法解决。

在常规负荷经济分配计算结果的基础上在 A 中的机组间分配功率增量 Δr_s。通过以下的步骤完成。

1）不考虑 B 中的机组，只对 A 中的机组进行负荷经济分配。

2）计算要分配的总负荷，即在 A 中机组常规负荷经济分配的总负荷的基础上减去 Δr_s 的负荷增量。

$$p_{\text{d(A)}} = \sum_{i \in A} p_i^* + \Delta r_s$$

3）设定新的机组输出功率上下限

$$\underline{p}_{i(B)} = \overline{p}_i - \overline{r}_i, \quad \overline{p}_{i(B)} = p_i^*$$

用新的约束条件进行常规负荷经济分配。

注意 $\quad p_{\text{d(A)}} + p_{\text{d(B)}} = \sum_{i \in A} p_i^* + \Delta r_s + \sum_{i \in B} p_i^* - \Delta r_s = \sum_{i=1}^{I} p_i^* = p_d$

因此最终结果满足系统负荷约束式（6-17）。

6.4.2 考虑旋转备用的动态负荷经济分配

以上静态负荷经济分配算法考虑的是一个时段的负荷经济分配，要考虑整个调度期间内的负荷经济分配，最关键的是式（6-6）的机组加减负荷速度约束，它是各时段机组功率的耦合约束。整个调度期间的动态负荷经济分配数学模型如下〔目标函数、系统负荷约束、

旋转备用约束和机组输出功率上限约束见式（6-1）～式（6-8）]。

机组加减负荷速度约束

$$-\Delta_i \leqslant p_i(t) - p_i(t-1) \leqslant \Delta_i \tag{6-22}$$

各符号意义同 7.2 节的数学模型，不再赘述。

与式（6-16）～式（6-21）静态负荷经济分配的数学模型相比，可看出动态负荷经济分配就是在调度期间内各时段的静态负荷经济分配的基础上，增加了式（6-22）的机组加减负荷速度约束，因此考虑用某种方法解除式（6-22）所形成的各时段机组功率之间的耦合，就可分为 T 个静态负荷经济分配问题分别求解。

一种简单的方法是去掉约束条件式（6-22），而把机组输出功率上下限约束条件分别用下面两式来代替

$$p_i(t) + r_i(t) \leqslant \overline{p_i}(t) \tag{6-23}$$

$$p_i(t) \geqslant \underline{p_i}(t) \tag{6-24}$$

式中

$$\overline{p_i}(t) = \min[\overline{p_i}, p_i^*(t-1) + \Delta_i]$$

$$\underline{p_i}(t) = \max[\underline{p_i}, p_i^*(t-1) - \Delta_i]$$

$p_i^*(t-1)$ 为机组 i 在 $t-1$ 时段负荷经济分配的功率。显然，这种方法只能得到次优解，根据实际问题的需要，可以采用更复杂和更精确的方法。

第 7 章

电能长期成本分析与电力系统优化规划

随着经济的发展，社会生产和生活对电力的需求越来越大。电价对社会各方的利益影响很大，也会直接影响到电力工业本身的发展。在制定电价时不但应考虑电价能引导短期电能供需平衡，而且应当能引导长期电能供需平衡，实现资源的优化配置，保证电力工业持续、稳定地发展。在我国社会主义市场经济的大环境下，价格杠杆是宏观调控的基本手段之一。通过长期电价预测和宏观控制，可以合理变动微观市场价格调节市场供求，引导资源优化配置，制定必要的价格管理法规与措施，促进市场竞争，开展公平交易，通过对市场电价的适当调整，满足长期电能扩大再生产的资金需要。

电能长期成本分析的核心内容是长期边际成本的计算，长期边际成本定义为长期生产成本对产量的变化率，而且考虑若干年，以引导长期供求平衡。传统的按长期边际成本定价的方法是两部制电价（two‐part price）方法，即电量按短期边际运行成本定价，而容量按长期的容量边际成本定价。两部制电价的提出与传统的垄断经营的电力企业紧密相关，即管制的容量规划，这种定价方式不能适应电力市场的新形势。在电力市场新形势下，采用同时反映边际运行成本和容量紧缺程度的一部制电价有很多优点，特别是它将引导有效容量规划，这是提高效益的关键所在。考虑到我国电力工业正走向市场经济模式的实际情况，以及两部制电价与一部制电价在概念上的相关程度，本章分别这两种电价体制进行分析比较。

为进行电能长期成本分析，必须考虑系统的发展规划，包括电源规划和电网规划。首先需建立一个电力系统优化模型，这个模型类似于电力系统规划模型，但有一些特殊的要求：模型应体现电价信息引导市场供需平衡的最终理想状态，其求解算法应能产生系统容量需求和电量需求的影子价格。利用这个优化模型，即可计算系统的电能长期边际成本。

本章采用负荷微增法分别对两部制电价市场和一部制电价市场的电能长期边际成本进行计算。对两部制电价市场的电能长期边际成本的计算是严格的，由于理论和算法上的不足，因此，只对一部制电价市场的边际发电运行成本进行初步估算。计算结果表明，一部制市场的装机容量和边际发电运行成本小于两部制市场装机容量和电量边际成本，证实了一部制电价的合理性。

7.1 电能长期成本分析的基本思想

在进行电能长期成本分析时，在短期情况下认为是不变的生产要素，如发电厂的容量和台数，已有的输电线路等成了变量，这时必然存在如何用价格信息反映系统容量成本的问题。目前，已有的按长期边际成本定价的方法主要有一部制电价和两部制电价两类。

7.1.1 按长期边际成本定价

电力系统的投资是不可分的，例如扩建一个发电厂或一条输电线路，即固定生产要素在数量上是离散的。因此在固定生产要素不变的情况下，长期边际成本曲线和短期边际成本曲线是重合的。从经济学观点来说，应着重分析长期边际成本。

按严格的长期边际成本定价的原理可用图 7-1 按长期边际成本定价说明，设在第 0 年，正常情况下系统能提供的最大电量为 $T(v_3) = \min\{T(v_3), P(v_1)+W(v_1, v_3)\} = \min\{+\infty, 0+5\} = 5$，而市场均衡点为 $F(t)$，是需求曲线 t 和短期边际成本（包括燃料、运行和维护费用）曲线 i 的交点。

当负荷从 t 增长到 D_1 时，价格也必须增长到 p_1 以清除市场。系统电量紧缺，导致电价剧增。当需求曲线移动到 D_2 时，价格为 p_2，这时扩建发电厂，使系统最大电量增加到 $\overline{Q_1}$。一旦系统扩容完成，短期边际成本曲线 MC 就会回到原有的变化趋势。这样 p_3 就是与电量需求 D_3 对应的最优价格。

7.1.2　两部制电价

两部制电价是较早提出的按长期边际成本定价的方法。在上述按严格的长期边际成本定价的过程中会产生很大的电价波动，这是用户不愿意接受的。为避免这种情况，可以把运行成本（短期边际成本）和容量成本（长期边际成本）分开，形成两部制电价。下面介绍一种简化的方法。

图 7-2 将一天 24h 负荷分为基荷时段和峰荷时段，相应形成两条需求曲线，D_p 为峰荷需求曲线，D_b 为基荷需求曲线。短期边际运行成本（包括燃料、运行和维护费用）设为常数 a，而长期容量边际成本（系统扩容的边际投资费用）设为常数 b。由于峰荷需求而促使系统扩容，而基荷需求不会超过电量限制 $\overline{Q_0}$。对于两个不同时段，优化价格也分成两个部分，即峰荷价格 $p_p = a+b$，基荷价格 $p_b = a$，即峰荷时段的用户除了承担燃料、运行和维护费用外还应承担容量成本，而基荷用户只需承担后者。采用这种方法既可避免价格的大幅度波动，又可刺激系统扩容。

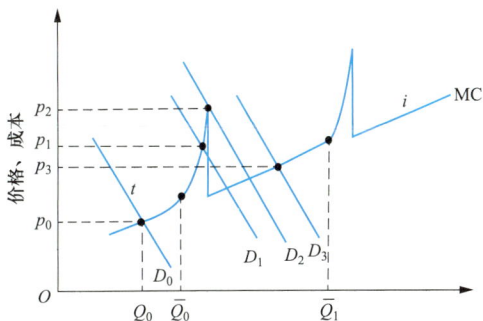

图 7-1　按长期边际成本定价

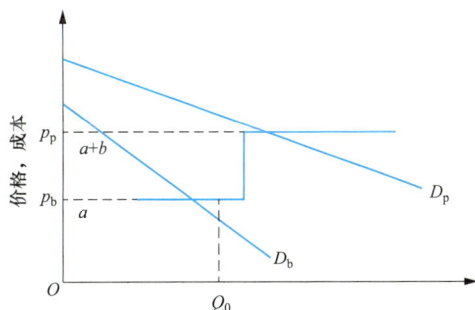

图 7-2　分时定价模型

如果除峰荷时段外，在其他时段有比较大的停电损失费，则容量边际成本应该在几个不同的时段内按照相应的边际停电损失费用成比例地分摊。一种方法是按照电力不足概率 LOLP（loss of load probability）的比例分摊。

两部制电价的计算往往需要一个反馈迭代的过程：首先，根据给定的预测电价进行长期确定性的负荷预测；然后根据电力系统模型和数据，求得在给定的目标可靠性水平下，满足系统负荷需求的最优规划方案；最后根据这个最优规划方案计算严格的长期边际成本，并根据社会、财政、政治和其他约束条件对长期边际成本进行调整后得到实际电价。如果新计算得到的电价和原来预测的电价差别较大，则新计算的电价必须反馈回模型，重新进行负荷预测，再重新计算长期边际成本，迭代过程进行到预测负荷、长期边际成本和电价能够彼此一致时为止。

两部制电价计算过程中值得特别注意的是因负荷供给和需求的不确定性、备用裕度和停电损失费所带来的问题。电力系统发展规划往往是根据预先设定的可靠性指标（如 LOLP 和备用裕度）进行的，边际成本与目标可靠性指标有关。但是，按照经济学理论，可靠性应该作为待优化的变量，电价和容量（或可靠性指标）应该同时优化。优化价格为边际成本价格，而优化可靠性指标为扩建容量的边际成本与由所扩建的容量给用户带来的停电损失费的节约费用期望值相等时的可靠性指标。

7.1.3 一部制电价

随着电力工业改革的深入进行，研究人员发现，采用两部制（容量和电量）电价，特别是在电力联营公司的管制下规划容量备用，将破坏电力工业重组的效益。而相反，采用同时反映边际运行成本和容量紧缺程度的一部制电价，而取消容量需求管制的市场具有很多优点。特别是它将引导有效容量规划——这是提高效益的关键所在。另一个优点是它将鼓励需方对峰荷备用的参与和为风险保护和筹集扩建资金的期货合同的应用，这两者都减少发电市场功率。两部制电价的提出与传统的垄断经营的电力企业紧密相关，而不能适应于解除管制的电力市场。两部制电价有以下几个隐含的基本假设：

（1）通过 LOLP 或目标备用裕度确定的固定的容量需求。但是对边际负荷损失价值（value of load loss，VOLL），即使停电损失减少的社会价值和发电容量增量成本相等的负荷价值的经验估计是非常不精确的，而且这取决于停电的具体情况。这种不确定性和多样性最适合市场而不是管制者来解决。

（2）价格弹性系数为 0 的静态负荷曲线。但是电力市场的实际情况表明负荷有强的价格反映。

（3）现有发电机组的全年一致的可靠性或期望可用度，不适用于多变的实时电力市场。如在一部制电价的竞争的发电市场，发电机组在峰荷时段投入的可能性要大得多，即使平均可用度不变。

以上几点假设都不能适用于竞争发电市场。另外，管制的容量市场可能是无法实行的，甚至阻碍竞争，而且"容量"的概念本身也不够精确，对于同样大小的机组容量，由于机组的技术特性（如最小运行或停运时间，加减负荷速度等）不一样，对总容量的贡献也不一样。

从市场的角度来说，适用传统的两部制电价，区分容量和电量，可能导致出现彼此不平衡的两个市场，或虽然平衡但处于不理想的水平。若电力联营公司规定市场进入者必须按传统的 LOLP 或备用裕度规划备用容量，将导致以下问题：

1）管制的，而非经济的容量目标。

2）人为的供电联营组织规模，导致扭曲的电能价格（偏低）。

3）继续靠供给方平衡市场，而不是让负荷随反映边际运行成本和容量紧缺程度的一部制价格变化。

4）不能公平接纳不提供额定的发电和备用容量份额的供给方技术。

图 7-3 和图 7-4 反映了这些问题。

图 7-3 为一部制电价市场的市场均衡情况，图中 D_1、D_2、D_3 分别为基荷、腰荷和峰荷需求曲线。图 7-4 为两部制电价市场的市场均衡情况，图中 Q_{max1}、Q_{max2} 分别为一部制电价市场和两部制电价市场的最大电量。如果系统供电充分性目标是被管理机构设定的，则有

可能设定得过高，导致一部制电量市场必须被分离为管制的容量价格市场和只有电量的市场。在图 7-3 中，在峰荷时段，机组 6 的短期边际成本以上增加的电价清出市场。注意机组 4，在电量需求为 Q_1 时，未能中标；在电量需求为 Q_2 时，仅获得回收其可变成本的价格；在电量需求为 Q_{max} 时，能获得高于边际运行成本的盈余（图中阴影部分），以补偿固定成本。在图 7-3 两部制电价市场，为保证备用裕度而增加的容量用机组 7 表示。注意电量电价不可能高于机组 7 的短期边际成本，因此机组 7 不能获得补偿其固定成本的盈余。机组 7 只有获得另外的容量报偿以支付其固定成本，才有可能存在于市场。注意由于机组 7 的加入，其他各机组的盈余都被减少。但是由于它们确实有正的附加利润，因此有以低于机组 7 的价格参与容量市场竞标的可能。但由于备用要求，机组 7 必须存在，为保证财政上的可行性，解决的办法只有根据机组 7 的要求设定管制的容量价格，当然其他机组也获得同样的价格。机组 7 增加了可靠性，但如果它的存在是为了满足备用规划标准，则在经济上是不合理的，即将导致更高的管制的成本回收资金投入。

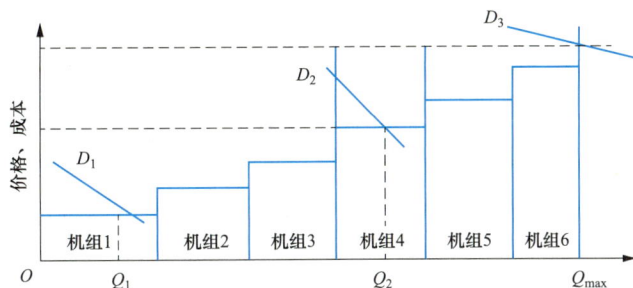

图 7-3　一部制电价市场

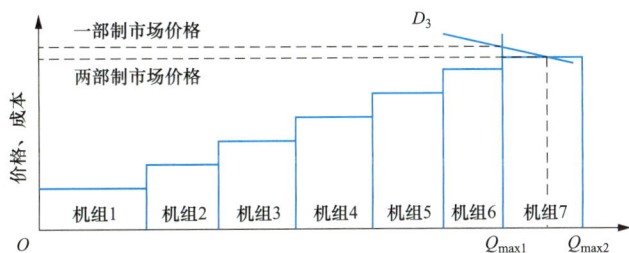

图 7-4　两部制电价市场

如果市场的机组容量继续被管制，即强制性地要求传统的规划备用，则形成有效容量决策的市场力量被严重削弱。这样电力工业重组的效益只能通过改善的经济调度获得，但经济调度的效益实际上是很小的。同时，电力工业重组和解除发电管制的主要原因是管制的过程不能形成好的容量规划或更确切地说是不能满足供需平衡。因此从根本上来说，应该更注重获得竞争的容量规划、供需的交互作用而不是竞争的调度。

7.2　电能长期边际成本的计算

电能长期边际成本可以通过以下方法计算：在未来一段时间内负荷微增时进行系统优化规划，计算方案调整所产生的增量成本。电能长期成本分析的数学模型类似于电力系统规划模型，但有一些特殊的要求：模型应体现电价信息引导市场供需平衡的最终理想状态，其求解算法应能产生系统容量需求和电量需求的影子价格。对于两部制市场电能长期边际成本的计算，国外做过很多研究，有比较成熟的计算方法，而对于一部制市场电能长期边际成本计算的研究尚处在起步阶段，但可以借鉴两部制市场的某些计算方法。

7.2.1 两部制市场的电能长期边际成本

对于两部制市场，需要计算两类长期边际成本，即容量边际成本和电量边际成本。容量边际成本是指容量微增时发电、输电和配电设备的投资增量成本；电量边际成本是指电量微增时燃料和运行的增量成本。

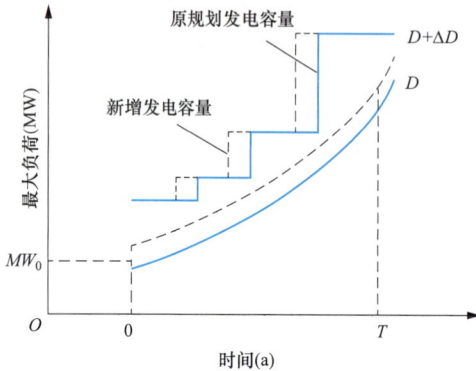

图 7-5 容量边际成本的计算

1. 容量边际成本

预测系统未来若干年内的最大负荷，形成图 7-5 中的负荷曲线 D。从初始值 MW_0 开始，随着时间的推移而上升。系统容量的长期边际成本可以作以下计算：假设各年的峰荷增加相同的 ΔD，形成图 7-5 的负荷曲线 $D+\Delta D$，系统的容量投资相应地要增加，设为 ΔC。这样长期边际成本就是 $\Delta C/\Delta D$，这里负荷 D 的增量既是时间上的，又是幅值上的。$\Delta C/\Delta D$ 将随着 ΔD 的大小和正负而不同，如果计算出很多这样的比值，则可求其平均得到容量边际成本的计算结果。为了简化计算，可取一个代表性的正的负荷增量。

对于一个优化规划的系统，对应于新增负荷的扩展方案应该是原规划中新建发电厂投产年的提前或添加调峰机组如燃气轮机或水电调峰机组。采用合适的系统优化规划模型和计算机算法，很容易求得原规划费用和对应于新增负荷的新规划方案，因此很容易求得容量边际成本。

2. 电量边际成本

峰荷时段的电量长期边际成本是为满足系统峰荷电量的增量，在优先顺序表中最后一台机组的运行费用。类似地，在基荷时段的电量长期边际成本对应于基荷时段的负荷增量，为效率最低的基荷机组的运行费用。但若考虑开停机费用和开停机时间约束，情况会变得很复杂，需要进行机组最优组合的计算。

若暂不考虑输电网络的规划问题，可用电力系统电源规划模型求解。首先进行长期负荷预测，然后用优化的容量（或可靠性指标）求得系统最优规划方案，再根据这个最优方案计算长期边际成本。可以用负荷微增的方法计算容量边际成本和电量边际成本。计算容量边际成本时，假设各年的峰荷增加一个同样的百分数，这样负荷增长率不变。注意，系统的容量投资费用要折算成等年值。计算电量边际成本时，负荷增长模式采用等比例增长模式，即各年峰荷与谷荷增长的比值相同。电量边际成本可采用随机生产模拟的方法进行计算，等于系统运行费用的增量与电量增量的比值。

7.2.2 一部制市场的电能长期边际成本

一部制市场不应该按照预先规定的容量备用裕度或可靠性指标进行电力系统发展规划，而应该靠市场机制优化容量决策或者说引导供需平衡，对传统的发电系统规划模型应做出相应的改造。另外，一部制市场不存在容量边际成本，电价的形成方法与两部制电价也不同。

1. 电力市场条件下的发电系统规划模型

在引入竞争市场后，发电规划将由垄断电网部门转向分散的发电商。与过去按可靠性要求进行多电源的电源优化不同，在竞争的电力市场条件下，发电公司只有在新机组能带来利润才会投资。如果相对于期望电价，项目的投资及运行费用很低，使项目的回报高于公司的目标判据，则可考虑建设。这种方案评估方法并未明确地考虑备用问题，竞争的发电公司的投资并不是简单地为了维持某一备用率，也不从整个市场优化的角度考虑其投资，这些竞争的发电公司只是寻求自己的投资得到最高的回报。为估计这个回报，竞争的发电公司必须明确地预测售电的电价。因此，原来电源优化的一些关于系统运行的预测现在全被电价的预测所代替。有了实时市场的存在，与发电有关的可靠性指标可以用市场价格机制来实现和维持。在这种情况下，"维持 20％ 的备用"的要求变为"在缺电时如不能充分供电的经济处罚为 3000 美元/MWh"的警告。竞争的发电公司可以在承担处罚费用的风险与增加发电机容量以避免处罚之间进行衡量。另外，在电力市场情况下，负荷会有强的价格反映，因此在作发电项目评估时必须考虑以价格机制为核心的供需相互作用。

总的来说，在电力市场条件下，传统的发电系统规划可能要被分散的发电项目评估代替，这方面的研究在国内外都处于刚刚起步的阶段，在理论和算法上都是不够的。

2. 一部制电价的形成

一部制电价应能同时反映系统的边际发电运行成本和容量紧缺程度。以英国电力市场为例，电力联营体从各发电厂商的购入电价 PPP（pool purchase price）按下式确定

$$PPP = SMP + LOLP(VOLL - EENS)$$

式中：SMP 为系统的边际价格，即对应于负荷需求的最后一个发电厂商的报价；$VOLL$ 为负荷损失价值。

式中第二项 SMP 主要是为了反映系统的容量成本，它的经济意义很直观。各国电力工业的具体情况不同，对于一部制市场的电价应该作不同的处理。由于系统电力不足概率 $LOLP$ 反映系统有效容量不能满足负荷要求的时间概率，电量不足期望值 $EENS$ 反映一定时期内由于供电不足而造成用户停电损失电量的期望值，可以按停电的经济损失先对它们作适当的变换，再与系统边际运行成本相加，得到同时反映边际运行成本和容量紧缺程度的一部制电价。

7.3　用随机生产模拟进行电能成本分析

电力系统随机生产模拟的主要功能是模拟电力系统的发电调度，预测各发电机组的发电量及燃料消耗量，计算系统可靠性指标，因此是进行生产优化和电能成本分析的有力工具。随机生产模拟是发电系统优化规划的重要组成部分，在电能长期成本分析中用于计算边际运行成本。本节介绍用随机生产模拟进行电能成本分析的方法。为了分析电能成本的构成，应对电力系统逐小时进行随机生产模拟，从而求出燃料费 $F(t)$、失负荷概率 $LOLP(t)$ 或电量不足期望值 $EENS(t)$，（$t=1, 2, \cdots, 8760$），这些是分析和计算发电可变成本的主要依据。发电成本主要由燃料成本及容量成本构成。容量成本与发电机组投资有关，可表示为

$$I_G = W_b K_b + W_p K_p \tag{7-1}$$

式中：I_G 为系统发电设备投资年金；W_b 为基荷发电设备容量；W_p 为峰腰荷发电设备容量；K_b 为基荷发电设备单位容量的年金；K_p 为峰腰荷发电设备单位容量的年金。

在求各小时的发电成本时，基荷发电设备的年金应在 8760h 平均分配；而峰腰荷发电设

备的年金则应按各小时的失负荷概率（风险度）$LOLP(t)$ 分配。因此，系统第 1h 的电能变动成本为

$$C(t) = F(t) + W_P K_p \frac{R(t)}{R_A} \qquad (7\text{-}2)$$

式中：$F(t)$ 为电力系统第 th 的燃料费；$R(t)$ 为电力系统第 th 的失负荷概率（风险度），$LOLP(t)$；R_A 为全年的风险度，即 $LOLP_A$。

$$R_A = LOLP_A = \sum_{t=1}^{8760} LOLP(t)$$

因此各小时每千瓦时电能的平均成本为

$$\overline{\rho}(t) = \frac{C(t)}{P(t)} \qquad (7\text{-}3)$$

式中：$P(t)$ 为系统第 th 的负荷量。

电能边际成本 $\rho(t)$ 的定义为

$$\rho(t) = \frac{\partial C(t)}{\partial P(t)} \qquad (7\text{-}4)$$

将式（7-2）代入式（7-4），得

$$\rho(t) = \frac{\partial F(t)}{\partial P(t)} + \frac{\partial (W_P K_P R(t)/R_A)}{\partial P(t)} \qquad (7\text{-}5)$$

式中：$\dfrac{\partial F(t)}{\partial P(t)}$ 为燃料的边际成本，可以由随机生产模拟求出，即计算出在系统最大负荷的基础上再增加一个单位负荷时的燃料费用。

为了求式（7-5）中的 $\dfrac{\partial (W_P K_P R(t)/R_A)}{\partial P(t)}$，可以考虑以下两种方式：

（1）发电机装机容量 W_P 不变，而使各小时负荷增加一个单位。在这种情况下进行随机生产模拟，必然使系统 $LOLP(t)$ 增加，从而导致停电损失费用增加。

（2）在保持 $LOLP(t)$ 不变的条件下，使各小时负荷增加一个单位。在这种情况下必须增加峰腰荷发电机组容量 W_P。

由于停电损失费用较难取得，因此我们采用第二种方式。这时式（7-5）可以改写为

$$\rho(t) = \frac{\partial F(t)}{\partial P(t)} + K_P \frac{R(t)}{R_A} \cdot \frac{\partial W_P}{\partial P(t)} \qquad (7\text{-}6)$$

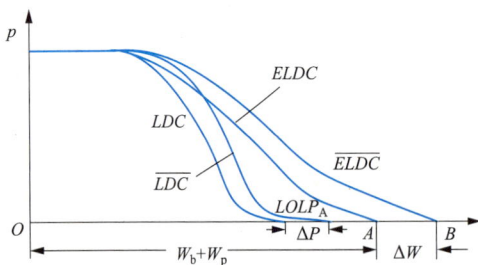

图 7-6　等效持续负荷曲线

$\dfrac{\partial W_P}{\partial P(t)}$ 可以用以下方法近似求出。

图 7-6 中 LDC 为 $P(t)$ 形成的负荷持续曲线，随机生产模拟后得等效持续负荷曲线 $ELDC$，全年的风险度由 $W_b + W_P$（线段 OA）确定为 $LOLP_A$。图 7-6 中 $\overline{LDC}$ 为 $P(t) + \Delta P$ 形成的负荷曲线，这里的 ΔP 是一个负荷增量。在进行随机生产模拟后得到相应的等效持续负荷曲线 $\overline{ELDC}$。在该曲线上确定风险度为 $LOLP_A$ 的一点 B，则 AB 即与应增加的发电机组容量 ΔW 对应。从而可认为

$$\frac{\partial W_P}{\partial P(t)} \approx \frac{\Delta W}{\Delta P} \qquad (7\text{-}7)$$

将式（7-6）代入式（7-5）就可以求出各小时的电能边际成本。

为了保证系统运行的可靠性，使系统发电容量有足够的裕度，除了增加电力系统的发电设备，还可以考虑中断一些用户的供电。当系统运行中出现发电容量不足时，这类用户允许临时中断其供电，电力公司则以优惠的电价进行结算。对于这类用户，其电价应除去峰腰荷发电容量成本，将式（7-2）改写为

$$C(t)=F(t) \tag{7-8}$$

7.4　电　源　规　划

7.4.1　概述

电源规划是电力系统发展规划的重要组成部分，也是电能长期成本分析的核心问题。国内外对电源规划问题已有广泛的研究，形成了一系列各具特色的软件，如国际原子能机构的电源规划程序维恩自动化系统规划软件包（When Automatic System Planning Package，WASP），西安交通大学在完成三峡开发方案论证课题过程中建立起来的电力系统规划联合评估程序（Joint Assessment of Electric Power System Planning，JASP）等。WASP 采用按发电机组类型优化的电源规划模型，忽略系统中负荷及发电厂地理分布的影响，把所有负荷和发电厂集中在同一节点进行电力电量平衡。这种模型只考虑电力系统中发电机组类型的差异对电源规划的影响，不可能回答在何处投建新发电机组的问题。但是在电源规划中，电力系统的投资和运行费用与新发电厂的建造地址有密切的关系。对于水力发电厂，还应考虑水文条件的影响。我国地域辽阔，能源分布很不均匀，地理条件复杂，这些问题尤为突出。JASP 采用按发电厂优化的电源规划模型，能考虑各发电厂具体的特点，很好地处理了这些问题。

在电力市场环境下，传统的电源优化规划将由分散的发电项目评估代替，发电公司只有在新机组能带来利润时才会投资。通常盈利的度量是投资的回报。发电公司评估一个新电厂主要是预测年收入的期望值及运行费。将这一预测资金流和发电厂的投资流相比较，如果该项目内部回报率大于公司对该项目投资的门限利息，则该公司就可能要争取这一项目。如果该项目预测的内部回报率未超过门限利息，则该项目可能推迟。在竞争的电力市场中，发电机组投资的时间取决于项目的回报率，而不是预期的备用率。发电项目的评估过程是各公司分别进行的，可以带有自己的偏好和观点。类似于 WASP 的电源规划模型显然完全不能适应电力市场的新环境，而对按发电厂优化的 JASP 模型加以改造后，可以应用于电力市场条件下的发电项目评估。

JASP 电源规划模型包括电源投资决策和生产优化两部分。前者确定系统电源的投产进度，后者计算扩建系统的技术经济指标。这两者虽属一个统一的问题，但要用数学规划的方法直接同时解决是有困难的。因为不仅使决策变量的维数太高，而且使整个规划模型变成了非线性及随机性问题。因此，需要采用分解协调法来解决。电源规划模型的结构如图 7-7 所示。决策变量 X 和 Y 表示各待选火力发电厂及水力发电厂的投建时间表。Z 表示各发电厂的发电量、运行费用及整个系统应满足的备用率，即运行决策变量。电源投资决策模型和生产优化模型交替迭代进行，直至满足收敛条件。

电源规划程序 JASP 的主要缺陷在于电源投资决策算法。原算法是包括爬山和排序过程

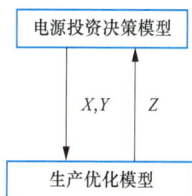

图 7-7　电源规划
模型结构

的启发式算法，启发式算法克服了决策变量多久造成的维数障碍，可以在较短的计算时间内取得接近最优解的结果。但算法缺乏严格的理论基础，爬山和排序过程容易陷入局部最优，水电、火电不能很好地协调，而且难于处理抽水蓄能电厂的优化。本章采用拉格朗日松弛法进行电源投资决策，拉格朗日松弛法同样能避免维数障碍，具有严格的理论基础，算法在理论上是全局最优的，并能以统一的方式处理火电、水电和抽水蓄能电厂的优化。拉格朗日松弛法有相应的经济模型，能反映市场价格协调的内在机理，更能适应电力市场的新环境。计算结果表明，拉格朗日松弛法求得的解投资和运行费更少，电源结构更合理。对于大规模电力系统，算法具有较快的收敛速度和很好的收敛性。

7.4.2 电源投资决策模型

模型中包括两类待选电厂。第一类待选电厂中的各机组的投产年是相互独立的，根据系统电力电量平衡及优化原则确定，一般火电厂属于此类。第二类待选电厂当第一批机组的投建时间确定后，其余机组的投产年限应按照可行性报告中拟定的投产进度连续建成，水电厂和抽水蓄能电厂属于此类。这两类电厂的决策变量分别用 X 和 Y 表示。设规划年限为 N_t，系统中待选火电厂数为 N_{gf}，待选水电厂数为 N_{gh}，待选抽水蓄能电厂数为 N_{gp}，则 X 和 Y 的维数分别为 $N_{gf}N_t$ 和 $(N_{gh}+N_{gp})N_t$。对于火电厂，用 X_{ti} 表示在规划期第 t 年火电厂 i 投产的机组台数。对于水电厂和抽水蓄能电厂，用 $Y_{tj}=1$ 表示在第 t 年电厂 j 投产的第一批机组。

1. 目标函数

由于电源规划的多个工程项目的使用寿命可能不同，因此投产年限也不相同，在规划年末它们将具有不同的剩余使用年限，为便于比较，使用等年值法将投资和运行费用拉平成年费用。等年值表示在规划期内每年为电力系统平均支出的费用。

目标函数为

$$\min B = \sum_{t=1}^{N_t}\left[\left(\sum_{i=1}^{N_{gf}}a_{ti}X_{ti}+\sum_{j=1}^{N_{gh}+N_{gp}}b_{tj}Y_{tj}\right)+CRF\left(\sum_{i=1}^{N_{gf}}c_{ti}X_{ti}+\sum_{j=1}^{N_{gh}+N_{gp}}d_{tj}Y_{tj}+\sum_{k=1}^{N_{gf0}}e_{tk}\right)\right]$$
(7-9)

式中：N_{gf0} 为原有火力发电厂数。

目标函数的前一部分与投资有关，其中 a_{ti} 为火电厂 i 在第 t 年投产每台机组的固定费用，即

$$a_{ti}=\frac{\alpha(1+\alpha)^{N_i}}{(1+\alpha)^{N_i}-1}\sum_{\tau=1}^{t}\pi_{ti}^{(\tau)}(1+\alpha)^{1-\tau}$$
(7-10)

式中：α 为贴现率；N_i 为火电厂 i 的使用寿命；$\pi_{ti}^{(\tau)}$ 为火电厂 i 在第 t 年投产机组时在第 τ 年的投资流；

b_{tj} 为水力发电厂（抽水蓄能电厂）j 在第 t 年投产机组时的固定费用，即

$$b_{tj}=\frac{\alpha(1+\alpha)^{N_j}}{(1+\alpha)^{N_j}-1}\sum_{\tau=1}^{t+\tau_j}\pi_{ti}^{(\tau)}(1+\alpha)^{1-\tau}$$
(7-11)

式（7-11）中的符号和式（7-10）相似，不同的是，由于水力发电厂首批机组投产后仍可能继续装机，式中 τ_j 为后续装机的年数。

目标函数的后一部分与年运行费有关。由于各发电厂每年的年运行费用不同，因此应逐年把年运行费用转换为现值再求等年值。为了把年运行费用拉平，用规划期的年数 N_t 求资金回收系数 CRF（capital recovery factor），即

$$CRF=\frac{i(1+i)^{N_t}}{(1+i)^{N_t}-1}$$
(7-12)

目标函数中 c_{ti} 为火力发电厂 i 在第 t 年投产的机组在规划期内的年运行费现值的总和，即

$$c_{ti} = \sum_{\tau=\tau}^{N_t} \left[K_i + W_i (H_{bi}^{(\tau)} \beta_{bi} + H_{pi}^{(\tau)} \beta_{pi}) \sigma_i \right] (1+i)^{1-\tau} \tag{7-13}$$

式中：K_i 为火力发电厂 i 每台机组的固定年运行费用；W_i 为火力发电厂 i 的单机容量；β_{bi}，β_{pi} 为火力发电厂 i 的基荷和峰荷的标准煤耗微增率；σ_i 为火力发电厂 i 的标准煤价格；$H_{bi}^{(\tau)}$，$H_{pi}^{(\tau)}$ 分别为该厂在第 τ 年基荷利用小时数和峰荷利用小时数，这两个参数在进入优化之前应输入初值，在与生产优化过程进行迭代时，由随机生产模拟确定，并反馈回电源投资决策模型中。

目标函数中 d_{tj} 为水力发电厂（抽水蓄能电厂）j 在第 t 年投产时，在规划期内年运行费用现值的总和，即

$$d_{tj} = \sum_{\tau=t}^{N_t} K_j^{(\tau)} (1+i)^{1-\tau} \tag{7-14}$$

式中：$K_j^{(\tau)}$ 为水电厂 j 在第 τ 年的固定年运行费用。

e_{tk} 为原有火力发电厂 k 在第 t 年的运行费用现值，只计及火力发电厂的燃料费用

$$e_{tk} = W_k \left[H_{bk}^{(t)} \beta_{bk} + H_{pk}^{(t)} \beta_{pk} \right] \sigma_k (1+i)^{1-t} \tag{7-15}$$

式中符号与式（7-13）相似。

2. 约束条件

投资决策变量 X、Y 为非负整数向量，即

$$\begin{aligned} X &\geqslant 0 \\ Y &\geqslant 0 \end{aligned} \tag{7-16}$$

各待选电厂的约束条件如下：

火电厂每年投产机组的台数 X_{ti} 应受施工及制造能力所容许投产台数 M_{ti} 的限制

$$X_{ti} \leqslant M_{ti} \quad (t=1, 2, \cdots, N_t;\ i=1, 2, \cdots, N_{gf}) \tag{7-17}$$

火电厂的总装机台数不应超过给定的最终装机台数 T_{gi}

$$\sum_{t=1}^{N_t} X_{ti} \leqslant T_{gi} \quad (i=1, 2, \cdots, N_{gf}) \tag{7-18}$$

对于水电厂和抽水蓄能电厂，根据决策变量 Y 的含义，应满足如下互斥性约束

$$\sum_{t=1}^{N_t} Y_{tj} \leqslant 1 (j=1, 2, \cdots, N_{gh}+N_{gp}) \tag{7-19}$$

对水电厂和抽水蓄能电厂，也可定义变量 X_{tj}，表示水电厂（抽水蓄能电）j 在第 t 年投建机组的台数。当 Y_{tj} 优化确定后，由可行性报告中确定的机组投产进度很容易求得。

从整个电力系统来说，还要满足电力电量平衡条件。

电力平衡条件

$$\sum_{\tau=1}^{t} \left(\sum_{i=1}^{N_{gf}} X_{\tau i} W_i + \sum_{j=1}^{N_{gh}+N_{gp}} X_{tj} W_j \right) \geqslant C_t \quad (t=1, 2, \cdots, N_t) \tag{7-20}$$

式中：W_i 为火电厂 i 的单机容量，MW；W_j 为水电厂（抽水蓄能电厂）j 在枯水年的单机预想输出功率，MW；C_t 为系统在第 t 年需要新建机组的总容量，由系统在第 t 年的最大负荷与容量备用之和扣除原有发电厂容量得到。

电量平衡条件

$$\sum_{\tau=1}^{t}\left(\sum_{i=1}^{N_{gf}}X_{\tau i}W_iH_i^t+\sum_{j=1}^{N_{gh}}X_{\tau j}W_jH_j^t\right)\geqslant E_t \quad (t=1,2,\cdots,N_t) \tag{7-21}$$

式中：H_i^t，H_j^t 为火电厂 i 水电厂 j 在第 t 年的利用小时数；E_t 为系统在第 t 年需要新建发电厂补充的发电量，由系统在第 t 年的总需求电量扣除原有发电厂在第 t 年的发电量得到。

抽水蓄能电厂在低谷负荷时段抽水，在高峰负荷时段发电，若不计循环中损失的电能，对全年电量的贡献为 0，因此在电量平衡条件中不包括抽水蓄能电厂。

抽水蓄能电厂对于系统有两重作用：一是满足电网的日尖峰和低谷负荷的需要，保证系统的安全运行；二是提高系统运行的经济性和效率。本文的电源投资决策模型中包括了抽水蓄能电厂，其运行的经济性在生产优化模型中考虑，而其调峰作用应在日生产运行方式模型中考虑。

7.4.3 电源投资决策的拉格朗日松弛法

上述电源投资决策模型是一个高维数、非凸的、离散的、非线性的优化问题，很难找出理论上的最优解，对于这种问题在工程上常采用针对具体问题而设计的启发式算法。启发式算法虽然不能从理论上保证取得问题的最优解，但可以在较短的计算时间内取得接近最优解的结果。

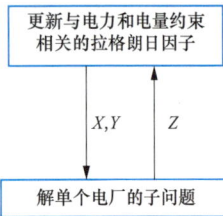

更新与电力和电量约束相关的拉格朗日因子

X, Y　Z

解单个电厂的子问题

图 7-8 电源投资决策的拉格朗日松弛法

启发式算法缺乏严格的理论基础，爬山和排序过程容易陷入局部最优，水火电不能很好地协调，而且难于处理抽水蓄能电厂的优化。本章采用拉格朗日松弛法优化电源投资决策，如图 7-8 所示。拉格朗日松弛法的基本思想是把全系统的约束，即电力电量平衡约束写成目标函数惩罚项的形式，也就是进行松弛。约束条件松弛后的对偶问题可分解为一系列单个电厂的子问题，子问题比较容易解决。解子问题的过程和整体协调的过程交替迭代进行，直到找出最优或次优的对偶问题解。最后采用启发式方法或优化从对偶解形成原问题的最终解。拉格朗日松弛法不但避免了决策变量很多时造成的维数障碍，而且由于对偶变量提供了容量或电量成本的边际信息，非常适合于电能成本分析。

式（7-9）～式（7-21）的数学模型是一个整数规划问题，采用对偶优化原理，松弛系统约束式（7-20）和式（7-21），形成原问题的对偶问题

$$L=\sum_{t=1}^{N_t}\left[\left(\sum_{i=1}^{N_{gf}}a_{ti}X_{ti}+\sum_{j=1}^{N_{gh}+N_{gp}}b_{tj}Y_{tj}\right)+CRF\left(\sum_{i=1}^{N_{gf}}c_{ti}X_{ti}+\sum_{j=1}^{N_{gh}+N_{gp}}d_{tj}Y_{tj}+\sum_{k=1}^{N_{gf0}}e_{tk}\right)\right]+$$

$$\sum_{t=1}^{N_t}\left\{\lambda_t\left[C_t-\sum_{\tau=1}^{N_t}\left(\sum_{i=1}^{N_{gf}}X_{\tau i}W_i+\sum_{j=1}^{N_{gh}+N_{gp}}X_{\tau j}W_j\right)\right]+\mu_t\left[E_t-\sum_{\tau=1}^{t}\left(\sum_{i=1}^{N_{gf}}X_{\tau i}W_iH_i^t+\sum_{j=1}^{N_{gh}}X_{\tau j}W_jH_j^t\right)\right]\right\}$$

$$\tag{7-22}$$

式中：λ_t 为与系统第 t 年电力平衡约束相关的拉格朗日乘子；μ_t 为与系统第 t 年电量平衡约束条件相关的拉格朗日乘子。

可定义向量

$$\boldsymbol{\lambda}=(\lambda_1,\lambda_2,\cdots,\lambda_{N_t})'$$

$$\boldsymbol{\mu}=(\mu_1,\mu_2,\cdots,\mu_{N_t})'$$

应用对偶优化原理，可形成两层优化算法。

下层问题用于解决单个发电厂的优化问题。

火电子问题 $(P-i)$，$i=1,2,\cdots,N_{gf}$，若给定 λ_t，μ_t，$t=1,2,\cdots,N_t$，则

$$\min_{(x_{1j},\ x_{2j},\ \cdots,\ x_{N_tj})} L_i = \sum_{t=1}^{N_t} \left[(a_{ti} + CRF \cdot c_{ti}) X_{ti} - \lambda_t \big(\sum_{\tau=1}^{t} X_{\tau i} \big) W_i - \mu_t \big(\sum_{\tau=1}^{t} X_{\tau i} \big) W_i H_i^t \right]$$

$$(7\text{-}23)$$

约束条件为式（7-17）和式（7-18）。

水电子问题（$P-j$），$j = N_{gh}+1,\ N_{gh}+2,\ \cdots,\ N_{gh}+N_{gp}$，给定 λ_t，$t=1,\ 2,\ \cdots,\ N_t$，则

$$\min_{(x_{j1},\ x_{2j},\ \cdots,\ x_{N_tj})} L_j = \sum_{t=1}^{N_t} \left[(b_{tj} + CRF \cdot d_{tj}) Y_{tj} - \lambda_t \big(\sum_{t\tau=1}^{t} X_{\tau j} \big) W_j \right] \qquad (7\text{-}24)$$

抽水蓄能子问题（$P-j$），$j = N_{gh}+1,\ N_{gh}+2,\ \cdots,\ N_{gh}+N_{gp}$，若给定 λ_t，$t=1,\ 2,\ \cdots,\ N_t$，则

$$\min_{(x_{j1},\ x_{2j},\ \cdots,\ x_{N_tj})} L_j = \sum_{t=1}^{N_t} \left[(b_{tj} + CRF \cdot d_{tj}) Y_{tj} - \lambda_t \big(\sum_{\tau=1}^{t} X_{\tau j} \big) W_j \right] \qquad (7\text{-}25)$$

约束条件为式（7-19）。

解底层子问题时，需要用到上层所确定的 λ、μ。

可以看出，若把 λ_t 和 μ_t 看成市场电能价格，则式（7-23）～式（7-25）的经济意义即为净利润的负值。拉格朗日松弛法的这种结构能很好地适应电力市场条件下的发电项目评估。

对于火电子问题，在满足约束条件式（7-17）和式（7-18）的情况下，各年投产的机组台数是彼此独立的。若把每年一个电厂已投产的机组总台数作为状态变量，则显然此状态变量满足"无后效性"条件，即如果规划期某年已有的机组总台数给定，则以后各年的机组台数只与该年台数有关，与该年以前的机组投产策略无关。这种类型的问题最适合于用动态规划法来解决。动态规划法的一个阶段即规划期的一年，各阶段的状态为从 $1 \sim T_{gi}$ 的整数，而从 $t-1$ 阶段到 t 阶段的决策即第 t 年投产的机组台数 X_{ti} 应受式（7-17）的限制。

对于水电和抽水蓄能子问题，由于决策变量只有第一批机组的投产年，可以用穷举法解决。可见在新算法中，抽水蓄能电厂和水电厂的处理方法是相同的，不需再作特殊考虑。

上层问题为优化拉格朗日乘子，即解对偶问题（$P-D$）

$$\max_{\lambda,\ \mu} L(\lambda,\ \mu) = \sum_{i=1}^{N_{gf}} L_i^*(\lambda,\ \mu) + \sum_{j=1}^{N_{gh}+N_{gp}} L_j^*(\lambda,\ \mu) + \sum_{t=1}^{N_t} \big(CRF \sum_{k=1}^{N_{gf0}} e_{tk} + \lambda_t C_t + \mu_t E_t \big)$$

$$(7\text{-}26)$$

约束条件

$$\lambda \geqslant 0,\ \mu \geqslant 0$$

式中：$L_i^*(\lambda,\ \mu)$，$L_j^*(\lambda,\ \mu)$ 分别为对应子问题的最优值。

本章采用次梯度法求解对偶问题。

对于任意 λ、μ，其次梯度分别为

$$g_\lambda = \left[C_t - \sum_{i=1}^{N_{gf}} \big(\sum_{\tau=1}^{t} X_{\tau i} \big) W_i - \sum_{j=1}^{N_{gh}+N_{gp}} \big(\sum_{\tau=1}^{t} X_{\tau j} \big) W_j \,\Big|_{t=1,\ 2,\ \cdots,\ N_t} \right]^{\mathrm{T}}$$

$$g_\mu = \left[E_t - \sum_{i=1}^{N_g} \big(\sum_{\tau=1}^{t} X_{\tau i} \big) W_i H_i^t - \sum_{j=1}^{N_{gh}} \big(\sum_{\tau=1}^{t} X_{\tau j} \big) W_j H_j^t \,\Big|_{t=1,\ 2,\ \cdots,\ N_t} \right]^{\mathrm{T}} \qquad (7\text{-}27)$$

在理想情况下，对偶问题的最优解（即拉格朗日乘子值）为原问题的相应边际成本。其中，λ 为系统电力边际成本，μ 为系统电量边际成本。若系统电力短缺，则通常有高的

电力边际成本，从而导致高的电价刺激系统扩容，最终达到电力供求平衡。若系统电量短缺，则通常有高的电量边际成本，也将导致高的电价，刺激系统多发电，最终达到电量供求平衡。

需要注意的是，由于原问题的最终解和对偶问题的最终解之间存在对偶间隙，对偶问题的最终解对于原问题来说往往是不可行的，即原问题被松弛的电力平衡条件和电量平衡条件不能被完全满足，需要采用适当的方法从对偶解形成原问题的最终解，既要满足这两个约束条件，又要保证经济性。

本章采用的算法定义系统在规划期某年未满足的电力需求为系统在该年的总电力需求（最大负荷与容量备用之和）减去已投产机组所能提供的容量之和，而在规划期某年未满足的电量需求为系统在该年的总电量需求减去已投产机组所能提供的电量之和。算法中计算系统未满足容量需求的过程应以计算系统未满足的电力需求和电量需求的过程来取代。另外值得注意的是相对经济指标的计算。系统的投资和运行费用为

$$B = \sum_{t=1}^{N_t} \left[\left(\sum_{i=1}^{N_{gf}} a_{ti}X_{ti} + \sum_{j=1}^{N_{gh}+N_{gp}} b_{tj}Y_{tj} \right) + CRF \left(\sum_{i=1}^{N_{gf}} c_{ti}X_{ti} + \sum_{j=1}^{N_{gh}+N_{gp}} d_{tj}Y_{tj} + \sum_{k=1}^{N_{gf0}} e_{tk} \right) \right]$$

而从假想的外系统购买电能和电量的费用为

$$P = \sum_{t=1}^{N_t} \left\{ \lambda_t \left[C_t - \sum_{\tau=1}^{t} \left(\sum_{i=1}^{N_{gf}} X_{\tau i}W_i + \sum_{j=1}^{N_{gh}+N_{gp}} X_{\tau j}W_j \right) \right] + \mu_t \left[E_t - \sum_{\tau=1}^{t} \left(\sum_{i=1}^{N_{gf}} X_{ti}W_iH_t^i + \sum_{j=1}^{N_{gh}} X_{\tau j}W_jH_j^t \right) \right] \right\}$$

待选电厂新机组投入后，B 必定增加，而 P 必定减小，则电厂的相对经济指标定义为

$$E_r = -\frac{\Delta B}{\Delta P}$$

算法中总发电成本增量 ΔF_s 则用总投资和运行费用的增量 ΔB 来代替。

7.4.4 生产优化模型

生产优化模型包括制订检修计划及进行随机生产模拟，检修计划按照等备用的原则制订，随机生产模拟采用等效电量函数法。本小节将介绍电力系统随机生产模拟和可靠性计算。

电力系统随机生产模拟的主要功能是模拟电力系统的发电调度，预测各发电机组的发电量及燃料消耗量，计算系统可靠性指标并进行发电成本分析。随机生产模拟考虑了有关随机因素，如未来电力负荷的随机波动、发电机组的随机停运情况等。这样不仅使生产成本的估算更加合理、准确，而且也给出了发电系统运行的可靠性指标。

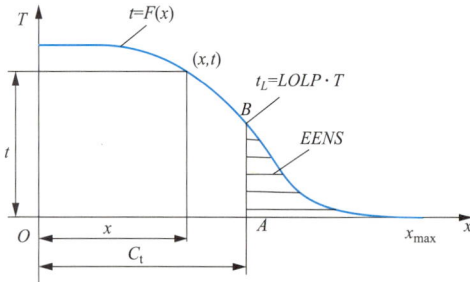

图 7-9 持续负荷曲线图

等效持续负荷曲线（Equivalent Load Duration Curve，ELDC）是随机生产模拟的重要概念。图 7-9 表示一条等效持续负荷曲线，其横坐标表示系统的负荷，纵坐标表示持续时间，T 表示研究周期，根据具体情况可以是年、月、周等。曲线上任何一点 (x, t) 表示系统负荷大于或等于 x 的持续时间为 t，即

$$t = F(x)$$

用周期 T 除上式两端，可得

$$p = f(x) = F(x)/T \tag{7-28}$$

式中：p 可以看作系统负荷大于或等于 x 的概率。

等效持续负荷曲线是把发电机组的随机故障影响当成等效负荷对原始持续负荷曲线不断修正的结果。当发电机组发生故障时，系统的等效负荷就要增大。关于这一概念的解释可参看图 7-10。为了方便，在图 7-10 的纵坐标上我们用概率 p 来代替了图 7-9 中的 t。

图 7-10 中 $f^{(0)}(x)$ 是原始持续负荷曲线，它是系统中所有发电机组应承担的负荷。设第一台发电机组首先带负荷，其容量为 C_1，强迫停运率为 q_1，当这台发电机组处于运行状态时，它和其他发电机组应承担的负荷用 $f^{(0)}(x)$ 表示。当发电机组 1 处于故障停运时，$f^{(0)}(x)$ 所表示的负荷应由除去发电机组 1 以外的其他发电机组承担。这样就相当于发电机组 1 和其他发电机组共同承担向右平移了 C_1 的负荷，如图 7-10 中 $f^{(0)}(x-C_1)$ 所示。

由于发电机组 1 的强迫停运率为 q_1 正常运行的概率为 $p_1=1-q_1$，因此考虑发电机组 1 的随机停运影响后，系统的持续负荷曲线应由下式表示：

$$f^{(1)}(x)=p_1 f^{(0)}(x)+q_1 f^{(0)}(x-C_1) \tag{7-29}$$

式（7-21）为发电机组 1 的随机停运与持续负荷曲线的卷积公式。

一般来说，第 i 台发电机组的卷积公式为

$$f^{(i)}(x)=p_i f^{(i-1)}(x)+q_i f^{(i-1)}(x-C_i) \tag{7-30}$$

其中，C_i，q_i 分别为发电机组 i 的容量及强迫停运率，$p_i=1-q_i$。

在发电机组逐个卷积的过程中，等效持续负荷曲线也在不断变化，最大等效负荷在不断增大。设系统中共有 n 台发电机组，其总容量为 C_t。当全部发电机组卷积运算结束以后，等效持续负荷曲线为 $f^{(n)}(x)$，最大等效负荷为 $x_{\max}+C_t$，如图 7-11 所示。这时系统电力不足概率 $LOLP$ 及电量不足期望值 $EENS$ 分别应为

$$LOLP=f^{(n)}(C_t) \tag{7-31}$$

$$EENS=T\int_{C_t}^{x_{\max}+C_t} f^{(n)}(x)\mathrm{d}x \tag{7-32}$$

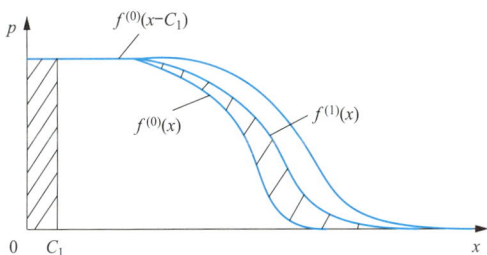

图 7-10　等效持续负荷曲线

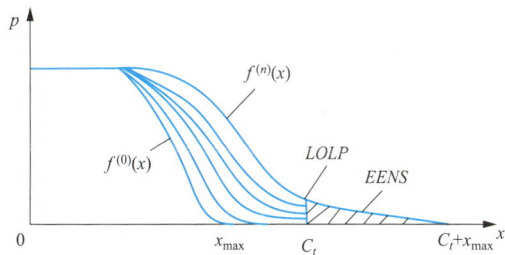

图 7-11　等效持续负荷曲线与可靠性指标

为了提高计算效率和精度，人们提出了随机生产模拟的许多不同的算法。其中一种等效电量函数法是在计算效率和精度两方面都比较好的方法，现将该方法的基本思想介绍如下。

随机生产模拟的主要目的在于：

（1）按电力系统各发电机组的经济优先顺序安排其运行，计算各发电机组发电量的期望值。

（2）对于水电机组或抽水蓄能机组，应按给定的发电量寻找其运行位置，以充分利用水力资源。

（3）计算电力系统可靠性指标为电力不足概率 $LOLP$ 及电量不足期望值 $EENS$。目前，在电力系统可靠性分析中电量不足期望值这个指标日益受到重视，因为这个指标不仅给出

比 *LOLP* 更多的内涵，而且也容易转化为停电损失费，便于进行技术经济分析。

由此可见，在整个随机生产模拟中电量是关键的变量。如果先求出电力系统在不同负荷水平需要的电量（即形成电量函数），并在考虑发电机组故障时直接修正各负荷水平所需的电量（即修正等效电量函数），那么就可以非常方便地完成随机生产模拟计算。这就是等效电量函数法的基本思想。

第 8 章

电力企业财务会计与管理会计

会计是从人们在生产生活中因为计量管理等需求而产生的,从一开始就有一种管理的意念。人类最早出现的记录、计算与安排收支活动,可以看成是一种有意识、有目的的会计活动。

现代企业会计包括为财务会计与管理会计两大分支。在管理会计产生之前,企业会计的全部就是我们现在所说的财务会计。也就是说,财务会计就是传统的企业会计。财务会计是企业管理的一项重要职能。财务会计是运用填制与审核凭证、登记账簿、计算成本和编制报表等专业方法,着重对企业已经发生的交易和其他经济事项进行反映和控制的一种管理活动。

管理会计的产生与发展还是近几十年的事情。管理会计的产生与发展极大地丰富了会计科学的内涵,扩充了会计的职能。管理会计是从传统的会计系统中分离出来的,与财务会计并列,着重为企业进行最优决策,改善经营管理,提高经济效益服务的一个企业会计分支。管理会计需要针对企业管理部门编制计划、做出决策、控制经济活动的需要,记录和分析经济业务,"捕捉"和呈报管理信息,并直接参与决策控制过程。它不仅要考评过去,而且还要控制现在、预测前景、优化决策、规划未来,保证用较少的耗费取得最大的收益。

8.1 电力企业财务会计

8.1.1 电力企业财务会计的基本前提

开展财务会计的工作之前必须具备一系列基本条件,否则就不能有效地开展会计工作。根据我国《企业会计准则——基本准则》,基本条件可以概括为会计主体、持续经营、会计期间、货币计量与权责发生制五项。

1. 会计主体

会计主体是指会计为之服务的特定单位。要开展会计工作,首先应明确认定会计主体,解决为谁记账、算账、报账的问题。简单地说,明确会计主体就是要明确记账、编表的对象,否则,就只能是胡乱记账、盲目编表。在明确认定会计主体之后,接着要准确判断主体状况。具体来讲,要判断企业是否处于持续经营的状况,以便据以确定会计核算的基础。

2. 持续经营

持续经营是指作为会计主体的企业,其经营活动将按照既定的目标持续下去,在可以预见的将来,不会面临破产、进行清算。这是绝大多数企业所处的正常状况,其所有资产将按照预定的目标在正常的经营过程中被耗用或出售,它所承担的债务也将如期偿还。对于处在持续经营状况的企业,在进行会计确认、计量、记录和报告时,要采用非清算基础,要着眼于企业的可持续发展。财务会计的一系列方法都是以会计主体持续经营为前提的。对于持续经营的企业来说,既然在可以预见的将来不会面临停业清算,企业就不能等到其经营活动结束时才进行结算和编制财务会计报告。

3. 会计期间

为了定期反映企业的财务状况和经营成果，向有关各方提供信息，需要清楚划分会计期间，即人为地把持续不断的生产经营活动划分为较短的经营期间。会计期间通常为一年，称为会计年度。世界各国企业的会计年度起讫日期并不统一，我国《企业会计准则——基本准则》规定，会计期间分为年度和中期。中期是指短于一个完整的会计年度的报告期间，如季度和月份。

4. 货币计量

财务会计主要提供定量的财务信息或会计信息，因此开展会计记账或编表时需要恰当选择计量尺度。为了综合反映企业的各种经济活动，货币作为一种特殊的商品，最适合充当这种统一的计量尺度。至于选择哪种具体的货币，根据各国的政策决定。

5. 权责发生制

我国《企业会计准则—基本准则》规定，企业的会计确认、计量和报告应当采用权责发生制。会计确认就是解决能否进入会计系统的问题，就是要确定能否入账和能否入表。现代企业财务会计以权责发生制为确认基础。开展企业财务会计工作，特别是进行会计确认必须正确运用确认基础。运用权责发生制是财务会计的一项基本前提。它对会计主体在一定期间内发生的各项业务，以是否取得经济权利、是否承担经济责任为标准，决定资产、负债、收入和费用的确认。

8.1.2　电力企业财务会计基本内容

会计的职能，是指会计在经济管理活动中所具有的功能。现代会计的职能包括会计的核算职能、监督职能，参加企业重大经济活动的预测、决策等职能，但其基本职能为核算职能和监督职能。本书根据其功能分为核算、检查和分析三个部分来介绍。

一、会计的核算功能

会计处理的基本程序包括设置账户、复式记账、填制和审核凭证、登记账簿、成本计算、财产清查、编制财务会计报告这七种方法。这七种各不相同，又相辅相成的核算方法共同构成了一个以复式记账为核心，以填制和审核凭证为始点，以编制财务会计报告为终点的完整的会计核算方法体系。

1. 设置账户

设置账户是对会计要素的具体内容进行归类、反映和监督的一种专门方法。会计要素的具体内容包括：其静态表现是资产、负债及所有者权益，动态表现是通过商品或产品销售而取得的收入，在生产经营过程中发生的费用及获得的经营成果——利润。由于资产表现为各种形式，资金又从不同渠道取得，并在生产经营的各个阶段不断地周转，因此必须设置一系列账户，对各项资产、各种负债和各方投资，以及收入、费用和成本、利润进行分类记录，以便取得经营管理等方面所需要的各种不同性质的会计信息。

2. 复式记账

复式记账是对发生的每一项经济业务都要在两个或两个以上相互关联的账户进行登记的一种会计核算方法。复式记账能够全面、相互联系地反映经济活动引起资金变动的来龙去脉。例如，企业以银行存款购买固定资产，采用复式记账法就要同时反映固定资产的增加和银行存款的减少。目前，国际上通用的记账方法是借贷记账法。

3. 填制和审核凭证

会计凭证是证明经济业务完成情况、作为记账依据的一种书面证明。填制和审核凭证是为了保证会计记录完整、可靠，审查经济业务是否合法合理而采用的一种专门方法。在实际会计业务中，对于任何一项经济业务都要按照实际执行或完成情况，由有关人员填制凭证，所有凭证都要经过会计部门的审核，只有经过审核无误的凭证才能作为记账的依据。所以，填制和审核会计凭证是会计核算工作的第一步。

4. 登记账簿

账簿是由具有一定格式的账页所组成、用来记账的簿籍。登记账簿就是根据会计凭证，用复式记账的方法在账簿中全面、连续、系统地记录经济业务。在账簿中，既要将所有经济业务按照账户加以归类反映，又要将全部或部分经济业务按照发生时间的先后顺序进行序时记录；既要提供总括的核算指标，又要提供某些明细的核算指标。设置必要的账簿，并按照一定的记账方法和程序进行登记，同时定期进行结账和对账，保证提供正确完整的会计信息，是会计核算的一项重要内容。

5. 成本计算

成本计算就是计算与产品生产有关的各项费用，并按照一定的成本计算对象进行归集，借以确定各个对象的制造总成本及单位成本的一种专门方法。在企业经营过程的每个阶段都会发生各种费用。制造业所发生的费用，有一部分是由于采购材料、生产产品而发生的。为了掌握各项成本水平的变化情况，就应当分别归集各个阶段的材料的采购费用、产品生产发生的费用，并分别同采购量、产品的生产数量联系起来，计算出采购材料或生产产品的单位成本。利用成本计算所提供的资料可以了解实际成本的高低、实际成本与计划成本的差异，以有效地进行成本管理，并为制订产品销售价格提供依据。

6. 财产清查

财产清查就是通过盘点实物、核对往来款项等方法来查明各项财产和资金实有数额的一种专门方法。为了保证会计信息的质量，确保会计记录的准确性，做到账实相符，必须定期或不定期地对各项财产物资进行清查和盘点，对企业的债权和债务进行核对。在清查中如果发现有账实不符的情况，应分析原因，明确经济责任，并调整账簿记录，使账实完全一致。通过财产清查，还可以查明各种存货储备能否保证生产经营的需要，有无超储、积压、呆滞或储备不足的情况，财产物资的保管是否安全，有无损坏浪费、丢失的情况，各项债权债务是否及时结算，有无长期不清的三角债务情况等。因此，财产清查对于改进企业的财产管理，保护其安全完整有着重要的意义。

7. 编制财务会计报告

财务会计报告是根据账簿记录定期编制、用来反映企业财务状况和经营成果的书面文件。财务会计报告包括会计报表、会计报表附注和财务情况说明书。通过编制财务会计报告定期总括地反映企业的财务状况和经营状况是会计核算的一个重要方法。财务会计报告所提供的各种会计信息，不仅是企业内部经营管理所需资料的重要来源，同时也是国家宏观管理所必需的参考资料。

以上会计核算的各种专门方法相互联系、紧密配合，形成了一个完整的方法体系。为了科学地组织会计核算工作，必须全面、相互联系地应用这些方法。也就是说，对于日常所发生的各项经济业务，要以合法的凭证为依据，按照相关的账户，对经济业务进行分类，并采用借贷记账法在有关账簿中进行登记，对于经营过程中发生的各项费用，应分类归集，并进行成本计算，还应当定期进行财产清查，在保证账实相符的基础上，根据账簿记录编制财务会计报告。

二、会计的检查功能

这部分主要对财务报表要素的各组成内容的基本确认原则、计量方法和具体账务处理，以及财务报表的编制方法，即重点以工商企业的一般性业务的会计处理为例说明或阐述企业财务会计的确认、计量、记录和报告的基本理论与基本方法。

企业会计核算的具体内容可以归结为资产、负债、所有者权益、收入、费用和利润六项会计要素，那么，企业的日常会计核算也就是对各项会计要素的核算。会计要素的核算主要应解决会计确认、会计计量、会计记录与会计报告四个方面的问题。财务会计对内需要满足企业内部管理要求，对外需要满足提供财务报告的要求。

1. 资产

（1）资产的确认。资产是企业过去的交易或事项形成的、由企业拥有或者控制的、预期会给企业带来经济利益的资源。对于资产的这一定义，需要着重强调以下几个方面：

1）资产的内涵是资源。

2）作为资产的资源应该为特定企业现在所拥有或者控制。

3）作为资产的资源必须具有能为特定企业带来未来经济利益的服务潜力，即具有有用性的特点。

4）作为资产的资源必须能够用货币进行可靠计量。

（2）资产的分类。任何企业要进行正常的经营活动，都必须拥有一定数量和结构的资产。为了正确反映企业的财务状况，通常将企业的全部资产按其流动性划分为流动资产与非流动资产两大类。流动资产是指那些可以合理地预期将在一年内转换为现金或被销售、耗用的资产，主要包括货币资金、应收票据、应收账款和存货等。除流动资产以外的所有其他资产统称为非流动资产，包括债权投资、其他债权投资、长期股权投资、固定资产、无形资产等。

（3）资产的计价。企业财务会计要正确反映企业各项资产的增减变动及其结存情况，就要求对企业在一定时期内增加与减少的资产，以及期末结存的资产进行正确计价。因此，会计上对企业资产的计价包括以下三个方面的内容：

1）资产增加时，确定按何种金额入账，即要确定资产的入账金额。

2）资产减少时，确定按何种金额从账面上减记资产。

3）会计期末编制财务会计报告时，确定结存资产的金额，即确定在资产负债表上按何种金额列示各项资产。

2. 负债

负债是企业权益的重要组成部分。要全面反映企业的财务状况，就必须在正确核算企业资产的同时重视企业负债的核算。

（1）负债的特点。负债是企业过去的交易或事项形成的、预期会导致经济利益流出企业的现时义务。基于负债的这一定义，需要强调负债的以下几个基本特征：

1）负债是现时存在的、由过去的经济业务所产生的经济责任。未来经济业务可能产生的经济负担不是会计上的负债。

2）负债是能够用货币确切计量或合理估计的经济责任。负债通常有一个可确定的到期偿付金额，或者虽无确切金额，但有一个合理的估计数。反之，若金额无法确定或估计，就不是会计上的负债。

3）负债有明确的受款人和偿付日期，或者受款人和偿付日期可以合理地估计确定。反之，如果无法确定或合理估计受款人和偿付日期，就不是会计上的负债。

（2）负债的分类。负债按其偿还期长短可分为流动负债与非流动负债。流动负债是指偿还期在一年或长于一年的一个营业周期以内的债务，主要包括短期借款、应付票据、应付账款、应付职工薪酬、应交税费、其他应付款等。非流动负债则是指偿还期在一年或长于一年的一个营业周期以上的债务，主要包括长期借款、应付债券和长期应付款等。

（3）负债的计价。为了正确反映企业的财务状况，必须采用适当的方法对负债进行计价。漏记或多记负债项目，或者负债的计价不正确，都会歪曲企业的财务状况。

上述负债的第二个特点虽然强调负债必须有一个确切的或可以合理估计的到期偿付金额，但并没有明确指出负债的计价方法或原则，也就是负债的增加与减少应按何种金额在账面上进行反映，在会计期末编制的资产负债表上又应以何种金额列示负债项目。从实际操作来看，负债的计价至少有两种可供选择的标准：①未来应予偿付的金额（到期值）；②未来偿付金额的贴现价值（现值）。从理论上说，所有负债的计价都应采用第二种标准。然而，在会计实务中，根据重要性原则，对负债的计价往往根据不同的情况采用不同的标准。由于流动负债的偿还期限较短，现值与到期值（未来偿付金额）非常接近，因此在会计实务中，流动负债通常按它们的到期值进行计价。

3. 所有者权益

所有者权益是指企业资产扣除负债后由所有者享有的剩余权益。公司的所有者权益又称为股东权益。所有者权益的来源包括所有者投入的资本、直接计入所有者权益的利得和损失、留存收益等。直接计入所有者权益的利得和损失，是指不应计入当期损益、会导致所有者权益发生增减变动的、与所有者投入资本或者向所有者分配利润无关的利得或损失。利得是由企业非日常活动所形成的、会导致所有者权益增加的、与所有者投入资本无关的经济利益的流入。损失是由企业非日常活动所形成的、会导致所有者权益减少的、与向所有者分配利润无关的经济利益的流出。我国现行《企业会计准则——基本准则》规定，所有者权益主要包括以下六个部分：①实收资本或股本；②其他权益工具；③资本公积，包括资本溢价（或股本溢价）和其他资本公积；④其他综合收益；⑤盈余公积，指按国家规定从税后利润中提取的盈余公积金；⑥未分配利润。盈余公积与未分配利润可以合称为留存收益。这六个部分应在资产负债表中分项列示。概括而言，所有者权益包括本钱（资本）和利钱（盈余）两大部分，会计上应将两者严格区分，并要提供投资者是谁，投入资本多少等信息，以明确产权关系。

4. 收入

企业以获取利润为其主要目的。利润常常用作评价企业经营业绩的指标，它还是计算投资报酬率等许多其他指标的基础。企业要获取利润，就必须取得收入。

（1）收入的定义与范围。我国《企业会计准则——基本准则》定义的收入是指企业在日常活动中形成的、会导致所有者权益增加的、与所有者投入资本无关的经济利益的总流入。其核心内容是营业收入。营业收入是指企业由于销售商品、提供劳务及让渡资产使用权等日常活动所形成的经济利益的总流入。它有各种各样的名称，如销售收入、服务费收入、使用费收入和租金收入等。

（2）收入的确认。收入确认的一般标准：经济利益很可能流入从而导致资产的增加或负债的减少，并且经济利益的流入额能够可靠地用货币加以计量。这就意味着，在确认收入的同时，要确认资产的增加或负债的减少。例如，企业销售商品，确认销售收入增加，同时要确认库存现金、银行存款或应收账款等资产项目的增加；如果现在销售的商品已经预收货款，则在确认销售收入增加的同时，还要确认预收款项这项负债的减少。

5. 费用

（1）费用的定义与范围。我国《企业会计准则——基本准则》定义的费用是指企业在日常活动中发生的、会导致所有者权益减少的、与向所有者分配利润无关的经济利益的总流出。它主要包括营业成本、税金及附加、销售费用、管理费用、研发费用、财务费用等。

（2）费用的确认。费用只有在经济利益很可能流出从而导致企业资产减少或负债增加，且经济利益的流出额能够可靠地用货印加以计量时才能予以确认。这就意味着，在确认费用的同时，要确认资产的减少或负债的增加（如计提固定资产折旧或预提产品保修费用）。

6. 利润

利润是企业在一定会计期间的经营成果。企业以获取利润为基本目的，但对利润有着不同的认识。从理论上说，利润可以定义为企业经营活动所引起的净资产（所有者权益）的增加。所以，严格来说，要正确计算企业经营所获得的利润，需要等到企业停止经营时，清算其全部资产与负债，确定企业从开业到停业的全部经营期间内，由于经营活动所增加的净资产数额。然而，这种方法并不适用。由于企业的存续期间难以预计，无论是从企业内部管理，还是从企业外部的需求来看，都不能等到企业停业时才计算盈亏。总之，在企业持续经营的前提下，要适当划分会计期间，按期确定盈亏。基于上述原因，会计上将利润定义为广义收入与广义费用之间的差额。由于这一定义是以已经完成的取得收入和发生费用的经济业务为基础的，因而比较实用，便于实际操作，能够提供定期报告所需要的详细数据，能够说明利润形成的原因，其计量的结果也比较客观。如前所述，在日常会计核算中，要随时收集每一项经济业务的详细数据，按照资产、负债和所有者权益的变化来记录每一项经济业务的结果。如果证明某项经济业务实际已经完成，则与此项经济业务有关的资产、负债和所有者权益的变化就予以确认。由于会计上将利润定义为广义收入与广义费用之间的差额（收入小于费用，则为亏损），必须将企业在该会计期间内所获得的收入与所产生的费用加以抵消。可见，利润的确认与计量，也就是收入与费用的确认与计量。

7. 财务报表

在企业日常的会计核算中，企业所发生的各项经济业务都已按照一定的会计程序，在有关的账簿中进行全面、连续、分类、汇总的记录和计算。但是，这些日常核算资料数量太多，而且比较分散，不能集中、概括地反映企业的财务状况与经营成果。企业的投资者、债权人和财政、税务等部门，以及其他与企业有利害关系的单位和个人，不能直接使用这些分散的记录来分析评价企业的财务状况和经营成果，据以作出正确的决策。为此，就有必要定期地将日常会计核算资料加以分类调整、汇总，按照一定的形式编制财务报表，总括、综合地反映企业的经济活动过程和结果，为有关方面进行管理和决策提供所需的会计信息。

（1）财务报表的作用。具体来说，财务报表的作用主要表现在以下几个方面：

1）企业的投资者和债权人为了进行正确的投资决策和信贷决策，需要利用财务报表了解有关企业财务状况、经营成果及现金流量情况的会计信息。

2）企业管理者为了考核和分析财务成本计划或预算的完成情况，总结经济工作的成绩和存在的问题，评价经济效益，需要利用财务报表掌握本企业有关财务状况、经营成果和现金流量情况的会计信息。

3）国家有关部门为了加强宏观经济管理，需要各单位提供财务报表资料，以便通过汇总分析，了解和掌握各部门、各地区经济计划（预算）完成情况、各种财经法律制度的执行情况，并针对存在的问题，及时运用经济杠杆和其他手段，调控经济活动，优化资源配置。

（2）财务报表的构成。财务报表分为年度、半年度、季度和月度财务报表。月度、季度财务报表是指月度和季度终了提供的财务报表；半年度财务报表是指在每个会计年度的前 6 个月结束后对外提供的财务报表；年度财务报表是指年度终了对外提供的财务报表。半年度、季度和月度财务报表统称为中期财务报表。企业的财务报表至少应当包括资产负债表、利润表、现金流量表、所有者权益（股东权益）变动表和附注。

　　三、会计的分析功能

　　该部分要在前两部分学习的基础上展开，主要阐述财务会计领域的专题，是关于一些特殊的业务讲解，具体而言是关于财务报告中关于合并财务报表、商誉、其他无形资产以及衍生金融工具的处理问题。同时，外币交易及折算、合伙企业报告、重组和清算、政府会计及报告、非营利组织的会计处理，以及遗产和信托相关的内容都涵盖在专题内。该部分的内容不在此书中展开。

8.2　电力企业管理会计

8.2.1　电力企业管理会计的性质

　　管理会计可实现企业经营管理过程中的预测、决策、规划、控制、考评等职能，在提高企业经济效益等方面具有重要的现实意义。管理会计分为四大部分，第一部分为基础部分，包括管理会计概论、成本性态分析与变动成本法、盈亏平衡分析等；第二部分为预测部分，包括销售预测、成本预测、资金预测、利润预测；第三部分为决策部分，包括经营决策基础、经营决策、投资决策基础、投资决策；第四部分为控制部分，包括全面预算、标准成本系统、责任会计、战略管理会计、作业成本管理等。

　　管理会计是指以改善企业经营管理、提高经济效益为最终目的，以整个企业及其内部各责任单位现在和未来的经济活动为对象，通过对财务等信息的深加工和再利用，实现对企业生产经营过程的预测、决策、规划、控制、执行和责任绩效考评等职能的会计范畴。管理会计即为微观的企业管理会计，它既是与传统财务会计相对应的重要会计分支，又是企业现代化管理的重要组成部分。

8.2.2　电力企业管理会计的基本内容

　　管理会计是直接为企业的经营管理服务的，企业管理循环的各个步骤都要求管理会计与之相应配合。企业管理循环通常按其管理程序划分为规划与控制两大部分，与此相适应，现代管理会计的基本内容也应划分为规划会计与控制会计两大内容。这既符合企业经营管理的基本原理，也是西方会计学界对划分现代管理会计基本内容居于支配地位的看法。

　　1. 规划会计

　　规划会计也可称为规划与决策会计，是指现代管理会计系统中，为管理者预测经济前景、参与管理决策和规划企业未来服务的子系统。具体包括如下内容：

　　（1）经营预测。经营预测是指在具有准确的财务会计资料和统计调查等业务资料的前提下，运用科学的方法，根据企业生产经营发展的历史和现状，对未来生产经营发展过程所作的科学判断或预见。其具体内容一般包括销售预测、成本预测、资金预测和利润预测等。

　　（2）经营决策。经营决策是指决策结果只会影响或决定企业 1 年内或超过 1 年的一个营业周期内的生产经营活动，侧重于从资金、成本、利润等方面如何合理配置企业现有资源和充分利用经营环境，以获取尽可能大的经济效益而实施的决策。其具体内容一般包括生产决策、定价决策和存货决策等。

　　（3）投资决策。一般是指需要投入大量资金，在较长时期（多为 1 年以上）内对企业持续发挥作用和影响的决策。通常投资决策也称为资本支出决策。其具体内容一般包括固定资产投资决策和有价证券投资决策等。

（4）全面预算。全面预算是指在经营预测与决策的基础上，按照规划目标和内容对企业未来时期的销售、生产、收入、成本、现金流量、财务状况和经营成果等以计划的形式具体、系统地予以反映的数量说明，是企业未来的全部经营计划。其具体内容一般包括业务预算、财务预算和专门决策预算等。

2. 控制会计

控制会计也可称为控制与业绩评价会计，是指现代管理会计系统中，为管理者考评绩效、分析过去、控制现在、把握未来服务的子系统。具体包括如下内容：

（1）标准成本控制。标准成本控制是围绕标准成本的相关指标构建的，将成本的前馈控制、反馈控制和核算功能有机结合所形成的成本控制系统。它具有事前规划成本、事中控制成本、事后计算与分析成本的功能。其内容一般包括标准成本制定、成本差异计算与分析、成本差异处理等。

（2）责任会计。责任会计是适应现代企业分权管理的需要，以行为科学为理论基础，通过在企业内部建立若干责任中心，将会计信息与经济责任、会计控制与业绩考评紧密结合，对各责任中心分工负责的经济业务活动进行规划、控制、考核与业绩评价的一种控制系统。其内容一般包括设立责任中心、编制责任预算、建立信息系统、考评实际业绩等。

现代管理会计的规划会计与控制会计两大内容，并非是各自孤立的，而是紧密联系、不可分割的。除此之外，现代管理会计中还有成本性态分析、变动成本法、盈亏平衡分析等重要内容，它们是规划会计与控制会计的基础与先导，其基本理论与方法渗透在现代企业管理的各个领域，贯穿在经营预测、经营决策、经营规划与经营控制的全过程。

8.3 电力企业财务会计与管理会计的联系与区别

自20世纪50年代开始，现代会计科学就形成了现代管理会计与现代财务会计两大分支。它们之间既有区别，又有联系，且二者相互配合、相互补充，共同构成了现代会计系统。

管理会计与财务会计尽管同属现代会计科学的范畴，但二者毕竟是两种不同的会计方法体系，相互之间的诸多区别是显而易见的。通过对二者的比较分析，有助于我们深刻理解现代管理会计的显著特征。

8.3.1 电力企业财务会计与管理会计的区别

1. 工作的侧重点不同

财务会计的侧重点在于根据日常的业务记录，登记账簿，定期编制有关的财务报表，向企业外界具有经济利害关系的团体、个人报告企业的财务状况与经营成果，其具体目标主要为外部提供财务报告信息。

管理会计侧重点在于针对企业经营管理遇到的特定问题进行分析研究，以便向企业内部各级管理人员提供预测决策和控制考核所需要的信息资料，其具体目标主要为企业内部管理服务。

2. 作用时效不同

财务会计的作用时效主要在于反映过去，无论从强调客观性原则，还是坚持历史成本原则，都可以证明其反映的只能是过去实际已经发生的经济业务。因此，财务会计实质上属于"报账型会计"。

管理会计的作用时效不仅限于分析过去，而且还在于利用财务会计的资料进行预测和规划未来，同时控制现在，从而横跨过去、现在、未来三个时态。管理会计面向未来的作用时效摆在第一位，而分析过去是为了控制现在和更好地指导未来。因此，管理会计实质上属于"经营型会计"。

3. 遵循的原则、标准不同

财务会计工作必须严格遵守《企业会计准则》和行业统一会计制度，以保证所提供的财务信息报表在时间上的一致性和空间上的可比性。

管理会计不受《企业会计准则》和行业统一会计制度的完全限制和严格约束，在工作中可灵活应用现代管理理论作为指导。

4. 信息的特征、载体不同

财务会计能定期地向与企业有利害关系的集团或个人提供较为全面的、系统的、连续的和综合的财务信息。财务会计的信息载体是有统一格式的凭证系统、账簿系统和报表系统，统一规定财务报告的种类。

管理会计所提供的信息往往是为满足内部管理的特定要求而有选择的、部分的和不定期的管理信息。管理会计的信息载体大多为没有统一格式的各种内部报告，而且对报告的种类也没有统一规定。

5. 方法体系不同

财务会计的方法比较稳定，按照特定的会计准则和制度核算经济事项，数字运算相对简单。

管理会计可选择灵活多样的方法对不同的问题进行分析处理，即使对相同的问题也可根据需要和可能而采用不同的方法进行处理，在信息过程中大量运用现代数学方法。

6. 工作程序不同

财务会计必须执行固定的会计循环程序。无论从制作凭证到登记账簿，直至编报财务报告，都必须按规定的程序处理，不得随意变更其工作内容或颠倒工作顺序。同类企业的财务会计工作程序往往是大同小异的。

管理会计工作的程序性较差，没有固定的工作程序可以遵循，有较大的回旋余地，企业可根据自己实际情况设计管理会计工作的流程。这样会导致不同企业间管理会计工作的较大差异。

7. 观念和取向不同

财务会计将其着重点放在如何真实、准确地反映企业生产经营过程中人、财、物要素在供、产、销各个阶段上的分布及使用、消耗情况上，十分重视定期报告企业的财务状况和经营成果的质量。

而现代的管理会计不仅着重实施管理行为的粗放型结果，而且更为关注管理的过程，即事前、事中、事后控制，目的是总结过去、控制现在、规划未来。

8. 对会计人员素质的要求不同

鉴于管理会计的方法灵活多样，又没有固定的工作程序可以遵循，其体系缺乏统一性和规范性，所以在很大程度上管理会计的水平取决于会计人员素质的高低。同时，由于管理会计工作需要考虑的因素比较多，涉及的内容也比较复杂，因此要求从事这项工作的人员必须具备较宽的知识面和果断的应变能力，具有较强的分析问题、解决问题的能力。

8.3.2　电力企业管理会计与财务会计的联系

虽然管理会计与财务会计同时独立为现代会计的两大分支，但二者相互渗透、相互配合、相互补充，具有千丝万缕的联系。

1. 资料应用的互补性和通用性

管理会计与财务会计在资料应用方面具有很强的互补性和通用性。就互补性而言，管理会计往往直接利用财务会计提供的财务信息进行必要的加工、调整、改制或延伸以后，用之于企业生产经营活动的预测、决策、规划、控制、考评，并编制成各种管理会计报表；反过来，财务会计根据需要也将管理会计的标准成本、现金流量等信息直接用之于日常的核算与监督，以借助管理会计的信息进一步发挥其固有作用。就通用性而言，管理会计与财务会计可能会使用相同的原始资料，如销货发票记录的商品销售业务，财务会计主要作为存货计价之用，而管理会计则一般作为商品获利能力的计算基础之用。

2. 会计系统的有机整体性

管理会计与财务会计源于同一母体，二者相互依存、相互制约，共同构成了现代会计的有机整体：从逻辑关系上考察，只有管理会计从传统会计中分离出来，形成和发展以后，才有管理会计与财务会计两大子系统，而在管理会计产生之前，则无从谈财务会计，甚至连这个概念都没有；从结构关系上考察，两者都是现代会计的有机组成部分，缺一不可，密不可分；从实践应用上考察，二者的信息资料的互补性与通用性，必然导致管理会计的工作内容及信息质量在某种程度上受到财务会计工作质量的制约，而财务会计的信息交换处理能力与兼容能力的提高不可避免地要受到管理会计的深刻影响；从工作环境方面考察，二者同处于现代经济条件下的现代企业的内外环境，都要服从市场经济的基本规律；从工作对象上考察，在总体上二者的工作对象基本相同，都是企业生产经营过程的价值运动，只是二者的分工不同，导致在时间和空间上的侧重点不同。

总之，管理会计与财务会计是现代会计密不可分的两个子系统，只有二者的有机结合，才能充分发挥现代会计的应有作用。

第 9 章

电力工程造价与电力项目的经济分析

在电力工程建设中，全面加强造价管理工作有助于提高电力工程整体效益，实现多方共赢。强化电力工程造价管控工作，一方面能够提升单位市场竞争力，获取更充足的利润空间；另一方面可让电力工程建设更加合理，提高资源利用率。在市场经济体制下，招投标机制让各个企业竞争更加公平和透明，电力单位在招标中可综合考虑承包商的情况。在价格战愈加激烈的今天，承包商为了提高中标率纷纷压价，很多承包商因定价不合理造成项目亏损严重。而对于建设方来说，根据工程立项预估造价并编写标书确定了电力工程规模，需保证预估造价的科学性。总体来看，人们对当前工程造价管理的观念比较淡薄，缺乏工程造价管理意识，不能动态掌握整个施工造价管理的过程，有些审计部门在工程造价管理方面打乱了企业正常的管理工作秩序，"以审代结"这种情况在企业内部十分普遍，阻碍了企业的发展。

工程造价是指一项工程的建设成本，也就是在项目建设后实际发生综合成本。从业务角度看，工程造价是指整个工程的建设成本，也就是为工程建设所需支付的费用，如施工费、材料费、设备费、建设利息、税务等。工程造价就是工程投资费用，非生产性建设项目的工程总造价就是建设项目固定资产投资的总和。而生产性建设项目的总造价是固定资产投资和铺底流动资金投资的总和。从投资者或业主的角度来定义，建设工程造价是指有计划地建设某项工程，预期开支或实际开支的全部固定资产投资和流动资产投资的费用，即有计划地进行某建设工程项目的固定资产再生产建设，形成相应的固定资产、无形资产和铺底流动资金的一次性投资费的总和。

工程造价的第二种含义是从承包商、供应商、设计市场供给主体来定义，建设工程造价是指工程价格，即为建设某项工程，预计或实际在土地市场、设备市场、技术劳务市场、承包市场等交易活动中所形成的工程承包合同价，是以市场经济为前提的，是以工程、设备、技术等特定商品形式作为交易对象的，通过招投标或其他交易方式，在各方进行反复测算的基础上，最终由市场形成的价格。工程造价的第二种含义通常把工程造价认定为工程承发包价格。它是在建筑市场通过招标，由需求主体投资者和供给主体建筑商共同认可的价格。建筑安装工程造价在项目固定资产投资中占有的份额是工程造价中最活跃的部分，也是建筑市场交易的主要对象之一。土地使用权拍卖或设计招标等所形成的承包合同价，也属于第二种含义的工程造价的范围。工程造价和项目决策有直接关联，无论是投资方还是施工方，都要根据工程造价标准做好资金储备、投资考量。在项目工程建设完毕后，还要根据造价预估标准对工程成本进行评估，分析是否达到了造价管控要求。

区别工程造价的两种含义的理论意义在于：为投资者和以承包商为代表的供应商在工程建设领域的市场行为提供理论依据。当政府提出降低工程造价是站在投资者的角度充当着市场需求主体的角色；当承包商提出要提高工程造价，提高利润率，并获得更多的实际利润时，他是要实现一个市场供给主体的管理目标，这是市场运行机制的必然。区别两种含义的现实意义在于，为实现不同的管理目标，不断充实工程造价的管理内容，完善管理方法，更好地为实现各自的目标服务，这有利于推动工程建设的顺利进行。工程造价两种含义的内涵见表 9-1。

表 9-1　　　　　　　　　　　工程造价两种含义的内涵

内涵	含义一	含义二
观察角度	投资者	承包商、供应商
简单理解	"购买"项目需要付出的价格	出售商品和劳务的价格的总和
管理性质	投资管理范畴	价格管理范畴
管理目标	追求决策准确性	追求高额利润

9.1　电力工程造价管控的主要内容

工程造价管控水平的高低决定着建设项目的投资效益，造价管控的目标一是优化配置资源、合理使用投资，形成满意的投入产出关系；二是实际造价不超出概算。为实现管理目标，在管理过程中要逐步建立与国家管理接轨且符合中国国情的工程造价管理体系。具体来说要遵循商品经济价值规律，健全价格调控机制，培育和规范建筑市场中劳动力、技术、信息等市场要素，企业依据政府和社会咨询机构提供的市场价格信息和造价指数自主报价，建立以市场形成为主的价格机制。

9.1.1　我国工程造价管理的现状

目前，国内各界普遍采用的工程造价管理模式是静态管理和动态管理相结合的模式，即指由各地区主管部门统一采用单价法编制工程预算定额，实行价格管理（指导价）与分阶段调整市场动态价格（指定价）相结合的措施，定期或不定期公布指导性系数，再由各地区的工程造价机构据此编制、审查、确定工程造价。

电力工程造价管控以控制工程成本为主要目标，从工程立项到竣工都要严格控制，实现电力工程造价全过程管控。整体来说，电力工程造价管控主要包括立项、设计、招投标、施工、竣工五个方面。

（1）立项阶段。根据业主要求、现场勘察报告等编制投资评估报告，客观考察市场各项因素，包括电力设备、施工材料、行业政策等，确保立项与预算符合电力工程实际情况。

（2）设计阶段。工程设计决定了工程整体情况，也是造价管控的重要一环。常规的设计造价管控可分为标准设计和限额设计。新时期背景下限额设计已逐渐成为主流，要求在电力工程每个阶段中都提出相对应的造价额度。在设计阶段，电力工程造价管理着眼于整体，对工程过程进行详细、合理的策划，以指导后续的施工工作。工程设计主要包括 3 个阶段，分别是初步设计、技术设计及施工图纸设计，其不仅与施工工艺相关，还与施工技术具有直接联系，对整体的工程造价管理具有十分重大的现实意义。在开展设计工作时，施工单位应按照招标要求选择相关单位，例如，可以通过互联网发布相关信息，征求设计方案，然后选择兼顾经济性和适用性的设计方案；在选择施工材料的过程中，还要及时优化设计方案，提高项目施工的整体效率。

（3）招投标阶段。电力工程建设单位必须确保标书设计的合理性，数据精准、内容齐全，有完善的技术交底，避免存在工程量疏漏情况。承包商也根据招标文件具体内容，根据自身实力作出报价，避免出现无限压价的情况。在电力工程项目招投标阶段做好电力工程技术经济分析工作，不仅可以全面、系统地了解电力工程的实际情况，还可以结合投标方的技术特点制订科学、合理的招标方案。在这个过程中，投标方可以根据招标方案提出有针对性的投标策略，招标方可以根据投标文件信息判断投标企业的综合实力，再与选定的中标企业开展合作，不但节省时间，还能提高工作效率。

（4）施工阶段。施工阶段主要是根据设计限额控制每个施工环节的发生成本，造价管控人员要到施工现场进行控制，严控限额外的开销。同时造价管控人员还要全面收集施工造价资料信息与造价预算信息对比，超出预算部分要追溯原因，灵活做好造价方案调整工作。另外，影响项目成本准确性的因素较多，例如，相关政策的变更、材料价格的浮动，以及施工周期的延长。在这个过程中，施工单位进行造价管理时应采用分级管控的方法，从而确保项目建设过程中造价的可控性。在进行造价管理的过程中，企业应严格按照相关规定，将责任落实到人，及时复查建筑工程中出现的材料损耗问题，将材料成本控制在可控范围内。面对材料变更时，应及时与材料供应商进行沟通，确保变更的可行性，严格控制材料质量，防止以次充好现象的发生。

（5）竣工阶段。竣工阶段主要是对电力工程实际造价进行审核、评估，特别是对于存在工程变更的情况，必须要确保工程变更资料齐全，对更改前后材料对比分析，保证变更内容符合工程造价发生实际情况。在工程竣工结算阶段，施工单位应不断加大审核力度，保证现场情况与签证内容相符合。同时，还应要求相关工作人员配合审核，将签证内容作为审核工作的标准。为防止预算与实际支出不符，施工单位应严格按照项目合同中的结算方式进行审计，严格控制预算外费用；在进行结算时，还要结合具体的工程情况审核项目单价，发现漏单情况时，做好与现场的对比工作，及时解决出现的问题。

9.1.2　工程造价管理存在的问题

电力工程造价问题与设计部门、施工部门等各部门存在着联系，会影响到电力工程造价，同时工程造价与各单位的利益也存在着直接联系，因此应严格控制造价。在实际建设过程中，由于没有权威部门对工程造价进行管理，因此工程造价会出现不利的情况。在电力工程审批工作中存在部分问题，部分单位实现效益通常会降低投资，从而降低工程造价的管理率。就电力工程造价管理控制人员的素质水平而言，造价人员素质水平存在的差异，专业知识掌握不牢，无法掌握经济和法律等方面的知识等使得电力工程造价管理不达标。同时随着社会的不断发展，电力工程造价人员综合水平也应当不断提升，人员的综合能力提升意识淡薄也会影响造价。电力工程中的造价人员综合素质不达标，由于电力工程和其他建筑工程存在差异，其中的造价人员不仅需要有着超高的素质水平，同时应该掌握更多的知识，但我国电力工程的造价人员综合素质存在着差异，纵然造价人员掌握了更多的理论知识，但他们缺少实践能力，致使在执行工作中有明显的偏差，无法合理控制造价。

在工程项目招标过程中也存在问题，由于招标是项目工程建设的主要内容，其顺利实施不但可以确保公开竞争，还能够促进市场合理进行，但在我国招标与投标过程中，因为企业与企业存在着关联，致使招标与投标工作趋向表面化，从而影响竞标工作的公平性。

1. 电力工程成本管理工作很难展开

对于电力工程项目而言，施工前后会涉及多个合作单位，从工程设计材料选择、施工单位到最终的工作交接，需要多个不同单位的相互配合，在一定程度上增加了项目成本。许多电力单位通常直接将项目交付给中介机构，使中介机构拥有了项目的选择权和管理权，导致电力企业很难开展电力工程工作，在成本管理方面面临巨大的挑战。

2. 缺乏相关推进机构

对于电力工程造价控制工作而言，必须由具备专业知识的造价工作人员实施预估与管理，通过这种方式，确保工作的精准性与合理性，然而，在开展具体工作的过程中，不管是承包商还是建设方都缺乏完善的工作体系，施工前后通常缺乏一些主体参与，最终导致工程造价审计工作困难重重。

3. 工作人员素质水平低

电力工程项目具有一定的综合性和系统性，包含许多行业的理论和技术，因此，在工程造价管理中，对造价管理人员的综合素质提出了很高的要求，要求其既应拥有专业的理论体系，又要严格遵守自己的道德底线。纵观当前现状，我国工程造价管理行业的管理者综合素质普遍较低，只是循规蹈矩地完成造价管理工作，甚至一些造价管理人员在预算时为了争取自己的利益，会违背公司规定，这样容易导致工程项目资金流失，影响工程进度和质量。

4. 工程管理观念滞后

总体来看，人们对当前工程造价管理的观念比较淡薄，缺乏工程造价管理意识，不能动态掌握整个施工造价管理的过程，有些审计部门在工程造价管理方面打乱了企业正常的管理工作秩序，"以审代结"这种情况在企业内部十分普遍，阻碍了企业的发展。

9.1.3 工程造价管理体制的深化改革

随着我国市场经济体制的逐步确立，工程造价管理模式发生了一系列改革。这种改革主要体现在以下几方面。

（1）重视和加强项目决策阶段的投资估算工作，努力提高政府投资或国有投资的大中型或重点建设项目的可行性研究报告中投资估算的准确度，切实发挥其控制建设项目总造价的作用。

（2）进一步明确概预算工作的重要作用。概预算不仅要计算工程造价，更要能动地影响设计、优化设计，从而发挥控制工程造价、促进建设资金合理使用的作用。工程设计人员要进行多方案的技术经济比较，通过优化设计来保证设计的技术经济合理性。

（3）推行工程量清单计价模式，以适应我国建筑市场发展的要求和国际市场竞争的需要，逐步与国际惯例接轨。

（4）引入竞争机制，通过招标方式择优选定工程承包公司和设备材料供应单位，以促使这些单位改善经营管理，提高应变能力和竞争能力，降低工程造价。

（5）提出用"动态"方法研究和管理工程造价。研究如何体现项目投资额的时间价值，要求各地区、各部门工程造价管理机构定期公布各种设备、材料、工资、机械台班的价格指数，以及各类工程造价指数，尽快建立地区、部门乃至全国的工程造价管理信息系统。

（6）提出对工程造价的估算、概算、预算、承包合同价、结算价、竣工决算实行"一体化"管理，并研究如何建立一体化管理制度，改变过去分段管理的状况。

（7）进一步完善和加强对造价工程师执业资格制度的管理，扶持与引导工程造价咨询机构的发展。

9.1.4 电力工程造价管理的措施

为实现对电网工程造价的灵活控制，最大限度控制概算与结算间的投资差异，促进工程项目建设资金利用效率，以及固定资产周转率的合理提升，应当在造价管理与控制的过程中着重关注如下几方面的内容。

（1）合理确定概算方案设备材料价格。在电网工程项目可行性研究报告及初步设计环节中提升控制力度，围绕各年度设备材料中标信息价格展开统计分析，以设备材料中标价为依据,合理确定设备材料参考价格,将概算在电力工程项目设计中的重要作用充分发挥出来,避免在大概预算编制环节中出现因仅关注单项费用所致的整体费用结余问题,为后续造价控制管理奠定良好的基础。

(2)严格控制其他费用。电力工程项目建设前期工作费用中遵循合同价格详细列计已发生费用,并参考同类工程项目费用。需要特别注意的一点是,针对前期能明确预料不发生的项目,不得对费用进行增列或高估冒算处理。针对电力工程项目建设期间占总投资估算比例较大的费用,如建设场地征用费、清理费等,建设单位必须做好前期调研工作,并面向初步设计阶段评审专家提供支持性文件,以最大限度地提升预测信息的精确性,实现对投资结余率的严格控制。

(3)落实标准化建设。应重视推广应用基础项目建设"三通一标"(通用设计、通用设备、通用造价、标准工艺),确保工程量深度合理性,并与通用造价标准进行系统比对,使工程造价更为规范与合理,严格把控项目建设前期投资的有效性,降低后续各环节结余,同样可借助此方式实现对投资结余率的有效控制。

(4)建立健全管理体制。一套健全的管理体制能为电网工程造价控制管理提供重要的保障。为顺利开展造价管理工作,必须形成一套约束性法律法规。目前,许多电网工程项目在建设期间频频出现偷工减料的行为,导致后期投入使用的工程设备及线路质量不符合规定,电网设备频频发生故障,且造价编制中时常出现数据错漏的问题。上述问题的产生与管理体制不健全存在非常密切的关联性。因此,在构建一套健全管理体制的基础之上,应配套监管部门进行适时性监察,以确保电网工程能严格依据预算造价开展,同时加大对违规、违法行为的惩处力度,确保工程造价作用得到最大限度的发挥。

(5)提高专业人员的综合素质。工程造价控制的主体是电力工程造价的控制人员,造价控制人员的素质水平会直接影响工程造价控制效率。联系以上电力工程造价管理和存在的问题进行分析,可知当前电力工程造价控制人员综合素质水平低,这对于电力工程造价控制工作会产生影响,甚至会出现资产流失的情况,因此应提升造价控制人员的综合水平。首先,应定期培训在职造价控制人员,保证在岗造价控制人员专业素养能够达到岗位要求,并且将电力工程造价管理和注意事项传递给员工,防止出现造价控制工作差错。其次,应对此电力工程造价控制人员的敬业精神和协作能力等各方面进行培训,从而有效提高电力工程造价工作人员的综合素养。

(6)明确相关单位责任。电网工程项目建设期间,工程造价集中体现了相关工作所发生的费用明细,为提升投资控制力度与有效性,必须密切各参与单位的协作配合关系,基于一致目标,加强沟通与交流。因此,自电网工程项目可行性研究阶段开始,就应当制订相应的职责划分依据,对各参与单位的责任进行明确,并密切考核以促进投资精准度的提升,实现对费用结余的严格控制。如设计单位应当重点面向工程量计算准确性、计价合理性及投资对比;建设单位应当全面负责电网工程项目建设前期工作费用、补偿费用、验收费用、场地征用费用等内容;评审单位则需要从整体角度把控设备材料价格执行情况及概算造价水平,为后续各阶段的造价管控提供重要的依据。

9.2 影响电力工程造价的主要因素

影响电力工程造价的主要因素如下。
(1)建设规模。随着电力事业不断发展,电力工程造价上涨速度较快,主要是因为电力

111

工程规模不断扩大，如电源项目中采用高参数、大容量、超临界发电机组，从而更好地满足地区经济发展需求。虽然大容量机组建设成本很高，但具有运行效率高、发电能耗低、经济效益好等优势。小容量机组更多是应用在热电联产、能源综合利用、燃油调峰项目等领域，一次性投资较低，可满足电网调峰需求。因此在确定电力工程项目规格时，除要重点考量工程建设成本、运行成本，还要考虑社会效益、长期发展效益。

（2）建设水平与技术。电力工程建设水平主要包括建设规模、建设标准、施工技术、配套工程等各个方面。建设标准作为项目评估、编制标准、投资估算的重要依据，建设是否标准会直接影响电力工程整体造价。建设标准主要依托于技术进步、投资者实际情况，如果标准定得过高，只会增加造价，浪费资源；而标准如果制定过低，则无法达到先进适用、安全可靠、高效运行的要求，不利于推动技术进步。如今大部分电力工程都是以中等适用、适当超前、安全可靠、运行经济为主，除了要考虑短期效益，同时也要考虑长久效益。在技术装备选择、工艺设计方面，要结合工程价值理论、技术经济原理对投入产出信息进行分析，从中获取最大的经济效益。

（3）项目建设地。电力工程与普通建筑工程不同，建筑工程会对周围地区造成影响，因此要科学选择建设地点，延长电力工程的使用寿命。项目建设地会直接影响电力工程造价、经营情况，要结合城市经济发展规划、经济发展现状、电力项目特性，以及水文、地质、气象等自然条件，综合考量才能够提高电力工程的整体效益。

（4）可行性研究与投资估算。可行性研究作为项目决策的重中之重，其中投资限额应当依据投资估算。可行性研究除了要分析项目投资的可行性外，更重要的一点就是对各项方案展开优化论证，保证可行性研究的细度、深度。对于投资估算来说，要同时满足精度要求、限额设计要求。项目投资最高限额为初步设计概算，要在可行性研究中投资估算范围内确定概算数额，如项目收支超出了可行性估算范围则要重新对可行性研究进行重新修改。所以必须要保证投资估算的精准性，且在规定范围内。

9.3 常用的经济分析方法

常用的经济分析方法如下。

1. 盈亏平衡分析法

盈亏平衡分析又称保本点分析或本量利分析法，是根据产品的业务量（产量或销量）、成本、利润之间的相互制约关系做出的综合分析，用来预测利润，控制成本，判断经营状况的一种数学分析方法。一般说来，企业收入＝成本＋利润，如果利润为零，所有收入＝成本＝固定成本＋变动成本，而收入＝销售量×价格，变动成本＝单位变动成本×销售量，这样由销售量×价格＝固定成本＋单位变动成本×销售量，可以推导出盈亏平衡点的计算公式为

盈亏平衡点(销售量)＝固定成本÷每计量单位的贡献差数

企业利润是销售收入扣除成本后的余额；销售收入是产品销售量与销售单价的乘积；产品成本包括工厂成本和销售费用在内的总成本，分为固定成本和变动成本。

在进行电力工程项目时，从盈亏的角度，对整个工程的投资方案进行分析。利用项目执行之后，整体的盈利平衡点和保本点的预测分析，从而推算出该项目可能出现的风险情况，为项目的造价控制提供理论依据。

2. 成本效益比法

成本效益比法通过评价对象功能分析项目或技术方案，然后开展方案评分，其中，成本比例为衡量方案质量的关键指标。首先根据电力工程项目的功能，对项目的相关技术方案进

行分析，然后对各种技术方案进行评比，在评比过程中，关键性的指标为成本效益比例。在采用此方法过程中，对于成本的构成还需要对其进行敏感度分析，以更好地评价电力工程项目预测方案的适用性。此方法在电力工程项目的造价控制中应用较为广泛。

3. 价值工程法

价值工程法又称为价值分析，是一门新兴的管理技术，是降低成本提高经济效益的有效方法。价值工程是一种用最低的总成本可靠地实现产品或劳务的必要功能，着重于进行功能分析的、有组织的活动。价值的表达式为价值（V）＝功能（F）/成本（C）。

这里所讲的价值是指某种产品（劳务或工程）的功能与成本（或费用）的相对关系，也就是功能与成本的对比值。功能是指产品的用途和作用，即产品所担负的职能或者说是产品所具有的性能。成本是指产品周期成本，即产品从研制、生产、销售、使用过程中全部耗费的成本之和。衡量价值的大小主要看功能（F）与成本（C）的比值如何。人们一般对商品有"价廉物美"的要求，"物美"实际上就是反映商品的性能、质量水平；"价廉"就是反映商品的成本水平，顾客购买时考虑"合算不合算"就是针对商品的价值而言的。

价值工程法主要通过集体智慧和有组织的活动，结合产品或服务开展功能性分析，以最低的成本提高产品质量或服务功能。价值工程理念主要体现在，通过分析所选对象的角色和成本，可以有效提高对象的价值。

4. 概率分析法

概率分析法主要应用概率论基本理念，对其中部分不确定性和风险性因素根据电力项目经济评价隐私开展的一种电力分析方法。其实质是研究和计算各种影响因素的变化范围，以及在此范围内出现的概率和期望值。概率所引起的实际价值与估计价值或预期价值之间的差异，通常称为风险性，因此概率分析也可称为风险分析。在项目评价中所用的概率是指各种基本变量（如投资、成本、收益等）出现的频率。其分析结果的可靠性很大程度上取决于每个变量概率值判断的准确性。概率分析采用概率论进行计算，分布结果的准确性从根本上影响相关变量概率判断的准确性。一般需要按照之前事件发生概率的经验进行全面调查与分析，进而有效预测与推算需要应用的数据。

在电力工程项目建设过程中，其投资决策阶段对其整体工程造价具有决定性的影响。因此，借助于电力工程技术分析，对其投资决策阶段进行研究分析，能够有效地对其造价进行控制。电力工程技术经济分析的主要特点如下。

（1）现阶段电力工程技术经济分析还处于粗放阶段，只是对一些类似工程进行简单的比较分析，未能实现对具体工程的研究分析。

（2）电力工程项目建设过程中，对技术的要求较高。此外，电力工程施工条件十分复杂，很难对影响电力工程建设成本的因素进行有效的控制。

（3）影响电力工程造价的因素有很多，且均难以进行有效的控制。

（4）由于电力工程建设完毕，回收投资成本的周期较长，因此在进行财务评价时，需要和投资估算一起完成。

9.4　电力经济分析在工程造价中的作用

电力工程项目具有投资周期长且投资资金庞大等显著特性，使电力工程造价控制过程中的招投标、决策、设计、施工和竣工验收成为可能。通过上述五阶段的相互制约，在一定程度上提升了企业经济效益。据相关调查可知，分阶段实施电力工程造价控制工作也深受大众青睐，然而，在具体实施过程中存在很多问题，在一定程度上影响了电力工程造价工作的整体质量，而在电力工程造价控制中加强技术经济分析，能有效考虑电力工程的相关特点、成本精度要求和行业标准，使电力工程技术经济方案与具体实际相符。

1. 项目经济规模决策

电力工程建设项目的规模及其造价呈现正比关系，规模越大，造价也相对较高。但是项目的造价和项目合理的经济规模之间没有必然的联系，因此，借助电力工程技术经济分析，对电力工程的规模效益、技术要求，以及市场因素等多方面做出评估，以此来确定项目的经济规模是否合理。

2. 建设标准水平

另外一个影响电力工程造价的关键因素是建设标准水平。编写可行性研究报告和建设标准实现了对电力工程经济合理性的客观评价。因此，工程的造价在一定程度上受到建设标准的严重影响。如果设定的建设标准较高，则可能会导致资源严重浪费，经济效益和技术效益成反比结构，如设定的建设标准较低，则可能导致电力工程项目本身无法达到技术标准要求，投产运行后无法高效运行。

3. 项目建设地点的选取

项目工程造价控制在一定程度上还受到电力工程建设地点的影响，在实际工程建设过程中，应尽量选择国家指定的规范区域，借助国家或者地方性的发展政策来降低工程的整体费用支出。此外，还应借助技术手段，对当地的地质地貌及水文情况进行详细的勘察，避免不利的环境因素给工程的整体造价带来巨大的影响。

4. 生产工艺和设备的确定

在进行电力工程建设过程中，技术的合理性和经济的可行性相辅相成，两者密不可分。为了确保项目能够达到预期的效益，在电力工程的设备选择方面，应重点借助电力工程技术经济分析手段，选择适用于项目且相对经济、合理的设备。

造价控制在电力工程建设过程中发挥着十分重要的作用，可以降低建设成本，提高经济效益。在工程项目实施各环节中做好技术经济分析工作，能够科学、合理地开展投资决策、项目设计、建设施工工作。在造价控制过程中，电力企业应根据自身的业务发展方向，适当调整自身业务，有效处理各种类型的工作，进而确保工程项目获得最大的建设效益，推动建筑行业稳步、持续发展。

经济分析在工程造价控制方面的措施如下：

（1）加强对投资决策阶段的科学管理。应积极学习国内外先进的管理技术，对电力工程项目进行科学化管理，从而确保可行性分析报告的准确性。此外，对于投资的估算工作，通过经济和技术的分析，对其可行性进行论证，提升项目本身的可投资性，保障投资人的经济利益。

（2）严格执行符合电力行业自身特征的造价计价方法。现阶段，我国电力行业的造价计价方法已经初步形成了统一的标准。在进行电力工程项目建设过程中，进行技术经济分析时，应严格按照造价计价方法进行，对工程的特点、施工工艺及技术等进行分析研究，采用科学的方法对工程的整体造价进行控制。

综上所述，电力工程项目作为关系国民经济的重要项目，在整个建设过程中，离不开技术经济的分析，它是整个项目造价管理的重要管理手段。相关工作人员应当提升自身专业素质，采用科学的方法对工程的造价进行有效的控制，提升项目的经济效益，推动我国电力工程行业的可持续发展。

第 10 章

电力项目投融资

10.1 电力投融资的概念及其界定

在对电力投融资的概念有所了解之前，首先要对投融资的概念及内涵进行分析和理解。

1. 投融资的概念及其界定

投融资从概念上来讲是两个经济行为，即投资和融资的统一。其中，融资是指资金融通。从一般意义上讲，它是指资金由资金供给者向资金需求者运动的过程。融资包括资金融入和融出两个同时存在的方面，厉以宁把它界定为"资金双向互动的过程"。《新帕尔格雷夫经济学大辞典》解释"融资是指为支付超过现金的购货款而采取的货币交易手段，或为取得资产而集资所采取的货币手段。融资问题通常发生在个人或企业之间。融资分析属于微观经济性质。"

对于投资，可从不同的角度对其表述。如从投资和消费的角度来看，汉姆·列维，认为投资是指利用金融资本努力创造更多的财富，威廉·夏普等则认为是为未来收入货币而奉献当前的货币。也就是说，一个投资者舍弃目前的消费以试图获得将来更高水平的消费，所以投资也指那些用来创造更多财富的手段。而其中，一些高风险的投资手段被称为投机，为了避免严重的损失，投资者采用多元化的投资方式以及其他的投资技巧，以限制潜在的损失。从资本的形成过程来看，《简明不列颠百科全书》将投资定义为"投资是指在一定时期内期望在未来能产生收益而将收入变换为资产的过程"。

2. 电力投融资的概念及其界定

在分析了投融资的概念后，电力投融资的概念就很清晰了。电力投融资就是在电力生产活动中配置资金，电力融资人筹集资金和电力投资人获得收益的经济行为，是电力投资人和电力融资人在价值行为上的统一过程。

电力企业是电力投融资的微观主体，电力产权结构决定电力企业的治理结构，而治理结构又影响电力企业投融资模式选择和投融资绩效表现，因此，产权结构是电力投融资体制的重要组成部分。电力市场作为配置电力资源的重要手段，其对电力投融资体制的重要意义不言而喻。同样，电力行业作为基础产业具有自然垄断特征，因此从产业规制的角度分析投融资体制也具有重要意义。

除此之外，电力投融资模式是指电力投融资活动的微观制度安排，是一定条件下电力投资人和融资人进行电力投资、融资活动的范式，是电力投融资体制的组成部分。

10.2 电力投融资宏观理论

电力投融资从宏观理论和微观理论两部分展开，电力投融资宏观理论主要论述了电力投融资与金融发展、经济增长的关系，电力投融资微观理论主要阐述电力投融资微观决策的问题。古典发展经济理论揭示了基础设施投资与经济增长的关系，认为基础设施发展对经济增长具有重要作用。

1. 金融发展与经济增长理论研究

金融发展与经济增长的关系是发展经济学和金融学研究的重要领域。理论研究揭示了金融发展和金融深化对资本积累与经济增长具有重要的作用，发育良好的金融市场及畅通无阻的传导机制有利于储蓄的增加，以及储蓄向投资的有效转化，进而推动资本积累、技术进步及长期经济增长。自 1969 年雷蒙德·W·戈德史密斯和 1973 年罗纳德·麦金农和爱德华·肖开辟了这一领域的研究以来，引起了众多经济学家的兴趣，在其后的 20 多年中，这一理论不断得到补充、修正和发展。纵观金融发展与经济增长理论的研究，大致可以分为两大派别，即金融结构论与金融抑制论。金融结构论认为金融变量的数量及结构影响经济增长，这样金融发展的有关指标［如总金融资产国内生产总值（Gross Domestic Product，GDP）之间的比例］及总金融资产的结构就构成了经济增长的重要影响因素。金融抑制是影响经济增长的重要因素，金融抑制论认为实际利率与实际汇率的金融自由化是推动经济增长的重要途径，而低于均衡的实际利率与高估的国内货币等形式的金融抑制则阻碍了经济的增长。尽管金融结构论与金融抑制论研究问题的出发点有所区别，但所关注的问题的实质是相同的，即都在寻求金融发展与经济增长之间的联系。其基本思想是金融变量对经济增长产生作用的主要渠道是投资资源的有效使用及其生产效率的提高，完成的途径是通过较高水平的金融发展与金融深化。

由于不同国家有着完全不同的经济环境、经济结构和经济发展水平，在货币领域也具有截然不同的特点，因此西方货币增长理论未必完全适用。为了回答金融发展与经济增长之间的关系这一问题，一些经济学家在 20 世纪 50 年代开始就进行了研究和探索。其中，最有影响的是美国经济学家麦金农和肖及戈德史密斯等人。他们得出了许多重要的结论，为金融发展理论提供了思想渊源和分析方法。

2. 电力投资与经济增长关系理论

（1）电力产业超前发展论。电力行业是现代社会生产重要的基础产业，电力产业发展对社会生产产生重要影响，其理论研究可以分为电力产业超前发展论和电力产业滞后发展论两种观点。发展经济学家保罗·罗森斯坦·罗丹（简称罗丹）通过对电力产业及其作用和特性的分析，提出了电力产业应该优先于直接生产性投资超前发展的观点。

罗丹认为，电力等基础产业服务具有间接的生产性，其最重要的产品是在其他产业中所创造出来的投资机会。基础产业是直接生产部门赖以建立和发展的基本条件。基础产业的发展水平直接和间接地影响生产部门的成本和效益，影响其供给的数量和质量。

罗丹认为，电力产业存在供给上的"不可分性"，主要表现在：首先，电力产业存在"配置上的大规模的初始集聚性"，电力产业项目规模宏大、配套性强，必须同时建成才能发挥作用，因而一开始就需要有大量投资作为创始资本。例如，要建成一个水力发电站，不仅要整修河道、建筑水坝和水库，而且需要建设电站建筑，购买电机设备，修筑公路，安装通信设施，建造有关生活服务设施等。这样，工程一开始就需要有大规模的投资预算。其次，电力产业有"较长的酝酿期"。与直接生产部门比较，电力产业建设周期长，投资资金难以在短时期内回收。火电投资建设期一般需要 4～6 年，大型水电投资建设期一般需要 8～10 年，加上建设前期的准备工作，往往需要 15 年以上的时间。

（2）电力产业滞后发展论。发展经济学家阿尔伯特·赫希曼，在对电力等基础产业与经济增长的关系论述中提出著名的"不平衡增长理论",他认为就电力等基础产业与直接生产部门投资顺序选择而言,由于资本短缺,发展中国家应该等到直接生产部门发展到一定程度后,再通过已形成的"压力"来促进电力等基础产业的发展。他指出,在保障最少的直接生产活动所需的电力等基础产业供给的前提下,集中资本投资直接生产活动,暂时延缓对基础产业的投资,待直接生产部门发展壮大后,再利用其部分收入投资基础产业,优先发展基础产业可能会造成浪费,因为它对直接生产活动的发展只有吸引而非强迫性的作用,投资发展基础产业要实行国家干预和经济计划,并在此基础上注重市场机制的作用,以优先发展直接生产部门形成的"瓶颈"压力来刺激基础产业的发展。

为了说明这个问题,赫希曼首先从资源配置决策入手进行分析,他区分了两种形式的投资选择,即替代选择和延迟选择。替代选择是关于确定投资项目的决策,它决定哪些项目可以作为投资对象;延迟选择是关于确定一系列投资项目中哪些应当优先发展的决策,它具体决策投资项目的顺序。赫希曼主要强调延迟选择及其决策问题,并认为它是在"比较评估"的基础上决定一个项目是否应该优先投资,通过其能否带动其他产业发展的关键的核心和基础是"决策"。

从经济增长的角度看,社会间接资本和直接生产活动都是经济增长所必需的,都可以创造"引致决策",增加产出和收益。但赫希曼指出,发展中国家资源有限,不允许同时使社会间接资本和直接生产活动平衡增长,在这种情况下,就应当对两者发展的优先顺序作出选择。在投资资源有限的情况下,应当暂时延迟对电力等基础产业方面的投资,集中资本投资于直接生产部门,以尽快地获得投资效益,增加产出和收入,然后利用直接生产部门先行发展所增加的收入及其所形成的"瓶颈"压力,扩大电力等基础产业投资,从而使基础产业发展起来。

发展中国家在工业化的过程中,一般都面临资本短缺的问题,但它们又承受着国际国内加速发展的压力。由于电力产业的资本系数高,直接提供的附加值比较低,因此,若将大部分投资用于电力产业的建设,预期工业增长速度会受到影响。赫希曼的电力产业"滞后发展"论由于在一定程度上反映了发展中国家资本短缺的实际情况和加快工业发展的迫切要求,因此对发展中国家的实际经济政策产生了很大的影响。大多数发展中国家选择优先发展直接生产部门的道路。但是,赫希曼"滞后发展"论的明显缺陷是,工业化初始时期的高速增长往往会由于电力等产业供给不足和"瓶颈"状况,造成资源配置的低效率和经济波动,而电力等基础产业一旦成为发展的"瓶颈",在短期内是难以消除的。在此期间,由于已经形成直接生产部门资产存量的不完全流动性,压缩需求的结果并不能导致电力等基础产业供给的增加,因此只能使直接生产部门与滞后的基础产业在低水平上保持平衡。这样,就会导致直接生产部门生产能力的闲置并造成社会资源的浪费。

从实践上看,发展中国家和地区由于基础产业的供给不能满足直接生产活动的需求,因此电力等基础产业成为经济发展的"瓶颈"从而制约经济增长,造成资源配置低效率和经济波动。

电力产业超前发展论正确地指出了电力产业本身的特性及其对于直接生产活动的先行作用,对于电力产业缺乏的发展中国家和地区更具有理论上的指导意义。钱纳里研究表明,在人均收入140~1120美元的发展阶段,因此电力等基础产业的全要素生产率对产出增长的贡献将由16%提高到30%,这显示了基础产业在经济发展的初期和中期具有超前发展的客观必然性。英格拉姆也证实了电力等基础产业能力与经济产出是同步增长的,基础产业存量每增加1%,国内生产总值就增长1%。

10.3　电力投融资微观理论

电力投融资微观理论主要从微观角度研究电力投融资决策问题，分为电力投融资经济评价和电力投融资财务评价两部分。

1. 电力投融资经济评价

电力投融资经济评价主要从社会资源配置的角度评价电力投融资效益和效率，分析电力投融资的经济可行性。其主要目的在于评价电力项目对社会、环境，以及各个利益相关人员等产生的影响，主要解决的问题包括电力项目应由私人企业，还是由政府投资建设、电力项目所需的财政资金、电力项目对社会、环境的影响等。

电力投融资经济评价的理论基础如下。经济评价以福利经济学中的支付意愿、消费者剩余、外部性，以及市场失灵等为理论基础。福利经济学产生于20世纪50年代，是西方经济学的一个重要分支，它以社会经济福利作为研究对象。其基本前提是经济活动的目的是增加社会中的个人福利，并且每个人都能够绝对正确地判断自己的福利状况，而且通过观察每个人对不同物品或服务组合的选择来推断其福利状况。每个人的福利不仅取决于其所消费的私人物品，以及政府提供的物品和服务，而且还取决于其从资源与环境系统所得到的非市场性物品和服务的数量与质量，如健康、视觉享受、户外娱乐的机会等。因此，环境影响所导致的损害就是指个人福利的减少，环境影响所导致的效益就是指个人福利的增加。

福利经济学以帕累托最优为最佳均衡，认为在完全市场环境下，市场自身的力量就可以实现这种均衡状态，但由于实际市场条件与假设相差太远，仅依靠私人企业的力量无法实现最优的市场均衡，因此就需要政府的参与。电力投融资经济评价的基本方法是对不同的项目环境及经济影响进行测算时采用不同的分析工具，其基本分析方法包括有无对比法、成本效益分析法和影子价格分析法等。

有无对比法是用项目实施后的情况与若无项目时的情况相对照，以衡量项目实施所产生的效益的一种方法。运用有无对比法首先需要确定评价的基准线，即没有进行项目建设时该地区的社会状况、文化、生态环境等，然后确定项目建设完成后该地区的相应状况，从而对项目的有无状况相比较以确定项目的社会效益，这种方法的关键在于如何将非项目产生的效益剔除掉。由于需要进行经济评价的项目周期长、范围广，因此在项目周期和范围内通常会出现社会政策的变动、经济发展或其他项目投资建设等情况，而把这些情况所带来的社会收益从待考察项目社会收益中剔除非常困难，使得有无对比法的准确性有限。

成本效益分析是一种国外常用的技术经济分析方法，即按照既定的国家目标和社会目标，运用近似社会价值的影子价格，对拟建项目方案的成本与效益进行分析，以便从中选择最佳方案的分析方法。该方法是现代福利经济学的一种应用，在发达国家主要用于公共项目的社会经济效果评价，近年来也被广泛地应用于发展中国家的一般投资项目评价。成本效益分析首先需根据项目的影子价格确定未来的现金流量，然后按照社会折现率确定项目的净现值，从而为项目比选提供基础。

成本效益分析是各项目的设计和执行的依据，也为项目以达到国家发展规划为目标的一系列选择提供了依据。这种方法是将项目在与国民经济的联系中进行考察，借助经济分析方法合理、有效地利用资源，以促进国民经济收入最大化和合理分配收入。通过成本效益分析可以计算出一个项目的净效益，这样既可给出对一个项目的评价结论，也可跨部门、跨行业进行项目的评选，同时，分析时所用的数据基本上以客观效果为依据，而不以分析者的主观愿望和观点为依据，因此具有一定的优越性。不过，成本效益分析的最大困难在于影子价格的确定。

通常，影子价格分析是在市场的基础上，通过对换算系数的调整而得到的，目前计算影子价格的基础包括国内市场价格、国际市场价格及机会成本等，国际主要计算方法包括 L-M法、UNIDO法和S-V法等。

2. 电力投融资财务评价

发达国家的财务评价与资本市场和公司财务等领域联系十分紧密，其项目财务评价以现代资本市场理论为基础。

（1）电力投融资财务评价的理论基础。电力投融资财务评价的理论基础是自由现金流理论。自由现金流，最早是由美国的拉巴波特、詹森等学者提出，如今它在西方公司价值评估中得到了非常广泛的应用。自由现金流量就是企业产生的在满足了再投资需要之后剩余的现金流量，这部分现金流量是在不影响公司持续发展的前提下可供分配给企业资本供应者（即股东和债权人）的最大现金额。

自由现金流＝（税后净营业利润＋折旧及摊销）—（资本支出＋营运资本增加）

对项目而言，自由现金流是其未来的唯一一收入，因此，通过将项目的投资额与其未来产生的现金流进行对比分析，就可以知道该项目是否具有投资价值。自由现金流分析是目前项目财务评价最为核心的分析方法，其他所有方法的分析都是对未来现金流的分析与预测。

自由现金流已成为现代金融学的一个重要概念，它可以对许多财务现象做出解释，而进行自由现金流分析最重要的就是进行现金流预测。现金流预测方法一般首先制定企业或项目的经营计划，在确定期限的经营计划中，具体内容按时间顺序模拟相应的财务计划，主要内容包括营运资本、股利政策、会计政策与计划、控制计划、财务预测等，从而即可对未来一定时期内的现金流量及相关信息加以预测。其中经营计划的销售额预测是现金流预测的基础和前提，一般做法为以企业或项目近年的经营数据为依据，然后根据企业或项目自身状况及行业情况等因素确定未来的预期增长目标，并且定期进行滚动预测与调整。对项目的财务评价而言，则需要对项目未来运营期间内的现金流进行预测，而且由于新建项目没有可供参考的近年数据，因此自由现金流预测为财务评价的较大难点。

（2）电力投融资财务评价的基本方法。在进行自由现金流分析时，最大的障碍就是货币的时间价值和风险的存在，使得项目的未来现金流与初始投资额难以比较。为此，现代金融已发展了多种方法解决该问题，其中较为著名的就是马柯威茨的均值方差模型、威廉夏普的资本资产定价模型、期权定价模型等。

10.4　电力项目投融资模式的新思路

1. 信托计划

电网建设贷款信托计划能有效地将众多的自然人、法人和各种组织的闲散资金募集起来，形成一定投资规模的资金组合，通过具备资质的金融机构向需要资金进行电力项目建设的企业定向发放贷款。在实施电力项目资金信托计划时，既可选择向电网建设项目提供信托贷款的方式，也可选择以投资主体的身份进入信托项目，因此，资金信托计划不仅可作为公司进行电力项目建设有效的融资渠道，而且也可以作为电力项目投资主体多元化的有效实现方式之一。

2. 电网产业投资基金

电网产业投资基金属于基础设施类投资基金，投资风险较小，以追求长期资本利益为目标，较适合具有中度风险承受能力的机构和个人。在发行中，由电网公司联合一些金融机构如信托、财务公司等作为产业基金的主要发起人，使投资机构和个人能以股权投资的方式参与申购，但主要是面对机构投资人。电网产业投资基金主要用于投资未上市的电网公司，其资产透明度稍低于上市公司，由于基金中机构投资人较多，从组织形态看，电网产业投资基金的组织形式应为公司型。

3. 融资租赁

融资租赁是由出租方按照承租方要求出资购买设备等资产供承租方使用，资金来源为出租方的自有资金和向金融机构的融资，所购资产在较长的合同期内提供给承租方使用，承租方支付租赁费，租赁期满后，根据租赁协议的约定，或退还设备或作价由承租方买下。在实际的电力市场中，出租方是电网公司，可能的承租方可以是电源企业或电力大用户，为实现定点的电源送出或电源配供，作为出租方的电网公司在符合电网总体规划的前提下，根据承租方的技术要求投资建设电源配套送出工程或电力用户配电设施，在租赁协议的框架下，电源企业或电力大用户取得电网资产的独立使用权，并向电网企业支付资产租赁费，电网企业以此获得持续、稳定的现金流入作为融资租赁债务的还款来源，从而最终缓解电网公司在这两方面电网建设工程的资金压力。

我国电力体制改革已明确，将逐步分开电网输配电，在售电环节引入竞争机制，这是电网改革的趋势。输配电分拆后，资产总规模将降低，特别是配电网，适宜省以下的地方政府和较大规模的企业参与投资；售电环节引入竞争机制后，因为投资规模进一步缩小，又是市场环境下的投资，所以更适合于多种投资者成为新的投资主体。可以预见，未来随着电力体制改革的深入，以及我国金融市场化的进一步加快，电网企业将采用更多创新的市场化融资手段来解决电网建设项目的资金筹措问题。

10.5　融　资　重　组

在当今电力市场发展进程中，定价理论、方法以及交易规则的研究，仅仅是构建中国电力市场的一个起始点。然而，要实现电力工业全面且深入的市场化转型，必须从更为宏观的历史视角和整体布局出发，对电力工业的市场化重组进行细致审视与科学规划。这一过程所涉及的范畴极为广泛，除了电价体制的改革这一关键环节之外，还深入触及电力投资体制的深度变革、国有电力企业的改制与活力激发、电力市场组织结构的优化、电力交易分类管理的精细化，以及政府职能的适应性转变和电力监管机构的建立与职能精准定位等诸多方面。这些方面共同构成了所谓的大电力市场问题，其涵盖内容不仅包括电力市场的基本结构与管理模式的构建，还涉及电力投资与融资市场的拓展、电力资产的优化重组以及电力企业的现代化改制，同时也囊括了电力市场的立法保障与有效监管、宏观调控手段的运用，甚至关联到中国电力市场与国际电力市场的接轨策略，以及由于改革所引发的转岗与再就业等社会层面的问题。

10.5.1　借鉴当量电价体制

当量电价（或电能价值当量分析）理论即为解决经典实时电价难以适应中国国情而提出，其数学理论相当复杂。以基于年目标的电源规划模型为例，某典型日电能价值当量分析的基本步骤为：

第一步，建立一个电力系统优化模型。它类似于一个电力系统规划模型，但又不完全相同。它的目标函数及其规划期应当体现电价信息引导供需平衡的最终理想状态；约束条件应当体现电价机制设计中所考虑的有限电力资源；这一优化模型还应该能够产生这些有限电力资源的影子价格。

第二步，利用上述优化模型，基于影子成本原理，计算相应电力系统的经济学成本（通常分解为容量成本和电量成本），这个过程可能涉及新电源的规划、现存电源的价值评定和退役分析、区外购电的价值评定、纯现存电源情况下的容量价值参考系等问题。

第三步，利用上述优化模型，基于边际成本原理评定相应的电力系统效益（通常也分解为容量效益和电量效益），通常采用负荷微增方法计算。

第四步，为了将上述成本和效益分配到每一机组和每小时，需要分别建立它们的分摊准则，将它们在一个负荷曲线上，沿负荷轴和时间轴作二维展开。最简单的分摊准则是按电量加权平均，不同的分摊准则将生成略有不同的电能价值当量。

第五步，构造持续形式或时序形式的电能价值当量图表，由于持续形式的电能价值当量图表不便于应用，可利用典型日负荷曲线，将持续形式的电能价值当量图表转换为时序形式，即一天的 24 小时形式。

上述当量电价定价方法将发电机组的容量、电量的成本和效益综合为单一电价，精准地体现了老电厂、新电厂、水电厂、火电厂、电量限制、外购电等不同类型电源在系统中所承担的功能及其价值，而且克服了实时电价"短视"的缺陷，特别符合发展中国家对电价制定的要求。另外，当量电价定价方法基于持续负荷曲线进行定价，自然地区分了基荷、腰荷和峰荷电能的不同价值，符合电能生产和消费的价值规律。此外，当量电价定价方法既适合于计划经济环境下的电力定价，也能应用于市场经济环境下的竞价交易。

其一，容量投资成本与电量生产成本共同参与每日竞价上网，二者通过科学方法综合为当量电价。这使投资者承担风险并获机会，建立新体制机制，带动投资体制改革。集资新厂需通过市场竞争回收投资成本获利，国有全资老厂容量价值重获确认，其容量收益应明确所有权，同时合理限定使用权。

其二，容量效益随行就市，系统容量短缺时电价上浮，反之下降，反映供求关系，引入市场机制。短期或长期容量短缺时，该机制均可引导供需平衡，使电力市场在短缺时发挥调节作用，避免重回计划经济垄断。

其三，电价和电费的电量成本、容量成本和容量效益可分别计量收费，便于财务处理与政府监管。此特征使国有全资老厂容量收益建立新电力基金成为可能，政府可借此有效监管成本报价与市场效益，实施管理措施，还利于宏观调控，如通过监管容量成本评定和电量成本报价，掌握并调控电力市场走向。

由上述当量电价的三个本质特征，还衍生出一系列其他的特性和优势。例如，在电价计算中充分考虑并计入了容量成本和效益，这将有力地引导电源结构的优化调整。在那些调峰电源短缺的电力系统中，当量电价体制将为调峰电源的竞价上网创造有利条件，使其能够通过合理的价格机制获得足够的收益，从而顺利实现还本付息，吸引并鼓励更多的投资投向调峰电源建设领域。这对于提高电力系统的稳定性和可靠性，满足不同时段的电力需求具有重要意义。又例如，上网电价中包含了取决于供求关系的容量效益成分，而且政府可以通过对电价中的三个分量制定不同的宏观调控政策，使得这一电价体制能够灵活适应不同发展水平的电力系统需求。无论是经济发达地区，还是欠发达地区的电力系统，都可以根据自身的实际情况，在当量电价体制的框架下，实现电力资源的优化配置和可持续发展。这充分体现了当量电价体制的广泛适应性和强大的调节功能。

10.5.2　建立新的电力资金，开辟多种融资

在电力市场改革的进程中，国有全资老厂的容量收益如何合理运用成为一个关键问题。国有全资老厂的容量收益应该定向使用，其主要用途之一是支援集资新厂的短期还本付息，以缓解新厂在发展初期面临的资金压力，促进电力工业的整体协调发展。改革初期，老厂可将收益交政府建立新电力融资基金，政府依法规管理，向新厂提供低息贷款。在当量电价体制下，新厂上网电价因评定因素改变而降低，老厂因容量价值重估而上升，新厂还贷困难源于政策调整，老厂容量收益亦因政策变化而来。考虑历史承诺与政策连续性，政府应引导老厂支持新厂还贷，新厂还贷后可实现自身发展并为后续新厂提供融资支持，这是开放、互动、保值增值的体制。

新电力融资基金意义重大，与老电力建设基金有诸多不同。它源于电价体制改革挖掘电力工业潜力，实现老厂容量价值市场实现，归属明确，为老厂所有，需新厂还本付息，是高资信融资渠道，体现政府承诺，但长远看应淡化政府作用，形成规范电力融资市场。除新基金外，还有多种融资渠道：

（1）电力行业内部融资，可采用差价合约形式。新厂在现货市场售电无力还贷，老厂容量收益定向支援，二者可在现货市场外签订差价合同。第一生命期（新厂还贷期）签高价合同，老厂补差助新厂还贷；第二生命期（过渡期）签低价合同，新厂返差还老厂融资借款；第三生命期（新厂完成双重还本付息并运行多年后）可签平价合同分摊风险。该渠道融资成本低、操作简便、具连续性且化解现货市场风险，但制定差价合同复杂，需考虑诸多不确定性，要有资信保证，政府应引导监督，因复杂性和资信保证问题，部分厂商可能另选融资方式。

（2）企业间契约型融资和集约型融资，银行起重要作用。契约型融资中，新厂、老厂明确，在银行介入下签融资合同，老厂逐年供本金，新厂逐年取借款并随后还本付息给老厂，银行收取运作费用并获收益。集约型融资中，新老厂无对应关系，按条件加入电力融资合作基金，银行主导，资信度高、风险小，但可能融资成本高。这类融资属电力行业外金融渠道，便于衔接社会融资渠道，可考虑建立电力银行拓展业务、吸纳资金。

（3）新老电厂间资产重组，这是更值得提倡的方式。电价双轨制取消并实行当量电价体制后，新厂面临还贷压力，老厂有容量收益，政策导向其支援新厂还贷，兼并重组存在内在动力和外在导向，且利于推行现代企业制度，意义重大。但企业应自主决策，政府引导监督并依法规范，同时需良好市场环境，此过程可能引发人员下岗转业，政府和企业应妥善应对，这是电力工业市场化重组必然面临的问题。

电力市场篇

第 11 章

电能量交易市场

电能量交易市场就是将电能作为交易对象，在市场中发电侧与购电侧双方采用双边协商、集中竞价等方式进行交易；按照交易市场划分，可以分为电力批发市场交易和电力零售市场交易。电力批发市场交易是指发电企业、售电公司、电力大用户之间通过市场化方式进行的电力交易活动的总称，通常分为中长期电能量市场交易和现货（日前、实时）电能量市场交易。电力零售市场交易是指售电公司与电力用户之间开展的电力交易活动的总称。

在我国，如果按照交易品种来划分，又可以分为电力直接交易、挂牌摘牌交易、合同电量转让交易等。电力交易周期及交易方式如图 11-1 所示。下面我们将从电力的交易方式这个角度对全国各省份交易品种情况进行梳理和分析。

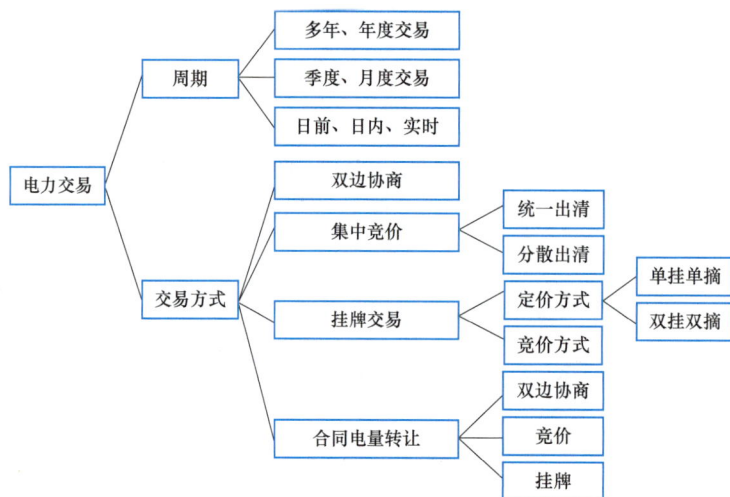

图 11-1　电力交易周期及交易方式

11.1　双 边 协 商

双边协商交易是指市场主体之间自主协商交易电量、电价，形成交易初步意向后，经安全校核和相关方确认后形成的交易结果。

目前，我国大部分省份的双边协商交易都主要用于年度电量的交易。例如，江西电网的直接交易就是以年度双边协商为主、集中撮合为辅；云南电力市场中，购售双方除可在多年、年度交易中通过双边协商方式确定电量电价外，还可在月度通过双边协商方式确定交易电量电价。

双边协商交易不需要建立复杂的交易技术支持系统，技术条件要求和交易成本较低，是一种电力市场中普遍存在的交易方式，简单、灵活、实用，为买卖双方提供了自由选择的空间，可根据自身需要进行灵活的交易。但也存在买卖双方通过自主协商确定交易价格，价格不透明的缺点，难以给市场新进入者以明确的价格信号，同时协商式交易竞争力度较小，促进各方提高效率的压力可能性较小。

11.2 集 中 竞 价

11.2.1 集中竞价的国内实践

1. 成交条件

报价的买卖双方在何种条件下能够成交，这是集中竞价规则首先要解决的问题。由于有的地区尚未核定输配电价，买卖双方报价又可分为申报价差（与标杆、目录电价的价差）和申报直接交易价格两种，见表 11-1。

表 11-1　　　　　　　　　　集 中 竞 价 成 交 条 件

省份	规则
广东 （2017 年）	价差对＝购电方申报价差－售电方申报价差； 价差对为负值时不能成交，价差对为正值或零时可以成交
河南	用户申报用电价格为 A，发电企业申报售电价格为 B，输配电价（含线损）或购售差价为 C，政府性基金及附加为 D，直接交易价差为 E，则 $E＝A－B－C－D$。E 值大于或等于零的匹配对为有效匹配对
安徽	申报电价不高于统一出清电价的发电企业，以及申报电价不低于统一出清电价的电力用户和售电公司参与成交匹配

可以看到，无论是申报价差还是申报电价绝对值，成交条件无疑是买方报价大于等于卖方报价，这也是符合买卖双方的成交意愿。

2. 成交顺序

从各地交易规则来看，规则制定者在这一点上持相同的观点，即成交意愿最强烈的市场主体应该优先成交。成交意愿首先反映在价格上，当然除了价格之外，数量、环保、能耗等因素也有一定的影响，但其是否在成交优先顺序中予以体现和考虑，各地交易规则对此的规定不一。集中竞价成交顺序见表 11-2。

表 11-2　　　　　　　　　　集 中 竞 价 成 交 顺 序

省份	规则
广东 （2017 年）	价差对大的优先成交。售电方申报价差相同时，机组能耗低者优先成交；机组能耗相同的，按申报电量比例分配
河南	从价差最大的有效匹配对开始，逐对依次撮合。出现价差相同的多个匹配对时，按环保和节能指标顺序优先成交（超低排放机组、上一环保电价考核周期度电环保电价扣款金额、供电标煤耗）。发电企业撮合剩余的电量，进入相应排序队列的最前方继续撮合
安徽	申报电价不高于统一出清电价的发电企业，以及申报电价不低于统一出清电价的电力用户和售电公司参与成交匹配。 　对申报电价不高于统一出清电价的发电企业，按照申报电价由高到低、申报电量由大到小和申报时间先后进行排序。 　对申报电价不低于统一出清电价的电力用户和售电公司，按照申报电价由低到高、申报电量由大到小和申报时间先后进行排序。 　买卖双方按排序依次匹配，直至达到规模上限或一方全部成交

3. 出清方式

从各地交易规则来看，集中竞价最终成交价格的确定方式大致可以分为两类，即统一出清方式与分散出清方式。两者最大的区别在于市场成员的成交价格：统一出清方式最终形成的是市场统一价格，所有市场成员都按照统一的出清价格进行结算；而分散出清方式最终会形成众多的成交对，每个成交对中的交易双方根据双方申报价格按照一定规则确定成交价格。集中竞价出清方式见表 11-3。

表 11-3 集中竞价出清方式

省份	规则
广东 （2017年）	所有成交的价差对中，最后一个成交的购电方与售电方申报价差的算术平均值为统一出清价格
安徽	对于每个申报电价，按照不低于该电价的买方申报与不高于该电价的卖方申报至少有一方全部成交的原则确定成交量。从所有申报中筛选出使成交量最大的申报电价。若仅筛选出一个申报电价，则该电价即为统一出清电价；若筛选出两个及以上申报电价，则取其中最高卖方申报电价和最低买方申报电价的平均价格作为统一出清电价
广东 （2016年）	成交的发电企业与电力大用户的申报价差电费（绝对值，下同）差额，按照一定比例分别返回成交的电力大用户和发电企业，初期 β 值取为 25%（6月份后改为 50%），即当成交发电企业申报价差电费大于电力大用户时，差额部分的 25% 返还给成交的电力大用户，75% 返还给成交的发电企业
云南	电量申报有两个意愿价格 售电成交价＝售电申报价＋成交双方价差×K_1 购电成交价＝售电申报价－成交双方价差×K_2 $K_1＝K_2＝0.1$ 价差收益纳入结算平衡机制处理
河南	按照价差均分原则，形成双方的直接交易成交价格
湖南	匹配价格＝售方申报价＋（购方申报价－售方申报价）×竞价差值系数 统一出清：最后一个匹配对形成的匹配价格确定市场统一出清价格统一出清。 高低匹配：每个匹配对按照各自匹配价格结算
江苏	统一出清：以买方申报曲线与卖方申报曲线交叉点对应的价格确定，或者根据最后一个交易匹配对双方价格的算术平均值确定市场边际成交价，作为全部成交电量价格统一出清。 高低匹配：成交价为配对双方价格的算术平均值

可以看出，即使是采用了同一种出清方式，各省份之间依然存在着较大的差异。

广东与安徽都采用了统一出清的方式，但是广东最终市场出清价为最后一个成交的购电方与售电方申报价差的算术平均值，体现了"价格优先"的原则；而安徽将成交量最大的申报电价作为市场统一出清价格，按照市场主体报价与统一出清价的接近程度依次匹配成交，兼顾了市场成员的"价格"和"电量"信息，在一定程度上减缓了广东市场中"搏边际"的策略性行为。此外，江苏统一出清规则中提到了以买方申报曲线与卖方申报曲线交叉点对应的价格确定，或者根据最后一个交易匹配对双方价格的算术平均值确定市场边际，在仿真证明供大于求的情况下，市场竞争充分时两者的市场均衡结果非常接近，在竞争不充分时，按双方价格的算术平均值形成的市场均衡价相对（买方申报曲线与卖方申报曲线）交叉点形成的均衡价较低的价格确定。

广东 2016 年、云南和河南虽然都采用了分散出清的方式，但是也各有不同：河南是按照价差均分的方式形成双方的成交价格；广东 2016 年的交易规则中成交的发电企业与电力大用户的申报价差电费全部按比例分配给发电企业和大用户；而云南只是分配各给用户和电厂 10% 的价差电费，剩余的计入平衡账户。

11.2.2 经济学分析

目前，在我国的中长期电力交易中，已经出现了多种出清方法，这里进行简单的分析。在对输配电价的处理方面，有两种方法：一是对于核定了独立的输配电价格的市场，供需方均申报绝对价格；二是在未核定独立的输配电价的市场，供需方均申报相对价格，即相对原来的核定的发电上网电价或用电目录电价的变化值。为了简化起见，这里主要分析绝对价格报价下的市场出清，结果对相对价格报价情况同样适用。

一、市场份额限制

2017 年以前，很多省份的市场都是这种情况，由相关部门确定一个市场份额，如果市场出清量小于这个份额，则按照市场出清结果，如果市场出清量大于这个份额，按这个份额出清。比如图 11-2 的算例，在没有市场份额限制时，市场出清量为 40。如果规定市场份额为 22，则出清点由线段 MN 确定。这种情况下，由于是人为规定的市场份额，而实际上供给、需求均未完全成交，因此无法像前面讲的那样将最后一段供给、需求向上或向下延伸，必须人为规定一种出清价格的计算方式，比如平均价。

二、价差返还机制

供给曲线、需求曲线及价格轴三条曲线围起来的面积就是社会福利。这部分福利是怎么来的呢？消费者愿意支付的价格大于生产者愿意接受的价格，多的这部分就是社会福利。

理论上讲，这部分福利如何分配都是可以的，但在不同的分配方式下，对市场成员会有不同的激励，对一个具体的市场应该采取哪种模式需要进行深入的、定量的分析。

1. 统一出清

这是最简单的一种方式，也是一般市场中最常见的一种方式，所有成交的市场成员都按照统一的市场出清价结算。确定了市场统一出清价后，每个市场成员的社会福利就是其报价与出清价之差与出清量的乘积。

统一出清福利分配如图 11-3 所示。

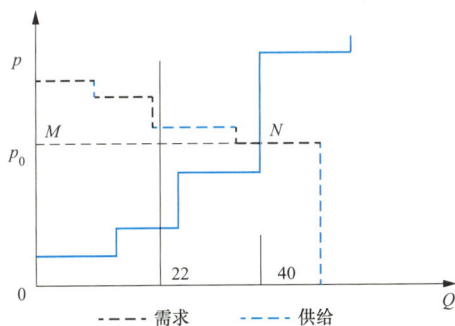

图 11-2 市场份额限制下的市场出清

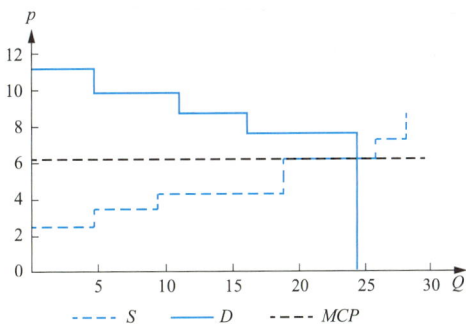

图 11-3 统一出清福利分配

2. 简单撮合出清

这种情况下，对供给侧和需求侧的报价分别进行配对、撮合，对每一对分别按一定的公式确定生产者和消费者的出清价格。假设匹配成功的一对生产者和消费者的报价分别为 p_s 和 p_d，由于匹配成功，一定有 $p_d > p_s$。定义 p_{sm} 和 p_{dm} 分别为生产者和消费者的出清价，则

$$p_{sm} = p_s + K_s(p_d - p_s) \tag{11-1}$$

$$p_{dm} = p_d - K_d(p_d - p_s) \qquad (11-2)$$

一般需要满足 $p_{dm} > p_{sm}$，因此有 $K_d + K_s < 1$。也就是说，只要满足 $K_d + K_s \leqslant 1$，分配方式都是可以接受的，根据 K_d 和 K_s 的不同取值，有不同的分配方式。

（1）按平均分配。如果 $K_d = K_s = 0.5$，相当于按供给和需求报价的平均价出清，也就是将社会剩余按 0.5：0.5 的比例分配给生产者和消费者。

（2）按比例分配。这种情况下，每对匹配成功的供给和需求的社会剩余按一定比例全部分给这对供给和需求，没有多，也没有少，即满足 $K_d + K_s = 1$。平均分配是比例分配的一种特例。如果将社会剩余按 3：1 的比例分配供给和需求，相当于 $K_s = 0.75$，$K_d = 0.25$。

撮合平均价出清和撮合比例分配如图 11-4、图 11-5 所示。

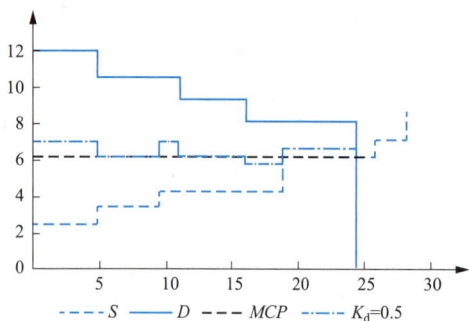

图 11-4　撮合平均价出清

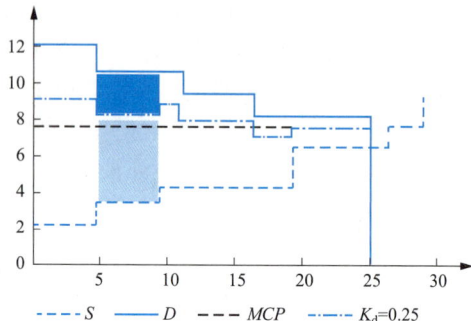

图 11-5　撮合比例分配

（3）不完全分配。这种情况下 $K_d + K_s < 1$，即只将一部分社会福利分配，不分配（$K_d = K_s = 0$）是这种情况的一个特例。这种情况下需要另外定义未分配的社会剩余的分配方式。云南省 2016 年电力市场交易细则中规定 $K_d = K_s = 0.35$，2017 年电力市场交易细则中规定 $K_d = K_s = 0.1$。如果 $K_d = K_s = 0$，相当于供给和需求分别都按照其报价出清，社会剩余不直接进行分配。云南省电力市场交易细则规定，对于未分配的社会剩余（购电成交价和售电成交价之间的剩余价差收益）纳入结算平衡机制处理。图中阴影①和③分别为针对第二段匹配成功的报价对，分给需求侧和供给侧的社会剩余，阴影②表示剩余未分配的社会分配，云南省电力市场交易细则中纳入结算平衡机制处理。撮合不完全分配如图 11-6 所示。

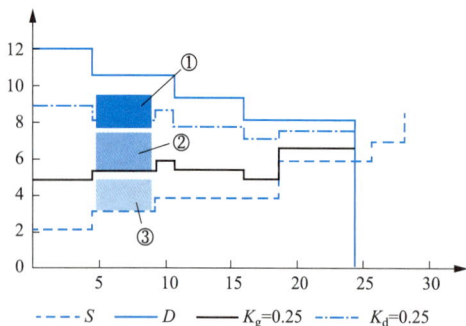

图 11-6　撮合不完全分配

3. 复杂撮合出清

这种情况下，首先计算整体的社会福利，然后按照一定的规则将其分配到每个市场成员。广东省 2016 年的规则即为这种方式。步骤具体如下。

（1）撮合、匹配、计算总剩余。根据高低匹配的原则确定能够出清的市场成员，包括供给侧的和需求侧的，即供给侧从低到高排序，需求侧从高到低排序，需求侧报价高于供给侧报价时可以成交。按照第 2.2.3 节中的方法计算社会总剩余，记为 R_Σ。

（2）总福利在供给侧和需求侧的分配。将总剩余 R_Σ 按一定比例（$k_{d\Sigma}$ 和 $k_{s\Sigma}$）分配供给侧和需求侧。可以采取 0.5∶0.5 的比例，也可以采取其他比例，比如 0.7∶0.3，0.2∶0.8 等，一般满足两者之和为 1，即 $k_{d\Sigma} + k_{s\Sigma} = 1$。

（3）福利在供给侧和需求侧内部的分配。将分配给供给侧和需求侧的剩余分别在不同的供给侧市场成员之间和需求侧市场成员之间进行分配。一般根据出清量与某种价差乘积的比例分摊。可以定义不同的方法，这里分析两种典型的方式。为了方便分析，定义 S 和 D 分别为供给侧成交市场成员和需求侧成交市场成员的集合。供给侧市场成员 i 的报价和出清量分别是 p_{si} 和 Q_{si}，需求侧市场成员 j 的报价和出清量分别是 p_{dj} 和 Q_{di}，$i \in S$，$j \in D$。

按照报价与统一出清价的价差比例分配。确定市场统一出清价 p_0，按照 $|p_{bi} - p_0|$ 的比例分摊剩余福利，供给侧与需求侧分别为

$$R_{si} = (p_0 - p_{si})/\sum_i (p_0 - p_{si})Q_{si} \tag{11-3}$$

$$R_{di} = (p_{dj} - p_0)/\sum_j (p_{dj} - p_0)Q_{di} \tag{11-4}$$

按照与数量轴投影面积的比例分配，供给侧与需求侧分别为

$$R_{si} = p_{si}/\sum_i (p_{si}Q_{si}) \tag{11-5}$$

$$R_{di} = p_{dj}/\sum_j (p_{dj}Q_{di}) \tag{11-6}$$

对没有独立输配电价下申报价差的电力交易市场，以上公式就代表广东 2016 年的电力交易规则，是图 2-9 的双侧等效 PAB 出清方式的一种具体实现。图 11-7 给出了某种供需情况下的出清结果。

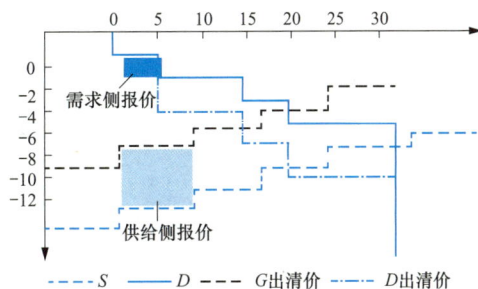

图 11-7　价差返还机制

11.3　挂　牌　交　易

我们从全国各省区已发布的电力交易规则来了解，挂牌交易可以大致分为两类，即定价方式挂牌和竞价方式挂牌。其中，定价方式挂牌又可以分为用户侧挂牌、电厂侧摘牌，电厂侧挂牌、用户侧摘牌，以及用户侧、电厂侧同时参与挂牌和摘牌的"双挂双摘"模式；而竞价方式挂牌则主要用于发电侧竞价上网。挂牌交易组织形式见表 11-4。

表 11-4　　　　　　　　　　挂牌交易组织形式

地区	形式
云南	（1）省内优先电购电量挂牌：电网挂牌，电厂摘牌。 （2）省内场电量挂牌：①月度自主挂牌：先发电厂挂牌、用户摘牌，然后用户挂牌、发电厂摘牌；②月度增量挂牌；③临时挂牌交易。 （3）西电东送增量挂牌：交易中心定价，电厂摘牌
湖南	（1）定价方式挂牌：不需要申报电价，仅需要申报电量；"时间优先"的原则成交，安全校核未通过时，由电力交易机构按照摘牌申报时间顺序调减电量。 （2）竞价方式挂牌：主要用于发电侧竞价上网，需要同时申报电价和电量。发电侧参与申报，用电侧不参与申报。"价格优先、时间优先、环保优先"成交
广东	年度集中交易"双挂双摘" （1）同一交易日内，同一市场主体累计最多可挂 3 个牌，摘牌次数不限。 （2）未成交电量自动撤销。 （3）挂牌申报电量/电价，摘牌申报摘牌电量

地区	形式
四川	复式竞价撮合 (1) 集中竞价：成交电量平均价作为后续"双挂双摘"的参考价，未成交电量进入下一阶段。 (2) 双挂双摘：购售双方自由申报挂/摘牌电量和电价

挂牌交易中最关键的一点在于挂牌价格的确定，哪方参与挂牌，哪方就掌握了价格的主动权。电力供给大于需求，需求侧掌握充分的议价权，用户侧定价挂牌、电厂摘牌保证了用户侧的议价权；但单纯以用电侧意见定价难免对发电侧不公平，尤其发电侧为可再生能源发电资源时，需要保障清洁能源的充分消纳，需要考虑到发电侧的价格意愿，云南省月度自主挂牌时采取了"先发电厂挂牌、用户摘牌，然后用户挂牌、发电厂摘牌"的方式；湖南给出了一种竞价挂牌的交易方式，主要用于发电侧的竞价上网，在一定程度上加剧了发电侧的竞争力度，有利于进一步降低电价。此外，湖北设置了"发电企业可以对未成交的挂牌电量、电价进行调整，电量不能调减；电力用户不得调整未成交的挂牌电量，但可以调整电价"的挂牌调整机制，允许发电厂和用户调整电价，都充分考虑了发电侧和用户侧的成交意愿，保障了市场交易的公平。

11.4 合同转让

从合同角度来看，合同电量转让是对市场主体已经签订的交易合同的转让，主要是向具有同类功能的市场主体转让。

11.4.1 发电侧合同电量转让

1. 火电机组之间转让

发电侧之间的转让实际为发电权交易，转让的主要原则包括：

(1) 节能减排原则。发电企业之间的合同电量转让只允许高煤耗机组向低煤耗机组转让。

(2) 电网运行约束原则。电网运行约束机组合同电量、调峰调频机组电量、热电联产机组"以热定电"电量原则上不得转让。

(3) 转让范围。原则上为省内，也有部分例外，如广东交易规则规定允许西南富余水电机组作为受让方参与合同电量转让交易。转让电量可以是合同全电量，也可以是部分电量。

(4) 集中竞价电量不允许转让。在我国目前的各地交易规则中，并不允许集中竞价电量转让，如广西交易规则规定，现阶段允许"在发电企业间开展年度长协电量的转让交易"。广东交易规则规定："现阶段允许发电企业之间开展基数电量和双边协商电量的转让交易。"

2. 新能源机组替代火电合同电量转让

针对我国西北地区新能源消纳受限问题，我国早已允许可再生能源参与市场交易，以保障新能源发电企业最低年利用小时数，超出最低保障收购年利用小时数的部分通过市场化方式予以消纳。

以甘肃省为例，目前已经开展了替代酒钢自备电厂发电、替代中国铝业兰州分公司自备电厂发电的交易，主要内容为自备电厂（火电企业）放弃自备电厂发电计划，通过竞价/协商。

11.4.2 用户侧合同电量转让

由于目前各地规则严格考核偏差电量，如允许用户侧合同电量转让，将会极大地影响市场成交的量与价。因此，目前原则上不允许合同电量转让，仅允许在市场主体退出市场、特殊原因无法履行合同时转让合同电量，见表11-5。

表11-5　　　　　　　　　　　　　　用户侧合同电量转让

地区	转让原则
重庆	市场主体合同期内原则上不得单方面退出市场交易。确需退出的，需相关方协商一致，抄报市经济和信息化委员会，市场主体未完成的剩余合同电量可以转让，受让方仅限于满足准入条件的市场主体
云南	发电企业之间及电力用户之间可以签订电量互保协议，一方因特殊原因无法履行双边合同电量时，经电力调度机构安全校核通过后，由另一方代发（代用）部分或全部电量，再事后补充转让交易合同，并报昆明电力交易中心
山西	发电企业（包括代理的售电企业）与电力用户（包括代理的售电企业）之间暂不能进行逆回购性质的合同转让交易；发电企业（包括代理的售电企业）之间、电力用户（包括代理的售电企业）之间可分别进行发电、用电合同转让交易

11.4.3　合同电量转让方式

合同电量转让属于市场主体的直接交易行为，理应可以采取双边协商、集中竞价、挂牌三种方式进行交易。此外，"售电互保协议"给市场交易主体留下了无穷的想象空间，但"无法履行合同电量特殊原因"究竟包括哪些，"售电互保协议"应如何签署，转让的比例等仍需规则制定部门予以细化和明确。合同电量转让方式见表11-6。

表11-6　　　　　　　　　　　　　　合同电量转让方式

地区	内容
广东	交易时间：先于月度集中竞争交易。 交易要求：拟出让的基数电量、双边协商交易电量按相同的出让价格分开申报。 交易方式：价差对大者优先撮合成交，价差相同时，出（受）让方机组能耗高（低）者优先成交，出（受）让方机组能耗相同的，依据申报电量按比例分配，分散出清，每个匹配对双方价格均值作为每个匹配对的成交价
四川	交易时间：月度优先开展转让交易；周内主要进行转让交易。 交易要求：部分优先电量和各类市场电量，按统一价格转让。 交易方式：①合同电量月度转让，采用双边协商；②合同电量周转让，价差对大者优先撮合成交，价差相同时，出（受）让方机组能耗高（低）者优先成交，出（受）让方机组能耗相同的，按申报电量按比例分配，分散出清，每个匹配对双方价格均值作为每个匹配对的成交价
云南	交易时间：月度合约转让在月度交易执行完毕后。 交易要求：月度合约转让交易在有超发和少发电量的市场化电厂间开展，年度、月度双边协商合约偏差电量不能进行时。 转让方式：①合约协商转让交易，双边协商；②同一发电集团合约转让交易，自主分配
湖南	交易时间：合同电量转让交易的方式包括双边协商和挂牌交易，在交易组织时间上与省内其他双边协商、挂牌交易相同出让方与受让方按照前述交易规则参加年度、月度的双边与挂牌交易。 交易要求：拥有计划基数电量合同、批发交易（含直接交易）合同、跨省跨区电能交易合同的发电企业，以及拥有批发交易（含直接交易）合同、跨省跨区电能交易合同的电力用户和售电公司可作为出让方以电量为标的参与合同转让交易；转让电量可以是交易合同全电量，也可以是部分电量；转让合同周期可为合同全周期，也可以是部分周期。 交易方式：①双边协商，定量定价；②挂牌，出让方定价方式挂牌

从交易时序上看，集中竞价在合同电量转让之前，可以为合同电量转让交易提供价格信号，同时市场成员可以通过合同电价转让交易规避竞价市场中电量中标的风险，但在一定程

度上容易加强竞价市场中市场成员的策略性报价行为，导致价格剧烈波动；合同电量转让交易在竞价之前，在一定程度上避免了市场成员在集中竞价中的策略性行为，广东省 2017 年规则中明确指出月度合同电量转让交易要优先于月度竞价，同时合同电量转让交易采用了集中撮合的交易方式，可以有效地促进市场交易公平、公开、透明规范；云南省规则指出月度合约转让在月度交易执行完毕后由超发和少发电量的市场化电厂间开展，实际上削弱了超发和少发电量电厂的偏差考核的力度，保障了电厂的利益。

从交易方式上看，电力直接交易的三种方式在合同电量转让也分别被不同的省份所采用，合同电量转让的三种方式与电力直接交易的三种方式具有相同的特点，在此不赘述。

第 12 章

辅 助 服 务 市 场

12.1　辅助服务的定义

　　辅助服务是相对电能生产、输送和交易的主市场而言的。从发电侧来考虑，可认为辅助服务是发电厂为保证电力系统安全可靠运行而采取的必要措施。从输电的角度出发，可认为是为完成输电的主要功能——将电能从发电厂输送到用户，并保证安全和质量所需要采取的所有辅助措施。从运行管理的角度出发，是指为保证供电质量的可靠性要求而要有一个有功、无功的实时平衡服务及其他的运行服务。从系统控制的角度出发，可认为辅助服务是由控制设备和操作员执行的有关功能，这些功能是发、控、输、配电用以支持基本的发电容量、电能供应和电力传输服务。辅助服务的供应由系统需求决定，不同的国家，甚至电力企业对辅助服务的定义也不完全相同。影响各地辅助服务定义的因素包括系统协调方式、电力生产的构成、电网结构、管理模式、系统运行标准、量测和监视系统等。

12.2　辅助服务的主要内容

　　根据上述定义，辅助服务主要可以分为以下几类。

　　（1）频率控制与负荷跟踪（AGC）。实时处理较小的负荷与发电功率的不匹配，维持系统频率，并使控制区内负荷与发电功率的偏差及控制区之间的交换功率实际值与计划值的偏差最小。

　　（2）旋转备用（可靠性备用）。由于发电或输电系统故障，使负荷与发电功率发生较大的不平衡时，10min内可以提供急需的发电容量（增加或降低），恢复负荷跟踪服务的水平。

　　（3）非旋转备用（运行备用）。30min内可以达到的最大发电容量，也包括可中断负荷，用于恢复旋转备用的水平。

　　（4）无功备用和电压控制。通过发电机或输电系统中的其他无功电源向系统注入或从系统吸收无功功率，以维持输电系统的电压在允许范围内。

　　（5）黑启动。整个系统因故障停运后，不依赖其他网络，通过系统中有自启动功能的机组，逐步扩大电力系统的恢复范围，最终实现整个电力系统的恢复。

　　（6）其他。

　　根据各国电力市场的经验，提供辅助服务的模式一般有三种，即统一型、投标型和双边合同型。统一型，是指辅助服务必须由系统调度员统一安排协调，结算时根据各参与者对辅助服务命令执行的情况进行奖惩。投标型，是指各用户分别对每一种辅助服务进行投标，调度员根据用户的投标情况排定优先次序，安排辅助服务供应计划，使提供辅助服务的费用最低。双边合同型，是指某一辅助服务的用户直接与供应者签订双边合同，从而得到其所需的辅助服务，而无须通过电力系统调度人员参与。某一服务应采取哪种供应方式与整个电网的管理运行水平和电力市场发育的完善程度有关，如英国、阿根廷等国采用统一型模式提供频率响应与无功控制等服务；而美国西部加州电网，则以投标型与双边合同型相结合的方式提供负荷跟踪与频率响应服务。

12.2.1 负荷频率控制

频率是电力系统的主要变量之一，它的稳定依赖于发电功率与负荷功率间复杂的平衡关系。不平衡可能是由于负荷预测的误差、缺少跟踪负荷变化的发电容量或由于故障造成的突然失去发电功率或负荷等。频率偏差调整的方法主要是调整发电功率和负荷管理。通过调整发电功率进行频率调整即频率的三次调整。频率的一次调整是动力系统的自然属性，依靠调速器完成。所有发电机组承担调频任务，只能做到有差调控。频率的二次调整，即传统的自动发电控制（Automatic Generation Control，AGC)，由系统中的 AGC 机组承担，同时对联络线功率进行监视和调整。频率的三次调整实质上是完成在线经济调度。通过频率调整，可以完成以下功能：

（1）使发电功率自动跟踪负荷功率的变化。

（2）响应负荷功率或发电功率的随机变化，维持系统频率为规定值。

（3）在区域内分配系统发电功率，维持区域间净交换功率为计划值。

（4）对周期性负荷变化，按发电计划调整发电功率；对偏离计划的负荷功率，实现在线经济负荷分配。

（5）监视、调整备用容量，满足安全需要。

频率调整问题是电力系统最基本的控制问题。AGC 的基本假设是电力公司控制中心有权要求控制区内各发电机组无条件地执行 AGC 控制信号，但是，随着电力市场逐渐形成，发电与输电分离，对传统的频率控制方式和算法提出了新的要求，具体如下。

1. 一次调频备用容量分配

为满足频率一次调整的需要，发电公司发电机组在参与电力市场前，必须首先满足一系列技术要求，主要包括调速器的控制死区、调差系数、可调的频率范围、在不同热力条件下的同步时间等。不同国家对这些参数有不同的要求，并且要求发电公司提供详细的发电机组及其控制系统的模型给调度中心。电力系统调度员按季度制订一次调频备用容量计划，一般以一次调频备用容量占时段 t 发电容量的百分比 r_t（%）的形式给出。在安排短期计划时（如周计划），按季节计划中设定的一次调频备用水平进行调度，而在日调度或实时调度时，如果某些发电厂在提供服务时遇到了困难，不能完成其分配的备用份额，则应该立即通知系统调度员，使其可以尽快重新设定一次调频备用容量的百分比 r_{t1}，其值小于 r_t。时段 t 的一次调频备用容量以 P_{r1t} 表示，即

$$P_{r1t} = P_{gt} r_{et} \tag{12-1}$$

式中：P_{gt} 为时段 t 系统运行发电机的总容量；r_{et} 为一次调频备用容量百分比。

在某些极端情况下，系统调度员可能为满足一次调频备用容量而起动一台机组，而当电网约束使电力系统中某区域成为"孤岛"时，应为其单独进行一次调频备用容量调度。

一次调频备用不进入市场投标交易，此服务针对所有机组，这与一次调频是机组的自然属性有关。电力系统调度员根据各厂调速器参数将 P_{r1t} 分配到各机组。例如，阿根廷采取下列较为简明的一次调频备用分配方法。

（1）对水电机组 i，有

$$P_{r1ti} = R_{Ht}P_{gti} \tag{12-2}$$

$$R_{Ht} = \max(r_{et}\%, 10\%) \tag{12-3}$$

式中：P_{gti} 为水电机组 i 时段 t 分配的发电功率。

（2）对火电机组 k，有

$$P_{r1tk} = R_{Tt}P_{g\max k} \tag{12-4}$$

$$R_{Ht} = \max(r_{et}\%, 5\%) \tag{12-5}$$

一般以提供一次备用容量的边际机组的发电微增费用（λ_{Mt}）作为一次备用容量的价格，记作 ρ_{rt}。如果该机组为水电机组，则 $\lambda_{Mt}=\rho_t$，这里 ρ_t 为系统实时电价，若该机组为火电机组，则 λ_{Mt} 为该机组的微增费用（根据其对发电市场的投标）。ρ_{rt} 值为

$$\rho_{rt} = \begin{cases} \rho_t & r_{et}\% < r_t\% \\ \max(\rho_t - \lambda_{Mt}, \rho_m) & r_{et}\% \geqslant r_t\% \end{cases} \tag{12-6}$$

式中：ρ_m 为规定值，以防止 ρ_{rt} 值过高。

因此，发电厂虽然不对一次调频服务进行投标，但系统调度员要根据发电机组在发电市场中的投标选择一次调频备用机组。各发电厂必须承担其分担的一次调频备用容量，这部分费用已包含于能量费用中，不再单独进行补偿，仅在发电厂提供的一次调频备用容量超过或少于其分配份额时，才有额外的报酬或罚款，其值为

$$C_{rtk} = \rho_{rt}P_{gtk}\frac{r_{dtk}\% - r\%}{1 - r_{dtk}\%} \tag{12-7}$$

式中：$r_{dtk}\%$ 为对于水电和火电机组分别等于 R_{Ht} 和 R_{Tt}。系统调度员应有足够的量测手段监视发电厂对一次调频备用容量调度的执行情况；一旦有违约发生，则视情节轻重，按一月内未提供一次调频备用容量服务处理；情节较严重的，取消其提供一次调频备用容量的资格。

由式（12-7）可知，只有 $r_{dtk}\% = r\%$ 时，才对用户（买电方）收取额外的一次调频备用容量费用。原则上，该费用只由大用户承担，并根据其峰荷和节点调节系数进行分配。

2. 频率的二次调整

一次调频留下了频率偏差和净交换功率偏差，AGC 因此而动作，开始频率的二次调整。在传统的 AGC 控制中，由于电力公司拥有发电厂，因此调度中心的控制信号可以直接发送给各发电厂以完成自动发电控制功能。但是，电力市场中必须提供一种能够推动和监督不同产权的发电厂共同参与自动发电控制的机制，保证电力系统的安全。其核心应该是对 AGC 服务提供合理的报酬并做到优质、优价。在这种机制下，输电公司执行 AGC 算法测量频率偏差和联络线交换功率偏差，并且发送控制信号给各电厂调整输出功率。区域控制误差（ACE）的计算与传统的 AGC 是一致的，因为控制边界并未发生改变，为

$$ACE = (P_{E0} - P_E) + 10\beta(f_0 - f) \tag{12-8}$$

式中：P_{E0} 为规定净交换功率；P_E 为实际净交换功率；f_0 为规定功率；f 为实际功率。

计算区域控制误差时，首先要计算出 P_{E0}。在电力市场环境下，区域间交易数目和交换功率大幅度增加，P_{E0} 的值实时变化，必须根据流过控制区边界的交易功率来计算。

$$P_{E0} = \sum P_g - \sum P_d \tag{12-9}$$

在电力市场条件下，AGC 服务产生的最大变化是 AGC 对机组功率的分配问题。传统的 AGC 算法对机组功率的分配分以下两部分：

（1）按经济调度原则分配计划负荷和计划外负荷，送出基点功率。

（2）将区域控制误差分配到各机组。

分配的基本原则是按发电费用最小为目标进行控制。在电力市场中，仍需遵守同样的原则，但费用的含义是输电公司从发电公司购买 AGC 能量的费用，由各发电公司在辅助服务市场中对 AGC 服务进行投标得到，投标一般提前一天进行，各发电厂应在投标信息中提供每台机组可提供的 AGC 备用容量及其价格。价格包括三部分：①应系统要求提供 AGC 服务的价格；②仅作为 AGC 备用容量的价格；③提供补偿设备投资和热效率降低价格附加项。如果各厂按固定价格投标，则按费用从低到高的顺序排定提供 AGC 服务的优先次序表，若给出的是投标费用曲线，则按类似于经济调度的算法，得到其最小费用 AGC 机组分配结果，还应考虑使用各机组 AGC 备用容量的概率。对用户来讲，其 AGC 费用项与电能消耗成正比。二次调频的基本目标是恢复频率的正常值，较长时间的频率偏移会降低系统一次调频备用容量的水平。

3. 频率的三次调整

频率的三次调整服务实际上就是发电再计划。有些国家将其归入备用服务中，或者直接归入电能消费中。

12.2.2 发电容量备用

备用服务与调频服务是紧密相连的，在周期上它们有所重叠。电力市场中备用问题的核心是确定备用容量及其分配的算法，并提出相应的价格机制，使各发电厂积极响应调度的备用容量安排。

1. 旋转备用（可靠性备用）

旋转备用又称热备用，是指能够保证 10min 内增加的同步容量。对水电厂来说，旋转备用一般为总容量的 10%；对火电厂来说，其值为最大发电功率与当前发电功率的差值。在传统运行方式下，旋转备用的容量是确定的，一般定义为系统中最大机组的容量（或为最大机组容量的 1.5 倍）或系统负荷的一定比例。在竞争型电力市场中，提供旋转备用的一般过程如下。

（1）发电厂投标。发电厂 i 应提前 24h 向调度中心进行旋转备用投标。要求提供的投标信息与调频投标类似，包括投标容量和投标价格。投标价格应由两部分组成：ρ_{rxwi} 代表备用容量的能量价格，即使用旋转备用容量发电的价格；ρ_{rspi} 代表备用容量的容量价格。

（2）投标选择。调度中心根据 $(\rho_{rxwi} + \rho_{rspi})$ 值排定提供旋转备用优先次序表。市场结算价格为优先次序表中边际机组的 $(\rho_{rxwm} + \rho_{rspm})$ 值。

（3）服务结算。对每个中标的旋转备用容量供应者，应该得到的报酬 C_{rsi} 如下

$$C_{rsi} = P_{rsi}(\rho_{rswm} + \rho_{rspm} - \rho_{rswi}) + (\rho_{gi} - \rho_{goi})(\rho_{rswm} + \rho_{rspm}) \qquad (12-10)$$

式中：ρ_{rsi} 为供应者 i 提供的旋转备用容量；ρ_{gi} 为供应者 i 实际发电功率；ρ_{goi} 为供应者 i 计划发电功率（不包括旋转备用）；$\rho_{gi} - \rho_{goi}$ 为被调度中心用于发电的备用容量。

这种结算方法可以使发电厂提供旋转备用容量的收入与提供电量的收入相当。

2. 运行备用

运行备用容量一般由峰荷火电机组提供，是指能在 20～30min 内起动并达到正常发电功率，一般每 6 个月由调度中心设置计划运行备用水平。发电厂和大用户可以通过运行备用协议指定部分容量作为另一发电厂或用户的运行备用。在电力市场中，一般按以下步骤安排运行备用容量：

（1）发电厂投标。各发电厂应提供的信息除 ρ_{rswi} 和 ρ_{ropi} 外，还应包括响应时间。

（2）投标选择。先根据过去一段时间内各厂对备用配额的完成情况，对各发电厂按其表现进行评估，这是投标选择中的一个主要原则。在 60 天内 3 次未完成指标的发电厂将失去

投标资格。然后依据备用的使用概率进行投标选择，可按式（12-11）计算 $\rho_{roi}^{(0)}$ 值排出提供运行备用的优先次序表

$$\rho_{roi}^{(0)} = \rho_{ropi} + \rho_{rowi} \sum P_{rui} P_{rob} \tag{12-11}$$

式中：P_{rui} 为节点 i 的某一备用使用容量；P_{rob} 为该情况发生的概率。

按下式计算运行备用容量价格

$$\rho_{roi}^{(0)} = (\rho_{ropm} + \rho_{roum}) \sum P_{rui} P_{rob} - \rho_{rowi} \sum P_{rui} P_{rob} \tag{12-12}$$

最终运行备用供应者得到的报酬为

$$C_{roi} = P_{rui} \rho_{rui} + (P_{gi} - P_{goi}) \rho_{rowi} \tag{12-13}$$

3. 无功备用

与有功不同，电力系统中的无功源除发电机和负荷外，还包括电容器和静止无功补偿器（Static Var Compensator，SVC）等，而且电网本身也是无功电源。由于输送无功功率是不经济的，因此无功功率具有就地平衡的特点，这就使无功功率供应具有很强的分散性。调整无功功率的手段也多种多样，如自动电压调节器、电容器投切及变压器有载调压等。因此，无功功率的最优定价问题及市场交易在理论上比较复杂。

在电力市场的实际操作中，系统电压控制需要各参与者共同承担责任。发电厂和用户都要满足它们的电压和功率因数限值。发电厂必须提供其 P-Q 曲线，并要保证在较长时间内无功发电功率达到其极限的 90%；或保证在 20min 内提供 100% 的无功发电功率。输电公司应负责保持系统电压，对 500kV 线路其节点电压波动应在 3% 以内，220kV 和 110kV 线路应在 5% 以内，中心调度员应能控制电网中所有的电压调节设备。配电公司和大用户应与输电公司签订合同，确定其在峰、谷和其他时段应保证的功率因数及相应的奖惩手段。

无功发电功率实时运行也可采用投标方式，投标包括无功电源的详细技术参数和无功报价。如果某机组仅因无功需要而起动，而有功发电保持在最小值，报价应包括此时的无功价格［元/（Mvar·h）］和有功价格［元/（MW·h）］。当机组仅因增加无功功率而不得不降低有功发电时，无功报价可以有功发电损失［元/（MW·h）］的形式给出。

投标选择的主要依据是每宗投标对解决电压问题的重要程度。当存在足够的无功供应者时，按它们的费用高低次序进行排队；当无功供应者不足时，应提供相应的价格进行刺激。

12.2.3　无功服务的定价与管理

电力市场环境下，无功服务的管理与定价对电网经营企业的运作与经营具有重要的意义：①正确的无功价格信号可以推动电网开放和提高电网经济效益，帮助输电用户在决定交易量、投资和设备利用时进行科学决策；②无功平衡做得好可以提高系统运行的可靠性和效率，并通过无功的最优分配降低系统的有功网损；③无功管理可以改善电压波形，减少由电压引起的系统故障，增加系统稳定性，与有功服务相比，无功服务具有以下特点：

（1）供应的地域性。由于远距离输送无功需要发电厂和接收点之间有较大的电压差，因此无功供应原则上应就地平衡。

（2）控制的分散性。与频率控制需要有功平衡类似，电压控制需要无功的平衡。但频率是全网统一的，依赖于全网的有功平衡，而电压是各节点不同的，必须依赖于该节点的电压控制。

（3）手段的多样性。与有功只能由发电机供应不同，无功除发电机外，还可以由调相机和静止无功补偿器，甚至输电线路等多种无功源提供。

（4）分析的复杂性。有功运行的费用主要是发电费用，而无功的运行费用很低，但投资费用很高，分析起来比有功复杂。

　　无功和有功服务可以分开进行分析，买卖双方对无功可以单独结算。因此无功管理必须规范化、科学化，对无功费用要进行详细分析。由于输电和发电的分离，无功费用原则上应涵盖所有不属于输电公司设备的无功生产费用，因此确定无功价格时必须多个目标之间平衡，如维持系统可靠性，保证用户间的平等，简化管理过程和为系统扩建提供正确的经济信号等。因此，无功服务较有功服务的分析更复杂。

第 13 章

输配电定价与监管

13.1 输电服务分析

13.1.1 输电服务的定义

输电服务就是为用户提供输送电能的服务。输电服务并不是电力行业市场化改革以后才出现的。在进行电力市场改革以前，也存在输电服务，不过电力的发电、输电、供电都属于一个实体，不需要单独考虑输电服务，电价也只是一个总的价格，并不知道其中发电成本占多少，输电成本占多少。电力市场环境下，输电与发电、供电分开经营，因此必须分别计算它们的成本与价格。

输电服务是输电公司为输电用户提供的一种商品，可以定义为输电服务是将电能安全、经济地从电能的卖方（发电机）传送到买方（负荷）的服务，因此可以认为输电服务包括以下两方面，即基本的传输服务和为保证电网安全、经济运行的一些辅助服务，如调频、备用、无功补偿等。传输服务是输电服务的主要方面。下文中如不做特别说明，输电服务均是指基本的传输服务。

基本的传输服务又可以用两种方式进行定义：基于节点的服务和基于支路的服务。基于节点的服务定义为在电网中两个或两个以上节点之间传输能量的服务，基于支路的服务定义为在电网中一条或多条支路上传输能量的服务。这类似于公路运输，可以看作从一个地方到另一个地方的传输，只知道出发地和目的地，而不管货物具体是走哪条路线；也可以看作基于每条路线的传输，对于给定的路线，分别提供每条路线上的服务。

如果将输电服务看作基于节点的服务，则每两个不同节点之间的传输服务可以看作一种服务，形成一个市场，每个双边交易需要一种特定的服务。如果将输电服务看作基于支路的服务，则每条支路上的功率传输是一种服务，形成一个市场。由于一个双边交易的潮流可能流过多条支路，因此一个双边交易可能需要多种基于支路的服务。

对于公路运输，基于节点的服务和基于支路的服务没有很大的区别。因为，出发点和终点确定以后，很容易就可以确定最优路径，因此一个基于节点的服务很容易转换为若干个基于支路的服务。

但是，对于输电服务就不是那么简单了。电能在电网中按照物理规律传输，人为很难控制其传输。对于一个基于节点的服务，很难准确将其分解为一些基于支路的服务的组合。只有在一些假设条件下，如直流简化，这两种服务之间才能比较容易地进行转换。因此，建立一个概念、理论或方法时，应该明确是基于哪种定义的。现有输电服务领域的相关理论、概念、方法，大多数是基于第一种定义，即基于节点的服务，如节点电价理论，点到点输电权；也有一些是基于第二种定义，即基于支路的服务，如基于线路适用程度的定价方法、

flow‐gate 输电权等。

如果我们将输电服务看作一种商品，则输电量就是商品的数量。对点到点的输电服务，每个交易需要的每种商品的数量（每两个点之间的输电量）是确定的，输电定价的一个关键问题是要确定每种商品的成本（两个节点之间的输电成本）。对基于支路的输电服务，由于潮流的非线性，每个交易对每种商品的使用数量（在某条线路上的输电量）难以确定，而成本却比较容易确定，就是每条线路的成本。因此，对于输电定价来说，在第一种定义方式下主要的问题是确定成本，而在第二种定义方式下的主要问题是确定交易对每条支路的使用程度。

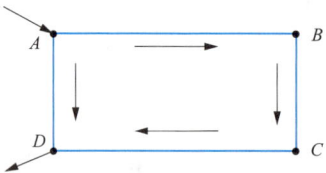

图 13‐1 给出了在两种定义方式下的输电服务示意。在这个简单的系统中，有 A、B、C 和 D 四个节点，AB、BC、CD 和 AD 四条支路，因此，这个系统中有 6 种可能的基于节点的服务，即 A‐B、B‐C、C‐D、A‐D、A‐C 和 B‐D，有 4 种可能的基于支路的服务，即 AB、BC、CD 和 AD。假设有一个输电交易，从节点 A 传输到节点 D，功率是 4MW，则完成这个交易需要一种

图 13‐1 输电服务的两种定义示意

基于节点的输电服务 A‐D，或者 4 种基于支路的输电服务 AB、BC、CD 和 AD。如果不考虑网损，且假设几条支路的参数完全相同，则可以得到需要基于节点的服务 A‐D 的功率为 4MW，需要基于支路的服务 AB、BC、CD 和 AD 的功率分别为 1MW、1MW、1MW 和 3MW。

由于电网中总是存在多个节点，多条支路，因此无论是按哪种进行定义，输电服务都包括多种服务。不同节点之间和不同支路上的服务都是不同种类的输电服务。输电公司提供的输电服务实际上不是一种单一的服务，而是多种服务的集合。

13.1.2 输电服务的特点

输电服务定价的方法是电力市场模式设计中的一个重要方面，但是由于输电服务的一些特殊属性，因此使其价格的设计变得十分困难。

1. 输电投资的规模经济性

在输电服务的成本中，固定成本主要是电网建设的投资成本，可变成本主要是网损和阻塞成本，由于固定成本大，输电服务存在很强的规模经济性，这使得经济学中的边际成本定价方法不能保证电网投资者收回所有投资，因此输电固定成本需要通过一定的方式分摊给电网用户。

2. 电网的垄断性

与交通运输、自来水供应、煤气供应类似，输电服务属于一种网络服务，即通过某个互联网络将相应的物品从一个地方传输到另一个地方。所以，在同一地区建设两个电网是不经济的，输电网建设是自然垄断的。这个垄断只是说一个地区只能有一个电网，但并不意味着整个电网必须由一家公司垄断。也就是说，电网中不同的线路可以由不同的投资者投资，投资者之间可以通过竞争获得线路的建设权，因此对输电服务进行定价时不仅要考虑完成某项输电服务的总成本，有时还要将其分解到每条支路。

3. 冗余容量的存在

电网总是存在一定的冗余容量，不仅需要回收使用了的电网容量的成本，电网冗余容量的成本也需要通过一定的方式分摊给电网用户。电网冗余容量是由多方面的原因造成的：①电力负荷总是随时间不断地发生变化，最大负荷和最小负荷之间可以相差几倍，而且其变

140

化受很多随机因素的影响，因此电网为了满足所有负荷情况下传输电能的需求，就必须有一定的冗余容量。②为了能够在一些发电机或线路发生故障的情况下仍然保证一定的供电可靠性，也需要一定的冗余容量以适应潮流方式的变化。③由于输电线路只能逐条地建设，电网的投资具有离散性，总成本不是连续变化的，这也导致产生了部分的冗余容量。

4. 多种服务的存在

前文提及，不同节点间、不同支路上的输电服务都是不同的服务，电网提供的是多种服务的集合。问题在于，不同输电服务的成本之间不是独立的，对于一些共同的成本，需要以一定的方式进行分摊。

使用程度难以确定。电能在电网按照物理规律传输，即使应用先进的柔性交流输电（Flexible AC Transmission Systems，FACTS）技术，也只能极其有限地对潮流进行控制；由于无法给电加上标签，电一旦进入电网就不可区分，无法确定其流动路径。因此，电力交易的传输路径不能像交通一样由人为确定或控制。另外，由于线路潮流和电能损耗与节点注入都是非线性关系，因此从理论上无法确定各节点注入或各交易对每条线路的潮流和损耗的影响。这些都导致很难确定每个交易对电网的使用程度。

5. 输电交易的外部性

在连通的环网中，任意两点之间的电力交易都会流经网络中所有的支路，这就导致了环流问题（Loop Flow，Parallel Flow），一个交易对电网使用的变化会影响整个网络的状态，包括各条支路上的潮流和各节点的电压，因此影响到其他交易对电网的使用。这就是输电交易的外部性（Externalities）。外部性包括好的外部性和坏的外部性。好的外部性就是一个交易的存在使得整个电网的输电能力增加，因而所有交易都得益，坏的外部性就是一个交易的存在使得电网的整体输电能力和安全裕度降低。要达到资源的最优分配，就必须在定价时考虑因交易而引起的外部性。

输电服务的这些特性决定了输电服务定价的复杂性，而这些问题基本上都没有得到很好的解决，存在着很大的争议。有些问题本身就没有确定的、唯一的解决方案。

13.1.3　输电服务的类型

输电服务的属性包括服务方式、持续时间等，按照不同的属性，可以对输电服务进行分类。本节将对输电服务的分类方法进行系统的总结。

1. 按照服务方式进行分类

按照服务方式进行分类，有点到点和网络服务两种。

（1）点到点的服务，是指卖方和买方在网络中的位置都确定的输电服务。这类服务主要是针对双边交易（多边交易），比如，发电厂和大用户之间的供电合同。卖方的位置即出发点可以是一个，也可以是多个。同样，买方的位置即终点也可以是一个或多个。最简单的是从一个出发点到一个终点的服务。

（2）网络服务，是指卖方和买方只有一方的位置确定的输电服务。这类服务主要针对电力联营体中的交易，相当于发电商将电能卖给输电公司，输电公司再卖给配电公司或用户。

在处理网络服务时，有时定义一个中心节点（Hub），所有的网络服务都为和中心节点的交易。也就是说，对卖方来说，可看作将电能从发电机节点传输到中心节点；对买方来说，可看作将电能从中心节点传输到负荷节点。这样，网络服务就可以看作一种点到点的服务。对点到点的服务，可以将之分为若干个网络服务。比如，对最简单的从一个出发点到一个终点的服务，可以将其看作两个独立的网络服务的组合，一个是出发点位置确定，一个是终点位置确定。注意，无论是点到点服务，还是网络服务，都是基于节点进行定义的。

2. 按优先级

输电交易（Transmission Transaction）按优先级，可分为确定（Firm）的交易和非确定（Non-Firm）的交易。确定的输电交易不能被随意中断，又称为预约输电服务（Reserved Transactions）。非确定的输电服务又分为适时中断（Curtailable）和适时执行（As-Available）两种，适时中断交易在特殊情况下可被中断，而适时执行交易在指定的地区和指定的时间内网络有空闲容量时才被执行。确定的和非确定的交易的区别实际上是优先级不同，前者的优先级比后者高。也可以按照其他的方法将输电服务分为多个优先级，比如，按签订合同时间的先后、按照愿意支付输电（阻塞）费用的多少等。优先级的不同在电力市场中可以反映在不同的方面。比如，在系统发生阻塞时，优先级高的首先得到调度，而优先级低的首先被裁减；在输电定价中，高优先级的输电服务一般要支付比低优先级的输电服务更高的价格。

3. 服务持续的时间——长期和短期

长期和短期是相对而言的，一般来说，长期服务一般在一年以上，对其收费主要考虑对投资的回收问题。短期服务可以是 1 小时、一天、一周、一个月等，对其收费主要考虑短期的经济运行。有的文献中，长期交易的期限需要跨越几年，而短期交易的期限可以从几小时到一年，甚至两年，区分它们的界限是能否进行网络升级，建设新的网络设备。有的文献中短期是指一年及一年以内，一年以上就称为长期。

4. 按服务所在的时间

电网中的潮流是不断变化的。特别是实行电力市场以后，变化将更加频繁。不同潮流水平下，对电网的要求是不同的，电网必须能够满足各种情况下的需求。

一般地，根据电网系统中的负荷水平情况，将负荷情况分为峰荷、谷荷和腰荷。峰荷是最大负荷的时段，谷荷是最小负荷的时段，而腰荷是一般水平的负荷时段。类似地，根据电网中潮流的情况，输电服务也可分为重潮流下、轻潮流下和一般潮流下的服务。一般情况下，峰荷时段是电网潮流最重的时段，谷荷时段是电网潮流最轻的时段。

电网的建设主要是根据峰荷时段的输电服务确定的。因此，电网的主要成本也是由峰荷时段的输电服务造成的，而电网的可变成本，各时段下的输电服务对其都有贡献。

5. 按服务对象的类型——本地和转运

按照服务对象的不同，可以将输电服务分为转运（Wheeling）服务和对本地用户的服务。转运，是指拥有电网的电力公司作为第三方给电网外的电力买、卖者提供的输电服务，对应于电力公司仍然具有垂直一体化的垄断运行结构，但要求向独立发电公司和大用户提供输电服务的情形；本地用户（Native Customer）是相对转运用户而言的，是指电力公司所属电网内的输电用户，在电力市场化以前已经支付了电网的部分成本，也称为现有用户。在电力工业完全市场化、发电与输电分离、输电系统全面开放后，就不再有转运服务了，而统称为输电服务。

13.2 阻塞管理简介

输电阻塞（Transmission Congestion），是指由于输电网本身的容量限制，导致调度机构不得不非优序调度边际成本更高机组且裁剪边际成本较低机组输出功率的一种状态，其最终结果是社会总福利的损失。站在电网调度机构的角度来看，对输电阻塞进行管理，主要是为了应对以下两种情形：①输电线路或变压器等出现有功越限；②节点电压越限。因此，阻塞管理实质上是保障电力系统安全稳定运行的必要措施，在电力工业去管制化以前就已长期存在。

在实行电力市场的国家和地区中，由于其社会、历史、经济等条件不同，解决输电阻塞的方法也不尽相同。阻塞管理的方法不同，阻塞成本的计算、分摊、定价等也都不同。总的来说，有四种主要的解决阻塞的方法，即再调度、裁减、分区、报价。

再调度就是通过对发电机输出功率的调整来解决阻塞问题。比如，从 A 到 B 的支路发生了阻塞，如果调低节点 A 的发电机的输出功率，而调高节点 B 的发电机的输出功率，支路 AB 上的潮流就会减少，阻塞因此得到缓解。这种方法一般用于实时市场的阻塞调度。具体在发生阻塞时选取哪些发电机进行再调度取决于发电机的调整报价和所用的优化目标函数。可以直接采用目前市场的报价而不再另外单独报价，如英国的老模式，也可以组织平衡市场，发电机重新进行报价，包括上调、下调的价格。再调度的目标函数也可以有不同的形式，比如，调整量最小，调整费用最低等。再调度机组的结算方法主要有三种，即按报价支付、按节点价格支付、按 Buyback 方式支付。其中，Buyback 方式就是对调整的那部分输出功率进行补偿，其他的仍按照未阻塞的价格进行结算。

分区法在发生阻塞时，根据阻塞的线路、界面进行分区，将一个市场分裂为多个市场，每个市场产生一个独立的价格。一般用于目前市场的阻塞调度。跨越不同区的交易需按照区间的价格差支付阻塞费用，阻塞收益一般用来减少容量费用的支付。分区法适用于解决连接不是很紧密的区域之间的阻塞问题，其难点是如何进行分区。对于联系紧密的网络内部的阻塞，实际中可能无法进行分区。

裁减方法在发生阻塞时，根据某种原则对交易进行裁减。双边交易就是裁减交易，联营体中的参与者是裁减负荷和发电量。当交易之间有优先级区别时，按照优先级进行裁减。这种方法下双边交易因减少交易量，联营体中的参与者因减少负荷或发电量而产生一定的损失，对电网来说，如果不需对裁减的电量进行补偿，就没有显示的阻塞成本，因此不存在阻塞成本分摊的问题。

基于报价的方法就是各个交易在上报交易量的同时上报愿意支付的阻塞费用，即在发生阻塞时愿意支付多少来购买稀有输电的权利。发生阻塞时，按照愿意支付的阻塞费用高的交易首先得到满足的原则进行调度。在许多电力市场中应用的输电权方法可以看作是一种基于报价的方法。简单地说，输电权就是利用输电网或输电网的一部分进行电力传输的权利，而输电权的价格实际上就是愿意支付的阻塞费用。输电权可以是物理输电权或金融输电权，点到点输电权或基于支路（Flow‐Gate）的输电权、Obligation 输电权或 Option 输电权。各种输电权各有利弊，在实际的电力市场中可以允许多种输电权同时存在，由用户自由选择购买哪种输电权，也就是让市场来选择哪种输电权更好。

最近的一些文献提出了一种基于分散优化的阻塞管理方法，阻塞价格不由 SO（System Operator）集中确定，而是通过一个分散优化的迭代过程确定。具体过程如下：首先 SO 宣布最初的关于阻塞价格的估计值及网络的功率传输分布因子（Power Transfer Distributor Factor，PTDF）系数，然后各交易根据 SO 宣布的信息，分别最大化自己的收益，得到在各节点的注入量，并提交给 SO。SO 综合所有交易提交的节点注入量，检验是否满足网络约束。如果满足，则没有阻塞，所有交易都可以完成；如果不满足约束，SO 对阻塞价格进行调整并重新进行发布。各交易根据新发布的阻塞价格进行重新优化，确定各自新的注入量提交给 SO。这个过程一直进行，直到没有阻塞发生，这时 SO 发布的阻塞价格就是最终的阻塞价格。可以证明，这种分散优化方法的结果与传统的集中优化阻塞方法是一样的，但由于价格不由 SO 集中确定，因此更加透明。

13.3　输　电　定　价

13.3.1　输电定价的重要性及对市场各主体风险的影响

价格是一切市场的核心。同样，电价也是电力市场的核心，良好的电价形成机制是保证市场有效运行的重要条件。终端电能价格是发电、输电、配电和售电价格的综合反映，输电服务成本是终端电能总成本的主要组成部分之一，合理的输电定价方法对电力市场的经济、安全运行有着极其重要的作用，对市场各主体也有很大的影响。

(1) 从整个市场来讲，合理的输电定价方法可以保证市场开放和公平竞争，提高市场的稳定性，保证电网的可持续发展，降低市场发生意外事故的风险。比如，若采用的输电定价方法不能使电网公司收回足够的投资，电网公司将没有进行投资、扩建输电网的激励，电网将面临投资不足的风险；相反如果输电定价方法能使电网公司得到超额的回报，电网公司将有进行超前投资的倾向，电网面临超前建设，过度投资的风险。

(2) 对电网公司来说，采用何种输电定价方法，关系到其能否收回投资，如何收回投资，进而影响到其经营方式。比如，若采用固定利润率的定价方式，电网公司便没有亏损的风险，其投资一定能够回收而且得到固定的利润率，但若采用价格上限的方式，电网公司的成本如果过高，就有亏损的风险，因此相比在后一种定价方式下电网公司更有提高效率、降低成本的动力。

(3) 电网用户（发电商、供电公司、大用户）来说，输电定价方法将影响其支付的输电费用，影响其成本或收益。比如，采用邮票法计算输电价格，则输电费用比较确定，电网用户没有任何价格风险，但是这种价格不能提供合理的经济信号；若采用实时电价的方法计算输电费用，则输电价格的波动性很大，电网用户将面临较大的价格风险。

13.3.2　输电定价的原则

由于输电网和输电服务的一些特殊属性，如输电投资的规模经济性、电网的垄断性、冗余容量的存在、多种输电服务的存在、使用程度难以确定等，合理的输电定价十分困难。对于不同的定价方法，不能一概而论说哪个好哪个坏，好坏与定价希望达到的目标有关。总的来说，输电定价应该遵循经济效率、公平、可行性三方面的原则。

价格设计最重要的目标就是要实现资源的最优配置和社会总福利的最大化，对输电定价来说就是要保证整个电力系统的经济效益的最大化。这又可以细分为下面几条：

(1) 能够正确引导电网的实时经济运行。这一条是为了保证短期经济效率。在现有的电网、电源的结构下，收费机制能引导电网的合理使用。

(2) 电网所有者可以回收电网成本并获得合理的收益。这一条是为了保证长期的经济效益。如果电网所有者不能收回成本并获得合理的收益，将没有进行继续投资、扩建，甚至维修的激励，电网得不到应有的发展。

(3) 能够正确引导电网的规划和建设。这一条也是为了保证长期的经济效益。不仅需要激励电网投资，而且需要激励电网进行正确的规划和建设，也就是说，其投资要能提高电网运行的经济性和安全性，在合适的地方建设新线路。

(4) 能够正确引导电源、负荷的规划和建设。电网的定价不仅要对电网进行激励，也要引导电源和负荷的长期规划和建设。这一条也是为了保证长期的经济效益。要实现这一原则，在缺电的地区对发电厂的收费要低，对负荷的收费要高；相反，在电力过剩的地区对负荷的收费要低，而对发电厂的收费要高。

除了经济效益，还要保证电网收费对用户的公平。如果认为电网是一种政府提供的公用品，应该对所有用户提供相同的服务，则对电网用户应该按照简单的邮票法收费，即仅根据输电量收费，不考虑其所在的位置。如果考虑为用户提供输电服务的成本，认为对输电网影响大的应多付费，则收费应反映它们的实际使用程度及各种属性，包括在电网中所处的位置、输电量、时间变化曲线、是否可中断等。

从实际应用的角度看，方法应简单、透明。一种定价方法要达到它的目标，必须要能够被用户所理解。如果定价方法从理论上很完美，可以引导短期的和长期的经济效益，但用户不理解，不知道价格是如何确定出来的，不知道各种行为会如何影响价格，因此就无法对价格信号做出反应，理论上的经济效益也就无法实现。定价方法必须简单、透明，易于理解。

另外，确定输电定价方法时，要考虑相应国家或地区的实际政治、经济背景及电网的实际特点，在不同的情况下，所适用的输电定价方法可能是不同的。主要需考虑以下因素：

（1）市场化以前企业的定价方法。要保证新的体制能够被接受。一般来说，改革前后利益在不同实体之间的分配关系不能差别太大，否则利益集团的阻力会使方案无法实行。

（2）市场对价格变化的承受能力。如果市场对价格变化的承受能力比较高（如美国），就可以采用实时电价等不同地区、不同时间价格变化比较大的方法，否则就要采用价格相对比较稳定的方法。

（3）发电市场的形式。如果发电市场中是采用实时电价的，输电定价也用实时电价就比较方便，否则就应该采用其他的方法。

（4）电网的特点，包括电网的大小、网架的强弱、阻塞的多少等。如果网架较强，阻塞较少发生，就可以采取费用平摊的方法；反之，费率的设计应该体现位置的差异和实际的使用程度。

（5）市场的阶段。在市场发展的初期，最大的目标是市场能够稳定运行，适宜于采取比较简单的方法；反之，随着市场运行的稳定、成熟，应该逐渐改进，尽量使费率的设计能够反映经济学信号，引导资源的最优配置，增加社会的福利。

有时这些原则之间可能是矛盾的，比如，能引导实时经济运行，但不能保证投资回收，经济上合理但政治上不可行等。实行中要根据具体情况确定这几个原则的优先次序，从而确定定价的方法。

13.3.3 输电价格的组成

输电服务成本包括固定成本与可变成本，其中可变成本又包括网损、阻塞成本、辅助服务成本等。输电固定成本占总成本的比例很大，因此输电服务有显著的规模经济性，短期边际成本定价会导致电网公司亏损。在实际中，一般对不同的成本分别按照不同的方法进行定价。一般输电价格包括入网费、使用费、网损、辅助服务费等部分。

1. 入网费（和使用无关的费用）

入网费，是对每个接入网络的用户收取的费用，一般与实际使用的情况即输电量没有关系，而是由发电机的装机容量或用户的峰荷值和其所在位置确定，主要用来回收相关的输电固定成本，一般以年费或月费的形式进行收取。

一般，入网费包括两方面的费用：①把电力送入或送出输电网的变电站等相关设备的费用；②除此之外的其他输电网设备的固定费用。

第一部分可以称为接入费，与用户的上、下网点有关，包括向发电公司收取的接入系统的费用，和向地区电力公司和大用户收取的接出系统的费用。主要用来回收将电网用户（发电厂或负荷）接入或接出输电网的专用"接入设备"相应的固定成本。

第二部分是对用户使用整个电网收取的费用。目的是回收将电能在电网中传输的通用"网络设备"相应的固定成本。对这部分收费，最简单的方法是对所有地点的电网用户按相同的标准收费，但这不能反映它们的实际成本和引导长期的投资。为了提供合理的经济信号，一般在发电量大于负荷的地区对发电机收取较高的费用，而对负荷收取较低的费用，相反，在负荷大于发电量的地区对发电机收取较低的费用而对负荷收取较高的费用。设计合理的入网费不仅可以引导电源和电网的扩建，还可以在实时运行时消除或减少阻塞的发生，但如何设计不同地区和节点的费率是有待解决的问题。目前都是采用简化的方法，如挪威电力市场根据纬度确定费率，而英国采用基于交通模型的长期边际成本方法（Investment Cost - Related Pricing，ICRP）。

2. 使用费（和使用有关的费用）

使用费就是与用户对电网的实际使用情况，即输送功率、时间及上下网点有关的那部分费用，主要用来回收输电可变成本，一般按照每个交易时段的电网情况收取。使用费在不同的市场中其计算方法、组成等都有所不同。最常见的是将阻塞费作为使用费，也就是将按照节点电价方法计算出的两节点间的价格差作为在两点之间输电的使用费。有的电力市场中，将固定成本的一部分也通过使用费进行回收，每个交易的使用费可以按照兆瓦公里方法或潮流跟踪方法等确定。

3. 网损

网损实际是输电可变成本的一部分，其合理分摊是一个非常困难的问题，这是由于支路中的网损是所流过的潮流的非线性函数。每条支路的网损与所流过的电流的平方成正比，即使能够将每条支路上流过的电流合理分摊到每一个交易，也不存在理论上"正确"的网损分摊方法。

最简单的网损分摊方法是邮票法，即按市场参与者的交易量比例分摊网损，不考虑交易的上网点和下网点。邮票法透明，易于使用，但是分摊结果不能反映各交易对网损的实际影响，不能提供经济信号，也不公平。

基于边际成本的方法利用实时电价或网损微增率分摊网损，在目前实际运营的电力市场中得到了比较广泛的应用。这种方法能够提供正确的经济信号，但会导致收益盈余，计算也比较复杂。

基于成本分摊的方法将总网损表示为对应于各交易的功率或电流的函数形式。根据函数的性质，按照某种原则将总网损分摊给各个交易。这类方法能够在相当程度上计及各交易对网损的实际影响，能够保证收支平衡，且一般比基于边际成本的方法便于计算。

4. 辅助服务费用

辅助服务是为保证电网经济、安全稳定运行而提供的服务，包括调频、备用、无功电压控制、黑起动等，主要由发电商提供（备用和无功也可由用户提供）。由于辅助服务的目的是保证整个电网的安全经济运行，因此其用户为所有的发电商与用户。辅助服务的定价包括以下两方面，即对辅助服务提供者的购买价格和此费用在用户之间的分摊。

辅助服务购买价格的确定有以下几种方法：

（1）辅助服务由发电商强制提供，根据一定的原则给予补偿或不给予补偿。这种方法最简单，但补偿方法没有考虑各提供者对辅助服务的实际贡献，难以实现公平和提高效率。

（2）通过合同确定。这种可以保证辅助服务的供应，而且价格由双方协商确定，既保证了电网的安全运行，又比较简单、公平。

（3）确定所需辅助服务的数量和种类，各发电商报价，通过市场竞争确定。这种方法与能量市场的竞价方法类似，提供者报出愿意提供的辅助服务的数量和价格，电网公司或 ISO 根据实际所需的数量确定清算价格和入围的厂商。这种方法最开放，但报价比较复杂，而且发电商容易投机，使辅助服务价格偏离边际价格。

由于辅助服务是针对整个网络的，难以确定每个用户的受益程度，因此一般在用户之间根据传输功率的大小进行平摊。

13.3.4 对一些输电服务定价方法的介绍和分析

下面对一些文献中常见的输电服务定价方法的含义、实质、适用范围等进行简单的介绍和分析。

1. 邮票法

邮票法实际上是对一类方法的统称，其核心是收费与传输距离无关，仅根据传输功率的大小确定输电价格。邮票法可以用在输电定价的各个方面。比如，对输电总成本按照邮票法收费；对可变成本按照邮票法收费，而固定成本则按其他方法收费；对固定成本按邮票法收费，而可变成本按其他方法收费；仅对可变成本中的一部分，比如网损按照邮票法收费等。

邮票法的最大优点是简单，透明性高，容易应用和理解。但这同时也导致了它的缺点：不能正确反映相关的经济信息，不能引导电网的经济运行。对于一些小系统，或者网架比较强，分布比较均匀的网络，邮票法可能是比较好的选择。

2. 合同路径法

合同路径法假定交易中的电力按照事先约定的路径进行传输，按照此路径确定各交易应该承担的成本。实际上，电在电网中的流动遵循物理规律，即使应用 FACTS 等先进的控制技术，也只能很有限地控制电的流动路径，因此实际潮流与合同路径常有很大的差别，会流经许多非合同路径内的一些支路，这也就是常说的并行潮流（Loop Flow 或 Parallel Flow）问题。

合同路径法常常应用在不同地区的电力公司之间进行转运业务时输电费用的简化计算，比如，美国在电力市场改革的初期，不同电力公司之间转运费用的计算大多数是采用合同路径法的。

3. 边界潮流法

边界潮流法同样也是主要针对转运业务，根据其引起的提供转运服务的电力公司的电网（简称转运电网）边界潮流的变化计算转运费。计算步骤如下：

（1）选择合适的负荷水平为计算基准。

（2）计算没有转运业务时的系统潮流，求得各边界联络线上的功率。联络线可以有多条。

（3）计算转运交易加上以后的系统潮流，求得各边界联络线上的功率。

（4）计算每条联络线上功率的变化，将其绝对值相加，并乘以 0.5 作为转运交易对提供转运的电网潮流的综合影响。

（5）用邮票法计算电网单位输电功率的价格。

（6）用（4）中计算的转运对电网潮流的综合影响乘以（5）中计算的价格，得到转运业务需支付的总转运费。

边界潮流方法的实质是根据转运业务对电网边界潮流的影响确定其对转运电网的影响，然后按照邮票法与转运电网内的其他输电业务一起共同承担输电总成本，乘以 0.5 是考虑到转运从一个地方流入，就会从另一个地方流出，所有流入流出支路功率变化绝对值之和的一半反映了转运交易的总量。

4. 逐线计算法

逐线计算法也是用于计算转运业务的输电费，但是考虑了转运业务对输电网中每条线路的影响。计算步骤如下：

（1）选取合适的负荷水平作为计算基准。

（2）计算没有转运业务时各条支路上的功率及网损。

（3）计算加上转运以后各条支路上的功率及网损。

（4）计算各支路转运前后功率和网损的变化量。

（5）计算每条支路单位容量的成本，作为其容量价格。

（6）以各支路功率在转运前后的变化量作为转运对支路的使用量，乘以容量价格得到在每条支路上分摊的容量成本，将所有支路上分摊的成本相加得到分摊的总容量成本。

（7）将所有支路网损加上在转运前后的变化量，得到转运分摊的网损。

5. 基于潮流的兆瓦公里法

这种方法一般用来分摊全部的或者部分的输电固定成本，考虑了网络中实际潮流的情况，根据各用户对网络中每条支路的使用程度来分摊成本。基于潮流的兆瓦公里法分摊公式如下

$$C_{totalt} = C_{total} \frac{M_t}{\sum_{i \in T} M_i} \tag{13-1}$$

$$M_t = \sum_{k \in K} c_k L_k W_{tk} \tag{13-2}$$

式中：C_{total} 是要分摊的总的输电固定成本；C_{totalt} 是分摊给交易 t 的总成本；L_k 是支路 k 的长度；c_k 是支路 k 单位长度单位容量的成本；K 是所有支路的集合；T 是所有交易的集合；W_{tk} 是交易 t 在支路 k 上引起的有功功率。

此后，基于这一思路提出了一些改进方法，这些方法的共同点是都需要确定每个交易（或用户）对每条支路的使用程度，主要区别在于如何确定这个使用程度，也就是如何求取 W_{tk} 的值。

6. 潮流跟踪方法

1996 年，潮流跟踪的思想被提出，其核心基础是比例分配原则。这种方法可用于考察每条支路中的潮流来自哪些发电机，并最终流向了哪些负荷。

基于类似的思想，一种潮流跟踪的方法被提出。定义了节点组 common，其为由相同的发电机供电的一些相连节点的集合，并假设 common 的流出支路潮流中各发电机所占的比例等于这些发电机注入该 common 的潮流的比例。在此基础上，提出了分摊输电使用成本的新方法。对于某一支路成本的分摊，在考虑各种运行状态和所有可能的预想事故的情况下，以该支路潮流最大状态下的潮流为基础，确定发电机或负荷对该支路的使用程度。

用上述跟踪方法得到的分布因子都为非负值，这避免了其他方法中需要专门处理的反向潮流问题。但从另一个角度看，这也反映了这类方法存在的一个问题：不能提供足够的经济信息，因为有些交易的确可以减轻输电网络的负荷，应该予以鼓励。

以上述方法为基础发展了许多改进方法或推广了这类方法的应用范围，包括对网损的分摊、对无功成本的分摊、对输电系统中存在的环流的处理，算法的改进等多方面。

从严格意义上来说，潮流跟踪方法并不是一种输电定价方法，而是一种确定电网用户对电网使用份额或者对电网潮流贡献的方法。

7. 短期边际成本法

在实行实时电价的国家，输电费用的很大一部分也直接通过实时电价来确定。节点的实时电价实际上就是在考虑各种约束情况下向各节点供电的边际成本。在各节点，发电机和负荷都按本节点的实时电价进行结算，两个节点之间的价格差就是线路的阻塞定价，在许多国家同时也作为使用费。如果在网络工程中考虑了网损，则实时电价中也包含了网损。

实时电价被认为是一种短期边际定价方法，反映了经济学的信息，可以使资源得到有效的配置，而且在解决系统优化调度的同时也确定了各种费用。但实时电价也存在许多问题，比如：由于电网的固定投资大，边际成本小于平均成本，如果完全用实时电价来收取输电费用，电网不能收回投资；实时电价的计算中没有考虑电网本身的实际成本，由此来确定的输电费只能反映输电的机会成本；实时电价的稳定性很不好，电网状态的微小变化可能引起某些节点实时电价的巨大变化等。

8. 长期微增成本方法

长期微增成本（Long-run Incremental Cost，LRIC）方法可以用来分摊由转运交易引起的微增固定成本。LRIC方法主要包括两类，即标准LRIC方法和长期全微增方法。标准LRIC方法用传统的输电系统规划方法确定有无转运两种情况下所需的网络投资成本，将其差值作为转运交易所引起的固定成本。如果有多个转运交易，则需将总的微增成本在各交易之间进行分摊。长期微增成本方法假设不允许用输电系统的冗余容量从事转运业务，而必须沿现有通道增加新的容量来容纳转运交易。这种方法不采用传统的输电系统规划方法，只是对需要增加的容量进行估计。如果有多个转运交易，则需要分别对每个转运交易所需增加的容量进行估计。由于各交易所需要的新增容量是单独考虑的，因此这种方法不存在将新增容量成本在各交易之间进行分摊的问题。

9. 长期边际成本方法

长期边际成本（Long-Run Marginal Cost，LRMC）方法根据输电系统的长期边际成本来分摊输电固定成本。严格意义上的LRMC既包括长期边际投资成本，又包括长期边际运行成本。但在分摊输电固定成本时LRMC一般仅指长期边际投资成本，即最优网络投资成本对输送电量的灵敏度，即输送电量的单位增加所引起的最优网络投资成本的增加。

LRMC和LRIC不同，后者是增量成本，表示由整个转运交易所引起的成本增加，而前者是边际成本，表示用户输送电量增加一个无穷小的数值时对输电固定成本的影响。若对所有输电用户公平看待，即不存在先后之分时，则不存在LRIC。

要对LRMC进行精确计算就必须求解输电网络规划问题，非常复杂。实用中一般要做一些简化处理，如：

（1）输电线路的容量可以连续变化。

（2）只允许在现有线路上增加容量，即不建设新的线路。

（3）只考虑系统峰荷的情况。

（4）所有支路具有相同的类型和参数，其固定成本与其容量及长度呈线性关系。

（5）不考虑 $N-1$ 安全性要求。

在这些假设条件下，LRMC的计算就可以简化为求解输电系统的MW-Mile（所有线路的长度和流过的功率的乘积之和）对输送功率的灵敏度。

现有的LRMC方法主要有两种，即基于交通模型的方法和基于直流潮流的方法。基于交通模型的LRMC方法又称为投资成本相关的定价方法（Investment Cost-Related Pricing，ICRP），在英国电力市场得到应用。这种方法是假设电能可以像一般的商品一样选择输送的

路径，不考虑基尔霍夫电压定律的约束，并假设电能按照最短路径输送。该方法的数学模型如下

$$\text{Min}\ v = \sum_{ij} |l_{ij} f_{ij}| \tag{13-3}$$

等效于 $\sum_j f_{ij} = P_i$，对所有的节点 i，有

$$\lambda_i = \frac{\partial v^*}{\partial P_i}$$

$$C_{\text{LRMC}i} = c\lambda_i$$

其中，l_{ij} 是线路 ij 的长度；f_{ij} 是线路 ij 上的输送功率；v 是系统总的 MW - Mile；λ_i 是节点 i 增加单位输送功率时 v 的增加；c 是增加单位长度单位容量的输电成本常数；$C_{\text{LRMC}i}$ 是节点 i 的 LRMC。ICRP 是一种基于节点的方法，其假设全系统负荷按照发电机的注册容量所占的比例分摊给各发电机，在得到各节点的 LRMC 以后，还需要根据成本回收要求等因素对价格做一些调整。

基于直流潮流模型的 LRMC 方法可以计及 Kirchhoff 定律的约束，其数学模型为

$$\text{Min}\ v = \sum_{ij} l_{ij} b_{ij} \theta_{ij} \tag{13-4}$$

等效于 $\sum_j b_{ij} \theta_{ij} = P_i$，对所有的节点 i，有

$$\lambda_i = \frac{\partial v^*}{\partial P_i}$$

$$C_{\text{LRMC}i} = c\lambda_i$$

其中，b_{ij} 是线路 ij 的电抗；θ_{ij} 是线路 ij 两端的电压相角差。

第 14 章

电力金融市场

电力市场普遍按时间尺度划分为包括日前、日内和实时的现货市场，以及由现货衍生、提前交易且在未来交割的合约市场。国内一般把后者称为中长期市场，其当前至少已囊括了物理交割的中长期实物合约及金融结算的差价合约。国外则普遍沿用了金融学中的定义，将适用于电力市场却不归属于现货市场的远期、期货、互换、期权等合约统一定义为电力衍生品（Electricity Derivatives），并将其相对应的子市场称为电力衍生品市场（Electricity Derivative Market），或称为电力金融市场。

电力金融市场作为电力市场发展完善后方能涌现的高级形态，其发展脉络必然地呈现了渐进性的特点。在大多数推行电力工业去管制化的国家中，电力金融市场一般均以双边形式的场外交易起步，后续才逐步出现稳健、高水平的场内交易，并伴随着流动性的逐步增强。

电力金融市场发展路径如图 14-1 所示。

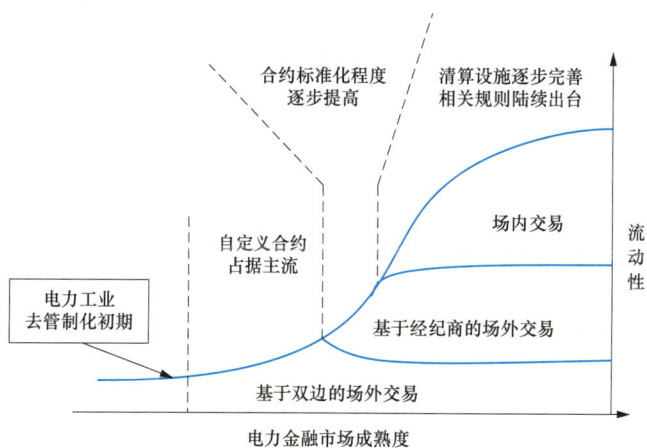

图 14-1　电力金融市场发展路径

14.1　电力金融衍生品

14.1.1　电力期货

1. 电力期货的基本概念

电力期货交易，是指交易者支付一定数量的保证金，在高度组织化的交易所进行的、在未来某一地点和时间交割某一特定数量和质量的电力商品标准合约的买卖。电力期货交易的对象是电力期货合约，是在电力远期合约交易的合约基础上发展起来的高度标准化的合约。

电力商品本身具有一些特殊性，如交易价格波动频繁，传输及转运便利，交易规模大，交易者众多，并且可以依据电压等级及用户需求划分成不同的规格。另外，电力商品与其他大部分进行期货交易的商品有显著的区别，如电力商品不适合存储，并且电力期货商品的生产需要周期，在电力生产周期内同时被完全消费，生产与交付或称消费是同步进行的。

电力期货有几个重要的相关概念。

（1）电力期货交割，是指电力期货合约的真正执行。电力期货交割时，期货多头方收取实际商品并付给期货空头方以货币。在电力期货交割日期之前，如果进行数量相同，但买卖方向相反的电力期货交易的话，那么交易人就不必担负交割实物的责任，同时可以获得在此期间内期货价格波动带来的收益或损失。

（2）电力期货头寸，是指交易者手中持有的交割日期相同的期货的总和。

（3）电力期货的套期保值。电力期货价格的波动与电力现货价格的波动是不同的，因此可利用期货价格的波动所导致的收益来补偿现货价格过高或者过低所带来的损失，这种保值手段称为套期保值，它是电力期货较主要的功能之一。

2. 电力期货的交易流程

在电力交易所中进行的期货交易，首先由用户根据生产和生活需要提交所需电量，与此同时由发电商根据需求制订并提交发电计划，经过信息的整合后供需达成动态平衡，此时用户与生产者分别下电力期货订单和提交电力期货合约在交易所进行竞价成交，在交易最终确认前允许期货合约转手。在交易截止日期到达前某一时刻规定终止期货合约转手，独立操作机构开始编排输电计划，在期货合约规定的交货日期实现电能的交付使用，进行必要的结算工作后交易完成。电力期货交易流程如图 14-2 所示。

图 14-2　电力期货交易流程

电力期货交易要求在专门的期货交易所内进行，不允许场外交易，私下进行场外期货交易被认为是非法的。电力交易所为电力期货交易者制订了一套完整的交易规则，同时还为在交易所内完成的交易提供财务上的担保，保证电力期货交易能够顺利履约，若合约到期时既未对冲平仓，又未按合约规定进行交割，则被视为违反规则，交易所有权对其作出裁决。

14.1.2　电力期权

1. 电力期权的基本概念

电力期权是一种选择权，电力期权交易实质是对于电力商品或其使用权的买卖。电力期权购买者在支付一定数额的权利金之后，有在一定时间内以事先确定好的某一价格期权售出方购买或出售一定数量的电力商品、电力商品合约或服务的权利，在电力期权合约的有效期内，买主可以行使或转卖这种权利。当买主认为行使电力期权对自己不利时，也可以放弃行使这种权利，但购买期权所付出的费用，即买主支付的"权利金"将不再退还。也就是说，电力期权仅仅是期权购买者花钱购得的可以享受的权利，而期权购买者本身不需要承担任何义务。

电力期权与电力远期合约交易、电力期货交易主要有以下两个重要的不同点：

（1）无论是电力远期合约交易的购买方，还是在电力期货交易中购得合约的持有者，到期都必须按照合约的规定履行电力商品交割手续，否则就要承担违约的惩罚。电力期权则不同，电力期权的购买者在支付一定的权利金购得某项期权后，如果他认为当期的市场价格比原来协议中的执行价格更有利，他便可以放弃对电力期权的执行。

（2）电力期货交易的回报是在零点上下对称的，因此又称为对称性衍生资产。换言之，电力期货合约的价值视其原始资产的估算价格与电力期货价格而定，可为正数，也可为负数，一般来讲，所有由电力期货或电力远期合约构筑的衍生资产都是对称性衍生资产。电力期权则被称为非对称性衍生资产，这是因为与电力期货的对称性收益形态相比，买入与卖出电力期权的收益形态是非对称的。正是因为电力期权的这种不对称性，所以以电力期权构成的衍生资产都是非对称性衍生资产。

2. 电力期权交易的主要形式

电力期权交易按期权交易方向的不同，可分为电力看涨期权与电力看跌期权两种。

电力看涨期权又称为电力认购期权，即持有人有权在约定日期或此前以特定价格向期权出售者买入电力商品的权利。一般来讲，电力期权购买者买入电力看涨期权，是因为他们预计电力商品的市场价格将上涨。买进电力看涨期权后便可以在电力商品价格上涨后以较低的期权规定的执行价格购买电力期权卖出者手头持有的电力商品或电力期货，从而避免因市场价格上涨所带来的损失，同时也可以在电力价格实际下跌时放弃履行期权。

电力看跌期权又称为电力认沽期权，是指电力商品购买者可以在约定的时间或以前向电力期权出售者卖出电力商品的权利。一般来讲，电力期权购买者买入电力看跌期权是因为预计电力价格将会下跌，买进看跌电力期权后便可以在电力商品价格下跌后，依旧以较高的期权规定的执行价格卖出他们所持有的电力商品，从而避免因市场价格下跌所带来的损失，同时可以在电力价格实际上涨时放弃履行期权。

3. 金融电力期权与实物电力期权

根据期权标的不同，电力期权可分为金融电力期权和实物电力期权。金融电力期权，是指以电力商品相关的金融性资产为标的资产的期权，电力期货期权和金融输电权就属于电力金融期权。实物电力期权，是指以实物性资产及其使用权为标的资产的期权，电力现货期权及实际输电权就属于实物期权。

4. 发电权、购电权与输电权

电力期权交易按照交易主体的不同，主要可分为发电权交易、购电权交易、输电权交易及辅助服务期权交易等。发电权是电厂在合约市场、日前市场等市场中竞争获得的发电许可份额。发电权实际是一种以规定价格卖出电力商品的权利，主要在发电厂商之间进行交易。购电权，是指电力用户在市场中以确定价格购买电能商品的权利，主要是作为电能期货交易的平衡及补充形式在购电者之间进行交易。输电权，是指发电公司竞价获得的使用输电网输出自己所发电能的权利，输电权主要分为实际输电权及金融输电权两种，通常作为一种规避风险的金融工具。

5. 欧式期权与美式期权

根据期权到期日的差别，期权可以分为欧式期权和美式期权。欧式期权是在到期日执行的，美式期权既可以在到期日执行，也可以在到期日之前的任何时期执行。电力市场中涉及的期权交易及结合期权思想的期权交易主要是欧式期权，即统一在期权到期日执行。

6. 电力现货期权与电力期货期权

电力期权交易按照交易内容的不同，可以分为电力现货期权与电力期货期权。针对现货交易的期权称为电力现货期权，发电权与购电权在一定程度上可以认为属于电力现货期权；针对期货交易的期权称为电力期货期权；而针对电力远期合约交易的期权称为电力远期合约期权。

7. 奇异期权

早期的期权为标准看涨和看跌期权（Plain Vanilla Options），如股票期权、股指期权、期货期权和货币期权等，后来在此基础上增加了一些特点，设计复杂的奇异期权（Exotic Option），可以分为以下三类。

（1）合同条件变更型期权：改变标准期权的某些条件而形成的奇异期权。

（2）路径依赖型期权：期权的最终结算根据基础资产价格在一段时间内的变化路径来决定，而不仅仅根据基础资产到期时的价格来决定。

（3）多因素期权：期权的最终结算根据两种或两种以上基础资产的价格来决定。

每种奇异期权都有着各自的特点及作用，在此对路径依赖型电力奇异期权进行详细介绍路径依赖型电力奇异期权。

电能作为日常生产生活的必需品具有不可替代性，随着我国电力市场的逐步放开，电力交易各方关注的焦点就是电力价格。电能作为一种商品在进行交易时，远期、期货交易固然能在一定程度上规避电价波动风险，但是当电力市场的投机者过多时，就不排除电力价格在未来合约到期日被过多的人为因素所控制，交易价格超过用电户的承受范围，从而出现大规模停电事故，扰乱正常的生产、生活秩序。而奇异期权中的路径依赖型期权就可以在一定程度上避免标的资产的价格无限制地上涨与下跌，防止过多投机行为的出现。主要有三种路径依赖型电力奇异期权，即电力障碍期权、电力回望期权和电力亚式期权。

1. 电力障碍期权

电力障碍期权分为敲出期权（又称为失效期权）和敲入期权（又称为生效期权）两种类型。电力障碍期权在交易期初就设定了两种电力价格水平，一种是一般的协定价格；另一种是规定的障碍价格水平或起动价格水平。敲出期权在开始时与普通期权一样，但当电力价格达到一个特定障碍水平时，该期权作废；敲入期权就是只有当电力价格达到一个特定障碍水平时，该期权得以存在。当电价位于失效和生效的过渡区域时，电力障碍期权实际上就为期权买卖双方提供了一种预定的缓冲空间。

2. 电力回望期权

电力回望期权的收益依附于期权有效期内电价达到的最大值或最小值，即其期权价格的确定是在期权到期时，持有者以期权有效期内曾经出现过的最佳市场价格作为结算价格。电力回望期权分为回望看涨期权和回望看跌期权。回望看涨期权的实质是持有者能以期权有效期内所能达到的最低电价购买电能；回望看跌期权是持有者能以期权有效期内所能达到的最高价格出售电能。因此，电力回望期权中的回望看涨期权为买电方规避了电价无限上涨的风险，回望看跌期权则保证了卖电方从电力市场涨价中获利的机会。

3. 电力亚式期权

电力亚式期权的收益依附于电能有效期至少某一段时间内的平均价格。标准期权在到期日支付的是期权协定价格与电力价格之间的差额。在电力亚式期权条件下，不仅仅采用到期日的电力价格，而且采用任一时段的电价的平均值作为结算指标。电力亚式期权分为电力平均价格期权和电力平均执行价格期权。电力平均执行价格期权不仅能保证购买在一段时间内频繁交易电能所支付的平均价格低于最终价格，还能保证销售在一段时间内频繁交易能收取的平均价格高于最终价格。

14.2　输电阻塞相关衍生品

14.2.1　基本概念

在竞争性的电力市场正式建立之后，不论采用集中式，还是分散式现货市场模式，输电阻塞所引致的非优序调度最终均会表现为：

（1）电力富裕节点（价区）的现货电价下跌，机组输出功率被裁减。

（2）电力紧缺节点（价区）的现货电价上涨，边际成本高于无约束出清价格的机组输出功率被调度。

（3）全系统各节点（价区）间出现价差。

从原则上来说，只要市场参与者在现货市场交割节点（价区）与电能量相关衍生品合约的交割节点相一致，就可以实现完美对冲。然而，市场参与者出于以下两种原因：

1）市场参与者所在交割节点（价区）并无与之严格对应的电能量相关衍生品合约。以采用节点边际定价机制的 PJM 市场为例，场内、场外交易的电能量相关衍生品合约，一般会将某交易枢纽或某负荷区域作为交割节点，较少采用某具体的物理节点作为合约交割节点。再以采用价区定价机制的北欧电力市场为例，其场内、场外的电能量相关衍生品合约均以无约束出清的系统电价作为合约结算电价，但近年来只有极少的时段内会出现各价区电价均与系统电价一致的局面。

2）市场参与者出于流动性的考虑，主动选择交易与所在节点不一致的衍生品合约。譬如，这种情况在中欧便十分普遍，在德国周边瑞士、荷兰、比利时等国家中，市场参与者常倾向于采用流动性更好的德国电力期货来进行套期保值。

实际持有的衍生品合约对应的交割点与现货市场中的实际交割点不可能完全一致。随着阻塞出现与否及其出现程度的变化，这部分基差也将呈现出剧烈的波动，即位置基差风险或阻塞风险。

按照合约是否基于物理输电容量的区别，阻塞风险对冲工具可按图 14-3 所示作相应区分。

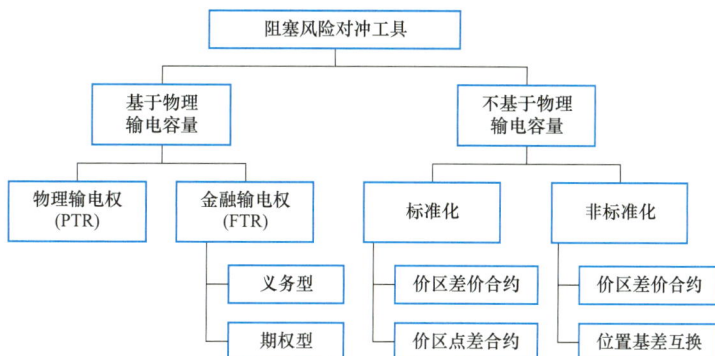

图 14-3　阻塞风险对冲工具分类图

14.2.2　基于物理输电容量的衍生品

1. 物理输电权

物理输电权（Physical Transmission Right，PTR），即将输电权定义为仅含使用的权力。

也就是，拥有了输电权，就有了利用电网进行输电的权力，但如果没有使用，就按时收回，也不会有补偿。因此，物理输电权的持有者具有排他性的权利，以使用指定线路（或线路的集合，如断面、关口等）对应份额的输电容量。至于输电容量的确定及分配，则一般交由输电系统运营商（Transmission System Operator，TSO）或者是能代表 TSO 权益的机构。

2. 金融输电权

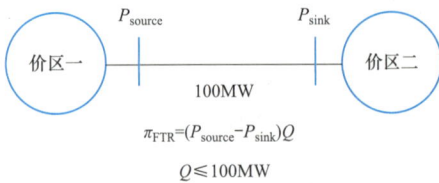

图 14-4　金融输电权收益示例图

金融输电权（Financial Transmission Right，FTR）是为规避位置基差风险、分配阻塞盈余而设计的金融工具，将输电权定义为纯粹的收益权，仅含收益的权力，而没有使用的权力。一般会定义相应的合约路径，方向为汲取（Sink）电能节点（价区一）指向注入（Source）电能节点（价区二），并将输电权的单位收益转化为二者间的电价差（$P_{sink} - P_{source}$）与传输电量的乘积，即阻塞收益 π_{FTR}。其收益示例如图 14-4 所示。

14.2.3　不基于物理输电容量的衍生品

1. 价区差价合约

价区差价合约（Electricity Price Area Differential，EPAD），于 2000 年由 Nord Pool 引入北欧电力市场，相较于前文所述的金融输电权与物理输电权，价区差价合约主要有三大特点：①合约标的均被定义为价区电价与系统电价之差；②合约开仓量与电网物理输电容量脱钩，因此其交易过程无需 TSO 参与；③不承担分配阻塞盈余的功能。EPAD 模式能够提高衍生品市场的流动性，发现电力商品的真实价格，充分发挥电力金融市场的功能。

我们首先围绕第一点进行介绍，并结合其说明 EPAD 对冲位置基差风险的原理。EPAD 合约标的对应的定义式如下

$$p_{EPAD} = \bar{p}_{area} - \bar{p}_{sys} \tag{14-1}$$

式中：p_{EPAD} 为 EPAD 在合约交割期的结算价格；$\bar{p}_{area}$、$\bar{p}_{sys}$ 分别指代价区电价与系统电价在交割期内的算术平均值。

假设某价区芬兰上市了合约标的为 $p_{EPADFI} = \bar{p}_{FI} - \bar{p}_{sys}$ 的日基荷 EPAD，若该价区内的某炼铝厂考虑到所在价区作为电力进口价区，可能受线路约束的影响而出现价区电价的大幅上升。为了对自身所持有的 10MW 负荷作套期保值，该司遂于 $D-2$ 日（用户提交结算申请后两天）开仓相关合约，得到 EPAD 价格 $\bar{p}_{EPADFI}^{D-2}$；并在 $D-1$ 日（用户提交结算申请后一天）参与日前市场投标，得到结算价格 $\bar{p}_{sys}^D$ 和 $\bar{p}_{FI}^D$；D 日完成结算。通过该合约，用户可以在现货价格较高时减少损失，即合同价 $\bar{p}_{EPADFI}^{D-2}$ 与 EPAD 的差值 $\bar{p}_{sys}^D - \bar{p}_{FI}^D$。

2. 价区点差合约

近年来，价区点差合约（Locational Spreads，Spreads）也被引入了欧洲电力市场，该合约同样与电网物理输电容量脱钩，仅通过金融结算的方式履行合约义务，其定义如下

$$p_{spreads} = \bar{p}_{area1} - \bar{p}_{area2} \tag{14-2}$$

其中，$p_{spreads}$ 为 Spreads 在合约交割期的结算价格，一般将其定义为价区 1 与价区 2 在交割期内的算术平均价差。倘若某市场参与者的现货市场交割节点位于价区 1，其如果同时持有 1 份交割点位于价区 2 的电力期货和结算参考价格如式（14-2）所示的 Spreads，即可对冲自身现货头寸的价格风险。

细心的读者将不难发现，该产品本身不过是 EPAD 的一种变体而已，区别仅在于式（14-1）中的 $\bar{p}_{sys}$ 被替换为了 $\bar{p}_{area2}$。事实上，该产品最初的应用场景主要是面向德国周边的瑞士、荷兰等国家。由于此类国家的电力期货市场体量较小、流动性较差，不少市场参与者会利用本国电力现货与德国电力现货价格相关性较好的特点，通过交易德国电力期货来实现交叉套期保值。但在部分时段，受阻塞的影响，各价区间的价格相关性会有所削弱，市场参与者即需要交易 Spreads 以对冲阻塞风险。正因为如此，在很多场合下德国电力现货价格也被视作中西欧电力市场"基准价格"。

3. 位置基差互换

位置基差互换（Locational Price Swaps）常见于美国电力市场，其本身是一种场外交易的产品，定制化程度较高，主要是为了与金融输电权形成补充：①FTR 仅定义了标准化交割曲线（基荷/峰荷/非峰荷），对于部分交割曲线不规则的市场主体而言，仍无法实现完美对冲；②FTR 的合约路径相对有限，市场参与者并不见得能通过其拍卖市场和二级市场，组合出自身需要的理想路径；③参与 FTR 拍卖市场的门槛较高，部分中小发电商会考虑直接与金融机构达成位置基差互换，以转移阻塞风险。

14.3　电力金融衍生品市场的发展实践经验

14.3.1　电力期货市场的发展实践经验

1. 合约空间维度的设计

电力期货在空间维度方面的设计主要体现为如何定义交割点，在保障套期保值率的同时如何尽可能提供流动性的问题。图 14-5 根据各国或各地区的实际情况做了梳理总结。

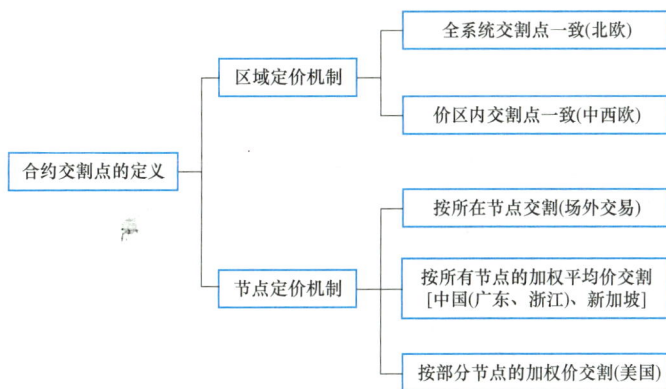

图 14-5　电力期货交割点的定义

2. 合约时间维度的设计

从时间维度来看，电力衍生品合约总体存在这样的特点：

（1）到期期限越短的合约，交易越活跃，因此其流动性也更好。

（2）到期期限越长的合约，交割期越长，估值定价越容易。

3. 合约结算的设计

电力金融市场相对于油、气相应的金融市场而言，纯金融机构参与者所占份额相对要小得多，持有反向现货头寸的套期保值者占比相对较高。以纳斯达克（National Association of Securities Dealers Automated Quotations，NASDAQ）为代表的交易机构即对上市交易的期货合约作逐日盯市、但不做逐日结算，而是将其在最后交易日前累计结算一次，并对进入交割期的合约在交割期结束后结算一次。由此产生的积极影响，极大地减少了发电、售电实体企业持有现金以满足保证金需求的压力。

14.3.2 金融输电权市场的发展实践经验

在 20 世纪 90 年代初，以威廉·W·霍根为代表的一批学者提出了金融输电权的概念，并为其应用于对冲阻塞风险、分配阻塞盈余而奠定理论基石。不久后，美国电力市场中的七大独立系统运营商即开展了相关实践。美国宾夕法尼亚 - 新泽西 - 马里兰州（Pennsylvania-New Jersey-Maryland，PJM）（1998 年）、纽约独立制度（New York Independent System Operator，NYISO）（1999 年）、加利福尼亚独立系统运营商（California Independent System Operator，CAISO）（2000 年）、得克萨斯州电力可靠性委员会（Electric Reliability Council of Texas，ERCOT）（2002 年）、新英格兰独立系统运营商（Independent System Operator New England，ISO - NE）（2003 年）、中大陆独立系统运营商（Midcontinent Independent System Operator，MISO）（2005 年）及美国西南电力池（Southwest Power Pool，SPP）（2014 年）均先后投运了 FTR 市场，且呈现了较稳定的运行态势。其他国家或地区的电力市场建设也因此而受到了深刻影响，截至目前，意大利电力市场（2004 年）、加拿大安大略电力市场（2011 年）、西班牙—葡萄牙电力市场（2013 年）、新西兰电力市场（2013 年）均已借鉴了该项机制而设计。

与此同时，欧盟在为推动构建欧洲统一电力市场，于 2016 年 9 月发布了《远期输电容量分配规则》，其中也明确要求各输电系统运营商有义务向参与跨价区交易的市场参与者提供物理或金融输电权。综合国外业界近 20 年的实践将不难发现，通过设计 FTR 市场以实现对冲阻塞风险或分配阻塞盈余的目的，乃是现代电力市场的一大发展方向。另外，从我国南方区域当前推进电力市场建设所面临的内、外部形势来看，国外 FTR 市场的实践经验也具备极强的研究价值：

（1）南方区域作为首批 8 个电力现货市场试点地区之一，因采纳了基于节点边际电价（Locational Marginal Price，LMP）机制的"集中式"市场设计，阻塞风险与阻塞盈余均客观存在，但目前暂未引入有效解决以上两个问题的电力衍生品或市场化机制。

（2）南方区域将长期保持水力、煤炭资源富集区与主要能源消费区呈逆向分布的态势，远期来看需要有价格信号来引导省跨区输电容量的中长期投资。

（3）国家发改委于 2019 年出台的《关于深化电力现货市场建设试点工作的意见》中已明确提出"电力现货试点地区可视实际需要探索开展输电权交易"，为南方区域率先试点 FTR 市场创造了较好的政策条件。

然而，国内虽已有相关文献就 FTR 作了概念性的介绍及理论层面的分析，但缺乏以下三方面的工作：

（1）结合具体实践做法，就 FTR 市场设计及实践效果进行总结提炼。

（2）讨论国外 FTR 市场在实际运营中所出现的客观问题。

（3）总结启示，为重构我国当前某一现货试点地区的电力中长期市场提供政策建议。

这里将依次对应以上三点，并将基于国外各市场具体运营规则、历史数据和相关学术性文献，通过综述的方法提炼相关实践经验，最终为应用 FTR 以重构南方区域电力中长期市场而提出相关启示。考虑到美国 PJM 运营 FTR 市场的时间最久，机制也相对较为成熟，后文中将以该市场的具体实践作为主线进行介绍。同时，我们还将适当穿插介绍其他市场的实践情况，以此呈现更全面的视角。

1. 金融输电权的基本原理

在应用节点边际电价的电力市场中，阻塞成本已通过 LMP 的阻塞分量予以体现，参与现货市场的市场主体均按自身所在节点的 LMP 进行结算，使用网络的机会成本则隐含地体现为各两点间的 LMP 价差。当全电网无阻塞时，各节点 LMP 一致，ISO 从用户侧收取的费用必然等价于 ISO 向发电侧支付的费用。当电网存在阻塞时，一方面，ISO 在下调低价机组输出功率的同时还需上调高价机组的输出功率，引起各节点 LMP 出现价差，并为现货市场参与者带来了阻塞风险或称位置基差风险；另一方面 ISO 从用户侧收取的费用将大于 ISO 向发电侧支付的费用，最终剩余的金额也常被称作阻塞盈余。为说明 FTR 的经济影响，我们假设某位于汲取电能节点的发电商在现货市场中按其所在节点的 LMP 作结算。为规避阻塞风险，该发电商购买了由注入电能节点指向汲取电能节点的 FTR。图 14-6 示意了是否购买 FTR 对其经济利益的影响。

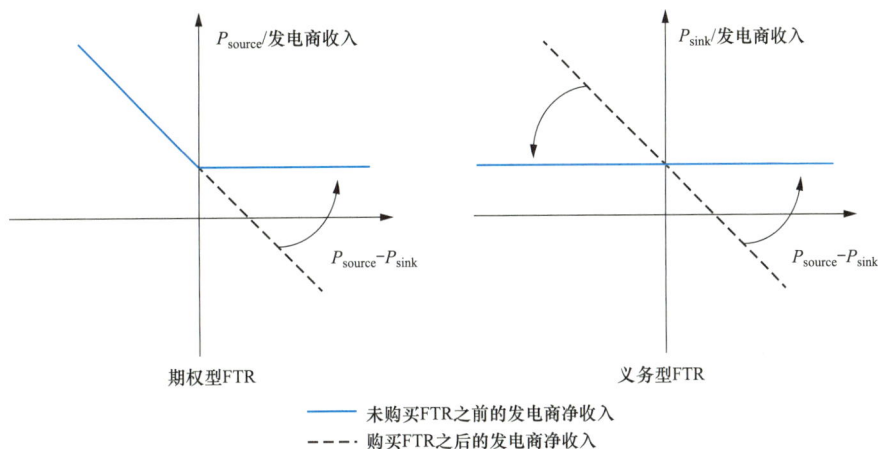

图 14-6　期权型和义务型 FTR 对发电商净收入的影响

2. 金融输电权的交易机制

在 FTR 的交易机制设计中，两大核心目标包括：①分配阻塞盈余；②提供阻塞风险的对冲工具。

对于前者，即分配阻塞盈余的问题，其关键在于确定谁有权获得阻塞盈余，以及以什么样的方式来分配阻塞盈余。从 PJM 的情况来看，由于购买了固定输电服务的用户已经为输电容量预支过部分资金，所以说该类用户没有义务承担由于输电容量不足而额外追加的阻塞费用，否则即意味着其被重复收费。PJM 在 2003 年 7 月 1 日前的做法是直接免费为购买了固定输电服务的用户分配 FTR，通过该合约带来的现金流收益（后文称"阻塞收益"，与"阻塞盈余"相区别）与现货市场中的阻塞费用形成相互对冲。

但 2003 年 7 月 1 日以后，PJM 为提升 FTR 市场的活跃程度，对市场设计做了较大调整：①开始推行拍卖收益权（Auction Revenue Right，ARR）的概念，将原先直接为固定输电服务用户分配 FTR 的做法转变为分配 ARR；②通过多轮公开拍卖（年、年、月）的方式发行 FTR，以筹集拍卖收益；③将拍卖收益分配给 ARR 所有者，以抵消其将来需支付的阻塞费用。此外，PJM 仍允许 ARR 所有者通过申报自计划的方式以价格接收者的身份参与年度拍卖，并把 ARR 转为 FTR。

事实上，在经历上述改革后，ARR 所有者通过拍卖市场所真正回收的阻塞盈余，本身仅代表了拍卖市场对于未来阻塞状况的预期而已；ARR 所有者事实上委托了 ISO 代表自身利益，向拍卖市场的竞标者卖出了未来由真实阻塞状况所致使的阻塞收益，并在当期得到了一笔固定支付。

14.3.3 价区差价合约市场的发展实践经验

一、价区差价合约市场的运营机制

在北欧电力市场中，各价区间的输电容量仅通过日前拍卖市场进行分配，而结算过程中所积累的阻塞盈余则均用于降低各价区的输配电费用。正因为如此，EPAD 市场与电网容量并无直接联系，其运营机制则主要体现出以下几个特点：

（1）从本质上而言，场内市场中的 EPAD 是一种期货合约，场外市场中的 EPAD 则为一种标准化的差价合约，二者理论上的净开仓量均可为无穷大。

（2）与 FTR 市场的运营机制不同，NASDAQ 作为 EPAD 市场的交易组织机构，在具体运营时既不需要 TSO 向其提供电网物理信息，也不需要建立同时可行性测试模型以保障收入充裕度。

（3）EPAD 市场主要受金融监管部门的约束，而非能源监管部门的约束。

二、价区差价合约市场的运营现状

在北欧电力市场近年来的发展中，阻塞问题已变得愈发严重，价区数量也因此而不断增多。EPAD 作为一种对冲阻塞风险的工具，其实际运营表现也变得更加重要。

1. EPAD 合约类型

NASDAQ 自 2008 年并购 Nord Pool 的金融部门后，其一方面负责组织 EPAD 场内市场，另一方面也继续承揽了场外市场 EPAD 的清算业务。值得注意的是，尽管目前 Nord Pool 中的价区已增加到 15 个，但 NASDAQ 并未给每一个价区上市相对应的 EPAD，主要原因有以下两点：

（1）在现货市场中，挪威各价区的现货电价与系统电能量价格间的走势相关性普遍较好，市场参与者并不迫切需要用以对冲阻塞风险的衍生品工具。

（2）立陶宛 LV 价区新加入 Nord Pool 不久，暂缺乏做市商为相应的 EPAD 提供流动性。

2. EPAD 合约交易情况

EPAD 合约于 2000 年正式引入北欧电力市场后，其交易规模呈现了较温和、稳健的增长态势，现已占据了 NASDAQ 北欧电力衍生品总清算量的 10% 左右，且表现出一些结构性特点：

（1）从空间维度来看，现有开仓量的绝大部分仅聚集于芬兰 FI 价区和瑞典 SE3 价区，但这并不意味着其他价区缺乏需求。譬如，丹麦 DK1、DK2 价区的现货电价与系统电能量价格间的走势相关性普遍较差，但其 EPAD 开仓量十分有限。

（2）从时间维度来看，EPAD 年合约的开仓量自 2007 年后即显著超过了季合约和月合约，这表明市场参与者逐渐倾向于较早地锁定阻塞风险。

三、价区差价合约市场的问题与不足

在 EPAD 市场的运营实践中，目前主要在丹麦 DK1、DK2 价区和芬兰 FI 价区遇到了较明显的问题：一方面，这 3 个价区作为电力净进口价区，其不仅易受阻塞影响而导致价区现货电价上涨；另一方面，其现货电价与系统电能量价格间的相关系数 ρ 普遍低于 80%。因此，丹麦 DK1、DK2 价区和芬兰 FI 价区中的用户侧市场参与者均十分需要相应的衍生品工具以对冲阻塞风险。但是，其 EPAD 市场均表现出了较明显的风险溢价，多头（用户侧）

为因套期保值压力而需要向空头（发电侧）支出额外的费用。

对于上述现象，目前较合理的解释是从市场结构的角度出发的：丹麦 DK1、DK2 价区和芬兰 FI 价区的发电侧市场集中度较高，致使 EPAD 市场中的关键供应商指数均在 80％以上。

14.4　电力金融市场的价格特征

1. 电力期货价格的萨缪尔森效应

首先，从实证研究来看，电力期货价格的波动性明显小于电力现货价格。并且，期货价格的波动性应随着到期日的临近而上升，商品期货近期合约价格比远期合约价格波动得更为剧烈，短期合约价格波动大而不稳定，这一现象被为萨缪尔森效应（Samuelson Effect）。萨缪尔森效应主要是基于这样一个预期：尽管短期供需的不平衡会导致商品价格波动性的增加，但是在长期，供需的不平衡会逐渐趋于均衡。值得注意的是，部分研究表明，萨缪尔森效应的强弱与商品的可存储性具有相当的联系。一般来说，对于完全可储存的金融性期货，其萨缪尔森效应十分微弱；而钢铁、有色金属相关期货则会表现出一定的萨缪尔森效应；农产品期货的萨缪尔森效应则十分明显；电力期货的基础资产作为可储存性几乎最差的商品，其萨缪尔森效应最为显著。

由于波动率与风险控制息息相关，对于电力期货这种萨缪尔森效应较为强烈的衍生品，通常采用动态、量化的方式确定保证金的比例，而不是直接套用固定的保证金。否则，对于波动率较低的远期合约，可能收取了过多的保证金；对于波动率较高的近期合约，收取的保证金偏少而不足以覆盖风险敞口。

2. 期—现价格关系

（1）电力市场中的基差风险。在传统的大宗商品交易中，套期保值者一般青睐于在合约进入交割期前对冲平仓，但电力的不可存储性导致了电力市场期—现价格关系的减弱，使得电力现货与电力期货间的基差较大。即使在合约的最后交易日，其收盘价格也很可能与最终的交割结算价格存在相当的差值。因此，许多套期保值者遂倾向于直接把合约持有至交割期结束，用金融结算的方式来履行合约义务，而非提前对冲平仓。

（2）电力市场中的风险溢价。在大宗商品交易中，生产商通常具有降低经营风险、提前锁定收益的刚性需要，因而是衍生品市场中的天然卖方。但是，上述生产商所面对的终端消费者一方面可通过持有存货以抵御现货价格波动，另一方面其绝对数量较之生产商往往要更为庞大。经济学家约翰·梅纳德·凯恩斯（John Maynard Keynes）由此推断：终端消费者的套保需求很可能不如生产商那么强烈；生产商在远期市场中需要通过"打折"的方式来吸引投机者扮演买方，以促成交易——这便是"凯恩斯假说"。

14.5　电力金融市场的衍生品定价

无风险套利是传统衍生品定价中的重要原理，在无套利条件下，市场存在唯一的风险中性概率，衍生品价格可表示为风险中性概率下其未来回报在无风险利率下的折现值。但应用该定价方法的前提条件是基础资产可以在时间和空间上进行套利，期货价格与现货价格因此才被利率风险、储存费用、运输及交割费用等紧密联系起来。遗憾的是，电力本身的不可存储性及电网联络范围的有限性严重限制了套利活动的空间，并使得无套利条件决定的期现价格关系在电力金融衍生品上不再成立。从另一个角度来看，电力市场是不完备的市场，对于相当一部分电力金融衍生品而言，无法构造出能够完全对冲其风险的投资组合。

不过，对于以电力期货为基础资产的欧式期货期权，无风险套利原理是依旧可以适用的。随着 20 世纪 90 年代末以来电力金融市场的逐步发展，业界已积累了相当的实际运行数据，较为主流的研究思路转变为通过建立各种复杂的随机模型来描述现货电价的运动与分布规律，采用历史电价数据确定模型参数，然后通过解析或数值的方法来求解其未来回报的期望值，最后对该数值作贴现。由于采用历史电价数据来确定模型参数，各种与电价相关的、难以描述和测度的基本面因素，如供需平衡、气候、燃料交割、网络阻塞、市场心理等信息，均被认为已在历史电价中得到了充分的反映。

然而，针对电力现货市场搭建电价模型并非易事。虽然在传统金融衍生品定价理论中，常常假设价格服从对数正态分布，然而在电力现货市场中，电价的运动特征常呈现出季节性、高波动性、强均值回归性及价格跳跃和飞升等特征，同时其概率分布则表现出显著的肥尾和正态右偏斜。由于不能有效地反映电价的特征，金融工程中常见的资产价格模型，如布朗运动、几何布朗运动等均不能很好地模拟电价过程。

此外，随着近年来系统中以风机为代表的可再生能源装机占比不断攀升，系统对天气变化的敏感性也不断增强，而这不仅对现货市场的电价特征造成了影响，还给市场参与者带来了新的"容量风险"。天气衍生品作为可用于对冲上述风险的金融工具被引入了电力市场，其定价问题也成为近几年的研究热点之一。

电力企业管理篇

第 15 章

电力企业基础管理

15.1 企业与企业管理

15.1.1 企业的概念

企业是一个历史概念，它是生产力发展到一定水平的产物，是随着商品生产的不断发展而出现的。在资本主义社会以前，企业仅仅是个别的、少数的、简单的经济组织。从原始社会到封建社会，自给自足的自然经济占统治地位，当时进行生产和消费的家庭，以及专为奴隶主、封建主服务的手工作坊，都不是现代意义上的企业。随着生产水平的提高和商品经济的发展，到了资本主义社会，社会的基本经济单位发生了根本变化，它成为资本所有者雇佣的许多工人，使用一定的生产手段、共同协作、从事劳动的生产单位。它成为商品生产者，同其他生产单位和消费者发生经济联系。这时作为社会基本经济单位的企业才大量出现。现在，企业已成为一种普遍存在的经济组织形式，以至于每个人都要与各种各样的企业发生直接或间接的联系。

现代意义上的企业，是指从事生产、流通、服务等经济活动，为满足社会需要和获取盈利实行独立核算，进行自主经营，自负盈亏，具有法人资格的经济组织。

现代企业的基本特征如下。

1. 企业是一种经济组织

现代社会中存在各种各样的组织，比如政府、学校、医院乃至社会福利机构，这些社会组织有别于经济组织。企业作为一种社会性经济组织，又有其个性。它从事专门的经济活动，向社会提供商品和劳务，取得相应的经济利益，并承担一定的经济责任和社会责任，它是自负盈亏的。

2. 企业是一种营利性的经济组织

从系统论的观点来看，企业是一个投入产出系统，从外部环境取得各种资源，如土地、资金、劳动力、技术、设备、信息等，经过加工转换过程，获得一定的产出，产出大于投入即是盈利，反之就是亏损。同时，每一个企业系统又是国民经济大系统的子系统，承担着有效利用由其使用的资源的使命，企业不能盈利，就说明它不能完成相应的使命，造成了社会资源的浪费，所以盈利对于企业有着至关重要的意义。

3. 企业是独立核算的经济组织

企业作为独立的商品生产者，不仅具备自主经营的权利，还具有自己独立的经济利益。企业与企业之间的关系是平等的、独立的商品生产者和经营者之间的关系，遵循的是等价交换的原则。企业要有经营自主权就必须进行独立核算，承担其行使经营自主权所带来的全部后果，即必须自负盈亏。如果企业只负盈不负亏，就不可能有负责任的经营行为和正确地行使自主权。为此，必须独立会计，实行独立的经济核算。凡不是独立会计的就不是企业。

4. 企业具有组织结构的统一性、整体性

现代企业是进行严密的分工协作的生产或经营组织。企业的整个生产经营活动过程，采用不同的现代设备和使用不同工种的职工从事生产经营及劳务活动。企业的管理者、管理机构及企业的各部门构成了一个整体，成为独立的商品生产者和经营者，企业内部的各部门或单位是不能作为独立的商品生产者或经营者的。另外，企业整体性还体现在企业目标的一致性，虽然各部门、各机构各有其职能及具体目标，但各部门和机构都应为企业总体目标服务，从而使企业各组成部分形成统一意志，这也是系统观念的体现。

5. 企业必须是法人

法人，是指具有一定的组织机构和独立财产，能以自己的名义进行民事活动，享有民事权利和民事义务，依照法定程序成立的组织。一般应具备以下几个条件：

(1) 必须正式在国家政府有关部门注册备案完成登记手续。

(2) 应有专门的名称、固定工作地点和组织章程。

(3) 具有一定的组织机构和独立财产，实行独立核算。

(4) 能独立对外。

15.1.2　企业管理

一、企业管理的含义

企业管理是由企业经理人员或经理机构对企业的经常性活动进行计划、组织、指挥、协调和控制，以提高经济效益、实现盈利为目的的活动的总称。

企业的生产经营活动包括两大部分：一部分是属于企业内部的活动，即以生产为中心的基本生产过程、辅助生产过程及产前的技术准备过程和产后的服务过程，对这些过程的管理统称为生产管理；另一部分属于企业外部的，联系到社会经济的流通、分配、消费等过程，包括物资供应、产品销售、市场预测与市场调查、服务用户等，对这些过程的管理统称为经营管理，它是生产管理的延伸。随着市场经济的发展，企业管理的职能正由生产型管理发展为生产经营型管理。因此，企业管理的任务是，不仅要合理地组织企业内部的全部生产活动，而且还必须把企业作为整个社会系统的一个要素，按照客观经济规律，科学地组织企业的全部经营活动。企业管理可以划为几个业务职能分支：人力资源管理、财务管理、生产管理、采购管理、营销管理等。通常情况下，公司会按照这些专门的业务职能设置职能部门。

二、企业管理二重性理论

企业管理二重性原理是马克思在分析资本主义企业管理的性质时所阐明的。马克思指出："凡是直接生产过程具有社会结合过程的形态，而不是表现为独立生产者的孤立劳动的地方，都必然会产生监督劳动和指挥劳动。不过它具有二重性。"

从马克思的论述中可以看到：资本主义企业管理，一方面表现为任何协作生产都需要的指挥劳动，因而都具有与生产力、社会化大生产相联系的自然属性；另一方面，又表现为由对抗性生产方式所产生的监督劳动，因而具有同特定生产关系相联系的社会属性。马克思关于企业管理二重性原理虽然是在分析资本主义企业管理性质时所阐述的，但它同时也是企业管理二重性的一般原理，对于任何社会化生产条件的企业管理都是普遍适用的。

企业管理二重性学说的要点：①任何社会的企业管理都具有二重属性：管理的自然属性和管理的社会属性；②管理二重性分别表现为合理组织生产力（指挥劳动），以及维护和发展生产关系（监督劳动）两种管理基本职能；③"指挥劳动"是同生产力直接联系的，是由共同劳动的社会化产生的，它表现了管理的自然属性；④"监督劳动"是同生产关系直接相联系的，是由共同劳动所采取的社会结合方式的性质产生的，是维护社会生产关系和实现社会生产目的的重要手段，它表现了管理的社会属性。企业管理的二重性，是由企业自身的二重性产生并决定的。

企业的二重性，是指企业既是生产力活动的组织，又是体现一定生产关系的组织。因而对企业的管理就分为对生产力方面的管理和对生产关系方面的管理。对生产力方面的管理就是合理地组织生产力，即把企业的各种生产要素合理地组织在一起，使它得到合理配置与充分利用，生产出更多、更好的产品，并更多、更快地使之进入消费领域，更好地满足社会需要，从而提高企业的经济效益以更好地实现营利这一目的。

三、电力企业管理的任务与职能

1. 企业管理的任务

合理组织生产力。合理组织生产力是企业管理最基本的任务。合理组织生产力有两方面的含义：①使企业现有的生产要素得到合理分配和有效利用。具体来说，就是需把企业现有的劳动资料、劳动方案、劳动者和科学技术等生产要素合理组织在一起，适当地协调它们之间的关系和比例，使企业生产组织合理化。②不断开发新的生产力。③不断改进劳动资料，并不断地采用新的、更先进的劳动资料。④不断地改进生产技术并不断地采用新的技术来改造生产工艺、流程。⑤不断地发现新的原材料或原有原材料的新用途。⑥不断地对职工进行技术培训，并不断地引进优秀科技人员和管理人员。

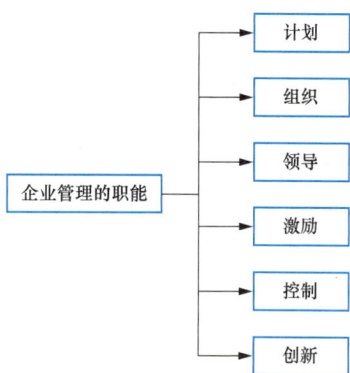

图 15-1　企业管理的职能

2. 企业管理的职能

企业管理的职能就是通过计划、组织、领导、激励、控制和创新等行动，把一个企业所拥有的资源充分地运用起来，使之发挥最大效益，以实现企业的目标与任务。企业管理的职能如图 15-1 所示。

（1）计划职能。计划职能是企业管理的首要职能。它是决定企业目标和规定实现目标的途径、方法和管理活动。计划职能可以分成四个互不相同但又互相联系的阶段，即确定目标、预测、决策和提出策略与政策。

1）确定目标。企业的每一种经营活动都应当有明确的目标，目标不明确，就不知道是否能实现它，也无法衡量工作的效果。企业的成就都是从实施目标中引申出来的，因此目标管理是企业管理的一个重要内容。目标管理的好处：①能极大地提升管理水平。它能够促使主管人员考虑怎样为实现最终的目标而制订计划，而不是仅仅为了安排各种活动和工作而制订计划。②它能够迫使人们厘清组织的作用和结构，尽可能地把主要项目所要取得的成果落实到对实现目标负有职责的岗位上。③促使人们去承担完成任务的责任，使每个人都明白自己的责任和在工作中的地位及重要性，能够调动起人们的工作积极性，使工作计划更有效。

2）预测是对企业在计划实施过程中的内外环境进行认识。外部环境包括经济、技术、政治、社会和伦理条件；对产品和服务需求情况有影响作用的产品市场条件；与土地、劳动力、材料、零件和资金等供应条件有关的生产要素市场条件。内部环境包括工厂的基本建设投资、设备、策略、政策；已经确定的重要规划；已制订和已批准的销售预测；组织机构等的情况；以及人员的信仰、行为、长处、短处等情况。上述环境条件，有些是企业可以控制的，如企业关于它占有市场的设想、劳动力流动的特点、劳动效率、企业的价格政策等。企业控制不了的环境条件有人口增长、未来的价格水平、政治环境、税率政策及商业周期等。

预测的意义在于，通过预测及其评价，将促使主管人员面向未来并为此做好准备，同时预测工作还能帮助企业发现哪些地方缺乏必要的控制。此外，预测工作还有助于计划的统一和协调。

3）决策是对方案的选择，它是计划工作的核心。决策工作是任何企业所面临的频繁而又困难的工作，企业管理工作实质上就是一种决策工作。决策涉及许多因素，有组织机构的，有经济管理方面的，有科学技术的，有些需要用数字方式来计算，有些涉及社会学、心理学等方面，所以决策可认为既是一种科学，又是一种艺术的创造。

4）提出策略与政策是具体贯彻决策、实现目标的基本措施与主要手段。按其性质与内容划分，可分为产品和销售政策及关于生产、财务、人事和公共关系方面的策略和政策。

（2）组织职能。组织职能的目的就是设计和维持一种职务结构，使人们能为实现目标而有效地工作。组织职能的主要内容有：①按照企业计划任务和目标的要求，建立合理的组织机构，包括各管理层次和职能部门的建立。②按照业务性质进行分工，确定各部门的职责范围。③按照所负的责任给予各部门、各管理人员相应的权力。④明确上下级之间、个人之间的领导和协作关系，对人员建立信息沟通的渠道。⑤配备和使用符合工作要求的人员。⑥对人员进行考核和培训。⑦对工作人员进行激励，实行合理的工资奖励制度等。

（3）指挥职能。指挥职能包括领导职能与激励职能。指挥就是上级主管人员对其下属的领导、监督和激励，从而使得企业能够完成它的各种目标。领导是指挥职能的核心内容，是企业管理的关键环节。企业主管人员领导的好坏直接关系到企业管理的成败、关系到企业目标能否实现。正确的领导方法应当是权威性与民主性的有机结合与内在统一，使群众自觉地团结在领导者的周围并愿意接受其指挥，充分调动起群众的积极性与创造性，挖掘企业内部的潜力，全面实现企业目标。

（4）控制职能。控制是对生产经营活动的实际成果与计划要求作比较，发现差异，找出原因，及时采取措施加以纠正，以确保计划目标的实现。

控制可分为预先控制、现场控制和反馈控制。预先控制是先于计划执行的控制，为了预防未来在计划执行过程中出现偏差，应预先规定计划执行中应遵守的规则和规范等。现场控制是计划执行过程中的控制，又称为作业控制，即通过对计划执行过程的直接检查和监督，而将作业结果与计划相比较，找出偏差和纠正偏差的过程。反馈控制就是根据过去的情况来调整未来的行动，即以过去的经验数据等信息作为评价、指导和纠正将来活动的基础。

（5）创新职能。任何社会系统都是一个由诸多要素组成的，与外部不断发生物质、信息、能量交换的动态、开放的非平衡系统。而系统的外部环境是在不断地发生变化的，这些变化必然会对系统的活动内容、活动形式和活动要素产生不同程度的影响；同时，系统内部的各种要素也是在不断发生变化的。系统内部某个或某些要素在特定时期的变化必然要求或引导系统内其他要素的连锁反应，从而对系统原有的目标、活动要素间的相互关系等产生一定的影响。系统若不及时根据内外变化的要求，适时进行局部或全局的调整，则可能被变化的环境所淘汰，或为改变了的内部要素所不容。这种为适应系统内外变化进行的局部或全局的调整，便是管理的创新职能。创新职能与其他各种管理职能不同，它本身并没有某种特有的表现形式，它总是在与其他管理职能的结合中表现自身的存在与价值。

1）组织创新：企业组织形式的变革和发展，通常意味着企业组织结构的变革及相应的管理方式发生变化。然而从更深的层次上看，组织创新意味着企业资源的重组，因而这里的组织创新涵盖了组织治理、结构、流程等多个方面。组织创新应当以打破部门壁垒，促进资源积聚和杠杆效应的扩大，从而更有效地进行持续的价值创新为目标。组织创新也是组织所进行的一项有计划、有组织的系统变革过程。

2）战略创新：在企业管理中，经营者也常常面临着这样的问题，不论是新进入市场的企业，还是致力于拓展自己经营领域的发展中的企业，都需要一种新的有效的发展思路指导企业的前进，而这些工作都需要依靠战略创新。战略创新就是一种能力，就如管理大师哈默尔所说，战略创新是一种分析和重构企业和行业现有的资源配置方式，为顾客创造新价值及为所有股东创造新财富的方法的能力。战略创新也是新进入厂商在面对巨大的资源劣势时赢得成功，以及现有厂商继续获得成功的唯一途径。战略创新的核心问题是重新确定企业的经营目标。企业确定的经营目标会决定企业如何确定自己的顾客、竞争对手、竞争实力，也会决定企业对关键性成功因素的看法，并最终决定企业的竞争策略，成功的战略创新者会采用与所有竞争对手完全不同的竞争策略和经营目标。

3）制度创新：企业的发展需要充分合理地配置其内部资源，充分调动所有者经营者和劳动者的积极性，发挥其创造性，而做到这一点，需要科学的制度安排。制度创新是实现企业制度的变革，通过调整和优化企业所有者、经营者和劳动者三者之间的关系，使各方面的权利和利益得到充分的体现，不断调整企业的组织结构，修正完善企业内部的各种规章制度，使企业内部各种资源合理配置，发挥最大限度的效能。当今意义上的企业制度创新主要是建立现代企业制度，它是产权制度企业所有者对企业的权利和责任、经营制度公司的内部治理结构，包括目标机制、激励机制和约束机制等，分配制度企业内部资源，如材料、资金、设备、劳动力等的取得和使用的规定的综合创新。

4）文化创新：企业文化一般是指企业内部共有的基本价值观念和一系列行为准则，其实质是企业内部的价值观，企业文化对于其员工行为有着重要的影响。为了形成支持持续价值创新、战略创新的组织氛围并影响员工行为，企业需要通过文化创新使人们重新认识环境、认识企业，更好地把握和创造变革，同时有利于资源整合方式和价值创造系统的不断更新。文化创新就是改进企业文化管理方式，将文化管理与企业的物质精神环境相结合，通过一系列的文化管理活动，培养和发展新的合适的企业文化。

在知识经济时代，企业文化创新的新趋势有以下几种：①确立双赢价值观的趋势。以高科技为基础的知识经济的崛起，在使非赢即输、你死我活的狭隘价值观受到致命冲击的同时，也催生出与新的经济发展要求相适应的双赢价值观。一个企业只有奉行双赢价值观，才能不断地从合作中获得新知识、新信息等创新资源，提高自身的竞争实力，从而在激烈的竞争中左右逢源，立于不败之地。②选择自主管理模式的趋势。这种模式以先进的文化理念为核心，充分尊重人的价值，注重发挥每一个员工的自主精神、创造潜质和主人翁责任感，在企业内部形成一种强烈的价值认同感和巨大的凝聚力，激发员工的积极性，并通过制度安排，实现员工在企业统一目标下的自主经营和自我管理，进而形成企业创新的动力和创新型管理方式。③提高企业家综合素质的趋势。经济全球化的发展，知识经济的到来，对企业家的素质提出了新的挑战：需要科技知识与人文知识的综合，需要古今中外多种科技文化知识的综合；要打开国际市场，还需要有对各国的生活习惯和民风习俗的综合性了解与把握。实践证明，企业家只有具备了融通古今中外科技知识与人文知识、管理经验与民风习俗，善于应对各种市场变化的智慧，才能具备不断创新的实力，获得市场竞争的主动权。

15.2　电力企业人力资源管理

15.2.1　人力资源管理的概念

人力资源管理，是指企业的一系列人力资源政策及相应的管理活动。这些活动主要包括企业人力资源战略的制订、员工的招募与选拔、培训与开发、绩效管理、薪酬管理、员工流动管理、员工关系管理、员工安全与健康管理等，即企业运用现代管理方法，对人力资源的获取（选人）、开发（育人）、保持（留人）和利用（用人）等方面所进行的计划、组织、指挥、控制和协调等一系列活动，最终达到实现企业发展目标的一种管理行为。

人力资源管理的最终目标是促进企业目标的实现。阿姆斯特朗对人力资源管理体系的目标做出了如下规定：

（1）企业的目标最终将通过其最有价值的资源——它的员工来实现。

（2）为提高员工个人和企业整体的业绩，人们应把促进企业的成功当作自己的义务。

（3）制订与企业业绩紧密相连，具有连贯性的人力资源方针和制度，是企业最有效利用资源和实现商业目标的必要前提。

（4）应努力寻求人力资源管理政策与商业目标之间的匹配和统一。

（5）当企业文化合理时，人力资源管理政策应起支撑作用；当企业文化不合理时，人力资源管理政策应促使其改进。

（6）创造理想的企业环境，鼓励员工创造，培养积极向上的作风；人力资源政策应为合作、创新和全面质量管理的完善提供合适的环境。

（7）创造反应灵敏、适应性强的组织体系，从而帮助企业实现竞争环境下的具体目标。

（8）增强员工上班时间和工作内容的灵活性。

（9）提供相对完善的工作和组织条件，为员工充分发挥其潜力提供所需要的各种支持。

（10）维护和完善员工队伍及产品和服务。

相较于商业企业，电力企业生产过程复杂，具有专业性和稳定性要求。因此电力企业的人力资源管理有以下特点：

（1）专业要求高。电力企业的生产技术和生产管理岗位需要持证上岗或具有相应的专业知识。

（2）涉猎面广。电力生产是一个综合性的生产流程，包括能源与动力、电气工程、计算机控制、土木工程等专业。

（3）人员相对稳定。一方面，根据生产需要，相关运行检修人员需要对设备流程、系统操作等技术达到收敛，才能确保设备安全运行；另一方面，电力企业大多数，待遇福利较好，人员流动性不强。

15.2.2　人力资源管理的流程

人力资源管理的流程如下。

1. 职务分析与设计

对企业各工作职位的性质、结构、责任、流程，以及胜任该职位工作人员的素质、知识、技能等，在调查分析所获取相关信息的基础上，编写出职务说明书和岗位规范等人事管理文件。

2. 人力资源规划

把企业人力资源战略转化为中长期目标、计划和政策措施，包括对人力资源现状分析、未来人员供需预测与平衡，确保企业在需要时能获得所需要的人力资源。

3. 员工招聘与选拔

根据人力资源规划和工作要求，为企业招聘、选拔所需要人力资源并录用安排到一定的岗位上。

4. 绩效考评

对员工在一定时间内对企业的贡献和工作中取得的绩效进行考核和评价，及时做出反馈，以便提高和改善员工的工作绩效，并为员工培训、晋升、计酬等人事决策提供依据。

5. 薪酬管理

薪酬管理包括对基本薪酬、绩效薪酬、奖金、津贴及福利等薪酬结构的设计与管理，以激励员工更加努力地为企业工作。

6. 员工激励

采用激励理论和方法，对员工的各种需要予以不同程度的满足或限制，引起员工心理状况的变化，以激发员工向企业所期望的目标而努力。

7. 潜力开发

通过培训提高员工个人、群体和整个企业的知识、能力、工作态度和工作绩效，进一步开发员工的智力潜能，以增强人力资源的贡献率。

8. 生涯规划

鼓励和关心员工的个人发展，帮助员工制订个人发展规划，以进一步激发员工的积极性、创造性。

9. 资源会计

与财务部门合作，建立人力资源会计体系，开展人力资源投资成本与产出效益的核算工作，为人力资源管理与决策提供依据。

10. 关系管理

协调和改善企业与员工之间的劳动关系，进行企业文化建设，营造和谐的劳动关系和良好的工作氛围，保障企业经营活动的正常开展。

下面将结合电力企业的特点，对绩效考评、薪酬管理两个流程做详细介绍。

15.2.3 绩效考评

绩效考核是现代组织不可或缺的管理工具。它是一种周期性检讨与评估员工工作表现的管理系统，是指主管或相关人员对员工的工作做系统的评价。有效的绩效考核，不仅能确定每位员工对组织的贡献或不足，更可在整体上对人力资源的管理提供决定性的评估资料，从而可以改善组织的反馈机能，提高员工的工作绩效，更可激励士气，也可作为公平、合理地酬赏员工的依据。电力绩效考核的作用体现在员工的薪资调整、岗位晋升和调整、培训等方面。

绩效考评可以分为准备、实施、反馈、运用四个步骤。

准备步骤是绩效考评的开始，这一阶段需要确定绩效考评的目标和周期。

绩效目标即绩效考核目标，是指给评估者和被评估者提供所需要的评价标准，以便客观地讨论、监督、衡量绩效。因为员工的绩效目标是有效绩效管理的基础。绩效目标是对员工在绩效考核期间的工作任务和工作要求所做的界定，这是对员工绩效考核时的参照系。绩效考评的周期是进行一次绩效考评的时间跨度。

绩效目标由绩效内容和绩效标准组成。

1. 绩效内容

绩效内容界定了员工的工作任务，也就是说，员工在绩效考核期间应当做什么样的事情，它包括绩效项目和绩效指标两部分。

（1）绩效项目，是指绩效的纬度，也就是说，要从哪些方面来对员工的绩效进行考核，按照前面所讲的绩效的含义，绩效的纬度，即绩效考核项目有工作业绩、工作能力和工作态度三个。

（2）绩效指标，是指绩效项目的具体内容，它可以理解为是对绩效项目的分解和细化。例如，对某一职位，工作能力这一考核项目就可以细化为分析判断能力、沟通协调能力、组织指挥能力、开拓创新能力、公共关系能力，以及决策行动能力等六项具体的指标。

对于工作业绩，设定指标时一般要从数量、质量、成本和时间四方面进行考虑；对于工作能力和工作态度，则要具体情况具体对待，根据各职位不同的工作内容来设定不同的指标。合理的绩效指标，以及准确和专业的数据分析和人才管理，有助于保证绩效考核的客观性。

2. 绩效标准

绩效标准是指与其相对应的每项目标任务应达到的绩效要求。绩效标准明确了员工的工作要求，也就是说，对于绩效内容界定的事情，员工应当怎样来做或者做到什么样的程度。绩效标准的确定有助于保证绩效考核的公正性，否则就无法确定员工的绩效到底是好还是不好。

企业制订绩效目标应符合以下 SMART 原则：

（1）目标是具体的（Specific），它是清晰的，回答了谁、做什么、时间、地点、原因和怎么做。

（2）目标是可衡量的（Measurable），绩效目标最好能用数据或事实来表示，必须是可以被量化的。

（3）目标是可达到的（Attainable），绩效目标是在部门或员工个人的控制范围内，而且是通过部门或个人的努力可以达成的、开放的、可以被改进的，并且每个人都可以看到他们是怎么样达成结果的。

（4）目标是现实的（Realistic），必须与员工的意愿相结合，并且客观上可能被达成的。

（5）目标是以时间为基础的（Time－based），在一定的时间限制内。

以上是衡量目标的标准，符合上述原则的目标就是一个有效的目标。否则，绩效目标不明确，就会因不同的解释而造成误导，使考核工作的效果大打折扣。

3. 实施阶段

实施阶段主要是完成绩效沟通和绩效考核两项任务。绩效沟通是指在绩效考评周期内，上级就绩效问题持续不断地与员工进行交流和沟通，给予员工必要的指导和建议，帮助员工实现确定的绩效目标。绩效考核就是指在考核周期结束时，选择相应的考评主体和考核方法，收集相关信息，对员工完成绩效目标的情况做出考核。考核主体是指对员工的绩效进行考核的人员，考核主体一般包括上级、同事、下级、员工本人和客户面类。

电力企业各部门应就与主管领导的沟通情况填写"绩效回顾表"，每月至少填写一份存档备查，作为对部门干部考核测评的依据；各基层部门根据与主管领导和相关职能部门的沟通情况，每季度形成一份"绩效回顾报告"，作为单位年度绩效考核依据；各部门负责人也应不定期对员工的绩效完成情况进行沟通，给予帮助和支持，并就沟通和绩效完成情况每月填写员工个人的"绩效回顾表",双方确认后留本部门存档备查,作为员工个人的绩效考核依据。绩效周期结束后,由电力企业各职能部室和基层部门先形成自我评价报告,交主管领导考核确认,最后由专门负责绩效管理日常工作的绩效管理小组汇总,结合收集的其他绩效完成数据,形成考核初步意见,提交绩效管理委员会确定后通报;员工个人也要写出自我评价报告,由职能部门或基层部门负责人根据绩效表记录的情况和所收集的各种信息,按照考核办法和标准,给出最后的考核结果,最后的评估意见是自我评估、上级评估、客户或下属评估和部门满意度共同决定的。

4. 反馈阶段

反馈阶段主要是完成绩效反馈的任务,也就是说,上级要就绩效考核结果和员工进行面对面的沟通,指出员工在绩效考核期间存在的问题,并一起制订出绩效改进的计划,为了保证绩效的改进,还要对绩效改进计划的执行效果进行跟踪。在绩效反馈结束以后,管理者还必须对反馈的效果加以衡量,提高以后的反馈效果。

电力企业的沟通机制的建立可从"显形"和"隐形"两方面入手。"显形"机制的建立即在电力企业内部形成专门的绩效沟通制度,明确规定沟通的目的、要求、注意事项和内容建议,如定期填写需管理者和下属共同确认的绩效回顾表。"隐形"机制的建立则需要导入以"沟通"为理念的电力企业文化,以潜移默化的方式营造出上下级之间相互信任、团结协作、真诚沟通的企业氛围,为绩效管理体系的持续、健康运行创造环境。

运用阶段就是说要将绩效考核的结果运用到人力资源管理的其他职能中去,从而真正能够发挥绩效管理的作用,保证达到绩效管理目的。绩效考核结果的运用包括两个层次的内容:一是直接根据绩效考核结果做出相应的奖惩决策;二是对绩效考核的结果进行分析,从而为人力资源管理其他职能的实施提供指导或依据。

15.3 财 务 管 理

15.3.1 财务管理的概念

企业财务就是企业生产经营过程中的资金运动,资金运动贯穿于企业生产经营过程中的各个环节和各个方面,从而形成并表现为各种财务活动,这是市场经济下客观存在的经济现象。企业财务管理就是对企业资金及其运动过程的管理,是以价值的形式对企业的生产经营活动进行综合管理。财务管理与会计的区别在于:会计是对公司已经发生了的资金运动进行记录、监督、控制与管理;而企业财务管理则是对企业当前与未来的经营活动所需资金的筹集、运用和管理。

电力企业财务管理是以电力企业财务活动为对象,对电力企业的资金进行决策、规划和控制等一系列管理活动的总称。财务管理是电力企业管理中最具综合性的关键的管理环节,既要运用控制手段理顺企业资金流转程序,以确保生产和营销的通畅,又要理顺各种经济关系,按照预算要求确保各方面的利益得以满足,保证国有资产的保值增值。因此,电力企业财务管理是管好、用好企业资金和运营好电力资产的一项全面的管理活动。

现代企业中财务管理的地位在不断提高,它的责任日益加重。市场经济条件下,企业经济活动的根本目的是最大限度地获取利润,企业财务管理则是实现企业利润目标的最重要的管理职能。可以这么说,企业利润的实现不完全靠企业的财务管理活动,但是没有良好的财务管理活动,则一定不会有好的经营效果。电力体制改革让更多市场化因素进入了电力行业。财务管理活动在电力企业经营中扮演着越来越重要的角色。

15.3.2　财务管理的内容

企业财务管理的主要内容如图15-2所示。

根据电力行业的特点，电力企业的财务管理以在政府监管下的利益最大化为目标。公司的股东根据投资额和风险获得利润，并筹划与时俱进的公司发展策略；用户获得安全可靠、价格合理的电力；政府维护和制定相关政策法规来平衡企业与用户之间的关系。

15.3.3　电力企业固定资产管理

电力企业固定资产由于具有种类多、规格不一、金额大、较为分散的特点，如果不加强管理，将对企业的生产经营产生重要的影响。固定资产管理要体现责、权、利相结合的原则，实施归口管理与分配管理相结合的方式，做到谁使用、谁维护、谁保管。对设备管理要逐级落实到班组和个人，定期检查设备的技术性能和卡物相符情况。

图 15-2　企业财务管理的内容

1. 固定资产的含义及分类

固定资产，是指使用期限超过一年，单位价值在规定标准以上，并且在使用过程中保持原有物质形态的资产，如房屋建筑物、机器设备、运输设备、工具器具等。它是固定资金的实物形态。

固定资产按经济用途，可分为生产用固定资产和非生产用固定资产；按使用情况，可分为使用中、未使用、不需用和封存固定资产；按产权关系，可分为自有、投资共有和租入固定资产；按有关制度，可分为生产用、非生产用、租出、未使用、不需用、封存固定资产和上述不同的分类对固定资产的管理都有各自的作用，应区别对待和掌握。企业的固定资金则是固定资产的货币表现，是固定资产的价值形态。

2. 固定资产的计价

正确地对固定资产进行计价是固定资产管理的基本。常用的计价标准一般有以下几种。

（1）原始价值。它是指在购置或建造该项固定资产时所支付的货币总额。按该法计价，可以反映固定资产的原始投资、企业规模的大小。

（2）重置价值。在当前情况下，重新购进该项固定资产所需的全部支出。按该法计算，可以得到对企业固定资产的盘盈、接受赠予及重估等财产计价标准。

（3）折余价值。它是指固定资产原始价值减去已提折旧累计数后的余额。从理论上来说，它反映了固定资产的现有价值和新旧程度。

（4）残值。即固定资产报废时，扣除累计折旧后剩余的价值。我国采用预留残值的方法，一般均保留一定的残值。残值加上处理固定资产变价收入，减去清理费用，其余额为净残值。

3. 固定资产折旧、折旧率及其计算方法

固定资产折旧，是指固定资产在再生产过程中，由于使用、逐渐磨损而发生的物质损耗及无形损耗，其损耗价值逐渐转移到所生产的产品成本中，并从产品销售中逐渐收回的全过程。电力企业的固定资产主要包括房屋及厂房、运输设备、发电设备、机器设备、输配电线路及设备、变电设备、用电计量器具、通信线路及设备等，折旧率是固定资产折旧额提取的

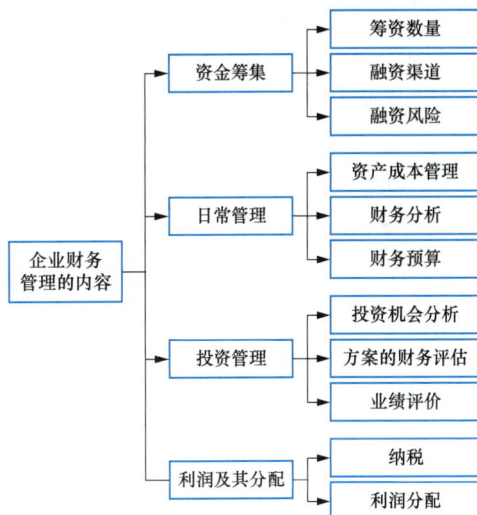

比率，是固定资产当期所提折旧额与固定资产原值之比。折旧率的高低直接决定了固定资产投资的回取速度，折旧率越高，固定资产投资回收速度越快，回收时间越短。反之，回收速度越慢，回收时间越长。固定资产折旧计算方法，是指企业对固定资产计算和提取折旧采用的方法，我国常用的计算方法有平均年限法、工作量法。加速折旧计算方法有余额递减法、年数总和法、偿还基金法等。

15.3.4　电力成本管理的特点

成本是生产和销售一定种类与数量产品以耗费资源用货币计量的经济价值。企业进行产品生产需要消耗生产资料和劳动力，这些消耗在成本中用货币计量，就表现为材料费用、折旧费用、工资费用等。企业的经营活动不仅包括生产活动，也包括销售活动，因此在销售活动中所发生的费用，也应计入成本。同时，为了管理生产所发生的费用，也应计入成本。同时，为了管理生产经营活动所发生的费用也具有形成成本的性质。

电力成本是电力企业在经营中全部的劳动消耗，即为了生产和销售电能而发生的全部生产费用，包括发电成本、供电成本和售电成本。由于各企业分工不同，费用类型也会有所不同，比如，水电站成本中没有燃料费，供电局成本中没有购入电力费。

电力企业成本管理具有以下特点：

1. 成本计算对象单一

电力企业中，产品只有电力和热力两种，品种单一，因此成本计算方法简单，一般采用品种法。

2. 成本计算按生产经营不同环节分别进行

发电厂计算发电成本，供电公司计算供电成本，网省公司计算售电成本。其售电成本为完全成本，反映生产成本；发电成本、供电成本为不完全成本。

3. 电力成本的高低不完全取决于生产者，而且受用户用电条件的影响

由于用户用电的电压等级不同，其配电线路及设置就有所不同，应承担的费用也就不同，这种成本称为用户成本。供电企业进行扩大再生产投资，会导致发电成本能力的增加，即容量增加，从而使成本增加，这种由于容量增加引起的成本变动称为容量成本。为了发出一定的电量而发生的费用称为电能电量成本，这三个成本之和构成了电力产品的长期边际成本。

4. 电力成本的构成要素与生产费用要素是不一致的

电力企业进行成本管理时，应从电力企业实际出发，考虑电力成本的特点，采用科学的管理方法进行管理，才能收到较好的效果。

15.3.5　电力企业降低成本的意义和途径

成本管理的目的是增加利润，增加利润的途径除了降低成本外，还可以采取增加销售、提高价格等方法。

提到增加效益大家首先就会想到通过扩大生产规模和加强营销以增加销售量达到增加国家效益的目的。在电力体制改革之前，电厂的发电量基本上是按照它的装机容量按比例分配的，电厂规模不变，发电量变化不大。电力体制改革后，"厂网分开，竞价上网"，电厂的发电量跟它的上网电价挂钩，实际上就是根据发电成本来决定的。因此想通过营销手段达到增加销售量的目的的效果不大。

产品成本是一项重要的综合性经济指标，它在很大程度上反映企业生产经营活动的经济效益，是考核企业经营成果的一项重要指标。因此，加强成本管理，努力降低成本具有十分重要的意义，它表现在以下几方面。

1. 降低成本是加快生产发展的重要途径

产品成本反映了生产中物化劳动和活劳动的消耗，不断降低成本，意味着以较少的劳动消耗，生产出同样多的产品，或者用同样多的劳动消耗，生产出更多的产品。

2. 降低成本是国家积累资金的重要来源

在产品价格、税率不变的条件下，成本越低，企业的利润越多，就能给国家提供更多的积累，满足社会主义扩大再生产的资金需要。

3. 降低成本是降低产品价格的重要前提

产品成本是制定产品价格的基础，当大多数企业成本有了较大幅度的降低时，就有可能降低这种产品的价格。工业产品的价格降低，又将有利于国民经济部门的技术改造，有利于产品在国际市场上打开销路，在竞争中处于有利的地位。消费品价格的降低，实际上提高了人民的生活水平。

如果说成本控制主要是管理问题，那么成本降低主要是技术方面的问题。降低电力企业产品成本的主要途径有以下几种。

1. 安全满发多供电

电力企业固定成本所占比重较大，满发多供电能使单位成本中的固定成本减少，总成本降低，另外电力企业的安全生产则是最大的经济效益。

2. 搞好经济调度，提高运行的经济性

正确安排运行方式，合理分配各发电厂及各发电机组的负荷，就可提高全电网运行的经济性。

3. 降低厂用电和线路损失

火力发电厂的厂用电一般是10%左右，输配电的线损率一般也在10%左右，这两方面消耗了发电量的20%，其数目相当可观。努力降低厂用电和线损就能增加售电量，从而降低成本，增加利润。

4. 努力节省燃料和生产用水

燃料和生产用水是构成电力产品变动成本的主要成分，尤其是燃料在火力发电成本中所占的比重达70%～80%，因此在保证安全生产的前提下，节省燃料和生产用水，对于降低成本有着重要的作用。

5. 节约管理费用及其他非生产性开支

具体措施有精简机构，减少非生产人员，提高管理工作效率，缩减各种不必要的开支等。

15.3.6 电力企业利润概念及构成

利润是企业在一定会计期间的经营成果，它是企业经营的最终成果，也称为财务成果。企业进行成本管理的目的就是为了增加利润，而利润分配的有效管理为企业利润的增加起了积极的作用。利润水平的高低是衡量一个企业经营好坏的重要标志。企业利润分配是对交纳所得税后的净利润进行的分配，利润分配得合理与否，直接影响投资者的利益，还对企业今后的发展产生重要的影响。因此，企业利润是财务管理的重要内容。

如果收入小于费用，其差额表现为亏损。实现利润的多少体现一个企业经济效益的大小和管理水平的高低，是考核、评价企业状况的一个重要经济指标。企业实现的利润不仅是其自身进行扩大再生产，提高职工待遇水平的前提和条件，也是国家进行积累，满足社会公共需要的重要来源。

1. 对于电力生产企业而言

销售利润－产品销售利润＋其他销售利润－财务费用产品销售利润＝电、热产品销售收入－电、热产品成本－销售税金及附加其他销售利润＝其他销售收入－其他销售成本－其他销售税金及附加。

2. 电力企业增加利润的途径

安全满发电、多供电是增加销售收入，进而增加利润的重要途径；降低产品成本，以增加企业利润；加强销售管理，抓好电费的回收工作；减少流动资金占有量，节约流动资金借款利息，严格控制营业外支出，增加营业外收入。

3. 利润管理顺序及原则

企业税后利润的分配顺序：①支付各项税收的滞纳金、罚款及被没收的财务损失；②弥补企业以前年度亏损；③按税后利润扣除前两项后的10％，提取法定盈余公积金；④提取一定比例公益金；⑤向投资者分配利润。

15.3.7 电力企业利润分配的原则

电力企业利润分配的原则如下。

1. 政策性原则

现行的财务制度对利润的内容及计算有着明确的规定，对企业实现的税后净利润的分配也有具体的要求，企业在进行利润管理中必须严格地遵守。企业不得扩大成本开支范围，截留利润。

2. 真实性原则

企业在计算利润时，一定要实事求是，不能搞虚盈实亏，不得作假。

3. 计划性原则

企业在利润管理时，要加强计划管理。运用科学的预测方法进行目标利润预测，以目标利润为中心，做好生产经营工作，实现目标利润任务。

15.4 物 资 管 理

电力工业作为装备性工业，其物资费用在电力生产成本和基本建设工程投资中占据相当大的比重。电力生产具有高度连续性，生产和消费同时进行，供电安全和供电质量对社会具有广泛的影响，因此对物资的选用和匹配有着比一般工业企业更高的要求。加强电力企业的物资管理，稳步提高物资管理水平，对保证电力生产的安全经济运行和基建工程的顺利投产，提高全局的经济效益和社会效益，都具有积极意义。

企业的物资包括用于物质生产过程中所耗费的各种生产资料，例如，原料、材料、燃料、辅助材料、工具和设备等。物资管理涉及对这些物资的采购、储备、使用等活动的计划、组织和控制。

电力企业物资管理即是对电力企业生产过程中所需各种生产资料的采购、储备、保管和使用等活动的管理。物资管理的质量直接影响到企业的生产、技术、财务、劳动和运输等方面的经营活动和经济效益。在电力企业中，火力发电部分燃料占成本的70％，一般设备检修和改造的费用中，材料费也占到60％。如果燃料或材料供应不及时，或质量不能保证，可能会影响发电正常运行，延长工程进度，降低检修质量，甚至造成积压，最终影响发供电指标的完成。

15.4.1 物资管理的概念及内容

1. 物资管理的任务

物资管理的核心任务是确保物资供应充足、流转迅速、消耗低、成本节约、效益显著。

具体来说，企业物资管理的主要任务包括：①确保按质、按量、按时、成套地供应企业所需的各种物资，以保证企业生产经营活动的顺利进行；②制订先进合理的物资消耗定额，实施集中下料和限额发料，推动物资综合利用和修旧利废，促使物资使用部门努力降低物资消耗；③确定合理的储备定额，做好物资的保管工作，减少存储损耗，加快资金周转；④制订物资供应计划，做好日常各种物资的管理工作；⑤节省采购、运输、仓储及其他物资管理费用的支出，提高物资管理效率。

2. 物资的分类

工业企业需要各种不同类型的物资来支撑生产经营活动，包括原材料、辅助材料、燃料、动力、配件、工具等。物资管理的核心问题在于保证物资供应充足、周转快速、消耗低、费用省、效益高。为了实现这一目标，企业需要做好以下几方面的工作：①按照物资在生产中的作用进行分类；②根据物资的自然属性进行分类；③按照物资的使用范围进行分类；④制订先进合理的物资消耗定额；⑤确定合理的储备定额；⑥编制物资供应计划；⑦节省采购、运输、仓储及其他物资管理费用的支出。

3. 电力企业物资管理工作内容

电力企业物资管理的核心是根据企业的生产经营战略目标和主要任务，统筹整个物资供应管理的全过程，确保按质、按量、及时、齐备、经济地将物资供应给需用单位，以保证电力生产的顺利进行。具体而言，主要包括物资供应、物资管理、物资使用。

电力企业物资管理的重要性在于，物资是生产过程中不可或缺的要素，对于保障生产经营的顺利进行具有重要意义，因此加强电力企业物资管理，提高管理水平，对于保证电力生产的安全经济运行和基建工程的顺利投产具有积极的意义。

15.4.2　物资消耗定额

一、物资消耗定额的基本概念

物资消耗定额是在一定的生产技术条件下，为生产单位产品或完成单位工作量所需的物资数量制定的标准。这项工作是编制物资供应计划和计算物资需求的依据，也是科学组织物资发放工作的基础。它不仅有助于控制企业物资的合理使用和节约，还可以促进企业提高生产技术水平、经营管理水平和工人操作技术水平。

正确、科学地制订物资消耗定额，需要认真分析研究物资消耗的构成及其规律。一般，物资消耗的构成主要包括：构成产品净重的消耗、工艺性消耗及非工艺性消耗。工业企业中，物资消耗定额通常分为工艺消耗定额和物资供应定额两种。总的来说，制订物资消耗定额是一项复杂而重要的工作，需要深入分析各种消耗构成的特点和规律，以确保企业能够合理使用物资并实现资源的最大化利用。

二、制订物资消耗定额的基本方法

1. 技术计算法

根据产品设计和工艺要求，结合先进技术和经验，在进行工艺计算的基础上确定物资消耗定额。这种方法的准确性高，可靠性强，但需要大量的计算和分析工作，以及丰富的技术资料作支撑。通常适用于产品定型、产量大、技术资料齐全的情况。

2. 统计分析法

根据以往生产中的物资消耗统计资料，通过分析研究考虑到计划期间生产技术组织条件的变化等因素来制订物资消耗定额。虽然这种方法简单易行，但必须有充分可靠的统计资料作为依据，否则会影响定额的准确性。

3. 实验测定法

在生产现场或试验区对单位产品的物资消耗进行实际测定，并以此为基础制订物资消耗定额。这种方法适用于一些难以通过技术计算确定消耗定额的产品和零件，例如，缺乏技术文件的新产品或外形复杂的毛坯和零件。

4. 经验估计法

根据生产工人和技术人员的实际经验，结合相关技术文件、产品实物及企业技术生产组织条件的变化来制订物资消耗定额。尽管这种方法简单易行，但准确性较差，受主观因素影响较大，通常只在缺乏必要技术资料和统计资料，或者单件小批量生产的情况下使用。

以上四种方法各有优缺点，实际工作中可根据具体情况和要求选择合适的方法来制订物资消耗定额。

15.4.3 物资储备定额

确保工业企业连续生产的关键之一是确保有足够的原材料、燃料等物资储备。然而，由于生产过程中的物资消耗是连续不断的，而物资的供应却是间歇性的、分批次的。此外，还会遇到物资采购延误、运输交货延误或者接收到的物资不符合标准需要退换等情况，同时季节性因素也需要考虑进来。因此，企业必须制订物资储备定额来确保生产的连续性和稳定性。

一、物资储备定额的概念

物资储备定额是在一定生产技术组织条件下为了确保生产顺利进行所必需的、经济合理的物资储备数量标准。它是企业物资计划管理的基础，是确定物资采购量、正确组织企业物资供应，以及核定企业储备资金定额的依据。

二、物资储备定额的分类

通常企业的物资储备定额包括经常储备定额、保险储备定额和季节性储备定额三种类型。①经常储备定额：企业在前后两批物资进厂的供应间隔期间为满足正常生产所建立的物资储备数量标准。②保险储备定额：为了确保生产经营活动能够持续进行，不因交货延误、运输问题或需求增加而中断，而必需的物资储备标准。③季节性储备定额：为了应对物资供应在不同季节或生产消耗的季节性变化而建立的储备。

由于经常储备量是一个变化量，因此企业的物资储备定额有上限和下限之分，其中上限即最高储备定额，由经常储备量和保险储备量组成；而下限即最低储备定额，只考虑保险储备量。

三、物资储备定额的制订方法

1. 经常储备定额的确定

可采用以期定量法和经济批量法两种方法。

（1）以期定量法。

经常储备定额＝平均每日需用量×供应间隔天数＋检验入库天数＋使用前准备天数

其中的供应间隔天数＝该种物资最低订货限额/平均日需求量。另外，根据同类物资以前年度实际验收入库的数量和供应间隔天数的统计资料，也可以用加权平均法计算。用以期定量法确定经常储备量，方法简单，计算工作量少，其缺点是没有从经济合理的要求出发进行必要的定量分析。

（2）经济批量法。就是把主要影响经常储备的各种因素联系在一起，在找出相互关系的基础上进行定量分析，求得经济、合理的经常储备。经济批量法是以最低订储费用为基本条件，确定最佳储备量的方法。

2. 保险储备定额的确定

保险储备定额＝保险储备天数×平均每日需用量

其中的保险储备天数一般是根据以往统计资料中平均误期天数来确定的，因此有

平均误期天数＝∑（每次误期天数×每次误期时入库数量）/∑每次误期时入库数量

3. 季节性储备定额的确定

季节性储备定额＝季节性储备天数×平均每月需要量

其中，季节性储备天数一般根据生产需要和供应中断天数来决定。

15.4.4 物资管理的 ABC 分类法

在工业企业中，物资的种类和规格繁多，ABC 分类法将复杂的物资管理问题简化为易于处理的部分，能有效管理物资。尽管每个企业所需的物资种类和数量各不相同，但有一个共同规律：少数物资的年消耗金额占据了企业物资消耗总额的大部分，而另一部分物资的年消耗金额相对较少。

ABC 分类法就是根据各种物资年消耗金额占消耗总额的比例，将物资划分为 A、B、C 三类，并针对每一类物资采取不同的管理方法。具体步骤如下：①计算每种物资的年度消耗金额；②将物资按照年消耗金额从大到小进行排列；③对逐项消耗金额进行累计，并计算出各项累计金额占全年消耗金额总和的百分比；④计算累计品种数及各项累计品种数占品种总数的百分比。

通常情况下，ABC 分类法将累计消耗金额达到 60%～70% 的少数品种的物资归类为 A 类物资，这类物资通常只占物资品种总数的 10%～15%。相反，累计消耗金额的比重很小（仅占 5%～15%），但它们所包括的品种数很多（占 60%～70%），则这一组物资被归类为 C 类物资。剩下的介于这两类之间的一组物资则称为 B 类物资。

A 类物资是物资管理的重点，由于其年消耗金额较大，我们需要严格控制 A 类物资的储备天数。C 类物资品种很多，但由于年消耗金额不大，我们可以适当增加储备天数，减少订货次数和简化物资管理。B 类物资的管理具有较大的灵活性，对于重要且年消耗金额较多的 B 类物资，可以采取与 A 类物资相同的管理方法；而对于不重要或年消耗金额较少的 B 类物资，则可以采取与 C 类物资相同的管理方法。

15.4.5 备品管理

1. 备品的含义和重要性

备品是设备在正常运行情况下，为了保证安全生产，必须经常储备的设备、部件、材料和配件。它们需要保持良好的状态，以确保随时可以进行更换和使用。在电力企业中，做好备品管理工作尤为重要。通过储备必要的配件，可以及时消除发供电设备的缺陷，预防事故的发生，并加速事故的抢修。这不仅可以缩短检修时间，提高设备的健康水平，还能保证电力企业的安全和经济运行。

2. 备品的范围和分类

备品根据其性质不同，可分为设备类备品、材料类备品、配件类备品；按重要性和加工难度，分为一类备品（事故备品）和二类备品（轮换消耗性备品）。

一类备品包括：①主要设备的重要零部件和部分设备；②主要辅助设备上的零部件；③制造技术复杂、周期长、材料特殊、自行加工困难的零部件。以上 3 项会直接影响到发电、供电生产的正常运行。

二类备品（轮换备品和消耗备品）包括：①每次大小修时检修工作量大的设备部件；②设备在正常运行情况下经常磨损的零部件；③制造技术复杂、周期较长、材料特殊、自行加工困难的零部件。

15.4.6 物资供应计划

物资供应计划是企业在计划期内确保生产顺利进行所需各种物资的计划。它是生产经营计划的重要组成部分，为组织订货和市场采购提供依据，也是管理库存、节约物资、降低资金占用的基本手段。企业物资供应计划的主要工作内容有编制物资供应目录，确定各种物资的需用量，确定计划期初和期末的储备量，编制物资平衡表，确定物资采购量。

1. 编制物资供应目录

物资供应目录是企业物资部门根据生产所需的各种材料物资，按照分类顺序系统地整理、汇总，并详细列出各种物资的类别、名称、规格、型号、技术标准、计量单位、供应价格等信息。这个目录是编制物资供应计划和进行物资采购的重要依据，也为设计、工艺等部门正确选用物资提供了必要的参考资料。

编制的物资供应目录应有助于企业选择最经济、合理的物资品种，提高生产效率，降低成本，确保产品质量，具体综合考虑以下因素：①保证产品质量；②就近取材；③规格标准化；④优化规格尺寸；⑤提高生产效率。

2. 物资需用量的确定

物资需用量，是指企业在计划期内，为了进行生产经营活动所需的各种物资数量。这包括基本生产需求，也涵盖了辅助生产、新产品试制、技术革新及其他各种需求。企业需要确定各种物资的需用量，首先按照不同的用途、种类和规格进行分别计算，然后将同类物资进行合并汇总得出总的需用量。确定物资需用量的方法主要有两种，即直接计算法（定额计算法）及间接计算法（比例计算法）。这两种方法各有优劣，直接计算法通常是主要方法，因为它准确、可靠，而间接计算法则是在特定情况下的一种估算方式。

3. 期初期末库存量的确定

由于生产任务和供应条件的变化，计划期内期初库存量和期末库存量往往不相等。即使物资需用量不变，由于这些因素的变化，物资的采购量也会发生变化。如果期初库存量大于期末库存量，就可以减少物资的采购量；反之，则需要增加采购量。

（1）期初库存量：一般根据编制计划时的库存盘点实际数来计算，考虑编制计划时实际库存量、计划期初前到货量和耗用量。计算公式如下。

期初库存量＝编制计划时实际库存量＋计划期初前到货量－计划期初前耗用量

（2）期末库存量：通常是指物资的储备定额，包括经常储备量和保险储备量。由于经常储备量是变化的，一般采用$50\%\sim75\%$的经常储备量加上保险储备量作为期末库存量。对于品种较多的小宗物资，可以按照物资的"小类"或"组"计算平均值，即以经常储备量加上保险储备量来确定期末库存量。

4. 编制物资平衡表，确定物资采购量

企业在确定了各种物资的需用量，以及期初和期末库存量之后，可以编制物资平衡表。物资平衡表通常按照物资的具体品种和规格进行编制。其格式见表15-1。

表 15-1　　　　　　　　　　物资供应平衡表

| 序号 | 物资名称 | 物资规格型号 | 计量单位 | 期初预计库存量和其他内部资源量 | 计划需要量 | | | | | | 期末储备量 | 平衡差额 | 平衡措施 | | 备注 |
					合计	生产	维修	计措	科研	基建	其他			市场采购	协作调剂	
甲	乙	丙	丁	1	2	3	4	5	6	7	8	9	10	11	12	戊

编制物资平衡表后，就可按物资类别编制物资采购计划。某种物资采购量＝物资需用量＋计划期末库存量＋计划期初库存量＋企业内部可利用资源，其中企业内部可利用资源，是指企业改制、代用或调剂使用的物资。

15.4.7　物资采购管理

采购，是指为了获取企业生产经营所需物资而采取的行为。在采购活动中，必须综合考虑总成本、采购时间、效率，以及物资的质量和数量，以确保以最适当的方式获得所需物资，并保持资源的连续供应。

1. 采购业务的主要内容

通常，采购业务涉及以下主要内容：①寻找物资供应来源，并分析市场动态。②与供应商洽谈，安排实地考察，建立供应商资料等。③要求供应商提供报价并进行议价。④订购所需物资并与供应商签订采购合同。⑤对进货物资的数量和质量进行验收。⑥建立采购业务资料档案。⑦研究市场趋势，搜集市场供给与需求价格等相关资料，并进行成本分析。⑧预防和处理积压报废物资。

2. 采购方法

采购方法种类繁多，需根据采购对象来选择合适的采购方法。以下是对主要的采购方法的说明。①按采购地区分类：采购可分为国内采购和国外采购。②按采购方式分类：采购可分为直接采购、委托采购和调拨采购。③按决定采购价格方式分类：采购可以分为招标采购、询价采购、比价采购、议价采购和定价采购等方式。

3. 采购程序

采购程序是一个包含多个关键步骤的过程，其中开具购料单只是其中之一。以下是采购程序的主要步骤：①用料部门提出用料计划并提交给物资供应部门；②平衡库存，确定购买哪些物资及数量；③研究市场状况，结合用料时间找出适当的采购时机；④通过询价、报价、比价等方式确定有利价格，并选择合适的供应厂商；⑤与供方签订购销合同，明确交货日期、付款条件等重要条款；⑥监督供方按时交货，确保交货质量和数量符合合同要求；⑦核对并完成采购行为，根据验收单或质量、数量验收报告检查供方交货情况，如有问题须及时处理；⑧若涉及国外采购，则需要办理进口手续，确保合规性。这些步骤是确保采购过程顺利进行、物资供应及时有效的关键。

4. 多货源和单货源的决策

在采购过程中，供应商的选择至关重要。恰当选择供应商能够保证物资的质量和交货时间，并获得相对合理的价格。一种物资可以从多个或单个来源采购。若有多个供应商，采购特定物资的风险会降低，供货可靠性更高，还能有更多的议价和技术规格选择余地。然而，与多个供应商打交道会增加工作量，关系也相对松散，导致供应商对长期合作的信心不足，责任心较弱。

选择供应商时，通常需要考虑设备功能、质量保证、财务状况、成本结构、价值分析、生产作业计划与控制及合同执行情况等条件。综合评价供应商是一项耗时的工作，但也是至关重要的。当前的趋势是选择较少的供应商，建立长期、互利的合作关系，以解决供货质量问题，并确保双方共赢。

5. 自制或购买分析

在组织生产过程中，决定是自制还是购买某些零部件是一项关键的决策，因为它直接影响产品或服务的质量和成本。为了做出明智的决策，需要考虑零部件成本、零部件的可获性、零部件质量、设备和专门技术的可获性，以及技术保密性等因素进行自制或购买的分析。

15.5　现代企业制度

在市场经济条件下，电力由垄断走向市场，既是电力工业自身进步和发展的必然要求，也是电力体制改革的必然趋势和终极目标。建立产权清晰、权责明确、政企分开、管理科学的现代企业制度，是电力企业进入市场的基本前提和条件。电力工业的现代企业制度主要由以下三项制度组成：

（1）企业法人制度，确立法人财产权。这就需要理顺国家与企业的产权关系，实行出资者所有权与经营者法人财产权的分离。出资者根据其注入企业的资本金拥有相应的产权，而企业拥有法人财产权，承担财产义务和责任，同时又接受产权约束，成为独立的利益主体和自主经营、自负盈亏的法人实体。

（2）能够准确反映企业经营状况，保障出资者和经营者利益的新型财务会计制度。

（3）完善法人治理结构、科学合理的企业领导体制和组织管理制度化。

15.5.1　建立企业法人制度

公司是现代企业最典型的一种组织架构。规范的公司可以有效实现投资者所有权与企业法人财产权的分离，有利于政企分开、转换金融机制。降低行政机关对企业的约束，解除国家赋予企业的无限责任，真正实现市场化的自主运营。然而，目前阶段，电力企业的公司制改革还有以下问题亟需解决。

1. 领导体制问题

公司法人制的治理结构是形成股东会、董事会、监事会、经理层四者之间的制衡关系，这是电力企业公司化的核心，也是与现有国营电力公司组织形式的重大差异。股东会由全体股东组成，对公司重大事项进行决策，有权选任和解除董事，并对公司的经营管理有广泛的决定权。董事会是依照有关法律、行政法规和政策规定，按公司或企业章程设立并由全体董事组成的业务执行机关。董事会是股东大会或企业职工股东大会这一权力机关的业务执行机关，负责公司或企业的业务经营活动的指挥与管理，对公司股东大会或企业股东大会负责并报告工作。股东大会或职工股东大会所做的有关公司或企业重大事项的决定，董事会必须执行。监事会是公司的常设机构，负责监督公司的日常经营活动，以及对董事、经理等人员违反法律、公司章程的行为予以指正，起监督、督查作用。总经理是公司业务执行的最高负责人。推进电力企业的组织形式的根本在于领导制度的改变。

2. 资产评估问题

资产评估是对不动产、动产、无形资产、企业价值、资产损失或者其他经济权益进行评定、估算，并出具评估报告。电力企业普遍面临沉重的债务负担，可以考虑通过入股资本金的范围和比例及债务的比例，将债务转换为国家获取其他法人组织的股权，从而减轻债务。在清产核算的基础上，核实企业法人的占有资产，建立资本金运行制度。

3. 职工安置问题

电力企业改组后出现的人员流动是改革中需要考虑的重要问题，现阶段主要采用的是分流、竞争上岗制度、内部招聘等方法。

15.5.2　实行政企分开

政企分开在改革之初就已经提出来了，但至今仍没有达到设想目标。政企关系实际上一直处于矛盾状态：一方面，出于国有资产保值增值的考虑，政府对企业实施行政干预；另一方面，政府作为国有资产所有权代表，受信息、利益、人力等多方面因素的限制，需要更好地履行所有者职责。

实际上，传统经济体制的特点不仅仅在于政府统一组织社会生产和直接管理企业，行使了"超级企业"的职能；更重要的是，传统经济体制是社会政治组织和经济组织的合一。不从根本上改变企业的这种属性，不另行建立政府（政治）管理的新渠道、新方式，当然就无法真正割断企业与政府之间的脐带。与此相对照，农村经济体制改革之所以成效显著、反复较少，关键就在于其不是仅仅试图改变人民公社管理农业生产的方式，而是及时地废除了政社合一的人民公社本身。

实行政企分开，不仅是要把政府和企业的职能分开，也不仅是政府功能的转变和企业经营机制的转换，还必然要以实现社会基层政治组织和经济组织的重构为基础。政企分开就是要在政府及企业两个层次上都实现政治职能与经济职能的分离。

15.5.3 建立健全电力企业现代企业制度的相关举措

建立健全电力企业现代企业制度的相关举措如下。

1. 完善落实现代企业制度中的"权责利"统一问题

当前我国的经济发展速度不断加快，市场经济也得以不断完善，在这种情况下，电力企业要想取得更好的发展，则需要加强对企业产业结构的调整和完善，利用"权责"一致的管理模式来实现电力的生产和配送任务。所以电力企业在日常生产活动中，需要加强各级领导责任制的建立和完善，明确各级生产责任制度，并实现权力的具体落实，从而加快电力企业生产的标准化和现代化发展进程。电力在具体落实现代企业中的"权责利"统一问题时，需要明确股东应该享有的投资权益、决策权力和对企业进行管理的权力，对董事会、监事会之间的关系进行确定，将各项领导制度及企业法人代表应该行使的权力进行贯彻落实。对于企业出资者需要加强管理，利用相关法律制度来对其干预企业内部经营活动的现象进行避免，同时严格按照相关法律规定来对其进行企业财产的分配，避免其对法人财产进行私自支配。另外，企业管理者在行使特有权利时，除了要按照相关组织规定来进行外，还要以维护企业的合法权益为重要前提。

2. 完善各项激励体制，促进企业快速发展

电力企业的发展离不开员工工作的积极性和主动性，所以为了有效地调动起员工工作的热情，需要建立健全各项激励机制，利用对分配原则的优化配置和调整，加快企业整体效益的发展，最大限度地调动起员工工作的积极性，加快企业的发展。为了更好地提高员工的工作效率，需要对不同类型的人才进行合理的配置，使不同类型的人才能够在各自的岗位上发挥出最大的效能，不仅能够有效地提高工作业绩，而且可以实现人员的科学化管理，建立适宜的管理机构，有效地提升员工的工作积极性和创造性，从而更好地确保业绩的提升。

3. 建立灵活经营机制，实现资源的保值增效

电力企业的整体经营机制要以社会主义市场经济为指导理念，在实现效益的同时，不断满足广大电力用户的真实需求，对企业资源进行优化配置。电力行业本身就具有一定的风险性，因而，各大公司要将权利和责任具体细化，提高企业的风险承受能力。而市场价格也能够对电力企业的整体效益和经营机制产生重大影响，因而在制定相关制度的同时要正确发挥价格杠杆作用，按照相应的股权投资比例和实际收获的利润进行分配，对下级各项考核指标进行调整。为此，电力企业总公司应该严格按照市场经济相关法律来对部分企业资金进行调整，对项目中的折旧资金进行统筹安排。

4. 加强电力企业运行机制的监督和法治管理

电力企业在建立健全各项现代化运行机制的同时，为了有效地规避企业经营和财务管

理上存在的潜在风险，则需要加强对各项监督机制的完善，确保企业的持续发展。企业在进行重大经济活动时，需要由监事会或是财务总监来对其进行监管，确保各项经济决策的正确性和合理性，确保电力企业生产经营活动的顺利进行。而且企业的监事机构和财务总监则需要加强对企业重要经济决策的有效监督，同时在进行具体投资时也要加强监管，及时发现经营活动中存在的潜在风险，并针对具体风险制订预防性的措施，以便使企业的运行机制能够进一步完善。

在电力企业生产经营及维护管理的整个过程中都存在着一定的潜在法律风险，因此，要做好各种风险预防准备工作，坚持以风险管理为主的模式来进行电力输送。电力企业在生产经营中还要注重加强相关合同制度及内容的管理，对其进行分类式、科学式的管理，严格按照签订、依法执行和依法维权来进行操作，从源头上减少企业合同纠纷的发生；在对企业发生的相关诉讼及法律纠纷案件进行管理时，要严格按照电力企业的法律事务特点来进行，对相关案件进行正确分析，使法律机构报告制度更加公开化，以有效维护企业的政治和经济权益。

5. 推行股份制，实现多元化生产模式

在当前市场经济环境下，电力企业推动股份制改革，使其能够更好地满足当前社会化大生产的需求，加快电力企业制度改革的深入进行，带动企业生产的积极性，更好地推动企业的快速发展。同时还可以对电力企业的内部改革进行不断地优化配置，正确规划资源和存量资产，提高电力企业整体的竞争力。因此，电力企业应该根据企业规模的具体形式来进行资源分配和管理，对大中型企业要将其改造为有限责任公司或者是股份有限公司，而对于那些规模较小的企业要对其进行必要的重组和兼并，通过股份合作制来增强企业的资金实力，发挥市场性的优势。不仅能够有效地提高工业业绩，而且可以实现人员的科学化管理，建立适宜的管理机构，有效地提升员工的工作积极性和创造性，从而更好地确保业绩的提升。

第 16 章

电力企业战略管理

16.1 战略管理概论

战略管理是管理者为制订本组织的战略而做的工作，涉及所有的基础管理职能——计划、组织、领导和控制。战略是关于组织将如何经营、如何在竞争中获得成功，以及如何吸引和满足顾客以实现组织目标的各种方案。

战略管理的重要性主要体现在以下三方面。第一个，也是最重要的一个原因是它在组织如何取得卓越的绩效表现上发挥了重要作用。战略计划和绩效之间大体上存在一种正相关关系，运用战略管理的组织取得了更高的绩效水平。第二个，体现其重要性的原因与这样一个事实有关，任何类型和企业规模的组织管理者都面临着不断变化的局面，通过运用战略管理过程，企业考察相关的因素并决定所采取的措施，从而应对这种不确定性。例如，当企业应对社会性的经济不景气时，它们的战略更具弹性。第三个，战略管理之所以很重要是由于组织的复杂性和多元化。组织的各部分都应该齐心协力以达成组织目标，而战略管理有助于实现这一目标。

战略管理的过程应该涵盖战略从提出到落地实施的全过程。图 16-1 是典型的战略管理过程。

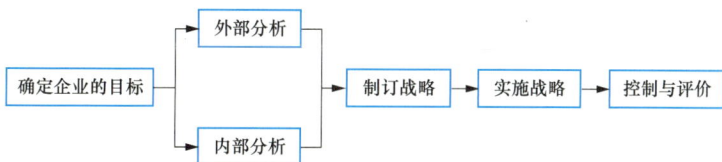

图 16-1 战略管理过程

战略管理的第一步是确定进行战略管理的目的，也就是企业的使命、目标、宗旨。目的的确定是对自身业务的界定。企业业务关注的内容包括目标受众、目标市场、理念与价值观、盈利能力、技术水平等。第二步是进行外部分析和内部分析。通过外部分析，管理者应该准确地找出组织可能抓住的机遇，以及组织必须抵制或阻止的威胁。机遇是外部环境中的积极趋势；威胁则是消极趋势。

内部分析。内部分析提供了关于企业所具备的资源与能力这一重要信息。一方面，一个企业的资源就是企业用来开发、制造，以及向顾客提供产品的各种资产——金融资产、有形资产、人力资本和无形资产，也就是企业拥有的。另一方面，企业的能力，是指用来从事一切必要活动的技能和才智——企业是"如何"开展工作的。企业最主要的价值创造能力称为核心竞争力。资源和核心竞争力两者决定了一个企业的竞争武器。在完成内部分析之后，管理者应该能够确定企业的优势和劣势。优势是企业擅长的行动或者拥有的独特资源；劣势则是企业不擅长的行动或者需要但缺乏的资源。

外部和内部环境相结合的分析称为 SWOT 分析（SWOT analysis），这是对企业的优势（Strengths）、劣势（Weaknesses）、机遇（Opportunities）和威胁（Threats）的综合分析。在完成 SWOT 分析之后，管理者应该利用企业的优势和外部机遇，阻止或避免企业的外部威胁，弥补关键劣势的战略。

当管理者制订战略时，他们应该考虑外部环境的实际情况，以及他们可获得的资源和具备的能力，以设计出有助于组织实现目标的战略。管理者制订的战略包括以下三种主要类型：企业战略、竞争战略和职能战略。一旦制订了战略，就必须实施战略。无论一个组织如何有效地进行战略规划，只要战略没有正确地实施，绩效表现就将受到严重影响。最后对实施过程进行控制，对实施结果进行评估，为经营管理和下一次战略管理提供经验。

16.2 电力企业战略 SWOT 分析

16.2.1 外部环境

外部环境 PEST（Political，政治；Economic，经济；Social，社会；Technological，技术）分析是战略咨询顾问用来帮助企业检阅其外部宏观环境的一种方法，是指宏观环境的分析。宏观环境又称一般环境，是指影响一切行业和企业的各种宏观力量。对宏观环境因素作分析，不同行业和企业根据其自身特点和经营需要，分析的具体内容会有差异，但一般都应对政治、经济、社会和技术这四大类影响企业的主要外部环境因素进行分析。简单来说，也称为 PEST 分析法。图 16-2 是一个典型的 PEST 分析。

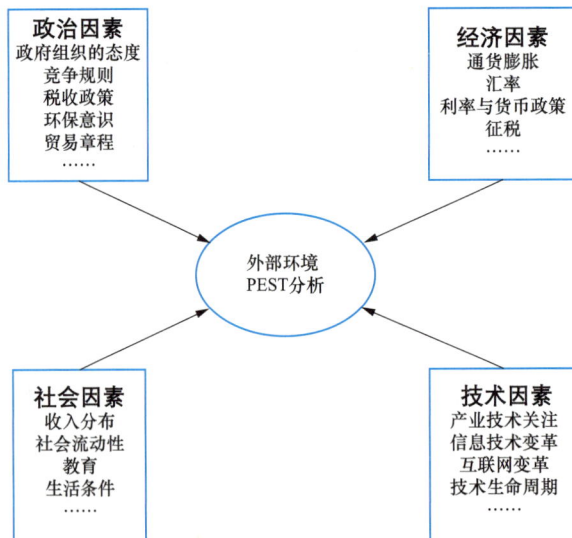

图 16-2 PEST 分析因素

一、政治与法律

政治环境包括一个国家的社会制度，执政党的性质，政府的方针、政策、法令等。不同的国家有着不同的社会性质，不同的社会制度对组织活动有着不同的限制和要求。即使社会制度不变的同一个国家，在不同时期，由于执政党的不同，其政府的方针、政策倾向对组织活动的态度和影响也是不断变化的。

1. 电力体制改革

内容主要包括政企分开、厂网分开、输供电分离，实施公司化改组；统一开放、竞价上网，建立电力交易市场；依法管理、竞争有序，建立健全电力市场。打破壁垒，引入竞争，是对电力企业的一次威胁，也是一个机遇。尽管目前还没有完全达成，但已经对包括发电企业、电网公司和其他多种经营公司产生了重大影响。在2017年，国家发改委发布了一系列全面覆盖省级输电和配电价格的电网改革文件。中国的省际和地区间输电早成为常态，并有望实现大规模的"东西向输电"。其中，电价结算，输电和电网平衡的管理为中国电力行业提供了宝贵的机遇。在"十二五""十三五"时期，中国电力基础设施的全面建设和相关配套设备的推广进入新阶段，初步形成了适宜的电力调度指挥、电网联动系统和服务业务。2015年7月，《关于促进电力发展的指导意见》发布，文件提出，到2020年要实现建设安全可靠、开放兼容、双向互动、高效节能电网的目标。经济、清洁、环保的电力体系将初步建立。

2. 西电东送与可再生能源开发

西部大开发和西电东送为西部电力公司提供了发展机会。西部人民生活水平、经济水平的提高必然伴随着用电量的增长，从而使西部电力市场实现增长。西电东送为西部地区的电力销售打开了方便之门，扩大了市场，有利于西部电力企业提高发电量，扩大市场占有率。西电东送对东部地区的电力企业同时带来了很大的影响，然而对供电企业和发电企业带来的影响是截然不同的。对发电企业来说，由于增加了电力的供给，势必增加竞争的强度，同时还面对西部地区大量的低成本电力而形成的竞争局面。对于供电企业来说，由于供应方市场竞争加剧，使其可通过竞价上网得到成本较低的电力供应，从而降低了购电成本，提升了利润空间。

政治因素对企业的行为有直接的影响，政府主要是通过制定一些法律和法规来间接影响企业的活动。为了促进和指导企业的发展，国家颁布的《经济合同法》《企业破产法》《商标法》《质量法》《中华人民共和国专利法》和《中外合资法》等法律，以及对污染程度的规定、卫生要求、产品安全要求、对某些产品的定价等规定对企业的经营行为产生很大的制约，对电力企业来说，电力法、供用电营业规则等为电力企业的经营提供了法律保障，同时也约束着电力企业的合法经营。

二、经济

经济因素，是指国民经济发展的总体状况，国际和国内经济形势及经济发展趋势，企业所面临的产业环境和竞争环境等；经济环境主要包括宏观和微观两方面的内容。

宏观经济环境，是指一个国家的人口数量及其增长趋势，国民收入、国民生产总值及其变化情况，以及通过这些指标能够反映的国民经济发展水平和发展速度。

微观经济环境，是指企业所在地区或所服务地区的消费者的收入水平、消费偏好、储蓄情况、就业程度等因素。这些因素直接决定着企业目前及未来的市场大小。

近几年，由于国家加大基础设施建设，拉动内需，加快国有企业改革，大大加快了国民经济的增长速度，GDP连续几年保持高速度增长，极大地促进了电力需求的增长。

产业结构的调整将对电力需求产生巨大影响。随着国家产业结构的调整，第二产业比重下降，第三产业乃至第四产业——信息产业等低能耗、高产出的产业发展，使社会对电力的需求由数量型向质量型转变，因此，电力除保持一定的增长外，对供电可靠性、稳定性、优质服务产生了更高的要求，这些对电力企业的生产经营活动产生了巨大影响。

电力行业是资金密集型行业，电力企业的经营常常需要筹集大量资金，而利率水平对企业筹资的影响很大，利率高则意味着企业筹资成本增加或筹资困难，降低电力企业的利润；利率低，则电力企业能够筹措到低成本的资金，提高利润率。我国连续几次降息，刺激了证券市场的发展，为企业筹资打开方便之门，电力企业应该积极寻求上市。消费者收入水平的提高，家用电器的普及，能够刺激居民用电市场的增长，提高居民对电价的承受能力，增加售电量。

三、科技

技术环境除了要考察与企业所处领域的活动直接相关的技术手段的发展变化外，还应及时了解国家对科技开发的投资和支持重点、该领域技术发展动态和研究开发费用总额、技术转移和技术商品化速度、专利及其保护情况等。

技术革新为企业创造了机遇。新技术的出现影响企业战略选择产品的需求，从而使得企业可以开辟新的市场，形成了广阔的居民用电市场。电动汽车、电动自行车的出现也为电力行业提供了新的市场。技术进步可能使得企业通过利用新的生产方法、新的生产工艺过程或新材料等各种途径，生产出高质量、高性能的产品，同时也可能会使得成本大大降低，如电力系统的自动化水平的提高，用电营业自动化系统为电力企业科学管理、提高服务水平打下了坚实的基础，而电力线上网技术的出现又为电网经营企业带来新的商机。超导技术的采用可使输电线路的损耗接近于零，将大幅度降低供电成本，提高电力企业经济效益。新技术的出现也使企业面临挑战。技术进步会使社会对企业产品和服务的需求发生重大变化。技术进步对某产业形成了机遇，也可能会对产业形成威胁。

四、社会

社会因素包括社会文化、社会习俗、社会道德观念、社会公众的价值观念、职工的工作态度及人口统计特征等。以上因素会影响社会对企业产品或劳务的需要，也能改变企业的战略选择。社会文化是人们的价值观、思想、态度、社会行为等的综合体。文化因素强烈地影响着人们的购买决策和企业的经营行为。不同的国家有着不同的主导文化传统，也有着不同的亚文化群、不同的社会习俗和道德观念，从而会影响人们的消费方式和购买偏好，进而影响着企业的经营方式。因此企业必须了解社会行为准则、社会习俗、社会道德观念等文化因素的变化对企业的影响。

人口统计特征是社会环境中的另一个重要因素，它包括人口数量、人口密度、年龄结构的分布及其增长、地区分布、民族构成、宗教信仰、家庭规模、家庭寿命周期的构成，以及发展趋势、收入水平、教育程度等，对电力需求有重要的影响。

自然环境，是指企业所处的自然资源与生态环境，包括土地、森林、河流、海洋、生物、矿产、能源、水源、环境保护、生态平衡等方面的发展变化。电力行业是二次能源行业，受到能源资源的限制。电厂对煤、水、油等资源的需要，使电厂的建设、生产经营都受到这些资源的限制。另外，环境保护的要求对企业的生产经营有着极为重要的影响。

16.2.2 内部因素

1. 财务现况

（1）对财务指标进行趋势分析，发现有哪些优势和劣势，从财务指标的变化趋势分析企业所处的财务状况。财务指标包括销售利润率、资产利润率、资本利润率、每股平均收益、流动比率、速动比率、存货周转率、资本结构等。

（2）分析企业的利润来源，企业对提高投资收益率的规划情况。

（3）企业的筹资渠道是否畅通。

（4）财务主管人员是否为将来设计出资产负债表和损益表。

（5）是否具备一个严密的现金管理系统和成本控制系统。

2. 设备状况

（1）对于发电企业来说，设备状况包括装机容量、自动化水平、发电可靠性、利用小时数及备品配件情况等。对于供电企业来说，设备状况包括主配变电器容量及结构、线路长度、供电可靠性、自动化装置及水平等。

（2）应考虑到所有生产设施（包括厂房面积等）是否有效率，是否充足，有无扩建的余地。

3. 市场营销能力

在电力体制改革后，市场营销成为不管是供电企业，还是发电企业共同面对的重要问题，在市场营销能力的分析中，主要考虑以下几方面：

（1）市场营销队伍建设情况，人员素质，营销工作的有效性。

（2）采取的定价策略。

（3）收集市场信息的能力，对顾客的需求了解的程度。

（4）顾客对企业服务的满意度。

4. 科技开发能力

（1）各类研究与开发人员的数量、构成、知识结构。

（2）研究与开发人员的研究能力，技术创新与改造的能力。

（3）研究试验设备的数量、构成及装备程度。

（4）研究经费是否充足。

（5）研究与开发的组织管理能力。

5. 人员的数量及素质

（1）最高层管理人员的知识结构、年龄结构、管理风格、管理模式、价值体系。在涉及完成计划、降低成本和提高质量等实施和控制方面，中层管理人员和作业管理人员的数量和素质。

（2）职工的数量。技能和熟练程度，工作态度、职工的激励水平。

（3）本企业的工资政策，职工遴选、培训及晋升系统。

6. 组织结构

（1）现有的组织结构的类型。

（2）组织结构中的责权关系是否明确。

（3）现有的组织结构在实现企业目标的工作中是否有效地合作并且是否高效。

（4）每个组织结构的计划和控制工作是充分的，还是烦冗的。

7. 过去的目标和战略

（1）企业过去几年中的主要目标，这些目标是否都已达到，这些目标是否适合企业自身。

（2）企业过去采用的战略。企业过去采用的战略对企业制订新的战略有很大的影响。过去战略的成功，会使企业倾向于采用与过去战略相似的战略。

16.3　电力企业的发展战略

16.3.1　纵向一体化战略

从经济学角度，沿产业链占据若干环节的业务布局称为纵向一体化。纵向一体化是一个

189

战略性的计划，它是组织核心能力在企业内部扩张的一种形式，又称为垂直一体化，是指企业将生产与原料供应，或者生产与产品销售联合在一起的战略形式，是企业在两个可能的方向上扩展现有经营业务的一种发展战略，是将公司的经营活动向后扩展到原材料供应或向前扩展到销售终端的一种战略体系，包括后向一体化战略和前向一体化战略，也就是将经营领域向深度发展的战略。

前向一体化战略是企业自行对本公司产品做进一步深加工，或者资源进行综合利用，或公司建立自己的销售组织来销售本公司的产品或服务。如钢铁企业自己轧制各种型材，并将型材制成各种不同的最终产品既属于前向一体化。

后向一体化则是企业自己供应生产现有产品或服务所需要的全部或部分原材料或半成品，如钢铁公司自己拥有矿山和炼焦设施；纺织厂自己纺纱、洗纱等。

纵向一体化的目的是为加强核心企业对原材料供应、产品制造、分销和销售全过程的控制，使企业能在市场竞争中掌握主动权，从而达到增加各业务活动阶段的利润。电力企业采取纵向一体化，可以对原材料的成本、可获得性和质量得到更大的控制权，保障自身原材料的供应，提高潜在竞争者的行业进入壁垒；可将设备、原材料的成本转换为利润；可控制分销渠道，解决卖电难的问题，降低上网竞争压力。然而，纵向一体化政策也存在一些风险和问题，由于各生产阶段的产量和效率均不相同，可能会导致有些阶段能力不足。这一点在电力行业表现明显，以往的发、输、配、售的一体化战略形成了各阶段不平衡的发展现状。

纵向一体化是企业经常选择的战略体系，但是任何战略都不可避免地存在风险和不足，纵向一体化的初衷是希望建立起强大的规模生产能力以获得更高的回报，并通过面向销售终端的方略获得来自市场各种信息的直接反馈，从而不断改进产品和降低成本，以取得竞争优势。

16.3.2 密集型发展战略

密集型发展战略，是指企业在原有业务范围内，充分利用在产品和市场方面的潜力来求得成长的战略，是将企业的营销目标集中到某一特定细分市场，这一特定的细分市场可以是特定的顾客群，可以是特定的地区，也可以是特定用途的产品等。由于企业目标更加聚焦，可以集中精力追求降低成本和差异化，使自身竞争优势更强。就是在原来的业务领域里，加强对原有产品与市场的开发与渗透来寻求企业未来发展机会的一种发展战略。这种战略的重点是加强对原有市场的开发或对原有产品的开发。

1. 市场渗透

市场渗透，是指企业在现有的市场上增加现有产品的市场占有率。要增加现有产品的市场占有率，企业必须充分利用已取得的经营优势或竞争对手的弱点，进一步扩大产品的销售量，努力增加产品的销售收入。市场渗透方法主要有以下3种。

（1）尽力促使现有顾客增加购买。包括增加购买次数，增加购买数量。

（2）尽力争取竞争者的顾客。即使这些顾客转向购买本企业的产品。如提供比竞争对手更周到的服务，在市场上树立更好的企业形象和产品信誉，努力提高产品质量等，尽可能把竞争对手的顾客吸引到本企业的产品上来。

（3）尽力争取新的顾客。使更多的潜在顾客、从未使用过该产品的顾客购买。市场上一般总存在没有使用过该产品的消费者，他们或是由于支付能力有限，或是由于其他原因，企业就可以采取相应的措施，如分期付款、降低产品的价格等，使这些消费者成为本企业的顾客，购买本企业的现有产品或想办法在现有市场上把产品卖给从未买过本企业的顾客。

就电力企业而言，产品是电能，市场渗透一是提高电能质量。二是搞好城网、农网改造，为电力市场的开拓和发展做好基础工作。三是合理布局客户服务中心。四是推行优惠电价政策（如峰谷电价、超用优惠电价等）。五是大力宣传、做广告，树立电力产品优质能源的形象。"千辛万苦、千言万语、千方百计"的"三千"正是市场渗透战略的生动写照。市场渗透，可能给企业带来增加市场份额的机会。然而采取市场渗透战略的难易程度取决于市场的特点和竞争者的地位。

2．市场开发

企业尽力为现有的产品寻找新的市场，满足新市场对产品的需要。市场开发有以下 3 种主要方法：①在当地寻找潜在顾客。这些顾客尚未购买该产品，但是他们对产品的兴趣有可能会被激发。②企业可以寻找新的分市场。使现有产品进入新的细分市场。③企业可以考虑扩大其市场范围。建立新的销售渠道或采取新的营销组合，发展新的销售区域，如向其他地区或国外发展。

1949 年以来，国家积极建设电网系统和配套基础设施，使得中国电力后来居上，在国际电力领域有了一席之地。国内的特高压技术在世界首屈一指，中国的电网覆盖率在世界首段。随着"一带一路"倡议的提出，中国的电力企业正在积极迈出国门，向世界展示中国的电能力量，构建全球能源互联网，让全世界都可以使用绿色、清洁的电能，促进世界可持续发展。

16.3.3　多元化战略

企业多元化经营的形式多种多样，但主要可归纳为以下四种类型。

1．同心多元化经营战略

同心多元化经营战略（Concentric Diversification）也称为集中化多元化经营战略，是指企业利用原有的生产技术条件，制造与原产品用途不同的新产品，如汽车制造厂生产汽车，同时也生产拖拉机、柴油机等。同心多元化经营战略的特点是原产品与新产品的基本用途不同，但它们之间有较强的技术关联性。

2．水平多元化经营战略

水平多元化经营战略（Horizontal Diversification），也称为横向多元化经营战略，是指企业生产新产品销售给原市场的顾客，以满足他们新的需求，如某食品机器公司，原生产食品机器卖给食品加工厂，后生产收割机卖给农民，以后再生产农用化学品，仍然卖给农民。水平多元化经营战略的特点是原产品与新产品的基本用途不同，但它们之间有密切的销售关联性。

3．垂直多元化经营战略

垂直多元化经营战略（Vertical Diversification），也称为纵向多元化经营战略。它又分为前向（Forward Integration）一体化多元经营战略和后向（Backward Integration）一体化多元经营战略。前向一体化多元化经营战略，是指原料工业向加工工业发展，制造工业向流通领域发展，如钢铁厂设金属家具厂和钢窗厂等。后向一体化多元化经营战略，是指加工工业向原料工业或零部件、元器件工业扩展，如钢铁厂投资于钢矿采掘业等。垂直多元化经营战略的特点，是原产品与新产品的基本用途不同，但它们之间有密切的产品加工阶段关联性或生产与流通关联性。一般，后向一体化多元经营战略可保证原材料、零配件供应，风险较小；前向一体化多元经营战略往往在新的市场遇到激烈竞争，但原料或商品货源有保障。

4．整体多元化经营战略

整体多元化经营战略（Conglomerate Diversification），也称为混合式多元化经营战略，是指企业向与原产品、技术、市场无关的经营范围扩展，如美国国际电话电报公司的主要业务是电讯，后扩展经营旅馆业。整体多元化经营战略需要充足的资金和其他资源，故为实力雄厚的大公司所采用。例如，由广州白云山制药厂为核心发展起来的白云山集团公司，在生产原药品的同时，实行多种类型组合的多元化经营。该公司下设医药供销公司和化学原料分厂，实行前向、后向多元化经营；下设中药分厂，实行水平多元化经营；下设兽药厂，实行同心多元化经营；还设有汽车修配服务中心、建筑装修工程公司、文化体育发展公司、彩印厂、酒家等实行整体跨行业多元化经营。

采用多元化战略的原因如下。

1. 外部要素

市场容量的有限性。市场需求趋于饱和，产品需求停滞，企业必须寻找其他增长快的产品和市场，从而采取多元化经营战略。

（1）市场的集中度。市场集中度高时，垄断企业或者寡头企业控制了绝大多数的市场份额，如果企业想在本市场内发展，就必须通过降低价格、增加营销的方式与对手进行市场占有率的竞争，但是这些方法对于小企业来说，既需要花费大笔资金，风险也很高。所以企业会选择进入其他新市场，开发新产品。

（2）市场需求的多样性和不确定性。需求的多样性和不确定性是市场的普遍现象。为了分散风险、吸引客户，企业需要开发新产品。

政府反垄断措施的影响。

2. 内部要素

（1）剩余资源的利用。企业在日常经营中往往会有未利用的资源，可以通过多元化战略充分利用剩余资源，提高效益。

（2）缩小目标差距。多元化发展可以弥补实际情况与目标之间的差距，从而达成目标。

（3）纵向一体化发展中的不平衡。通过对薄弱阶段的重点补给、对发展情况较好的阶段合理配置资源，可以削减纵向一体化发展中的不平衡。

16.4　电力企业的竞争战略

16.4.1　总成本领先战略

总成本领先战略也称为低成本战略，是最大努力通过低成本降低商品价格，维持竞争优势。要做到成本领先，就必须在管理方面对成本严格控制，尽可能将降低费用的指标落实在人头上，处于低成本地位的公司可以获得高于产业平均水平的利润。在与竞争对手进行竞争时，由于我们的成本低，对手已没有利润可图时，自身还可以获得利润。成本领先战略概括为如下几种主要类型。

（1）简化产品型成本领先战略。

（2）改进设计型成本领先战略。

（3）材料节约型成本领先战略。

（4）人工费用降低型成本领先战略。

（5）生产创新及自动化型成本领先战略。

16.4.2　差异化战略

差异化战略又称为别具一格战略（Differentiation），是公司提供的产品或服务别具一格，或功能多，或款式新，或更加美观。如果别具一格战略可以实现，它就成为在行业中赢得超常收益的可行战略，因为它能建立起对付竞争作用力的防御地位，利用客户对品牌的忠诚而处于竞争优势。差异化战略的类型主要为以下几种：

（1）产品差异化战略。主要因素有特征、工作性能、一致性、耐用性、可靠性、易修理性、式样和设计。

（2）服务差异化战略。服务差异化战略主要包括送货、安装、顾客培训、咨询服务等因素。

（3）人事差异化战略。训练有素的员工应能体现出胜任、礼貌、可信、可靠、反应敏捷、善于交流六个特征。

（4）形象差异化战略。

16.4.3　集中化战略

集中化战略又称为目标集中战略、目标聚集战略、专一化战略（Focus），是主攻某个特定的客户群、某产品系列的一个细分区段或某一个地区市场。其前提：公司能够以更高的效率、更好的效果为某一狭窄的战略对象服务，从而超过在更广阔范围内的竞争对手，可知该战略具有赢得超过行业平均水平收益的潜力。

专一化战略实质上是针对不同的顾客群或专门的特殊市场而采取的成本领先战略或者差别化战略。或者说，专一化战略是以成本领先战略和差别化战略为基础的竞争战略，在特殊市场中形成成本优势或者差别化优势。这三类战略的关系或区别如图 16-3 所示。总成本领先战略与差别化战略在很多地方是相互矛盾的，而专一化战略又是以这两种通用战略为基础，能否正确地分析企业所处的竞争环境，即产业竞争结构，寻找其战略优势，合理选择、使用竞争战略，加强其优势和竞争能力，是企业成功的关键。若采用专一化战略的企业既能拥有差别化优势，又能在扩大市场规模而实现低成本时不抵消差别化，使这一对矛盾的战略恰到好处地结合在一起，这个企业一定会极其成功，如可口可乐公司、微软（Microsoft）公司等企业就是典型的成功实行专一化战略的例子。

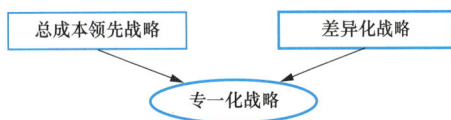

图 16-3　战略间的关系

但是，任何一个实行专一化战略的企业总是或从差别化战略入手，或从总成本领先战略入手，逐步形成企业的专一化战略，这才是成功的途径。若一个企业不断徘徊在这几类战略之间则是很危险的，最终会使企业处于极不利的战略地位。前面已经多次强调，差别化战略与总成本领先战略之间存在矛盾性，在还没有利用某种通用战略而形成企业的优势地位之前，任何企业都不可能将差别化和总成本领先融合在一起。过早地这样做或者在几种战略之间徘徊，会使不同战略的优势互相抵消，企业必须特别注意这一点。

16.5　电网企业战略管理

对于电网公司来说，电力体制改革改变了原有电力企业垄断整个电力产业链的格局，将其置于一个上下游企业都相对独立的竞争性环境中，经营环境发生巨大变化，如何面对发生巨变的外部环境，制订出适合自身发展的战略也自然就成了电网公司不得不认真思考的问题。

电网企业属于关系国计民生的基础性行业，具有特殊的自然垄断性和国民经济基础性，受政府政策和法律法规的影响较大，经营行为和产品价格受到严格的监管与限制，因此，政府政策和监管环境的变化将直接影响到企业的运作和利润，甚至决定电网企业的生死存亡，电网企业在经营运作时，必须比一般企业更充分地考虑政策环境和法律环境。

16.5.1 SWOT 分析

一、电网企业宏观环境分析

宏观环境包括在广阔的社会环境中影响到一个行业和企业的各种因素，即人口、经济、法律政策、社会文化、技术和全球环境。在上述因素中，人口、社会文化不同程度上影响到电网企业的经营，人口数量增长必然导致电力需求增加，人口的地理分布将直接影响到不同地域的电力需求，进而影响到不同地域电网企业的成长性。社会对垄断和竞争的偏好也影响着电网企业的经营政策和运用方式。经济、法律政策，以及技术和全球环境对电网企业的影响较大。

1. 经济环境

常言道：经济要发展，电力须先行。这充分说明了电力行业与经济环境之间的密切联系，电力行业是经济发展状况的晴雨表。电力供应的增长是预测国民经济增长的重要指标，一个国家经济状况的好坏、投资多少、人口消费水平等因素都将直接影响到电力行业的增长。理论和实践都证明，GDP 和电力消费呈现正相关关系。电力的先行官角色决定了电力发展必须适度超前，特别是在新一轮地区竞争中，区域电力供应能否得到保证，不仅成为吸引外来投资的重要因素，而且还决定着地区的市场竞争力。南方电网公司作为南方五省区电力资源的唯一供应商，必须具备前瞻性的眼光，适应地方经济的快速发展，提供完善的电力保障，而要实现这一目的，仅仅依靠旧有的管理经验是远远不够的，必须引入战略管理思想，实施现代化的企业管理手段，高瞻远瞩、未雨绸缪，准确把握社会经济的走势，确定未来一段时间的发展目标和实施步骤。

2. 法律政策环境

法律、政策反映了各种组织和政府、立法机构之间相互影响的结果，法律政策将影响社会资源的分配，对企业形成巨大的挑战。南方电网公司属于自然垄断企业，除受普通法律法规和政策影响外，还受到专门法律及政府的严格监管。1995 年 12 月 28 日，第八届全国人大常委会第十七次会议审议通过了《中华人民共和国电力法》，对电力企业特别是电网公司的经营行为进行了规范；2002 年 12 月 29 日，国务院又专门成立了电力监管委员，对全国各种电力企业的经营行为进行监督管理，重点是对国家电网公司和南方电网公司进行监管。因此，电网公司比一般的社会企业面临更为复杂的法律政策环境。

3. 技术环境

技术进步的深度和广度影响到社会的许多方面，它的影响主要来源于新产品、新流程、新材料。输电技术、配电技术、变电技术及大电网技术的发展将在很大程度上影响电网企业的经营。电网公司目前虽然仍然属于垄断企业，但其购电价、售电价都受到政府的严格限制，在此背景下，必须密切跟踪技术的发展并制订相应的应对措施，以战略的眼光来面对技术的进步，不断研究和引入新技术，提高供电可靠率，降低线损，压缩经营成本，以成本领先战略谋求更大的利润空间。

4. 全球化环境

电力市场化促使世界上许多电力企业积极寻求全球化，由于在本国的增长空间有限，许多公司积极在海外拓展市场，如法国电力（EDF）、德国电力（EON）、东京电力等。外资禁入的领域随着改革开放的逐步开放，电网公司虽然由于其自然垄断性难以出现竞争者，但外资对其上下游企业的渗透控制最终将影响到公司的经营，事实上将其置于一个全球化的环境中来。另外，电网公司进入国际市场时也会和其他国家的企业在国际平台上进行有力竞争，所有的这些，都要求电网公司制订和实施有效的国际化战略，扬长避短、谋得更大的发展空间。

二、市场参与者因素

对于电网企业来说，电网运营的竞争并不表现在争夺市场占有率的层面上，事实上，产业内部的竞争根源在于其经济状态，这些力量甚至远远超过表面上的那些竞争者。顾客、供应商、潜在进入者及替代性产品，都可能或多或少明显受制于这股内部竞争力量。对电网企业的核心业务而言，与同类企业竞争主要表现在财务指标和增长潜力上，实际上电网企业所受到的压力更多地来自客户、供应商、潜在进入者及替代性产品。

1. 供应商议价能力

电网企业的供应商主要是指发电企业，截至 2006 年底，我国的电力装机容量已达到 6.2 亿 kW，全国发电量达到 28344 亿 kWh。国内电网企业的供应商主要是五大发电集团，其可控发电容量超过 2.4 亿 kW，占全国装机容量的 38.7%，而且其机组均属于统一调度机组。因此，我国发电市场集中度高，五大发电集团之间存在着明显的寡头竞争，具有很强的市场势力。南方电网公司所处的南方区域至 2006 年底合计装机容量为 1 亿 kW，统一调度容量 0.6 亿 kW，五大发电集团及粤电集团具有较高的市场份额，处于寡头位置。发电企业独特的市场势力（Market Power）来源于电力生产与使用特性，其特性有二：一是电力的不易贮存性，这决定了电网公司不可能通过贮存电力降低发电厂商实施市场势力的能力；二是电力需求和供给短期内都是刚性的，对于大量的用电设备，电力作为终端能源资源具有不可替代性，这为发电厂商实施市场势力提供了有利的基础条件。

我国的电厂上网电价是由政府价格主管部门核定的，由于发电厂商具有较强的市场势力，因此对政府价格主管部门的影响力较强，对政府价格政策的制定具有很大的发言权，这也是当前政府给发电企业核定较高的上网电价，但没有为电网企业核定合理的输配电价和销售电价的原因之一，由此可见，发电企业议价能力较强。

2. 客户议价能力

我国存在世界上最复杂的电价系统，每一个电厂的上网电价都不同，每一个地区的终端销售电价也不尽相同。电网企业没有终端销售电价制定权，销售电价由政府核定。由此，客户对电网企业的议价能力较弱，但是，由于社会公众和企业对降低电价、改善服务的呼声很高，加上地方政府也有降低电价、改善投资环境的驱动力，造成事实上客户的议价能力不断增强。

此外，电力体制改革下一阶段的目标之一是"开展发电企业向较高电压等级或较大用电量的用户和配电网直接供电的试点工作，改变电网企业独家购买电力的格局"。这意味着南方电网公司的部分大客户将可以直接向发电厂商采购电力，一旦该项措施付诸实施，则客户对电网公司的议价能力将大幅增强，电网公司将面临非常严峻的考验。

3. 新进入者威胁

由于电网企业的高度自然垄断特性，具有巨额的固定成本投入和政府禁入特性，同一区域内不存在新进入企业。

4. 替代品或服务竞争

在一次能源领域内，燃气、石油等会对电力形成一定的替代。在二次能源领域内，以中国现有的科技水平和国情，可替代品对电力的威胁很小。但值得注意的是，从长远看，新能源技术已进入实用化阶段，包括太阳能利用技术、燃气空调技术、生物质能高效利用技术、燃料电池技术等。这些新兴技术的兴起对整个电力产业形成冲击，电网企业作为电力产业链中的一环自然不能幸免。

因此，电网企业的 SWOT 图如图 16 - 4 所示。

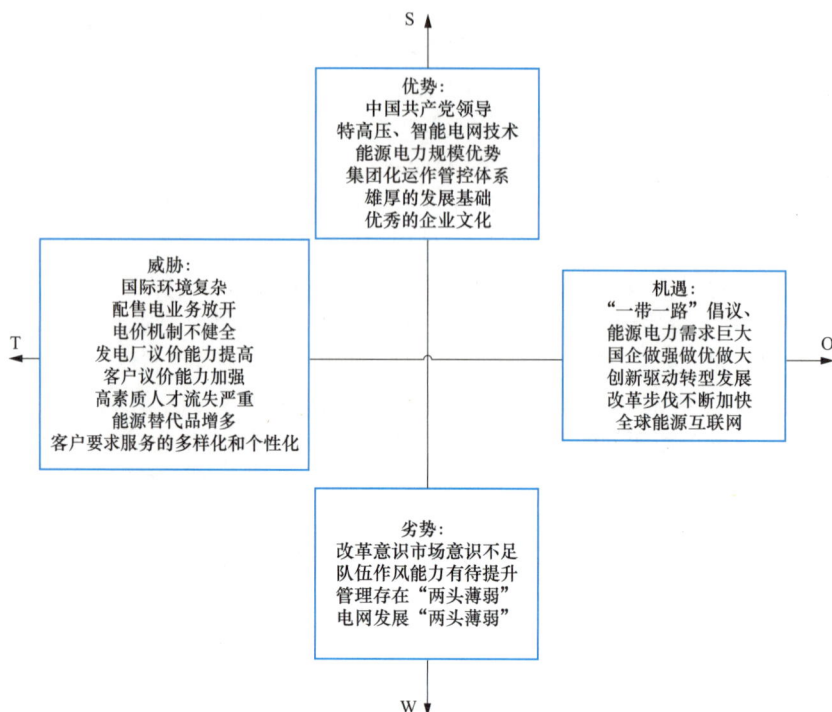

图 16 - 4　电网企业的 SWOT 分析

16.5.2　可选组合战略

1. 优势—机遇（Strengths - Opportunities，SO）组合战略

这种组合是企业的最佳选择，可充分发挥自身优势，最大限度地利用外部环境所提供的机遇，实现企业的快速发展。可采取的 SO 战略如下：

（1）坚持中国共产党领导。

（2）继续加强公司的领导和完善公司的治理结构。

（3）利用好的经济形势继续开拓电力市场。

（4）要紧跟电力改革的步伐，认真研究和积极应对。

（5）充分利用我国改革开放和市场经济不断完善的契机，将公司做强、做大。

（6）确立企业文化。

2. 劣势—机遇（Weaknesses - Opportunities，WO）组合战略

即使企业已经识别出外部环境中存在的机遇，但企业自身存在的不足可能会限制企业对机遇的把握，对于这样的情况，最现实的问题就是如何弥补自身资源或能力的不足，以抓住机遇。如果自身资源能力得不到有效的改进，机遇最终必将丧失。劣势—机遇组合战略如下：

（1）促进员工思想意识的真正转变。

（2）加快五省公司一体化的步伐。

（3）抓住改革的机遇，加快发展。

（4）加快人才培养和储备的步伐。

(5) 充分重视新技术的应用以提高公司生产力水平。

3. 优势—威胁（Strengths‑Threats，ST）组合战略

如果企业处于这个位置，应该做的就是巧妙利用自身优势对付环境中的威胁，降低威胁可能产生的不利影响，但这种做法显然也不是上上之策，因为企业的优势资源没有得到更好地利用。优势—威胁组合战略如下：

(1) 组织专门科研队伍充分利用现代电力科学的成果解决大电网安全运行问题。

(2) 尽快确定公司章程。

(3) 进一步完善公司的治理结构和工作流程，理顺体制上存在的问题。

(4) 积极融资以完善电网中的"卡脖子"工程。

(5) 认真处理好和当地政府的关系，在尽量得到政府支持的同时要减少负面的干预。

(6) 充分重视和规避经营风险，实现稳健经营。

(7) 继续做好优质服务和公关宣传工作。

4. 劣势—威胁（Weaknesses‑Threats，WT）组合战略

在四种组合中，企业应尽量避免 WT 组合，因为在这种情况下，企业根本难以抵挡环境威胁对企业的不利影响，如果企业一旦处于这种位置，在制订战略时就要设法降低环境不利因素对企业的冲击，使损失减到最小。比如，及时采取缩减生产规模、剥离等收缩战略，对于南方电网来说，必须采取补救措施，避开劣势，消除威胁。劣势—威胁组合战略如下：

(1) 注重人才的培养和储备。

(2) 加快各省公司的一体化的整合。

(3) 提高员工的安全意识和做好安全工作。

(4) 加快信息化管理系统的建设步伐。

(5) 加快改革的步伐，在不断发展中解决前进中出现的问题。

企业在制订战略时应提出达到战略目标的多种方案，并根据战略目标对这些方案进行分析和评价，以选择适合自身情况的适宜方案，进行配比矩阵分析时，按照充分发挥优势，抓住外部机遇，避开和改变劣势，消除威胁的原则进行，可以顺利得出备选战略。

16.6　发电企业战略管理

我国的发电企业主要包括华能、大唐、华电、国电、国电投在内的五大发电集团。五大发电集团自 2002 年组建以来，经历了由单一发电向煤电一体、由传统能源向新能源、由发电集团向综合能源集团的转变。现国电、国电投已重组为国家能投（国家能源投资集团）、国家电投（国家电力投资集团）。在五大发电集团的发展历程中，企业战略发挥重要作用。

由于相似的组建背景、企业性质和竞争环境，五大发电集团的发展战略趋同。重点战略均包括规模扩张战略、煤电一体化战略、清洁能源转型战略、多元化战略、成本领先战略、资本运营战略、国际化战略等。而战略体系是否完善、是否把握住战略先机，以及战略执行能力的强弱，是最终决定企业实力排名的关键。

经历了 20 多年的快速发展，五大发电集团规模与实力大幅提升，为我国电力工业的发展做出巨大贡献。然而在五大发电集团发展过程中，做大与做强是始终要面对的挑战。规模与效益不匹配是各领域各板块共同出现的问题，这既是中国电力行业面临问题的深刻反映，也是五大发电集团战略管理长期受规模思维主导的结果。

现在，在经历了煤电矛盾、金融危机、行业巨亏、新电改冲击、产能过剩等重大事件

后，五大发电集团的战略管理正经历着从规模导向到价值导向的转变，正在从拓展型战略向稳健型战略转变。五大发电集团的特点如图 16-5 所示。

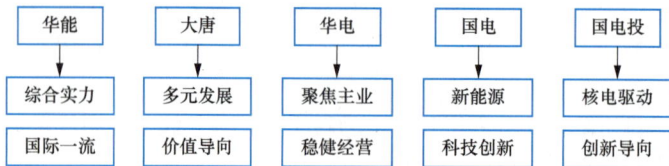

华能	大唐	华电	国电	国电投
综合实力	多元发展	聚焦主业	新能源	核电驱动
国际一流	价值导向	稳健经营	科技创新	创新导向

图 16-5　五大发电集团的特点

16.6.1　电厂企业装机策略

装机容量是衡量发电企业实力的最重要的指标。资产总额、营业收入、利润等核心经济指标均来自装机容量。五大发电集团自组建之日起，从开始的以火电为主的全国布点，到后来的各地抢滩风、光新能源，再到近两年的新一轮电改和供给侧结构性改革，增加装机的步伐从未停歇，规模扩张战略贯穿五大发电集团发展始终。五大发电集团的规模扩张战略大体分为三个阶段，分别有不同的重点。

第一个阶段是五大发电集团组建之初的几年，发展煤电处于战略核心。这时期，五大发电集团正处于重组之初的磨合过程，战略、体制、机制、发展模式等都在探索形成时期。在内因、外因同时作用下，五大发电集团的核心战略高度统一且单一，即扩张规模，增加装机，而对于资产的质量效益、结构布局缺乏战略引领。

第二个阶段是 2008—2015 年。2008 年是五大发电集团从单一扩张战略到多元化战略的分水岭。这一年国际金融危机爆发，国内经济全面下行，行业内煤电矛盾激化。五大发电集团前几年只专注于快速扩张，未能有效关注电源结构的调整，虽然各集团工作报告中均有提及电源结构调整，但在实际执行中无暇顾及。至 2008 年，五大发电集团清洁能源装机合计仅为 5096 万 kW。清洁能源占比分别为华能 7.35%、大唐 19.22%、华电 13.23%、国电 10.77%、国电投 26.3%。各集团电源结构中煤电比例明显偏重。

以煤电为主的装机结构使五大发电集团经营形势深受煤价涨跌影响，同时控制污染物和温室气体排放强度的压力不断增加，五大发电集团不得不考虑结构调整和可持续发展问题，战略调整势在必行。

从 2009 年开始，五大发电集团的装机战略呈现两种变化，一是控制火电发展规模，理性发展火电。重点发展高参数、大容量、煤电一体化、热电联产、上下游产业链相衔接的优质高效火电项目；二是调整优化电源结构，向清洁能源转型。大力发展水电、风电、太阳能发电等低碳清洁能源，持续提升低碳清洁能源比重。

第三个阶段是 2015 年新一轮电力体制改革以后。新电改"放开两头"（是指在发电侧和售电侧实行市场开放准入，引入竞争，放开用户选择权，形成多买多卖的市场格局，价格由市场形成，发挥市场配置资源的决定性作用）使围绕项目资源、电量和电价的竞争加剧。同时，随着经济发展进入新常态，电力产能过剩问题日益凸显，国家密集出台了煤电"三个一批"（取消一批、缓核一批和缓建一批）、风险预警、淘汰落后产能等措施，涉及五大发电集团煤电项目 4563 万 kW。新形势下五大发电集团从战略上提出以推进供给侧结构性改革为主线，坚持以质量效益为中心，严控投资规模，加快结构调整，淘汰落后产能。在火电战略上延续了第二阶段高参数、大容量的投资方向。在新能源的战略上开始体现控规模的思想，提出新能源的发展要注重质量与效益的统一，要择优、有序地发展新能源。新能源电源的布局综合考虑消纳问题。

整体来看，五大发电集团在规模战略上总体是一致的，即优化发展火电，对于火电项目，高效、清洁是首要条件。在新能源发展上，均提出大力发展新能源。华能、大唐强调综合发展。国电重点在风电领域，华电重点在水电领域，而国家电投一贯坚持核电的核心地位。

在区域布局上，五大发电集团纷纷将重点放在市场发达、资源保障能力强、电量需求潜力大的地区。目前，五大发电集团均形成了系统的全国性电力资产布局，同时突出某一区域。

在规模扩张战略引领下，五大发电集团组建以来，装机规模大幅增长。2002年组建时五大发电集团装机容量合计12067万kW，占全国总装机容量的34%。2016年，五大发电集团装机容量合计69811万kW，是组建时的将近6倍，占全国总装机容量达到42%。

装机增量的增长大部分来自前半程，从2010年开始，五大发电集团装机增速逐年下降，由原来的20%左右下降到2016年的5%左右。这与五大发电集团2008年后调整战略控制火电规模有关，同时也是企业生命周期发展到平稳阶段使然。

从装机规模上看，华能一直领跑，装机规模居世界发电企业第一，装机容量、发电量、营业收入等规模指标，利润总额、资产负债率等效益指标都居五大发电集团前列，综合实力不可撼动。

大唐集团装机规模前期扩张较快，一度创造了"大唐速度"。但由于过于追求速度而忽视了效益，埋下了"三座大山"（是指资产负债率高、西南小水电、煤化工）的隐患。疲于移山而后继竞争乏力。在2012年和2014年装机排名先后被国电、华电超越，从第二位滑落至第4位，占全国的总装机份额也持续缩减。同时，由于前期快速扩张期间整合了一些效益较差的火电资产，以及煤炭自给率较低等因素，大唐集团除了装机排名下滑外，发电量、经营收入、利润等指标也随之下滑，处于五大发电集团相对落后的位置。

国电集团组建时装机排名靠后，在2008年前后实施企业转型战略，积极调整电源和产业结构，同时加强燃料成本管理，内外双修使其规模实力和营运实力逐年增强。2012年国电集团装机排名跃升至第二位并保持至今，且各项经营指标均排前列。国电集团的超越得益于其在2008年前后把握住了新能源战略转型的先机，体现出较强的综合发展潜力。

综合来看，五大发电集团的规模扩张战略在经历了"大干快上"（是指五大发电集团在早期阶段采取了迅速且大规模的扩张策略，即大力投入、快速发展）后，对火电装机速度、新能源装机速度进行了反思，正在从简单粗放过渡到价值思维，正在从规模管理模式过渡到战略管理模式。但在战略实施中，作为高度同质化的竞争性企业，各发电集团圈占资源、扩大规模的价值取向难以在短时间内转变。比如，在电力装机全面过剩的形势下，各发电集团仍在相互观察市场动态的同时，继续争夺市场份额和资源；又如，在"三弃"（弃风、弃光、弃水）愈演愈烈的形势下，扎堆布局水电流域、扎堆建设风电基地等。而重规模速度轻质量效益、重业务扩张轻集团管控的发展模式也体现在各业务板块的扩张中。

16.6.2　清洁能源转型战略

五大发电集团的清洁能源发展战略始于2005年。国家有关部门将5万kW级以下（不含5万kW）风电项目的审批权下放给地方，清洁能源战略快速发展于2008年煤电矛盾激化之后，在资源环境双重约束之下，其战略地位逐年提高。在各发电集团的清洁能源战略被列为实现企业转型升级的核心战略。

五大发电集团规划新能源战略源于国家的政策扶持和对其规模前景的预期。2006年1

月1日《中华人民共和国可再生能源法》实施，以法律形式明确提出国家将实行可再生能源发电全额保障性收购制度。2007年《能源发展"十一五"规划》和《可再生能源中长期发展规划》出台，其明确规定，权益发电装机总容量超过500万kW的投资者所拥有的非水电可再生能源发电装机容量，到2010年和2020年应分别占比3％和8％以上。

既有利益保障，又有政策红利，以风电为代表的可再生能源发电资源成为各大电力集团争相追逐的目标，各地方政府也将风电发展纳入地方经济发展战略中，占据国内发电市场一半的五大发电集团开始（只专注于快速扩张，未能有效关注电源结构的调整），开启了以风电为主的新能源装机热潮。在地方政府的积极推动下，一些发电企业将大型风电项目分拆成多个小于5万kW的小项目（多为4.95万kW）进行申报。

从战略上看，自2008年开始，各发电集团的发展战略开始体现电源结构调整的思想。从2010年开始，各集团提出具体的新能源装机比例目标，进而在"十二五"时期，转变发展方式、结构优化调整、战略转型已经成为各集团的战略核心。

在战略执行中，五大发电集团除了投资向新能源倾斜外，还相继成立新能源股份公司，对新能源产业给予充分的、实质性的支持，以谋求做强、做大。截至2016年底，华能集团清洁能源装机占比达到29％，大唐集团清洁能源装机占比31.76％，华电集团清洁能源装机占比达到37％，国电集团清洁能源装机占比达30.3％，国电投清洁能源装机占比达到42.9％。

在五大发电集团中，国电投的清洁能源装机增速及占比都在五大发电集团中排名第一，除了核电是其引领产业外，国电投的光伏装机量达到世界第一，国电集团以37％的清洁能源占比排在其后，其水电、气电装机居五大发电集团之首；大唐集团清洁能源装机占比31.76％排名第三；国电集团清洁能源装机占比30.3％排名第四，其风电板块无论是规模，还是营运能力均处于国际领先地位；华能集团的清洁能源装机容量在五大发电集团中占比最低，在发展速度方面，与国电投、华电相比还有一定的差距。但这与分母较大有一定的关系，华能集团清洁能源装机容量绝对量在五大发电集团中最多。

综合来看，五大发电集团的清洁能源转型战略构成了我国能源转型战略的基石，为我国的能源转型做出了巨大的贡献。但也应该看到，当前新能源产业出现的过剩、"三弃"、窝电（是指发出来的电无法向外输送并消纳，是电力生产、输送、需求不匹配的表现）等发展瓶颈，与各集团战略准备不足有一定的关系。同时，在战略实施过程中，延续了煤电"跑马圈地"的做法，偏重资源圈占与规模扩张，而规模扩张与管理提升不同步，造成盈利能力与规模极不相当。而对新能源产业来说，装机过剩最大的后果，除了"三弃"的资源浪费外，其实是对行业精细化管理追求的弱化，因为花精力抓管理不如做项目和抓调度有必要，久而久之，损害的是整个行业的技术与管理，这或许才是对新能源产业的最大伤害。

16.6.3 多元化战略

五大发电集团组建后，逐步从单一的发电集团向综合性能源集团转变，在发电主业之外，将触角延伸至煤炭、金融、物流及科技等领域，相继走上了多元化发展道路。

"十一五"时期，主要是2008年以后，随着煤电矛盾激化，五大发电集团煤电板块巨亏，促使掩盖在高额利润之下过度无序竞争、电源结构单一、高投资、高负债、高风险、低盈利等问题相继浮出水面。面对恶化的市场环境，日益复杂的竞争形势，五大发电集团传统以火电为主的单一发展方式难以为继。五大发电集团除了在电力结构上向清洁能源转型，在产业结构上也开始向上下游，甚至与电力不相关的产业延伸。

五大发电集团的多元化发展的总体战略和重点板块大体趋同，均提出以电为核心、煤为基础、产业协同。非电板块中均包含金融、物流、科技板块。从时间上来看，五大发电集团的多元化战略基本都在 2008 年，2009 年前后成型。其中金融板块一直是五大发电集团除电力和煤炭以外的重点板块。发电行业是资金密集型行业，通过进军金融产业，推进产融结合，可以为发电集团拓宽融资渠道、降低财务成本。华能集团最早进入金融行业，2003 年即组建成立华能资本服务公司，是五大发电集团中金融体系最完善的。

分别来看，五大发电集团的多元化战略各有侧重，华能集团 2009 年提出的产业协同战略一直执行到现在，即电为核心、煤为基础、金融支持、科技引领。华能集团非电板块的重点在金融和科技产业，二者资产规模与经营业绩均稳步增长。截至 2015 年底，华能集团金融产业受托及管理资产 9805 亿元，是 2010 年的 5.6 倍，利润总额是 2010 年的 3.3 倍，年均增长 27%。金融业务为华能集团的发展提供了有力的信贷支撑，降低了资金成本。华能集团科技产业 2015 年利润是 2010 年的 4.4 倍，"十二五"期间年均增长 35%。

大唐集团最初的多元化战略以煤化工为主攻方向，然而其从 2009 年大举进入 2014 年开启剥离，宣告其煤化工战略失利。大唐集团煤化工产业的失利，更多的是战略执行的失利。主要是对于跨界产业缺乏建设运营管理经验，而为了迅速形成优势，不但投资项目数量规模超出自身管控能力，而且在项目建设过程中违反产业发展规律急于求成。2014 年，大唐集团将原本的"七大板块"削减掉煤化工板块调整为现在"六大板块"。将非电板块的重点转移到科技环保和金融、物流上来。2016 年，大唐集团科技环保板块实现利润 16.39 亿元，物流板块实现利润 3.6 亿元，金融板块实现利润 14.04 亿元。

华电集团是五大发电集团中涉足非电产业中最少的一个，科工板块是其强势板块。华电集团科工产业以华电科工和国电南自为龙头，环保水务、高端制造、自动化是其传统优势业务。华电集团 2016 年金融产业管理资产规模突破 4400 亿元。

国电集团的科技环保产业在发电行业处于领先地位。2017 年工作会，国电集团提出科技环保产业加快业务整合，要推动商业模式和盈利模式转变。金融产业要优化资金投向和配置，加强产业协同，关注潜在风险。燃料、物资物流产业要加快业务转型，服务发电主业。

中电投集团的"煤电铝"模式曾经被认为是产业链纵向一体协同发展的成功模式。中电投集团的电解铝产能在 2010 年前后曾达到全国第二、世界第五。但近几年随着经营压力加大和电解铝去产能政策的出台，铝业板块以减亏为主，并开始部分产能逐步退出市场。重组后的国电投曾在 2016 年工作会提出："电解铝企业通过综合治理控亏扭亏，如不奏效，择机部分或全部退出。"后来选择内部整合，优化整合铝业资产及组建铝电公司。2016 年，国电投在煤电、水电利润大幅度下降的情况下，太阳能、核电、气电、金融、铝业、电站服务利润大幅度增长。2017 年国电投电解铝目标产量 237.7 万 t。

多元化战略为各发电集团应对煤电矛盾带来的成本压力和金融危机带来的用电量下滑等不利局面发挥了重要作用。2008 年后，五大发电集团煤炭及非电板块的资产和营业收入快速增长，在火电板块亏损或微利的形势下成为五大发电集团利润增长的重要来源，为提高企业经营绩效和改善企业财务状况发挥了积极的作用。

然而在多元化战略执行过程中，五大发电集团不同程度地存在过于依赖规模扩张，急于铺摊子、上项目的导向。结果是投资管控不严，产业链过度延伸，低效无效资产包袱沉重。光伏、多晶硅、煤化工、电解铝、铁路、小煤矿、小水电等领域转型脱困任务繁重，且退出困难，严重侵蚀集团整体利益。

与规模、领域不断扩张相对的是粗放的经营管理、产业板块战略协同不够、资源配置效率不高、盈利能力不突出等。这些问题与市场化体制机制还未完全建立有关，但也体现出五大发电集团多元化战略依然受规模思维主导。

近年来，随着非电板块盈利能力下降和大幅亏损等问题的出现，五大发电集团开始反思和调整多元化战略，提出要把有限的资源集中到优势区域和优势项目上，坚决避免盲目规模扩张，坚决防止产业链过度延伸。对比近两年各发电集团的工作报告，不同程度地体现出回归主业的思想，聚焦主业成为各发电集团的共同战略选择。

要建设具有国际竞争力的综合能源集团，多元化发展是必然选择。然而对于未来的多元化发展，五大发电集团将采取价值思维导向下的更为审慎的战略。

第 17 章

电力企业生产管理

17.1 电力企业生产管理概述

电力企业生产管理是企业有关生产活动方面一切管理工作的总称。生产管理是有计划、组织、指挥、监督调节的生产活动；以最少的资源损耗，获得最大的成果。对企业生产系统的设置和运行的各项管理工作的总称，称为生产控制。通过生产组织工作，按照企业目标的要求，设置技术上可行、经济上合算、物质技术条件和环境条件允许的生产系统；通过生产计划工作，制订生产系统优化运行的方案；通过生产控制工作，及时、有效地调节企业生产过程内外的各种关系，使生产系统的运行符合既定生产计划的要求，实现预期生产的品种、质量、产量、出产期限和生产成本的目标。生产管理的目的在于做到投入少、产出多，取得最佳经济效益。生产管理在整个生产经营活动中具有重要的地位，搞好生产管理就可使企业为社会提供优质产品，为用户提供良好的服务。

由于电能不能大规模储存，电能的产、供、销、用是通过电网同时完成的，电力企业的生产管理更有其特殊性。保证电力系统的安全、可靠、经济运行就成为电力企业生产管理的关键。

1. 电力企业生产的实质

电力生产过程实质上是电能的生产、分配和销售过程。电力生产的主要特点是生产、流通和消费同时进行，并由此决定了电力生产过程是一个不可分割的有机整体。它可以概括为电能的生产（发电）、电能的传输（送电）、电能的分配（配电）和电能的销售（营业）等主要环节，构成了完整的电力生产过程。

2. 电力企业生产的任务

电力生产是通过一系列极为复杂的生产环节来进行的，这些生产环节构成一个整体的电力系统。在一个电力系统内，无论有多少个发电厂、变电站，无论有多少用户，也无论其隶属关系如何，电力生产都必须接受其电力系统的统一调度。因此电力企业的生产管理实际上是对电网安全和经济运行的管理。电力企业依据市场需求，充分利用企业的人力、物力和财力资源，高效、低耗地计划、组织和控制发供电生产，确保电网安全、可靠、经济地运行，向社会提供合格的电能，同时获得尽可能大的经济效益，这是电力企业生产管理的中心任务。

电力企业生产管理的突出特点包括：

（1）电力生产的安全可靠性。安全发供电是电力企业一贯坚持的方针。电力企业管理也必须突出安全可靠性管理，要从电力系统规划、设计、制造、生产运行等方面保证电网安全可靠。要使电力系统设置足够的备用容量，并对用户的用电方式进行监察，以保证电力系统安全、可靠地发供电。电网突然停电将给国民经济各部门造成的损失远大于电力企业自身的损失，这种损失不仅是经济发电厂生产管理上的，还有可能带来社会动荡和政治影响。

（2）电网管理的高度集中统一性。电能不能大量储存，产、供、销瞬间同时进行，发电、供电和用电必须时刻保持相对平衡。电网调度必须在一定范围内实行统一计划、统一检修、统一调度、综合平衡，严格执行调度计划和调度纪律。只有这样，才能合理利用动力资源，才能发挥电网的优越性。随着电力系统的不断发展壮大，对电网安全、优质、经济运行的要求越来越高，电网的各级调度部门必须实现调度自动化以适应现代化电力工业的发展。因此，电力系统必须实行高度集中的指挥和调度。

（3）电力生产的先行性。电力工业是一种基础性产业，反映在经营管理方面，首先必须在准确预测的基础上，制定电力发展长期规划和中、短期计划，从决策上保证电力生产的超前发展。同时，由于建设发电厂，从设计、勘测选厂、施工、安装到投产运行，需要较长时间和大量的资金，因此必须做好电力基本建设工作，努力调动各方面投资办电的积极性，并充分发挥投资效果。在当前，除了要抓好外延性的扩大再生产外，还应抓住供用电矛盾相对趋缓的有利时机，加速现有电力企业的技术改造和加强电网建设，走以内涵扩大再生产为主的路子，掘潜力，不断提高经济效益。

（4）电能供应的公益服务性。因电能应用的广泛性和不可或缺性，电能成为社会生产和人民生活的必需品，电力工业的社会效益远大于其自身的效益。因此，电力企业必须牢固树立"人民电业为人民"的指导思想，做好供用电管理，加强职业道德教育，搞好公共关系，提高服务质量，向用户提供充足、可靠、优质、价廉的电能。

（5）电力公司的竞合关系。整个电力市场是一个有机整体，目前国内电能相对过剩，为了争夺更多的发电量，从市场和销售看发电企业间是竞争关系，但同时基于电能实时供需平衡的特点，从技术上看发电企业更多的是合作关系，发电企业必须在电网调度的统一指挥下相互协调，才能保证电网电压、频率、潮流等维持在正常水平，从而保证用电质量及电网的安全。

（6）电价的合理性和多样性。电价同其他商品的价格不同，具有多样性。由于不同的电网，其电源的结构，能源的价格和运输的价格不同，造成电力生产成本不同；相同的电力系统，在不同的时期，如丰水期和枯水期，电力生产的成本也不相同；同时，由于电力产供销的同时性，用户的用电时间、数量和方式千差万别，造成电力负荷不均匀，并影响发供电设备的利用和生产费用的支出，也造成电力生产成本的不同。这些因素造成了电价的多样性，同时也给电价的制定和电费收取带来了一定的难度。因此，电力企业必须做好营业管理，加强电费的收缴工作，及时收回售电收入，保证电力企业再生产和扩大再生产的持续进行。

17.2 发电企业生产管理

1. 发电企业生产管理内涵

电厂运营过程中主要包括以下工作：生产运营管理、综合保障管理、财务管理、人力资源管理、党团工会管理建设和纪检监察等，其中生产运营管理主要包括安全管理、计划管理、运行管理、电厂的建筑物管理和维护设备管理和电厂的检修管理。

（1）安全管理。电厂的安全至关重要，当发生安全事故时，轻则带来设备损坏、发电效益受损，重则引起人员伤亡，最严重时会引起电网崩溃、锅炉事故或水库溃坝，从而带来国家重大经济损失、社会秩序混乱和恶劣政治影响。

电厂安全管理涵盖运行、检修、维护和技术改造等各个环节。电厂安全管理的主要任务是要保证人身安全、设备安全和运行安全，从而保证电站、最终保证电厂的安全运行。

（2）计划管理。电厂的发电部分、变电部分和其他辅助部分是一个整体，其性能依赖于各部分的配合，而不是简单的物理叠加。电厂要取得最大效益，就要发挥系统整体的最优性能，实现系统整体优化，提高电厂宏观综合经济效益。要提高综合经济效益，必须要有一个指导、调控安全生产的计划管理工作。计划管理是电厂综合管理的一项重要工作，它处于整个企业的"龙头"地位。它是根据国家对企业的要求，即电站的上级主管部门对电厂的要求，从社会需要出发，确定电厂统一合理的生产技术、财务、设备供应等计划，有预见地、科学地组织、指挥、监督和调节企业的生产经营活动，使企业取得最佳的综合经济效益。

计划管理的内容随着科学技术的进步和经济形势的发展，已在过去传统计划管理的基础上进一步丰富和完善。归纳起来主要有长期生产经营计划、年度生产计划、月度作业计划、周作业执行计划、计划基础。每项计划包括编制、执行、检查、总结等基本步骤。

（3）运行管理。电厂运行管理的主要目标：保证水轮发电机组及相关辅助设备的安全、正常运行，按照电网调度要求，向电网输送稳定、可靠的高质量的电能。由此决定了电厂生产运行管理的任务：保证电厂主辅机电设备安全、稳定、经济、低耗地按照电网调度给定的负荷曲线连续运行，向电网输送优质、可靠的电能。

电厂的运行管理包括：水轮发电机组投入运行前的检查和试验、水轮发电机组运行中的检查和维护、设备的巡回检查、缺陷管理和事故处理。

（4）电厂的建筑物管理和维护。电厂管理还包括建筑物管理和维护，如厂房、水电厂的大坝等。水电站的建筑物大体可分为库坝系统、引水系统、厂房系统三部分。水工建筑物生产管理的中心环节是防汛和大坝安全，大坝安全是防汛的基础，防汛是大坝安全的中心环节。只有在确保防汛和大坝安全的情况下，才能充分发挥电厂枢纽工程的发电经济效益和综合利用效能。

（5）电厂的设备管理。电厂是技术资金密集型装置工业，设备状态和管理直接影响着电厂的正常生产和经济效益。强化设备管理是保证安全生产的重要工作之一。设备管理就是围绕设备从选择购进直到报废全过程而开展的系列管理工作的一种新学科，也就是对主要生产设备从设计、制造、调试、使用、维修、改造、技术反馈到更新、报废全过程进行管理，对于建成的电站而言，主要涉及使用、维修、改造、技术反馈到更新、报废后几方面的工作。

设备管理工作具体包括设备使用管理，设备的检查、保养与修理，设备的改造与更新、设备的日常管理。设备使用管理，是指制定相应规章制度以达到合理使用设备，设备的检查、保养与修理是设备管理工作中的重中之重。设备的改造与更新，是指根据电网相关规定、设备现状、技术发展情况等，有计划、有步骤、有重点地对现有设备进行技术改造和更新，设备的日常管理包括设备的分类、登记、编号、调拨、事故处理、设备异动、缺陷管理和报废等。

（6）电厂的检修管理。电厂的检修管理是电厂设备管理的重中之重，做好电厂的设备检修是提高电厂设备健康水平，保证安全、满发、经济运行的最重要的措施。因此，检修管理是电厂生产管理的重要内容之一，也是电厂平枯期生产管理工作的焦点，同时又是保证全年安全生产的中心环节。

机组定期检修分为A、B、C三级检修。A级检修，是指机组设备经过一段时间的运行和使用后各项指标和性能有所下降，为保持、恢复或提高机组性能和效率而对水轮发电机组进行全面、彻底的解体检查和修理。B级检修是指根据设备状态评价及系统的特点和运行状况，有针对性地对机组部分设备解体检查、修理和清扫，实施部分 A 级检修项目和定期滚动检修项目。C 级检修是指为保证机组安全健康运行而对机组进行例行周期性的检查、试验、消缺、修理和清扫等。设备的检修管理可以分为检修计划、检修准备、检修施工管理、检修评价等步骤。

2. 发电企业生产管理模式

采用传统生产管理模式的电厂多建于未进行电力体制改革的 2002 年前，历史较为悠久，是计划经济的产物，由于历史原因，机构庞大、人员众多、管理水平有限，目前这类电厂自身独立管理或者上级集团公司对其管理较为松散，设备自动化程度不均匀、整体水平不高。

这类电厂在生产机构上大致具有以下三大特点：①具有自己的检修部门，检修人员众多，能够基本完成自身的大小修任务；②运行和维护工作由两个独立的不同部门及人员来完成；③几乎所有生产人员均在电站厂区现场上班。

传统生产管理模式的电厂职能部门机构臃肿、部门繁多、分工精细、人员众多，非生产人员配备过多、生产效率和管理水平有限，新员工进厂后技术水平提升困难。

随着电力体制改革的不断深入，发电企业的竞争压力不断增大，大部分这类电厂已经开始逐步进行改革，精简机构、减员增效，同时也越来越重视提高管理水平、引进和培养高素质技术人才、加大设备更新和改造，电站逐步采用新型的生产管理模式，如远方集控、运维合一、无人或少人值守、委外检修。表 17-1 是各种生产管理方式的对比分析表。

表 17-1　　　　　　　　生产管理方式对比分析

生产管理模式		优势	不足	适用电厂类型
传统		分工明确、机构稳定	机构臃肿、管理效率低下，竞争力弱	传统老厂
现代	远方集控	精简高效、可精简机构和人员，提高竞争力	现地值守和远控的职责划分困难	设备自动化水平和通信水平高，适合区域电力公司和流域性的水电站
	运维合一	员工技能水平高、人力资源高效利用，企业整体竞争力强，可以灵活应对突发困难，维护人员工作环境得到改善，工作任务均衡分配	运维员工学习压力增大，责任压力增大，工作范围加大，使得老员工观念和生产方式转变较为困难	员工素质较高
	无人或少人值守	运行人员工作环境好，员工幸福感强	职责划分困难	具备远方集控，设备自动化水平高，运行人员素质高
	集中检修	成立公共部门来完成所属电站的大量检修工作，资源的高度共享和高效利用，科学、精准管理之下可以获取外包检修公司的利润，可以面向市场创收、增强职工积极性	容易造成闲置或不足	集团化管理的电厂
	委外检修	节省投资、成本和减少资源闲置，不需承担检修工作的质量、进度等风险	让利给外部检修公司，有时可能会失去灵活性和选样性	本厂检修力量不强或无检修部门，市场的外包检修选项多

17.3　电网企业调度管理

根据国际大电网会议（CIGRE）工作组的调查报告显示，世界各国的调度结构的设置大致相同，都与电网的电网模式有直接关系，在电网中，统一调度的范围与实现能源资源的有效优化配合相一致，而统一调度的深度又与优化调度的程度相一致。世界各国都在根据其电网规模的不同与地域大小的分别，各自形成了符合自身发展的完整的调度体系，但大致都分为五级：国家调度（National Control Center）、大区调度（Main Dispatching Control Center）、区域调度（Regional Control Center）、地区调度（Area Control Center）和配电调度（District Control Center）。实践证明，这种统一调度、分级管理的模式与大电网的生产力水平相适应。

17.3.1 调度管理体制

我国现行的调度管理体制是国家电力公司主管全国的电网调度工作，县级及以上电网经营企业主管辖区内电网的调度工作，各级电网经营企业都相应地设立了电网调度机构。《电网调度管理条例》中规定，我国电网运行必须实行统一调度、分级管理的原则。其中，电网调度管理的任务是组织、指挥、指导和协调电网的运行，以保障电网安全、保护用户利益、适应经济建设和人民生活的用电需要。

全国的电网划分为六大电网、两大集团分别管理。其中，东北电网、华北电网、华中电网、华东电网、西北电网属国家电网公司，南方电网属南方电网公司。电网调度机构是电网运行的组织、指挥、指导和协调机构，各级调度机构分别由本级电网管理部门直接领导。调度机构既是生产运行单位，又是电网管理部门的职能机构，代表本级电网管理部门在电网运行中行使调度权。电网调度机构分为五级，依次为国家电网调度机构（即国家电力调度通信中心，简称国调）；跨省、自治区、直辖市电网调度机构（简称网调）；省、自治区、直辖市级电网调度机构（简称省调）；省辖市地级电网调度机构（简称地调）；县级电网调度机构。各级调度机构在电网调度业务活动中是上、下级关系，下级调度机构必须服从上级调度机构的调度，如图17-1所示。

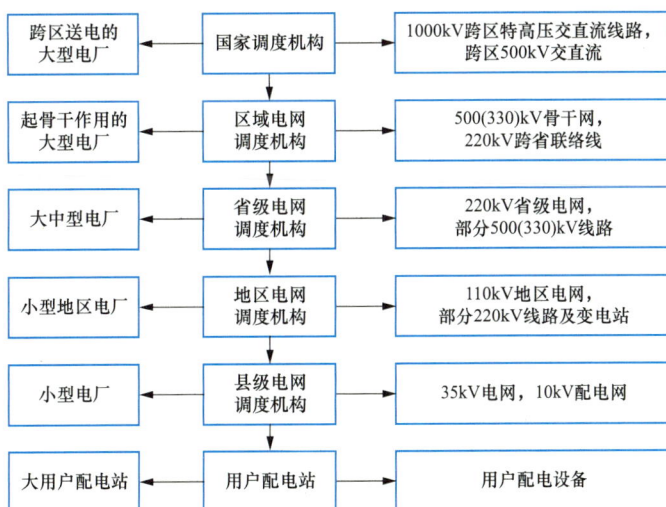

图 17-1 调度架构示意图

17.3.2 调度的主要任务

1. 合理安排电源及网络运行方式

合理安排运行方式，充分发挥发供电设备能力，最大限度地满足用电负荷的需要。

2. 保证电能质量

按照客观规律和有关规定，使电网连续、稳定、正常运行，使电能质量指标符合国家要求。

3. 保证系统安全稳定运行

做好电力系统稳定运行，防止电网瓦解，把影响控制在最小范围并迅速恢复正常供电。

4. 公平、公正、公开

按照公平、公正、公开的原则，保护各方的合法权益，按照公平、公正、公开的原则，保护发电、供电、用电等各方的合法权益。

5. 做好电力市场的运行交易和结算

按照社会主义市场经济规则和电力市场调度规则，负责电力市场的运行交易和结算。电网调度还要负责编制和统一平衡全网的主要发供电设备的检修进度，并监督和掌握检修计划的执行情况；领导和指挥全网的事故处理工作，编制各种有关的规程制度和电力系统的反事故措施计划等。各省、市电力公司要和有关部门密切配合，编制电力分配方案，审批后的电力分配方案交调度部门监督执行。调度部门还要和计划部门、有关的发供电单位，共同研究电网的发展规划方案，特别是从运行角度考虑，对电网结构、电源、网络布局、接线方式、继电保护、远动通信装置等提出建设性意见。

坚强智能电网下的调控一体化运行（见图 17-2）具备更加准确、详细的电网实时信息，具有综合智能报警功能，具备节能调度基本功能；处理电网事故时，调度员通过在线安全分析软件，可以更加快速、可靠、准确地处理故障。在建设智能电网的过程中，大电网的安全稳定问题、新能源接入电网技术、调度支持系统的开发等都是调度人员面临的重大问题，通过提高调度运行管理水平，提升调度人员驾驭电网的能力，实现电网安全、优质、经济运行。

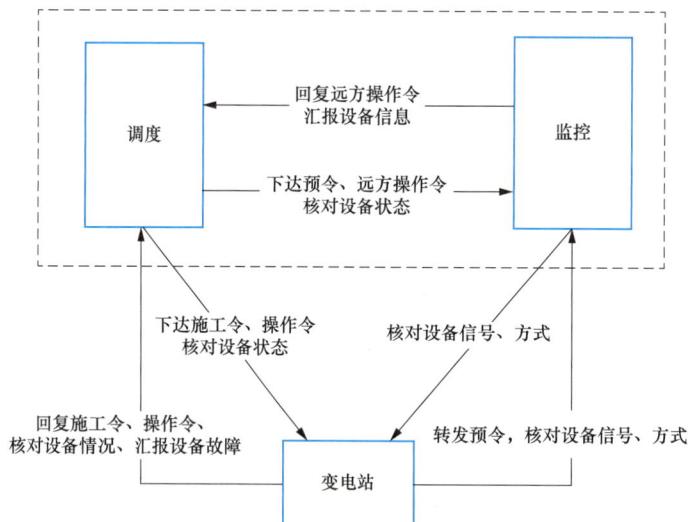

图 17-2　调控一体化示意图

17.3.3　电力市场与电力调度

国外成熟电力市场电力交易和电力调度的关系主要分为交易和调度相互独立、交易和调度一体化两种类型。前者主要用于欧洲，后者一般用于美国，主要因为欧洲各国的输电资产均为各国家的电网公司，市场化之前就只有一个调度部门；而美国的输电资产分散在每个私营电力公司，市场化之前各私营电力公司都有自己的调度中心，市场化之后需要建立一个独立的调度部门统一运行分属于不同电力公司的输电资产。

我国的电力市场起步较晚，相较于电力调度二者的交互程度不高。下面以南方电网公司为例，分析我国电力市场与电力调度的关系。南方电网，是指由广东、广西、云南、贵州、海南五省（自治区）区域内的发电、输电、变电、配电、用电等一次设备，以及为保障其运行所需的继电保护、安全自动装置、电力通信、调度自动化、网络安全、电力市场技术支持系统等二次设备构成的统一整体。市场交易主体应服从电力调度机构的统一调度，配置完善的技术支持系统及专业技术支持人员。调度结合电力市场交易结果编制发用电调度计划，发用电调度计划包括优先发电计划、政府间送受电计划和各省（自治区）政府下达的差别发电量计划、市场化交易发电计划（含省内与省间）、优先购电计划、市场化交易用电计划等。日内实时市场交易计划须按规定时间提交电力调度机构进行安全校核。安全校核通过后，形成调度计划并执行。此外，检修计划、水库调度等都要有电力市场运行规则的参与。电力市场作为调度对象的补充，参与到了调度从计划到实施的各阶段。随着电力市场的发展，我国电力市场应循序渐进实现"调度独立"如前所述，"调度独立"并非是指把现有整个调度机构都独立于电网，主要是指将与现货交易有关的职能从电网中分离。让电力市场的交易中心和监管机构专门从事市场化运营。在交易中心独立的条件下，"调度独立"的含义是将日前、日内现货的出清权（即电价、电量决定权）划归交易中心，而实时平衡和调度操作权仍可留在电网调度机构。

在我国，应该立足电力工业的实际情况，循序渐进、分步实施。什么样的市场是真正的市场主要从电价和调度两方面来判断。从电价的角度来说，价格真正的放开体现在供需决定价格，价格引导供需，让市场在资源配置中起决定性作用。从调度的角度来说，是否为真正的市场主要体现在调度到底在多大程度上执行了交易计划，而这两方面距离真正的市场还有较大的差距。

17.3.4　供电管理

电网的生产运行系统是由发电、送电、变电、配电和用电五个基本环节组成，其中送电、变电和配电组成了供电系统。它是电力商品流通的重要渠道，担负着电力输送、技术参数变换和电力分配的任务，使电力产品供应和销售得以实现。供电管理在电力企业管理中占有重要地位，它的主要任务是不断提高供电可靠性，保证供电电压质量、保证安全、降低线损，以提高供电系统的经济效益。

电力系统由发电厂生产出的电能，经过供电系统的输送，最后通过用电环节来完成的销售实现本身的使用价值。电力企业生产电能的数量和质量对用户完成生产任务有重大影响。

反之，各用户对电能的消耗和使用方式又影响电力企业的生产和电能质量。如用户的用电设备发生事故，将直接影响电网的安全运行；用户用电的效率低，将消耗大量无功的电，使电压质量下降；用户的用电时间集中，将使负荷曲线出现高峰和低谷，使发供电设备利用率降低。电力企业要取得好的经济效益，不仅取决于自身的生产情况，还取决于用户对电能的使用状况。用电管理就是要疏通销售渠道，使用户安全、经济、合理地用电，使电能发挥最大的社会效益和经济效益。

供电管理是整个电力企业管理的组成部分。供电管理的主要内容和任务如下。

1. 规划、计划与信息管理

供电规划、计划包括供电网络的发展规划，供电设施的运行、检修、试验计划，供电设施的更新改造计划等。目前，我国电网运行中存在的主要问题是网络建设薄弱，送、变电能力和发电能力不配套，无功电源不足，供电装备技术落后，供电可靠性水平不高。为了提高供电运行的管理水平，实现供电网络现代化，就必须从电网规划、设计、建设到供电设备管理等方面入手，大力改善供电网络的技术装备水平，为供电运行管理打下了良好的基础。

管理信息是现代化企业制订计划和决策的基础，也是供电系统安全经济运行和优质可靠供电的基础。只有重视和加强信息管理，才能实现科学的供电管理。

2. 供电质量管理

供电质量管理主要包括电压质量和供电可靠性管理两项内容。电压质量是电能质量的一项重要指标，它不仅直接关系到电力系统本身的安全生产和经济效益，同时也影响全社会的经济效益和人民生活，是衡量电力企业服务质量的一项重要标志。提高对电力用户供电的可靠性，尽量减少对用户的停电次数和停电时间，其目的是减少由于停电引起的用户损失和电力企业本身损失。

3. 设备运行和检查管理

搞好送电、变电、配电设备及相应附属设备的运行和检修管理，是一项重要任务。在供电系统中要力争减少人身事故次数，减少设备事故和误操作事故次数，消灭重大事故和恶性事故。在配电网中，要采取有效措施尽力消灭触电伤亡事故。

4. 加强线损管理，减少电能损失

线路损失率（线损率）是供电管理的一项重要技术经济指标。加强线损管理，减少电能损失，提高供电企业的经济效益，是供电管理的一项经常性的重要任务。

5. 规章制度管理

建立以经济责任制为核心的供电运行管理制度、严密的供电运行指挥系统和严格的生产岗位责任制度。

17.3.5 电能质量

一个理想的电力系统应以恒定的频率（50Hz）和正弦波形，按规定的电压水平（标称电压）对用户供电。在三相交流电力系统中，各相的电压和电流应处于幅值大小相等，相位互差120°的对称状态。由于系统各元件（发电机、变压器、线路等）参数并不是理想线性或对称的，负荷性质各异且随机变化，加之调控手段的不完善，以及运行操作、外来干扰和各种故障等原因，这种理想状态在实际当中并不存在，而由此产生了电网运行、电气设备和用电中各种各样的问题，也就产生了电能质量的概念。电能质量（Power Quality），从严格意义上讲，衡量电能质量的主要指标有电压、频率和波形。从普遍意义上讲是指优质供电，包括电压质量、电流质量、供电质量和用电质量。电能质量问题可以定义为导致用电设备故障或不能正常工作的电压、电流或频率的偏差，其内容包括频率偏差、电压偏差、电压波动与闪变、三相不平衡、瞬时或暂态过电压、波形畸变（谐波）、电压暂降、中断、暂升，以及供电连续性等。

电能质量指标是电能质量各方面的具体描述，不同的指标有不同的定义。参考国际电工委员会标准，从电磁现象及相互作用和影响角度考虑，给出引起干扰的基本现象分类如下。

（1）电压中断（断电，Interruption Outage）。在一定时间内，一相或多相完全失去电压（低于0.8"标幺值"）称为断电；按持续时间长短，分为瞬时断电（0.5周期~3s）、暂时断电（3~60s）和持续断电（大于60s）。

（2）频率偏差（Frequency Deviation）。各国对此均已做出明确规定。

（3）电压下跌（电压跌落，Drop）。持续时间为0.5周期~1min，幅值为0.1~0.9（标幺值），系统频率仍为标称值。

（4）电压上升（电压隆起，Swell）。电压（或电流）持续时间为0.5周期~1min，幅值为 1.1～1.8（标幺值），系统频率仍为标称值。

（5）瞬时脉冲（Impulse）。在两个连续稳态之间的一种在极短时间内发生的电压（或电流）变化。瞬时脉冲可以是任一极性的单方向脉冲，也可以是发生在任一极性的阻尼振荡波第 1 个尖峰。

（6）电压波动（Fluctuation）与闪变（Flicker）。电压波动是在包络线内电压的有规则变动，或是幅值通常不超出 0.9～1.1（标幺值）电压范围的一系列电压随机变化。闪变则是指电压波动对照明灯的视觉影响。

（7）电压切痕（Notch）。电压切痕是一种持续时间小于 0.5 周期的周期性电压扰动。电压切痕主要由于电力电子装置在相关的两相间发生瞬时短路时电流从一相转换到另一相而产生的。电压切痕的频率非常高，用常规的谐波分析设备很难检测出来，这就是过去从未有过此项电压扰动内容，直到最近才正式列入的原因。

（8）谐波（Harmonics）。含有基波整数倍频率的正弦电压或电流称为谐波。谐波是由于电力系统和电力负荷设备的非线性特性造成的。

（9）间谐波（Inter - Harmonics）。含有基波非整数倍频率的正弦电压或电流称为间谐波。小于基波频率的分数次谐波也属于这一类。间谐波会使照明装置引发视觉闪变。

（10）过电压（Overvoltage）。电压（或电流）持续时间大于 1min，幅值为 1.1～1.2（标幺值），系统频率仍为标称值。

（11）欠电压（Under Voltage）。电压（或电流）持续时间大于 1min，幅值为 0.8～0.9（标幺值），系统频率仍为标称值。

总之，电能质量问题主要包括以下四方面：

（1）电压波动和闪变。

（2）谐波。

（3）电压三相不平衡（Unbalance）。

（4）电压降低和供电中断。

改善电能质量的装置和措施很多，以大功率电力电子器件为核心单元的新型装置可以用来有效地抑制或抵消电力系统中出现的各种短时、瞬时扰动，而常规措施则很好地适用于稳态电压调整。电能质量控制装置按功能可分为以下无功补偿装置、滤波器和着重于解决暂态电能质量问题的统一电能质量调节器（Unified Power Quality Conditione，UPQC）三大类。要想使电能质量控制装置充分发挥其设计功能，采用准确、高效的分析与控制方法是至关重要的。首先，要获得及时、准确的有关"源"信息，如三相电压、三相电流、中性电流及中性对地电压等，然后对这些"源"信息进行实时、快速分析，得到所需的控制信息，控制装置根据这些控制信息，采用适当的控制方法产生相应的动作，最终才能达到理想的补偿效果。

电能质量控制是一个复杂的系统工程，它涉及电力系统、电力电子、自动控制等多方面。目前的相关研究主要在以下三个领域。

1. 加强基础理论研究

电能质量评价指标的科学界定及各项指标的合理计算方法，新的分析与控制方法的研究，新的电能质量控制装置并网运行对系统可能产生的影响（包括稳态与动态性能）等。

2. 积极采用其他领域的新技术，为电能质量控制技术带来新的活力

采用基于高速数字信号处理器（Digital Signal Processing，DSP）的数字化控制装置取代传统的用模拟量控制的电能质量控制装置，用固态电子开关取代常规高压开关以实现同

步开断，利用燃料电池和微型燃汽轮机等分布式清洁能源提高供电可靠性和电能质量，计算机和通信技术的发展使得电能质量远程监测成为可能，大功率、可自关断电力电子器件与现代控制技术相结合研制出新型的电能质量调节装置，超导电力装置（SMES）和超导故障限流器（SFCL）也将在提高供电质量方面发挥重要的作用。

3. 大力发展用户电力技术（Custom Power）

这是一种应用现代电力电子技术和控制技术来实现电能质量控制和为用户提供用户特定要求的电力供应技术。DVR 和 DSTATCOM 是用户电力技术控制器的典型代表。用户电力技术与 FACTS 本质上是一样的，其差别仅是额定电气值不同，前者应用于配电网，后者应用于输电网，因此用户电力技术也可称为配电网的 FACTS 技术。

第 18 章

电力营销与客户服务

电作为一种特殊的商品，具有独特的特点。它要求产、供、销同时完成，即电厂、供电企业、用户，供电企业在其中起着非常重要的作用，长期以来，受计划经济的影响，一直是旱涝保收，人们习惯于指标用电、限制用电，当然这些情况在一定时期起到了一定的作用，就像小火电发电一样，对经济发展起到了一定的补充作用，却暴露出许多问题，如环保、节能、上网电价等。伴随着国家市场经济的逐步规范，任何垄断行业都将被打破，都将引入竞争机制，特别是电力买方市场的出现，都要求营销观念的彻底转变，即最大限度地满足用户（消费者）的利益，企业兼顾企业利益、职工利益和社会利益，要树立现代社会市场营销观念的更新，走向市场，就得实现观念的更新，意识的转变，以及思想上的到位，才能在市场经济的大潮中站稳脚跟。

18.1　电力市场营销的内涵

电力营销就是电力企业在变化的市场环境中，以满足人们的电力消费需求为目的，通过电力企业一系列与市场有关的经营活动，提供满足消费需要的电力产品和相应的服务，从而实现企业的目标。电力营销的实质就是要调整电力市场的需求水平、需求时间，以良好的服务质量满足用户合理用电的要求，实现电力供求之间的相互协调，建立电力企业与用户之间的合作伙伴关系，促使用户主动改变消费行为和用电方式，提高用电效率，从而增加企业的效益。电力企业是在消费者的需求满足之中实现自己的各项目标。

电力企业的主要工作就是生产并提供电力给消费者使用，最大的特点就是它的服务性，电力企业根据客户服务得到满意反馈来拓展市场，使企业得到发展。客户服务水平的高低影响企业的市场份额，客户服务水平高，电力企业所占市场份额就大，反之亦然。因此，客户服务质量逐渐成为左右电力营销过程的重要因素。随着市场的不断扩张，各电力企业之间的竞争不断加剧，客户服务也正在成为决定"战局"的关键。在新形势下，电力企业要想得到发展，就要转变思维，优化企业与客户之间的关系，重视客户服务的影响，顺应时代需求。

目前各电力企业市场占比形势僵持已久，想要拓展新的局面，无论是占领更大的市场，还是开发新的市场，切入点都应该从客户方面入手，提供质量更优，理念更周到的客户服务，想客户之所想，急顾客之所急，满足客户之所需。对客户想法进行深刻调研，不断开发新的产品，开发理念要更贴近客户需求，对服务品质严格把关。

此外，电力营销运用良好的客户服务，可以满足客户多样化需求，提升客户对于电力企业的认可程度，树立服务型企业形象；还可以通过服务水平的提高促进企业服务系统和服务平台的不断优化和完善，从而达到电力企业在人力、物力、资源上的有效控制，促进相关电力企业经济效益的提高。

18.1.1 电力市场营销

一、概念

电力市场营销就是指导电力产品的生产、输送和销售，满足电力用户经济、合理、安全、可靠地使用电力产品，不断提高电力企业经济效益的一系列经济活动的总称。通常电力市场营销包括以下基本活动。

（1）电力市场调查与预测。不断分析电力企业与电力市场的关系，分析电力营销活动中，影响电力企业的宏观环境和微观环境，预测电力需求的发展趋势，分析各类电力用户对电力市场的需求和购买行为，研究电力企业如何面对环境变化所带来的机遇或威胁。

（2）电力市场细分与目标电力市场选择。在电力市场调查与预测的基础上进行电力市场细分，并在此基础上选择目标电力市场和进行市场定位。

（3）电力产品与服务策略。电力产品与服务策略可以指导电力企业发电、输电和配电，使电力产品满足电力用户和电力消费者的需求。电力生产、输送和使用的瞬时性决定了电力市场营销活动的一个重要内容是对电力企业的发电、输电和配电进行指导，使电力产品能随时满足电力用户和电力消费者的需求。

（4）电价策略。电力行业是国民经济的重要部门，电力产品不仅涉及各行各业，而且涉及千家万户，因此电价是一个非常重要的因素，电价的制定必须公平、合理。

（5）电力销售渠道策略。电力产品的销售有其特殊的渠道，即通过电力网进行输送。建立合适的电力销售渠道对于降低电力成本、满足电力用户的需要至关重要。

（6）电力促销策略。电力促销有利于扩大电力销售，提高电力市场占有率。电力促销常用的手段有人员推销、广告、公共关系和营业推广等。

电力市场营销活动的基本任务是研究电力企业如何运用各种市场营销手段，以实现电力企业的预期目标。产品与服务策略、电价策略、销售渠道策略和促销策略构成了电力市场营销活动的主要手段，制定并选择与电力市场营销环境相适应的营销组合方案，对实现电力企业预期目标具有重要意义。

随着电力市场营销活动的发展，又出现了新的营销手段。一种是采用政治手段，即在进行电力市场营销时，必须借助政府的力量，取得政府部门的支持，使电力市场营销活动顺利进行；另一种是采用公共关系手段，即进行电力市场营销时，还必须注重树立电力企业在公众中的形象，即注重公共关系。电力企业只有在公众中树立良好的形象，才有利于电力营销活动的成功。

二、特点

1. 电力生产与需求之间的矛盾

电力市场经营的主要对象是电力产品。电力市场的营销活动，主要解决电力生产与电力需求之间的矛盾，满足人们生活和国民经济各部门对电力产品的需求。

由于电力产品生产的特点是发电、输电、配电同时进行，电能不能储存，因此电力生产与需求之间存在许多矛盾。概括起来，大致有以下几个方面。

（1）电力生产与需求在空间和时间上的分离。电力产品由发电企业集中生产，但其需求遍布各行各业、千家万户，并且使用更具有随时性，因此，电力的生产与需求在空间和时间上是分离的。

（2）电力生产与需求在数量上的矛盾。电力的需求随时变化，电力的生产与需求之间存在数量上的矛盾，电力有时供不应求，有时又供大于求。

（3）电力生产与需求在质量标准、电压等级等方面的矛盾。不同的用户对电压等级及供电可靠性的要求不同，必然导致电力生产与需求在质量标准和电压等级上的矛盾。

（4）电力生产与需求中不同用户在电价上的分离。电价是一个非常复杂的问题，电价的种类繁杂，用电性质不同，电价就不同。

（5）电力生产与需求在信息上的分离。电力的生产者不了解用户需要什么等级、什么质量的电能，也不了解用户何时何地需要电能，而一般的电力消费者又不能随意地选择电力生产者、供应者和电价，因此电力生产与需求在信息上是分离的。

2. 电力市场经济的特点

随着市场经济发展和人民生活水平的提高，社会对电力产品的需求由简单化的稳定分配向复杂多变的商品买卖转化，从而使上述矛盾更加复杂，而这些矛盾对电力企业来讲必须解决，但这些矛盾又不是直接生产过程所能解决的，过去出现的矛盾可以在国家计划指导下解决，而在市场体制下电力企业必须转变观念，学会通过电力市场营销活动来解决电力生产与需求之间的各种分离差异和矛盾，使电力供应与需求之间相适配。电力市场经济具有以下特点。

（1）成为电力市场营销中的重要内容，由于电力生产的特点是发电、输电、配电和售电同时进行，电能不能储存，因此电力生产与需求之间存在多方的矛盾，包括电力生产与需求在空间和时间上的分离、在需求数量、质量标准、电价，以及需求信息上的矛盾等，电力需求预测就成为电力市场营销中一项非常重要的工作预测，必须及时而准确才能保证电力市场营销活动的顺利开展。

（2）促销活动要针对发电市场和售电市场分别展开，电力市场通常分为两级市场，即发电市场和售电市场。由于两级市场具有不同的特点，分别以发电企业和售电企业为主体开展包括市场细分的依据、目标市场的选择、市场竞争策略，以及市场营销组合策略等。

（3）营销组合策略具有特殊性、电力产品及电力生产的特殊性，决定了电力市场营销组合策略的特殊性，这种特殊性表现在电力产品服务策略、电价策略、电力销售渠道策略和电力促销策略，与一般产品的市场营销组合策略是不同的。

三、作用

电力市场营销活动作为电力企业的一项经营活动，具有以下作用：

（1）有利于拓展电力市场，提高电力市场占有率。电力企业以提供电力产品和服务，满足电力用户的需求并获取盈利为基本任务，无论是发电企业，还是售电企业，为了自身发展，必须进行市场营销活动。市场营销的一个重要作用就是拓展市场。为此，电力企业可以通过市场调查和预测，通过市场细分与目标市场的选择及市场营销组合策略，不断拓展电力市场，不断提高电力市场占有率。

（2）有利于电力企业树立良好的公众形象，提高市场竞争力。电力市场营销能力是体现电力企业竞争力的一个重要方面。随着电力市场的不断完善、厂网分开、竞价上网、输配分开、竞价供电，无论是发电企业之间，还是售电企业之间的竞争不断加剧。因此，积极开展电力市场营销活动，提高电力企业在用户中的知名度，树立电力企业在公众中的良好形象，吸引众多电力用户成为自己的用户，使电力企业在市场上的竞争力不断提高。

（3）有利于电力企业不断提高经济效益，不断提高电力职工的收入水平。电力市场营销活动开展得好坏，对电力企业在公众中的形象，以及电力产品本身的销售会产生直接的影响，因此，开展好电力市场营销活动，既有利于电力企业不断提高经济效益，也有利于电力企业不断提高电力职工的收入水平。

18.1.2 当前电力营销中存在的问题

1. 市场营销管理观念薄弱，部门机制不完善

（1）市场营销管理观念薄弱。供电企业作为商品的生产者与经营者，以追求最大的经济效益为目的，以巩固和发展市场为企业生存与发展的基础。长期以来，电力供不应求，使整个供电企业按照严密的计划经济模式运行，发展靠政府、效益靠政策、管理靠行政手段，电力从上网到销售等各环节，以及电力的需求均靠计划来调节，以实现电力的产、供、销一致，导致市场营销观念薄弱。随着电力体制改革、厂网分开、配售电改革，提高供电业的市场营销观念，搞好电力营销管理，提高企业效益，实现企业的快速发展，是我国供电部门提高市场竞争力的关键。

（2）供电部门机制不完善、电力营销机构有待改组。供电企业的核心业务应该是电力营销，电力营销工作的质量关系到企业自身的生存和发展，决定着企业的市场竞争力，最终影响企业效益。但大多数供电部门或是没有建立起电力营销职能部门，或是缺乏与其他职能部门的有效协调。我国供电部门的管理体制与运行机制不完善，其内部缺乏竞争、激励和自我约束机制，使广大职工的积极性没有发挥出来。我们在管理上应充分认清电力营销的重要性，准确定位，使一切生产经营活动服从和服务于电力营销的需要，利用供电部门营销机构改革的有利时机完善各种激励、约束机制。

2. 电力销售渠道不畅通，供电服务滞后于用户的用电需求

电力是一种商品，如今以打破垄断，引入市场竞争为取向，电力体制改革已成为我国电力走向市场的途径。电力面对市场的根本任务就是优质服务。多年来，供电企业供不应求的"卖方市场"，对大量的最终用户缺少研究，没有完整的售前、售后服务体系，如报装接电手续烦琐，故障处理不及时、不到位，制约了电力销售，影响电力市场的正常发育，形成了一个充满结构性矛盾的电力销售市场。

3. 电网建设滞后，存在有电送不出和有电用不上的现象，严重影响电力供应

电网建设长期滞后于电源建设，因此存在有电用不上的现象。长期以来电网建设投入不足，城市电网陈旧老化，农村电网简陋薄弱，使电力无法畅通无阻地输送到任何一个电力需求的地方。于是就形成了"有电送不出、用电得不到保障"的局面。

4. 电价形成机制不科学，过高的电价水平抑制了用户用电需求

电价是电力市场的杠杆，它不仅影响电力供应，而且影响电力销售。

随着电力工业体制改革和电力市场的发展，现行电价政策、测算制定电价的方法等已越来越不适应新的形势要求。在不同地区由于价外加价等各种原因，相同性质的用电在同一省份内、城市与城市之间电价不同、同一城市内不同居住区的用户电价也不同。农村与农村更是不一样，电价五花八门，不仅制约了电力销售市场的拓展，而且影响了家用电器在农村的普及率。为此，应坚决取缔中间层的价外加价，实行同网同质同价，这是净化拓展电力销售市场的长远战略。

18.1.3 新形势下应树立的电力市场营销新理念

在市场经济导向下，供电企业应当改变过去建立在卖方市场基础上的旧的供电管理模式，建立一个能适应市场需求，充满市场活力的市场营销体系和机制。电力营销必须采取市场导向的管理模式，把电力营销定位为供电企业的核心业务，电力的生产经营活动须服从和服务于电力营销的需要。为此，电力企业要树立以下的电力营销新理念：

（1）电力营销要树立营销策略建立在市场环境分析的基础上的新理念。在电力营销中要加强需求侧管理，把握市场发展动态，对电力市场的潜力及未来市场情况都要做出一定程序的评估，并以此为依据及时制定或调整发电、售电等生产经营目标，及时调整电力营销策略，有效地开拓市场。

（2）电力营销要树立以用户需求为导向的新理念。一切以用户为中心，以用户需求为目的，重点加强电网改造和建设，树立电网建设适应用户用电发展的观念，完善供配电网络，满足广大用户的需求，同时运用先进的通信、网络、计算机技术，为客户提供高效的、全方位的优质服务，并以严格规范的管理对各项业务进行监控，以提供优质价廉的电力商品，减轻消费者的负担。

（3）电力营销要树立优质服务理念。该理念要求电力企业利用现代化的手段健全电力营销的功能环节，提高服务质量和效率，同时设置企业内部机构。

新形势下，各行各业都发现了客户服务对销售活动的影响，并且越来越重视。与此同时，消费群众对企业销售过程中的客户服务的关心也逐步提高，更加注重客户服务质量，对客户服务不断提出新的要求。客户服务质量不断上升为电力企业竞争的重要衡量指标，客户服务水准的提升有利于增强电力企业的竞争力。

18.1.4 供电企业应对电力市场营销所涉及问题的策略

供电企业应对电力市场营销所涉及问题的策略如下。

（1）加强用电市场的建设和电网改造，形成合理布局，是电力增长的关键。电力市场的载体是输电网和配电网，电能通过它们送到千家万户，只有拥有一个现代化水准比较高且网络布局合理的电网，作为商品的电能才能"卖"得出去。目前进行的电力体制改革和农村电网改造将彻底改变线路老化、输电难等问题。

（2）电力企业在市场搏击中不能只等待用电市场的自然延伸，而应去寻求和开拓市场，充分发挥主观能动性，推动并促进电力市场发挥主观能动性，推动并促进电力市场的发展。

（3）更新观念，转变意识，以优质的服务去寻求和开拓市场。产品策略的重要内容是产品服务。电"卖"出去后，售后服务工作必须跟上，因为今天电力用户的满意程度，就是我们明天潜在的电力市场，所以供电企业的服务不能只停留在故障处理上，而应从用户的需求—设计—施工—验收—运行—售后—服务—故障处理—扩大需求的各环节提供咨询或服务。采用调压或补偿方式提供优质电能服务，采用双电源、双回路和环网形式提供可靠电力。努力践行"优质、方便、规范、真诚"的服务方针。

（4）电力销售尽量减少中间环节，一方面便于管理，另一方面避免资源的浪费。

目前，电力销售体制是多种并存，有直管式、有售式和代管式3种，供电企业管理用户变压器，以该处高压计量收费，至于每个用户出多少，电力部门很少管理。自从农村电力体制改革办法出台后，农电管理面临新的机遇。办法要求取消乡级电管站，其人、财、物并入县级供电企业统一管理；电力部门管理电工，进行合同管理制管理择优上岗；电力销售实现"四到户"，即电力销售到户，管理到户，收费到户，服务到户。这些措施的采取是对中间环节的取消，最终有利于用户，有利于供电企业的发展，有利于社会稳定。

随着市场形势的变化和社会经济发展，运用更具现代化的管理模式已是必然。电力营销的开展应立足于"电网是基础，技术是支撑，服务和管理是保障"的原则，建立起适应买方市场需要的新型电力管理理念，实现供电企业的可持续发展。

18.2 电力营销和客户服务的工作内容

电力营销和客户服务的工作内容如下。

1. 营销管理

配合制订并布置落实上级市场销售及服务策略与方案，并进行反馈。

（1）目标数据管理。根据目标数据管理规范与本公司的实际情况，负责提出相关目标数据定义、建立，以及修正的需求并提交至市公司。

（2）市场分析与预测。针对目标市场，对公司市场营销及服务活动的市场表现、市场及行业环境、市场需求进行分析及预测并将结果提交至市公司及相关部门。

（3）营销、服务、市场策略及方案的实施。根据公司市场分析及预测结果，配合市公司制订公司未来市场拓展、营销、服务策略及实施方案，负责组织实施并对方案实施结果有效性进行分析。

（4）需求侧管理。根据市场分析结果及客户生产与用电特点，帮助制订客户用电方式调整及技改节能方案，并指导客户实施。

2. 客户服务

以客户需求为导向，提供全方位的客户服务方式，向客户提供一致体验的服务，并直接受上级营销服务部门的业务管理与控制。

（1）客户需求受理。负责日常客户变更、业扩项目、报修、投诉、咨询及举报等需求受理工作。

（2）任务派发。根据工作需求单，将工作任务集中派发到相关部门及岗位进行后续处理。

（3）服务过程监控。根据客户服务流程标准，负责对工作需求单的处理过程进行监控、协调及反馈，并提出处理建议。同时接受市公司客户服务中心的在线监督。

（4）服务结果的分析与评估。针对工作需求单处理结果进行有效性分析（资源配置有效性诊断、客户满意度调查、信息反馈等）并反馈至市公司。

3. 抄表管理

进行多途径方式抄表，对抄表工作有效性进行管理。

（1）抄表时间与路径管理。根据公司规定及客户需求，对抄表时间与路径进行整合设计及优化。

（2）抄表实施。负责公司抄表及读表数据上传。对电能表工作状况做出初步判断，并根据抄表过程中发现的异常情况生成及下传工作单。

（3）抄表读数核对。负责对抄表数据有效性进行验证及相应的修正工作。对错误的严重程度进行判断，并生成、下传相应的工作单。

4. 结算与账务

进行客户电费及业务费用的结算、账务处理工作，接受上级电费结算中心的集中统一管理。

（1）账单管理。负责对客户账单进行核对。

（2）账务处理。负责客户所缴款项的有关账务处理。

（3）费用分析。对客户业务费及电费进行统计分析并将结果上报。

5. 费用催收

对在规定或协议期限内尚未付款的客户进行催缴活动。

（1）大客户电费催收。对在规定或协议期限内尚未付款的大客户进行催缴活动。

（2）普通客户电费催收。对在规定或协议期限内尚未付款的普通客户进行催缴活动。

（3）业务费用催收。对在规定或协议期限内尚未付款的客户进行催缴活动。

6. 营销稽查

根据公司营销稽查政策及上级有关文件规定，配合市公司制订、部署稽查计划并在本公司范围内组织实施，并形成稽查报告上报市公司。

(1) 营销与服务稽查。负责对营销与服务的标准与规范执行过程及有效性进行稽查。

(2) 营销管理数据稽查。负责对所有营销业务相关数据的准确性与完整性进行稽查。

(3) 电费及业务费用稽查。负责对业务费用收取及电费抄、核、收过程执行有效性进行稽查。

7. 营销服务信息与设备维护

接受市公司电力营销部营销技术支持组的管理，负责营销自动化系统的维护与技术支持工作。

(1) 营销数据维护。根据相关权限，负责对营销基础数据非常规错误进行核实、上报及修正，并对错误原因进行分析、反馈，同时提出改进措施。

(2) 营销服务系统设备维护。配合进行营销信息服务系统客户端设备、负荷管理系统及客户服务系统设备的维护工作。进行负荷管理与远程数据采集系统设备及终端维护负责用户端负荷管理、远程数据采集系统设备的维护。

8. 客户管理

客户服务需求的处理、相关市场活动的实施、日常客户关系管理，以及涉及客户的相关配合工作。

(1) 业扩方案管理。配合公司有关部门进行业扩流程设计及修订需求的提出。负责会同策划部和配电运行部部门提出客户业扩工程草案。负责组织本公司业扩会议，对各有关单位提交的重要用户供电方案进行论证、评估、审核、批准工作。负责客户供电方案的确认并答复客户。负责客户内部变电站初步设计方案的审查。

(2) 大客户管理。根据相关权限，负责大客户业扩项目的全过程管理；负责大客户变更用电处理；负责大客户的咨询、投诉处理；负责大客户故障报修处理；参与大客户的事故调查；负责大客户的电费催收；负责对大客户供用电合同的执行进行监督；负责处理其他的日常客户关系管理；负责目标市场活动实施及大客户市场分析并反馈；直接接受上级大客户经理的业务管理与控制；参与自备电厂并网客户接入系统方案的审查；协助并监督大客户进行其内部调度许可设备及运行方式的管理；配合调度中心运行方式管理、新设备启动管理；配合电网范围内的运行、操作和事故处理。

(3) 普通客户管理。负责客户业扩项目的全过程管理，负责客户变更用电处理，负责客户的咨询、投诉处理，负责客户故障报修处理，参与客户的事故调查，负责对客户供用电合同的执行进行监督，负责目标市场活动实施，配合电网范围内的运行、操作和事故处理。

第 19 章

售电市场交易策略

19.1 电力零售市场概述

电力零售市场是电力市场的一个重要部分，目前世界上已经有很多国家在电力体制改革中开放了电力零售市场，也有众多学者对电力零售市场开放的相关问题进行了研究。我国在 2002 年那一轮的电力体制改革中没有涉及电力零售市场开放，但是在 2015 年的这一轮电力体制改革中，将售电侧的改革作为重点推进任务。关于电力零售市场的研究主要集中在以下几方面。

1. 电力零售市场开放的益处

在电力零售市场中引入竞争是促进电力市场活力的重要手段，用户在竞争型电力零售市场中可获得更好的服务，竞争机制能够促进发电商、网络运营商等进行技术创新，提高电网的可靠性，增强不同市场参与者间的交流沟通，分布式发电和可再生能源发电能够得到更好的发展，实现节能环保发电。

2. 电力零售市场开放后电价的影响因素

在某些国家和地区，某些时期，电力零售市场的开放造成了电价的下降；但在另外一些国家和地区或另外一些时期，电力零售市场开放的影响不显著，甚至电价有所上升。售电开放在市场中引入竞争，使电价能够反映出真实成本，因此电价是否会降低和售电开放前政府管制的电价有直接关系，此外，客户的用电量、生活水平、电力市场机制等也会影响电价。

3. 电力零售市场竞争度的分析

电力零售市场的竞争度通常可通过终端用户供电商转换率、供电商数目、供电合同的多样性和政府管制等方面体现，其中，终端用户供电商的转换率是人们比较关注的一个问题。影响用户转换供电商的因素主要是用户类型，一般而言，大用户转换供电商的比例较大，而居民等小用户转换供电商的比例相对较小。此外，电力零售市场的相关规则及监管措施对转换比例有较大的影响。

4. 电力零售市场开放环境下售电公司经营策略

电力零售市场开放环境下售电公司的经营战略及运营策略也是一个研究热点。在企业战略方面，为了规避风险，目前的趋势是售电与发电的一体。通过各国能源市场的监管机构年报可以看出，大多数国家电力零售市场排名靠前的企业大多是发售一体的企业；售电服务的差异性相对其他产品相对较小，售电公司的策略主要集中在价格策略及增值服务策略上。

19.2 电力零售市场模式

本节从售电公司和用户的准入门槛、权利和义务、售电公司业务范畴、售电价格等方面介绍电力零售市场的模式。

一、准入门槛

1. 售电公司准入

电力零售市场一般实行准入制度，售电公司需要在获得电力监管机构的售电业务许可证之后，方可从事售电业务。同时，电力零售市场还建立了售电公司的退出机制，对退出条件、退出程序及相关惩罚机制进行严格规定，以保持市场稳定。大部分国家的售电公司准入门槛较低，条件主要包括基本信息、信用保证金等，但部分国家要求较高。几个典型国家的售电公司进入电力零售市场的准入条件见表 19-1。

表 19-1　　　　　　　　　各国售电主体准入条件

国家	申请条件	许可经营	进入难度
英国	基本信息 350 英镑	电力、天然气	3
澳大利亚	向监管机构申请	电力、天然气	4（最低）
法国	财政状况，技术和经济上的状况	电力	1（最高）
瑞典	基本信息、信用记录、近一年的年度报告、竞价区、使用货币	电力	2

2. 用户开放

一般情况下，用户进入电力零售市场是分步放开的，从大用户到中小用户，从工商业用户到居民用户，也有少部分国家一步到位全面放开，但这需要政府层面有很大的决心和充分的准备。在分步放开的情形下，需要从用户的电压等级、用户的年用电量、行业类型和一些对测量、通信等设备的硬件要求等方面分析考虑，从而决定用户是否可自由转换供电商。国外几个典型电力零售市场用户放开的基本情况见表 19-2。

表 19-2　　　　　　　　国外电力零售市场用户放开的基本情况

国家或组织	售电侧放开模式	放开进程
欧盟	—	1996 年规定各国市场开放的目标
		1997 年放开 40GW；H 及以上用户
		2000 年放开 20GW；H 及以上用户
		2003 年放开 9GW；H 及以上用户
		2007 年 7 月放开全部用户
法国	维持垂直一体化公司下引入独立售电公司	2000 年放开 16GW；H 及以上用户（20%）
		2003 年放开 7GW；H 及以上用户（37%）
		2004 年放开非居民用户（51%）
		2007 年放开全部用户
日本	维持垂直一体化公司下引入独立售电公司	2000 年放开 20kV 2000kW 及以上用户（30%）
		2004 年开放 500kW 及以上用户（40%）
		2005 年开放 50kW 及以上用户（68%）
		计划 2016 年开放全部用户
英国	维持垂直一体化公司下引入独立售电公司	1990 年放开 1000kW 及以上用户（30%）
		1994 年放开 100kW 及以上用户（37%）
		1999 年放开全部用户
德国	发、配、售一体化公司引入售电公司	1998 年，立即对所有的用户开放能源市场
美国	2002 年，售电侧全面放开，不分电压等级、用户类别	

二、权利义务

1. 售电公司的义务

电力零售市场放开后，除了基本售电义务，政府也会附加一些政策性的义务给售电公司。其中，普通服务由售电公司和配电网运营商共同承担，满足那些用不上电或用不起电的公民的用电需求。

电力零售市场放开必须同步建立保底售电公司制度，保底售电公司是指当仍在售电合同期限内的用户所签订的售电公司无供电能力时，法律规定的须向这些用户提供售电服务的售电公司。由于保底服务需在现货市场以较高价格购电，因此销售价格一般高于平均价。在电力零售市场开放初期，保底服务一般仍由传统电力公司负责，以保障用电的可靠性。随着电力市场开放的推进，保底服务将逐渐推向市场，各售电公司可以通过市场竞争、特许招标等方式获得保底服务的资格，用户也可以自行选择其保底售电公司，并且可以拥有不止一个保底售电公司。

售电开放后，售电公司的大部分业务将由传统垂直一体化电力公司的售电部门转移到所有售电公司，见表19-3。

表 19-3　　　　　　　　　电力零售市场开放后售电公司的义务

义务		售电放开后
一级分类	二级分类	责任主体
基本售电义务	持续供电	所有售电公司
	安全供电	
	供电平衡	
	信息公开	
政府附加义务（必有）	普遍服务义务	输配电网运营商、所有售电公司
	保底服务	一家售电公司。初期是政府指定传统售电公司，成熟后由市场选择
政府附加义务（可有）	可再生能源、智能电网建设	所有售电公司

这里我们对澳大利亚的保底服务进行简要介绍。在澳大利亚，对保底服务称呼为最后售电公司（Retailer of Last Resort，RoLR），由澳大利亚的能源监管机构（Australian Energy Regulator，AER）负责管理。

在2011年之前，由AER指定默认的RoLR在一定区域内提供保底服务，2011年后采用特许招标的方式，各售电公司可以通过AER发布的RoLR指南和计划对保底服务进行申请，AER对各售电公司的申请进行评估，选出最合适的售电公司负责某一区域的保底服务，并定期更新和发布RoLR名单。当售电公司承担保底服务时，会产生一些额外的支出，售电公司须向AER机构提交申请进行成本回收，所提交的成本回收申请需要包括以下几部分内容：

（1）和RoLR项目有关的成本明细表和总额，包括准备制订和执行RoLR方案的成本等。

（2）明细表，对各项成本支出提供相应的证明文档，说明各项成本产生的原因、消耗的方式等。

（3）若售电公司提供了保底服务，需提交供电的客户数目和获得的收益。

AER机构接收到成本回收申请后，会根据上述信息进行调查分析，确定合理的成本回收方案帮助售电公司收回额外支出。在不同情况下，这部分成本会按不同比例在用户、配电网运营商和售电公司之间分摊。例如，如果没有保底服务作支撑，一些用户在突发停电时，会造成整个配电网的安全隐患，保底服务的成本主要由配电网运营商负责，如果对电网影响很小，则保底服务成本主要由原来的售电公司和用户负责。

2. 用户转换售电公司的权利

在一个成熟的电力零售市场中，用户拥有更换售电公司的权利。为了鼓励用户积极改进自己的用电情况，更好地参与市场，增强市场的竞争性，各国对用户转换售电公司的流程都设置得较为简单，门槛较低。通常，可用用户售电公司转换率作为电力市场竞争程度的一个评价指标。

（1）用户转换售电公司的流程。在电力零售市场改革后的国家中，用户转换供电商的流程有一定的差异，但大体相同。下面以英国为例进行简要介绍，其流程如图 19-1 所示。

如果用户向原售电公司提出了更换要求，原售电公司有义务为该用户提供其他售电服务信息。用户在选择新的售电公司时可以同时向不同的售电公司提供个人的能源消费清单，各售电公司会根据用户的能源消费清单进行报价，用户可通过报价对比选择出适合自己的售电公司。

原售电公司须在接收到用户更换售电公司请求后的 8 周内对用户进行回应，并且在用户提出更换请求后，原售电公司有义务继续为用户服务，直到该用户正式更换了新的售电公司。但如果用户赊欠原售电公司的电费或者用户与原售电公司的合同还未到可以更换售电公司的时间时，原售电公司有权拒绝该用户更换售电公司的请求。

在用户征得原售电公司的同意，并选择好新的售电公司后，向新售电公司提供自己计量仪表的注册号即可成功更换。电力零售市场改革后的国家通常由能源监管机构来监督用户转换售电公司的过程，保障用户的合法权益。

（2）用户转换售电公司的影响因素。主观方面，在市场开放初期，影响用户转换售电公司的主要因素是用户对市场的认知度；当认知形成，恐惧心理消失后，最主要的影响因素就是电费的高低；随着市场的完善和竞争的激烈，价格的可比性和重要性将逐渐减弱，服务、理念等营销内容的影响度将增强。客观方面，智能电能表的普及也会在一定程度上影响用户是否转换售电公司。在上述关于英国转换售电公司的流程介绍中，英国智能电能表的普及程度很高，用户最后只需向新售电公司提供自己计量仪表的注册号即可顺利转换售电公司。智能电能表普及程度较低时，用户无法随时了解自己的用电情况，转换售电公司时仪表的计量会存在一定的误差也会引发更加烦琐的程序，会直接影响用户转换售电公司的可能性。

具体看，影响用户转换售电公司的因素主要有以下三点：

1）用户对用电情况和电价的了解程度。用户对其用电情况和电费情况越了解，更换售电公司或售电合约的可能性越大，因为如果用户对其用电情况和电费结构不了解，则其不知道转换售电公司或合约会给其带来什么效益。如果售电公司执行一些标准化的合约，则可以使得用户更容易理解其电费，但也可能会影响合约的多样性。

2）转换效益，包括需要支付的电费账单金额和转换后供电服务水平的改善情况。电费的减少一般是用户转换售电公司的最主要的原因，年总电费减少得越多，用户转换的意愿就越大。主要取决于年总用电量和转换后电价的下降幅度。年总电量越多，电价下降的幅度就越大，年总电费的减少就越多。从单位电量对用户产生的效益看，单位电量效益越大，用户的转换意愿就越高。对不同的用户，效益有不同的表现形式。对工商业企业负荷，主要表现为

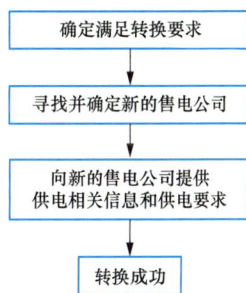

图 19-1　用户转换售电公司流程

223

利润；对居民用户负荷，表现形式相对多样，如满足照明需求、满足供暖要求等。另外，如果转换售电公司后用户能得到更好的服务，那么用户就有更高的意愿转换售电公司。供电服务主要反映在以下方面：客户服务满意度、账单的准确性、收费的透明性、合约的稳定性等。

3）转换成本，包括获得售电公司相关信息的难易程度、转换售电公司所需程序的复杂程度和转换售电公司所需交付的手续费用。相关信息越容易获得，用户转换的意愿越高。一些国家由政府或监管部门负责建设用户可选择的所有合约的网站，在一定程度上促进了零售市场的竞争；转换的程序越简单，用户转换售电公司的意愿越强；转换售电公司的交易手续费越低，用户转换售电公司的意愿越强。

用户转换一次售电公司的成本一般是固定的，而效益则与降价幅度、用电量等有很大关系。因此一般来说，小用户的转换意愿更多地受到转换成本的影响，而影响大用户转换意愿的因素主要是转换效益。

三、业务范围

售电公司的业务可以分为传统营销业务和新兴营销业务（即增值服务）。前者包括购售电交易、抄表、表计维护、计费和收费、信息服务等相关营销服务；后者包括综合能源管理等增值服务。不同类型的售电公司业务范围也不尽相同。

关于用户的抄表、计费和收费、信息服务等基本服务，可以由售电公司提供，也可以依靠配电网运营商提供全部或部分服务，但有些服务单独收取服务费，还可以由专门负责计量的第三方公司提供。一般情况下，电力零售市场开放后，传统的营销服务仍然由传统供电商提供（少数例外），增值服务则由所有从事售电业务的公司提供。目前，英国和新西兰等同时采用这三种方式，而日本、法国等国主要采用第二种方式。

四、售电价格

在电力零售市场开放之前，传统电力公司采用的是受政府管制的目录电价。电力零售市场开放初期，政府对销售电价仍有所管制，但随着市场竞争度的提高，政府会逐渐放松对电价的管制，销售电价将由市场决定，但保底服务电价既可以是监管价，也可以是非监管价，普遍服务电价是政府监管价。

以美国得州为例，其售电电价即使在管制和市场两者共同作用下形成的。美国得州为了限制关联售电公司的竞价灵活性提出了竞价底限（Price to Beat）制度，而对新进入的售电公司的费率制订则没有底限限定，只要求不高于保底服务的电价。另一方面，独立售电公司不拥有发电设备，而原来的垂直垄断的传统电力公司仍然被允许在市场中存在，但对这两种公司的电价管制政策不一样，即存在价格双轨制。价格双轨制中，独立售电公司最多能有两次调价机会，而对传统电力公司的调价规定则更严格。

19.3 售电公司类型

不同国家对售电公司准许经营的其他业务有不同规定。按照售电公司在电力方面的营业范围，售电公司可以分为发售一体、配售一体、发配售或发输配售一体及独立售电公司四种类型。

1. 发售一体售电公司

大多数国家允许售电公司同时拥有部分发电资产，这对售电公司控制其购电风险有很大帮助。在澳大利亚，将发售一体的公司称为产销商（Gentailers）。目前，澳大利亚的产销商拥有能源零售市场的大部分客户。产销商可以通过内部调整的方式减少电力现货市场价格波动的风险，从而减少对期货市场的参与，增加其他非垂直一体化的能源生产商和供电商在进入电力市场或扩展新业务时的难度。澳大利亚能源零售市场的"三巨头"（必和必拓，BHP Billiton；雪佛龙，Chevron；西农集团，Sontos）公司均为产销商，控制了市场上近一半的发电容量。

2. 配售一体售电公司

配售一体售电公司一般从原有垄断电力公司发展而来，拥有一定范围的配电网，并同时拥有售电的资质。对这类公司，主要是需要对其配电价格进行严格的监管。大多数国家在电力零售市场改革初期，将配售一体的售电公司作为保底服务供电商。

3. 发配售或发输配售一体售电公司

一些国家允许发、配、售一体，甚至发、输、配、售一体的电力公司存在，进一步增强了其竞争力。法国电力公司（Electricite De France，EDF）就是一家经营从发电业务到输配电业务、售电业务的综合公司，它成立于 1946 年，是全球范围较大的供电服务商之一。法国电力市场改革后，EDF 进行了拆分，2000 年成立了法国电网公司，2008 年成立了法国配电公司。EDF 相对其他售电公司具有绝对的竞争优势，按照各售电公司市场份额（按各自拥有的用户总数计算）计算，法国电力销售市场的 HHI 指数（赫芬达尔·赫希曼指数，Herfinda - hl Hirschman Index）约为 0.78，说明法国电力市场依然呈现典型的垄断状态。

针对 EDF 与其他供电商在市场上不平等地位的问题，法国政府在 2000 年推出了一个"在监管条件下获取历史核电"的特殊政策，希望让市场上与 EDF 竞争的售电公司也能分享法国核电的历史资产所带来的相对低价电源，以鼓励市场竞争。

4. 独立售电公司

独立售电公司是电力零售市场开放后成立的售电公司，仅具有售电业务，没有发电、输配电业务。这类公司一般面向居民用户，通过提供一些多样性的服务吸引用户。

美国得州的 Noble Americans Energy Solutions 公司和 NEC Retail 公司是典型的独立售电公司，前者主要向大型的工商业用户供电，靠优惠的价格来吸引顾客；而后者的主要经营对象则是家庭用户和小商业用户，靠优质的服务来吸引顾客。

19.4　售电公司交易策略案例

一、售电公司的经营战略

1. 从单一的电能服务到综合能源的供给

能源组合供应方式是指同时向用户提供电能、天然气和其他能源，为用户提供更加便利的消费模式，同时减少公司的销售服务等成本。英国 90％的能源供应公司都同时经营电和天然气的供应服务，因此许多售电公司都进行电力和天然气的捆绑销售，并且提供相应的电力和天然气的优惠套餐。德国恩特加电力（Entega）公司是德国第二大清洁能源售电公司，同时也销售天然气，水、暖气，并可以进行灵活的套餐搭配，如提供热泵用电套餐等。

2. 从单一的供电服务到提供能源解决方案

随着智能电网的发展，许多售电公司从为用户提供单一的供电服务转换为提供能源解决方案。

澳大利亚的澳能集团（AGL Energy）公司旨在为投资者、社会和客户创造一个可持续能源的未来，商业模式从能源生产销售垂直方式的供应，不断向综合能源智能方案制订的方向转变，将"为今天和明天的社会创造能源解决方案"作为公司的战略目标，不仅作为能源的生产者和供给者，而且要通过向客户提供智能方法以实现减少家庭开支、节约社会资源的目的。

德国的莱茵集团发电欧洲股份公司（RWE）公司为其商业客户提供能源控制，从而帮助他们提高能源效率。这个过程包括记录电量、热量和水消耗的相关数据，以及后续评估调查结果。采用月度报告的形式，RWE 能够为节约能源提供具体的实质性的行动建议，如"Smart Company 能源控制"这一概念，它可以让小型和中型公司采用节能方法来处理能源，这种方法节能量高达 20％。零售消费者可以使用智能电能表，不断检查自己的能源消耗并降低他们的能源使用量。客户的关注和反馈是 RWE 公司关注的重点。除了零售客户的满意度分析外，RWE 为企业和商业客户进行了客户需求分析。

3. 提高服务质量

较短的呼叫应答时间和较低的用户投诉率是传统上对较好服务的一个定义，这些指标仍然是衡量服务水平的重要参数。但随着时代的发展和科技的进步，用户对于服务体验有了更高的需求，许多售电公司在用户服务方面有了新的目标：让用户可以更加方便、快捷地用电，尽可能为用户减少麻烦，比较显著的趋势是越来越多的售电公司发展网上业务办理。

德国 123 能源公司是一个在线提供电力和天然气服务的新兴售电公司，他们虽然总部在德国南部，但是一样可以在柏林、汉堡等各地发展客户。其最大的特色就是所有的业务都是通过网上来开展和完成的，网上提交客户信息签约并收取账单定时转账，24h 拨打客户服务电话，非常便捷。

英国天然气公司（British Gas）因为技术的先进性和智能性持续处于行业领先地位，大约 67％的客户交流活动通过数字信道，其中又有大约 50％是源自电话及手提设备。其开发的用户 App 被评为"最受欢迎应用程序"，2014 年用户下载量已超过 150 万次，在实用工具的分类中荣获"最受欢迎的网页"称号，同时也是 2014 年度最受欢迎网页得主。

4. 清洁能源承诺

许多国家都赋予售电公司一定的社会责任，售电公司追求的不能仅仅是利益最大化，在绿色能源的推广上也要明确自己的义务。

德国清洁能源售电公司（Entega）保证了清洁电力的价格并不会比普通电力高多少，在一些城市，甚至清洁电力的价格比普通电力的更低，而且其客户服务也是一直高居榜首。法国电力公司（EDF）通过多种可再生能源相结合，实现安全发电、降低电费和电力的低碳环保。面对全球变暖，EDF 不断发展可再生能源技术，降低发电过程中的碳排放，减少化石燃料的使用。自 2010 年，EDF 已经投资 64 亿欧元用于发展可再生能源技术，在欧洲发展可再生能源的进程中居于领导地位。

5. 培养客户

在竞争激烈的售电市场中，如何留住客户、培养客户的忠诚度是非常关键的问题。澳大利亚（AGL Energy）公司通过设立对客户的奖励政策从而提高客户的忠诚度。

二、多样化的产品服务策略

1. 能源咨询管理服务

澳大利亚 AGL Energy 公司提出综合能源智能方案的新方向，为客户能源的获取和利用提供智能的解决方案。例如，AGL Energy 公司为其客户（Maton Guitar）公司提供了一个能源服务方案，为他们引进了新的照明设施，让他们更便利地控制能源的使用，从而帮助他们制造出世界一流的吉他。目前，这类业务已从初始探索阶段进入蓬勃发展阶段，从仅针对大型工商业客户进一步覆盖到零售客户市场，紧跟整个能源市场的发展。

2. 科技产品服务

（1）智能电能表。2014 年，英国 British Gas 公司累计安装了大约 130 万部居民智能电能表。超过 50 万部安装了智能电能表的 British Gas 客户定期接收独一无二的智能能量报告。这个报告针对客户的能源消耗情况提供一个透彻的分析，其中包括使用故障分析和相似家庭的标杆管理、针对性的节能贴士及在线工具的使用许可。这个报告能够帮助他们提高客户满意度和对 British Gas 的总体了解。

（2）智能家居。德国 Entega 公司不仅卖电、卖气，还卖能效，其开发了基于苹果、安卓和微软平台的 App，实现了全景服务覆盖。客户除了可以方便地管理自己的电费账单、查阅用电数据和各种价目外，还可以搜索附近的充电桩，控制家里可远程调控的电器设备，了解最新的电价和能源信息。

三、多样化的价格策略

电力是一种差异性比较小的产品，不同售电公司为用户提供的服务的不同很大程度上反映在不同的合同类型和价格组合上。总体来说，价格策略主要体现在以下几方面。

1. 优惠政策

（1）一次性的优惠。比如，对刚转换过来的用户，一次性地进行一定电量或电费的减免。又如，美国得州的 NEC Retail 公司，针对新客户提供无限制的 60 美元信用账单。

（2）根据不同合同期的优惠。对于与售电公司签订了较长期合同的用户，给予一定的价格优惠。例如，德国的 123 能源公司提供的主要价目类型分为基本型、标准型和豪华型，客户可以选择每月转账或者半年转账或年前预付等方式来获得不同程度的优惠，同时对于从其他售电公司转来的客户还提供奖金，也鼓励客户介绍客户加入获取资助等促销方式。

2. 价格结构

一般，售电公司对用户的收费方法主要有以下几种方式。

（1）电量收费。根据用户的用电量收取电费，这是较常用的一种收费方式。

（2）固定收费。根据用户的类型，每月收取一定的费用。

（3）最大需量收费。根据用户在一段时间内的最大负荷收费。

（4）组合方式。以上三种收费方式可以相互组合，形成新的收费方式。

德国的（Emprimo）公司的创新特色非常明显，率先推出了远距离跨区售电业务和针对大城市的"都市合约"。适用于经常出差、生活时间不规律的商业人士，月固定费用便宜，但是单价较高。此外，该公司还通过灵活的分时电价、阶梯电价及在线服务来整合智能家居产品产业链，为客户提供节能环保服务。

3. 价格的时间变化

（1）固定价格。用户的电价为固定值，不随时间及批发市场价格的变化而变化。

（2）变化价格。用户的电价与批发市场的价格以一定方式挂钩。

美国（Noble Americas Energy Solutions）公司采用多样化电价策略，分为固定电价和指数电价。固定电价是指用户可以自己先行"锁定"想要的市场提供的某一电价，设定好目标价格与期限，然后售电公司会提出解决方案来满足或者超越用户的目标。指数电价则是指用户的电价在商定好的一个最低电价和一个最高电价之间随着市场而浮动，售电公司会保证用户的电价永远不会比商定的最高电价多。即使市场电价浮动在商定好的最高电价之上，用户的电价上限仍不变。当市场价格浮动在商定好的最低电价之上时，售电公司将对市场价格打一个折扣从而换取用户商定的最低电价。

参 考 文 献

[1] 蓝伯雄，程佳惠，陈秉正．管理数学（下）：运筹学［M］．北京：清华大学出版社，2002．

[2] 蒋金山，何春雄，潘少华．最优化计算方法［M］．广州：华南理工大学出版社，2007．

[3] 陈皓勇．基于改进拉格朗日松弛法的电能成本分析［D］．西安：西安交通大学，2000．

[4] 戴德明，林钢，赵西卜．财务会计学［M］．11版．北京：中国人民大学出版社，2018．

[5] 张晓明，贾宗武，黄霁雾．基础会计学［M］．西安：陕西人民出版社，2006．

[6] 王祥，吴希田，李林，等．美国得州辅助服务市场简介及仿真［J］．南方电网技术，2019（13）：199-203．

[7] 林智斌．电力工程技术经济分析在造价控制中的作用［J］．通讯世界，2018（7）：149-150．

[8] 宋博，李士巍，姜新．电力工程技术经济分析在造价控制中的作用分析［J］．中国管理信息化，2020，23（22）：126-127．

[9] 李政．电力工程造价的管理和控制［J］．工程建设与设计，2020（10）：257-258．

[10] 欧朝新．电力工程造价的管理和控制［J］．电力设备管理，2020（10）：155-156．

[11] 曹鸿云．电网工程造价的控制与管理［J］．通讯世界：下半月，2015（8）：128-129．

[12] 许长辉．技术经济分析在电力工程决策阶段的应用浅析［J］．现代国企研究，2018（14）：98-98．

[13] 周到明，何纹．技术经济工作在电力工程造价控制中的作用分析［J］．电工技术：下半月，2017（4）：109-110．

[14] 杨晋东．电网工程的概预算管理［J］．经济与社会发展研究，2020（35）：0091-0091．

[15] 言茂松．当量电价与融资重组：我国电力市场的理论与方法之一［M］．北京：中国电力出版社，2000．

[16] 熊少宇．我国电力投融资体制改革研究［D］．武汉：武汉大学，2010．

[17] 滕帅．电网建设项目投融资现状和模式探讨［J］．华东电力，2007（7）：30-32．

[18] 李晓春，苏育军．电力投融资：从项目管理到资本市场管理［J］．中国电业，2004（2）：40-41．

[19] 姚崇毅．电力建设投融资研究［J］．沿海企业与科技，2009（9）：91-92．

[20] 孙强．电力建设项目融资研究［J］．中国农业银行武汉培训学院学报，2004（1）：77-78．

[21] 桂衡．电力行业投融资态势分析［J］．电力技术经济，2003（5）：54-60．

[22] 王亚霆，李文兴．电力行业投融资风险分析与评估［J］．管理现代化杂志，2008（3）：42-44．

[23] 卢建昌，牛东晓，张彩庆．电力企业管理［M］．北京：中国电力出版社，2007．

[24] 熊信银，娄素华，刘学东．现代电力企业管理［M］．北京：机械工业出版社，2007．

[25] 刘秋华．电力市场营销管理［M］．3版．北京：中国电力出版社，2020．

[26] 罗宾斯．S P. 管理学［M］．4版．黄卫伟，等译．北京：中国人民大学出版社，1997．

[27] 周迅晖．浅谈电力企业如何建立健全现代企业制度［J］．科技创新与应用，2014（24）：174．

[28] 李颖．TY水电站生产管理模式变革研究［D］．昆明：云南大学，2019．

[29] 苗莹．国家电网 XA 供电公司发展战略研究［D］．西安：西安理工大学，2020．

[30] 杨爱玲．电力营销策略与电力营销文化构建［J］．中国新技术新产品，2014（18）：167-167．

[31] 何勇健．打破电力体制改革僵局的几点思考——兼论消除电网垄断权力的路径选择［J］．价格理论与实践，2012（05）：12-14．

[32] 肖谦，喻芸，荆朝霞．电力市场的目标、结构及中国电力市场建设的关键问题讨论［J］．全球能源互联网，2020，3（05）：508-517．

[33] 高心，徐利梅，王玉，等．电力市场营销［M］．成都：电子科技大学出版社，2011．

［34］陈皓勇．电力体制改革不能"唯现货论"［N］．中国能源报，2019 - 04 - 22（04）．

［35］杨莉，黄民翔，甘德强，等．浙江大学《电力经济》课程的教学改革［C］．全国高等学校教学研究会．第六届全国高等学校电气工程及其自动化专业教学改革研讨会论文集．哈尔滨，2013：516 - 519.

［36］张文泉，高玉君．电力技术经济学的建立与发展［J］．能源技术经济，2004（3）：4 - 7.